高等院校工程造价专业系列规划教材



GONGCHENG JINGJIX

# 工程经济学（第2版）

郭　伟　王　凯　主编
曹琳剑　侯信华　张　睿　参编

電子工業出版社
Publishing House of Electronics Industry
北京・BEIJING

图书在版编目（CIP）数据

工程经济学/郭伟，王凯主编. —2 版. —北京：电子工业出版社，2013.12
（高等院校工程造价专业系列规划教材）
ISBN 978-7-121-22245-0

Ⅰ. ①工…　Ⅱ. ①郭…　②王…　Ⅲ. ①工程经济学－高等学校－教材　Ⅳ. ①F062.4

中国版本图书馆 CIP 数据核字（2013）第 315154 号

责任编辑：郭心蕊
印　　刷：北京虎彩文化传播有限公司
装　　订：北京虎彩文化传播有限公司
出版发行：电子工业出版社
　　　　　北京市海淀区万寿路 173 信箱　邮编 100036
开　　本：787×980　1/16　印张：18.25　字数：398 千字
版　　次：2009 年 4 月第 1 版
　　　　　2013 年 12 月第 2 版
印　　次：2022 年 8 月第 11 次印刷
定　　价：38.00 元

凡所购买电子工业出版社图书有缺损问题，请向购买书店调换。若书店售缺，请与本社发行部联系，联系及邮购电话：（010）88254888，88258888。

质量投诉请发邮件至 zlts@phei.com.cn，盗版侵权举报请发邮件至 dbqq@phei.com.cn。

本书咨询联系方式：（010）88254199，sjb@phei.com.cn。

# 再版前言

2009 年 4 月,《工程经济学》第 1 版在电子工业出版社出版，之后，它有幸被国内部分院校作为专用教材。因本书第 1 版具有内容精练、强调基础、引导性强、重视实训等特色，销量较好。经过近两年时间的修订编写，完成了《工程经济学》(第 2 版)。

《工程经济学》(第 2 版)以满足高等院校工程造价、工程管理及相关专业教学需要，兼顾建设领域建造师、咨询工程师执业资格考试对工程经济学知识体系要求为目标，以强化工程经济学的基本原理和方法为核心，尽量保持第一版的特色和优点，对全书做适当调整。

**保留了理论与实践相结合特色**。在吸收有显著特色和较强针对性的理论的同时，注意理论的深度、广度和实践指向，突出其应用，注重强调读者的实际操作技能的培养和训练。

**保留了 Excel 应用特色**。与一般工程经济学教材不同的是，本书加入了第 10 章“Excel 在工程经济学中的应用”，引导读者利用现代计算机软件解决实际经济分析问题，提高读者工程经济分析的效率。

**保留了与时俱进特色**。编写内容上尽可能反映我国工程经济分析方面新的思想、新的要求与规范，尽可能体现《建设项目经济评价方法与参数》(第三版)的理论与方法及注册建造师、咨询工程师执业资格考试的新变化，符合我国财税制度的新要求。

**强化了引导性特色**。在教材结构设计上，每章前面有学习目标，章末有复习思考题，通过丰富的习题形式，方便读者学习和巩固所学知识。同时，本书第 2 版在每章前面增加了知识导航，通过问题导入的方式把每章的整体学习思路交代给读者，使读者对每章知识内容建立起整体关联关系。

《工程经济学》(第 2 版)弥补了第 1 版疏漏之处，修改了不准确的表述，更便于读者阅读、理解。与第 1 版相比，再版教材对建设项目评价部分做了较大调整。为了更有效地帮助读者了解建设项目评价的全貌，在第 9 章第 1 节概述部分中较详细地介绍了狭义与广义建设项目评价内涵，系统地阐述了按项目全过程的主要评价内容，删除了公共项目评价相关内容，形成了以一般建设项目为对象的财务评价、国民经济评价、社会评价、环境影响评价及后评价组成的较为完整的评价知识体系。

本书分 10 章，其中第 1～3 章由曹琳剑编写，第 4、10 章由侯信华编写，第 6、7 章由张睿编写，第 5、8 章由王凯编写，第 9 章由王凯、郭伟编写，全书由郭伟负责统编。在编写本书的过程中，参考了大量同类专著、教材和习题集，书中直接或间接引用了参考文献所列书目中的部分内容，在此一并致谢。

由于编者水平有限，书中难免有不当和错误之处，恳请读者批评指正。

编　者

2013 年 11 月

# 目　录

# 第 1 章　绪论

## 知识导航

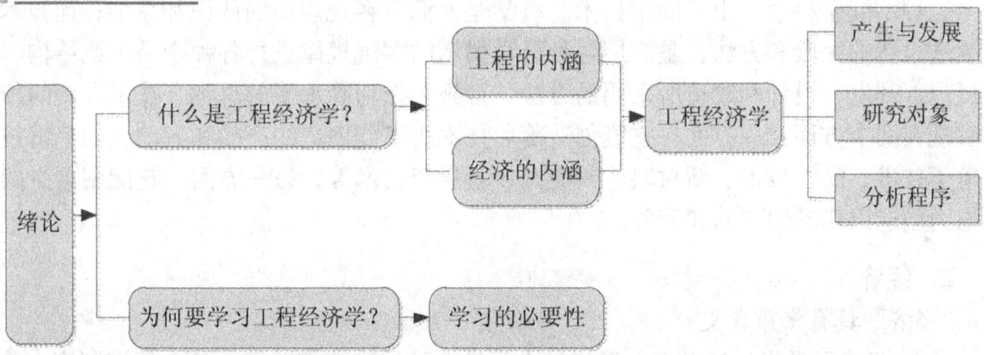


## 学习目标

- ☑ 理解工程与经济的关系。
- ☑ 掌握工程经济学的概念。
- ☑ 掌握工程经济学的研究对象和范围。
- ☑ 了解学习工程经济学的必要性。

# 1.1 工程经济学概述

## 1.1.1 工程与经济

### 1. 工程

工程是人们综合应用科学的理论和技术的手段去改造客观世界的具体实践活动，以及它所取得的实际成果。在长期的生产和生活实践中，人们根据数学、物理学、化学、生物学等自然科学和经济地理等社会科学的理论，应用各种技术手段，去研究、开发、设计、制造产品或解决工艺和使用等方面的问题，逐渐形成了门类繁多的专业工程，如土木工程、机械工程、化学工程、水利工程、航天工程等。

工程不同于科学，也不同于技术。科学是人们对客观规律的认识和总结；而技术是人类改造自然的手段和方法，是应用各种科学揭示的客观规律进行各种产品（或结构、系统及过程）开发、设计和改造所采用的方法、措施、技巧等水平的总称。技术发展的任务基本表现在两个方面：一方面，它能创造落后技术所不能创造的产品和劳动，如宇宙技术、微电子技术、海洋技术、新材料、新能源、新生产技术等；另一方面，它能用更少的人力和物力创造出相同的产品和劳务。

### 2. 经济

“经济”具有多重含义。

（1）“经济”是指生产关系。经济是人类社会发展到一定阶段的社会经济制度，是生产关系的总和，是政治和思想意识等上层建筑赖以建立的基础。从政治经济学角度来看，“经济”指的是生产关系和生产力的相互作用，它研究的是生产关系运动的规律。

（2）“经济”是指国民经济的总称，或指国民经济的各部门如工业经济、农业经济、运输经济等。

（3）“经济”是指社会生产和再生产，即指物质资料的生产、交换、分配和消费的总称，如国民经济、部门经济。

（4）“经济”是指“节约”或“节省”，也是人们日常所说的“经济实惠”。工程经济学研究中较多应用的概念是这种含义，是指人、财、物、时间等资源的节约和有效使用。例如，在工程建设中，以较少的费用建成具有同样效用的工程；或以同样数量的费用，建成更多更好的工程等。不管哪种情况，都表现为为了获得单位效用所消耗费用的节约。

工程经济决策涉及的经济问题，又多与社会生产和再生产的部门经济发展规律有关，因而工程经济学中经济的概念基本上是指前述第三、第四种含义。

任何工程项目都伴随着对资源的消耗，经历研究、开发、设计、生产、建造、制造、运行、维护、销售、管理等活动的过程。对于工程技术人员来说，其基本任务就是要把科学家的发现，应用到各种结构、系统、过程的设计和制造中去。在这个过程中，必须要保证工程项目具备两个条件：一是技术上的可行性；二是经济上的合理性。

### 1.1.2 工程经济学的产生与发展

#### 1. 工程经济学

工程经济学（Engineering Economics）是工程与经济的交叉学科，是研究工程技术实践活动经济效果的学科，即以工程项目为对象，以工程经济系统为核心，研究如何有效利用资源，提高经济效益的科学。

工程经济学研究各种工程技术方案的经济效益，是指研究各种技术在使用过程中如何以最小的投入获得预期产出，或者说如何以等量的投入获得最大产出；如何用最短的寿命周期成本实现产品、作业及服务的必要功能。

工程经济学是应用经济学的一个分支，是根据现代科学技术和社会经济发展的需要，在自然科学和社会科学的发展过程中，各学科相互渗透、相互促进、互动交叉逐渐形成和发展起来的。

#### 2. 工程经济学的产生与发展

工程经济学的历史渊源可以追溯到1887年惠灵顿（Arthnar M.Wellington）出版的《铁路布局的经济理论》。

作为一名建筑工程师，惠灵顿认为资本化的成本分析法，可应用于铁路最佳长度或路线曲率的选择，从而开创了工程领域的经济评价工作。惠灵顿认为，工程经济并不是建造艺术，而是一门少花钱多办事的艺术。

惠灵顿的精辟见解被后来的工程经济学家所承袭。20世纪初，斯坦福大学教授菲什（J.C.L.Fish）出版了第一部直接冠以《工程经济学》（*Engineering Economics*，1915年第1版，1923年第2版）名称的著作。他将投资模型与证券市场联系起来，分析内容包括投资、利率、初始费用与运营费用、商业组织与商业统计、估价与预测、工程报告等。与此同时，戈尔德曼（O.B.Goldman）教授在其《财务工程学》一书中提出了决定相对价值的复利模型。他指出："有一种奇怪而遗憾的现象，就是许多作者在他们的工程著作中，没有或很少考虑成本问题。实际上，工程师的最基本的责任是考虑成本，以便取得真正的经济效益，即赢得最大可能数量的货币，获得最佳的财务效益。"

真正使工程经济学成为一门独立的、系统化科学的学者，是格兰特（Eugeng L.Grant）教授。他在1930年发表了被誉为工程经济学经典之作的《工程经济学原理》。格兰特教授不仅在该书中剖析了古典工程经济的局限性，而且以复利计算为基础，讨论了判别因子和短期评价的重要性，以及资本长期投资的一般比较，首创了工程经济的评价理论和原则。他的许多理论贡献获得了社会公认，故被誉为工程经济学之父。

第二次世界大战之后，工程经济学受凯恩斯主义经济理论的影响，研究内容从单纯的工程费用效益分析扩大到市场供求和投资分配领域，从而取得了重大进展。这当然与两门同工程经济学密切相关的学科的重大发展有关，一门是 1951 年由乔尔·迪安（Joel Dean）教授开创的管理经济学，另一门是“二战”前就已存在，但在 20 世纪 50 年代发生了重要变化的公司理财学（企业财务管理学）。二者对研究公司的资产投资，把计算现金流量的现值方法应用到资本支出的分析上，起着重要作用。1961 年，乔尔·迪安教授出版了《资本预算》一书，不仅发展了现金流量的贴现方法，而且开创了资本限额分配的现代分析方法。

20 世纪 60 年代以来，工程经济学研究主要集中在风险投资、决策敏感性分析和市场不确定因素分析三方面，主要代表人物是美国的德加莫、卡纳达和塔奎因教授。而提供投资分析和公司理财一般理论基础和方法的则是四位先后获得诺贝尔奖的大经济学家：莫迪里安妮（Franco Modigliani）、马克维茨（Harry Markowitz）、夏普（William Sharpe）和米勒（Merton Miller）。德加莫教授偏重于研究工程企业的经济决策分析，他的《工程经济学》（1968）一书以投资形态和决策方案的比较研究，开辟了工程经济学对经济计划和公用事业的应用研究途径。卡纳达教授的理论重视外在经济因素和风险性投资分析，代表作为《工程经济学》（1980）。塔奎因教授等人的理论则强调投资方案的选择与比较，他们提出的各种经济评价原则（如利润、成本与服务年限的评价原则、盈亏平衡原则和债务报酬率分析等）成为美国工程经济学教材中的主要理论。美国俄勒冈州立大学工业和通用工程系主任 J·L·里格斯教授（曾任世界生产力科学联合会主席）1977 年出版的《工程经济学》为其代表作。

近些年来，西方工程经济学理论出现了宏观经济研究的新趋势，工程经济中的微观部分效果分析正逐渐同宏观的社会效益研究、环境效益分析结合在一起，国家的经济制度和政策等宏观问题成为当代工程经济学研究的新内容。

我国对工程经济学的研究和应用起步于 20 世纪 70 年代后期，其发展过程大致分为以下几个阶段：①雏形阶段（20 世纪 50 年代初），为经济分析方法应用阶段，经济分析方法开始应用于工程技术中；②第一阶段（20 世纪 60 ~ 70 年代初），为经济效果学阶段，经济分析方法在工程建设和许多领域得到广泛应用；③第二阶段（20 世纪 70 年代），为停滞、涣散阶段；④第三阶段（20 世纪 80 年代以后），为蓬勃发展阶段。工程经济学的原理和方法在经济建设的项目评价中得到系统、广泛的应用，学科体系、理论与方法、性质与对象的研究不断深入，形成了较完整的学科体系。

当前，工程经济学的原理和方法已广泛应用于我国建设项目投资决策分析、项目评估和管理中。随着市场经济的发展，工程经济学理论方法的应用范围不断扩大，如对工程项目经济规模的论证与评价，工程项目对资源开发利用与有效配置的论证与评价，项目技术改造的论证与评价等。此外，工程经济学的理论方法也不断扩展到其他领域。在环境研究领域，可研究环境污染与生态恢复工程经济评价、环境改造工程经济效果分析等；在资源技术经济领域，可研究替代能源及新能源技术开发项目的经济分析、重大能源项目的经济分析等；在信息经济领域，可研究高新知识产业项目经济效果和社会效益分析；在公共项目领域，可研究政府公共项目评价理论与方法、大型区域开发项目经济分析与社会分析等。

总之，在我国未来的经济发展和技术进步中，工程经济学科的建设和创新也将面临新的机遇与挑战，相关理论与方法的应用领域不断扩展，学科价值不断提升。

## 1.2 工程经济学的研究对象和一般程序

### 1.2.1 工程经济学的研究对象

工程经济学的研究对象是工程项目技术经济分析的最一般方法，即研究采用何种方法、建立何种方法体系，才能正确评价工程项目的有效性，才能寻求到工程与经济的最佳结合点。工程经济学不研究工程技术原理与应用本身，也不研究影响经济效果的各种因素，而是研究各种工程技术方案的经济评价方法。

注意，不要把工程经济学研究对象和工程经济分析对象混为一谈，工程经济学为具体工程项目分析提供方法基础，而工程经济分析的对象则是具体工程项目。这里所说的工程项目不仅是指固定资产建造和购置活动中具有独立设计方案，能够独立发挥功能的工程整体，而且更主要的是指投入一定资源的计划、规划和方案，并可以进行分析和评价的独立单位。因此，工程项目的含义是十分广泛的，它可以大到一个水利枢纽工程，小到一项技术革新，甚至一个零部件的更换。复杂的工程项目总是由许多不同内容的子项目所组成，每个子项目由于具有独立的功能和明确的费用投入，因而都可以作为进一步进行工程经济分析的对象。例如，我们可以把一个钢铁厂的改造项目作为经济分析的对象，同时，还可以把钢铁厂中的炼钢车间和热处理车间作为工程经济分析的对象。

### 1.2.2 工程经济分析的一般程序

工程经济分析主要是对各种可行的技术方案进行综合分析、计算、比较和评价，全面衡量其经济效益，以做出最佳选择，为决策者提供科学依据。

工程经济分析的一般过程如图 1-1 所示。

#### 1. 确定目标

工程经济分析的目的在于比较方案优劣进行选优，要比较就应有共同的目标。由需要形成问题，由问题产生目标，再依目标去寻求最佳方案。目标是根据问题性质、范围、原因和任务设定的，是工程经济分析至关重要的一环。若目标确定错误，会导致分析失误或失败，从而造成浪费。在确定目标时要有长远和总体观点，使目标具体、明确，主次分明。

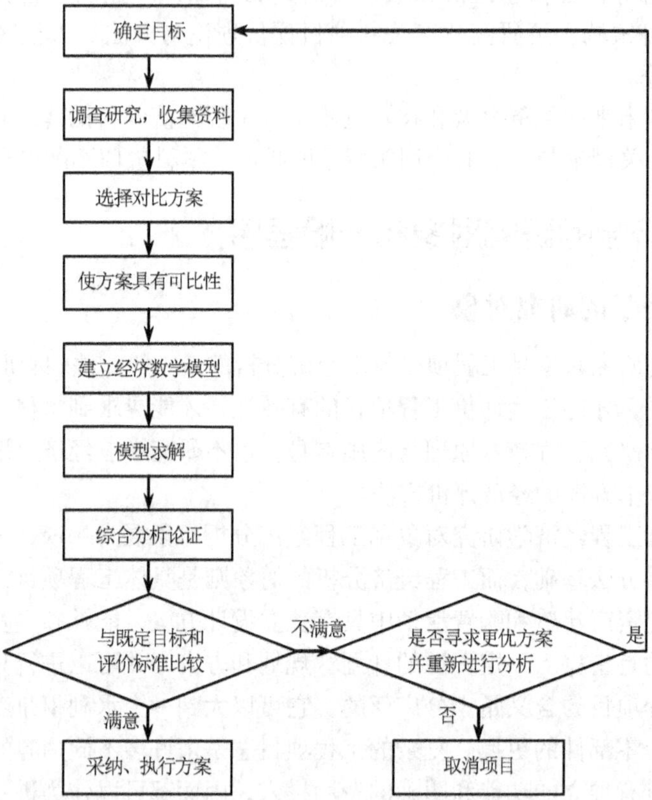


图 1-1　工程经济分析程序图

2．调查研究，收集资料

目标确定后，要对现实目标的需求进行调查研究，分析是否具有实现目标所需的资源、技术、经济和信息等条件。资料是分析的基础，资料正确与否，直接影响分析的质量，资料要真实、先进、及时和全面。

3．选择对比方案

方案是分析比较的对象。为了有利于比较、鉴别和优选，在工程经济分析初期，应首先对能够实现既定目标的各种途径进行充分挖掘。在占有资料的基础上，对比方案应尽可能多一些，提供充分的比较对象，以确保优选质量。

4．使方案具有可比性

若进行比选的方案指标和参数各不相同，则难以直接比较。故需要对一些不能直接对比的指标进行处理，使方案在使用价值上等同化，将不同的数量和质量指标尽可能转化为统一的可比性指标。通常，可比性指标要转化为货币指标，应该且必须满足可比性要求。

#### 5．建立经济数学模型

经济数学模型是工程经济分析的基础和手段，通过建立经济数学模型，进一步规定方案的目标体系和约束条件，为以后的经济分析创造条件。

#### 6．模型求解

把各种具体资料和数据代入数学模型中运算，求出各方案主要经济指标的具体数值并进行比较，初步选择方案。

#### 7．综合分析论证

在对不同方案指标分析计算的基础上，再进行整个指标体系和相关因素的定量和定性的综合比较分析，选出最优方案。

#### 8．与既定目标和评价标准比较

将最后选定的方案与既定目标和评价标准比较，符合的就采纳，不符合的则重新按照此程序进行其他替代方案的分析。

## 1.3 学习工程经济学的必要性

#### 1．工程技术人员学习工程经济学的必要性

合理分配和有效利用现有资源满足人类社会的需要，是当今人类社会面临的一项艰巨任务。从个人投资到重大工程项目的建设，都需要运用工程经济学的知识，进行经济分析与决策。作为一名现代的工程技术人员，不仅需要精通专业技术，也需要具有经济头脑。因此，学习工程经济学的必要性主要体现在以下两个方面。

（1）学习工程经济学是正确做出经济决策的前提。世界上各种资源是有限的，工程技术人员的任务就是要合理分配和有效利用现有资金、劳动力、原材料、能源等资源，以满足人类需要。所以，如何使产品以最低的成本可靠地实现产品的必要功能是工程技术人员必须考虑和解决的问题，而做出合理分配和有效利用资源的决策，则必须依靠工程经济学的相关理论和知识。

（2）学习工程经济学是提高产品竞争力的保证。尽管产品是由工人在生产过程中制造出来的，但是产品的技术先进程度和制造费用的高低，在很大程度上是由工程技术人员在设计产品和选择工艺过程中早已决定的。如果工程技术人员在设计产品、选择工艺时不考虑市场需要，不考虑生产成本，产品就没有竞争能力，无人购买，就不能实现其价值和使用价值，生产这种产品的企业也就无法生存和发展。通过学习工程经济学，工程技术人员

将有意识在产品设计与制造的全过程中既注意提高其性能和质量，又注意降低生产成本，做到物美价廉。

在建设工程领域，工程经济学的研究客体是由建设项目生产过程、建设管理过程等组成的一个多维系统，通过所考察系统的预期目标和所拥有的资源条件，分析该系统的现金流量，选择合适的技术方案，以获得最佳的经济效果。运用工程经济学理论和方法可以解决建设工程从决策、设计到施工及运行各阶段的许多技术经济问题，如在施工阶段，要确定施工组织方案、施工进度安排、设备和材料的选择等，若忽略了技术方案的工程经济分析，将可能造成重大经济损失。通过工程经济的学学习，有助于我们增强经济观念，运用工程经济分析基本理论和经济效果的评价方法，将建设项目管理建立在更加科学的基础之上。

**2．工程经济分析人员的基本要求**

任何工程技术活动都离不开经济。任何计划和生产都应被财务化，最终都导向经济目标，并用经济尺度去检查工程技术和工程管理活动的效果。因此，工程经济分析人员应做到以下几点。

（1）正确了解国家的经济、技术发展战略和有关政策。国家的发展战略和有关政策牵动全局，影响深远，其中，国民经济发展战略是在各项具体工作中确定决策目标的依据。没有明确的目标，拟定方案就是盲目的，分析评价就没有正确的标准，也就谈不上决策的科学化。我国经济工作中的许多失误都可归纳为缺乏统一的、明确的决策目标。国家的各项经济、技术政策是为实现发展战略服务的，是在具体工作中进行各项决策时所要考虑的重要的外部条件。例如，产业政策反映了国家从国民经济整体发展的角度对重要资源在各产业部门间配置与流动的总体布局，技术政策表明了国家对技术发展方向和发展重点的总体要求。只有在各项经济技术工作中都严格执行国家的产业政策和技术政策，才能保证整个国民经济的健康发展。国家的各项税收政策、金融政策、物价政策、外资、外贸、外汇政策等也都会对具体的经济技术决策产生实际的影响。所以，正确了解国家的发展战略和有关政策是实现决策科学化的重要前提。

（2）要会做预测工作。在复杂的经济和技术工作中，单靠对本部门、本企业所处环境的某种感觉或直觉来进行决策变得越来越不管用，而且还会导致很多失误。因此，对经济和技术的未来发展情况做出准确的预测，无疑能为我们做出正确的决策提供依据，减少或避免发生决策失误。所以，对任何决策来说，预测是一个关键问题。所谓预测，就是对于决策问题有关的各种内部外部情况所进行的预计，是对尚未发生或目前还不明确的事物进行的事先估计或推测，是对事物发展将导致的结果进行探讨和研究。科学的预测是决策科学化的一个重要组成部分，是科学化决策的一项重要工具。

（3）要学会拟定多种替代方案，并从中选择最优方案。事物的好与坏、优与劣，都是相比较而言的。所以，在决策过程中只有拟定一定数目的、具有一定质量的备选方案，进行对比选择，才能保证决策的科学性。如果仅有单一方案，没有任何替代方案可供比较选择，这样做出的决策是很危险的。

在当代的经济技术条件下，要解决一个问题，总是可以根据不同的经验，从不同的角度构思出多种途径和方法。在构思出多种方案之后，还要进一步确定各个方案的细节，估计各个方案的执行结果。这就要求将预计到的各个方案影响决策目标的全部后果，毫无遗漏地揭示出来，客观地加以描述。这里自然应该既考虑直接后果，又考虑间接后果；既考虑有形后果，又考虑无形后果；既考虑有利方面，又考虑不利方面，通过综合比较从中选出最好的方案。不应该先入为主，对某个方案有主观偏爱，更不应该为了争取上级批准某个方案，夸大一面而掩盖另一面，使项目的可行性变成上级的“可批性”，使严肃的工程经济分析流于形式。

（4）要善于把定性分析和定量分析结合起来。以定性分析为主的传统的决策方法是一种在占有一定资料的基础上，根据决策人员的经验、直觉、学识、洞察力和逻辑推理能力来进行决策的方法。这种决策方法具有主观性，属于经验型决策。

20 世纪 50 年代以后，随着应用数学和计算机的发展，在经济决策中引入了更多的定量分析方法。由于定量分析方法的引入，使得决策不再仅以感觉为基础，而是以定量分析为基础，使决策更具有科学性的色彩。这是因为，定量计算不仅能使与决策问题有关的因素的研究更加精确化和深刻化，而且有利于发现研究对象的实质和规律。特别是对决策中的不确定因素和风险问题，通过定量分析，可以做出相对准确的判断，便于决策者选择。因此可以说，定量分析使决策的质量有了更大程度的提高。

当然，采用以定量分析为主的决策方法并不排斥定性分析，甚至可以说，定性分析是不可或缺的。这是因为工程经济问题十分复杂，变化很多，有的指标根本无法用数量表示，因此还必须做出定性分析。正确的做法应该是把定量分析和定性分析结合起来，同时加强调查研究，提高定性分析的客观性，减少主观成分。

## 复习思考题

1. 简答题

（1）工程与经济的关系如何？

（2）什么是工程经济学？

（3）工程经济学的研究对象是什么？

（4）工程经济分析的一般程序有哪些？

（5）为什么学习工程经济学？

**2．选择题**（四个选项为单选题，五个选项为多选题）

（1）工程经济学是以（　　）为主体，以（　　）为核心，研究如何有效利用资源、提高经济效益的科学。

A．工程，经济系统　　B．工程，技术系统

C．工程项目，技术—经济系统　　D．工程项目，经济系统

（2）（　　）的研究对象是工程项目技术经济分析的最一般方法。

A．工程经济学　B．工程经济分析　C．技术经济学　D．投资项目评估学

（3）被誉为“工程经济学之父”的人物是（　　）。

A．里格斯　B．惠灵顿　C．格兰特　D．布西

（4）工程经济学研究各种工程技术方案的经济效益，是指研究各种技术在使用过程中（　　）。

A．使最少的产出建立在最大的投入情况下

B．如何以最小的投入获得预期产出

C．如何以等量的投入获得最大产出

D．如何用最少的供给满足最大的需求

E．如何用最短的寿命周期成本实现产品、作业及服务的必要功能

（5）下列关于工程经济学说法错误的是（　　）。

A．工程经济学的研究方法只是做理论研究

B．工程经济学是以具体的工程项目为主体

C．工程经济学侧重于方法论研究

D．工程经济学是西方经济学的组成部分，是其基础

E．静态和动态分析相结合是工程经济学的分析方法的一个特点

**3．判断题**

（1）工程经济学横跨工程科学和经济科学两个领域，是一门交叉科学。（　　）

（2）先进技术的应用都能带来经济上的高效益。（　　）

（3）工程经济学的研究对象是具体的工程项目。（　　）

（4）工程经济学是应用经济学的一个分支，专门研究工程技术方案的经济可行性。（　　）

（5）工程经济学研究的核心内容是寻求项目或技术方案的最佳经济效果。（　　）

（6）工程经济学中经济的主要含义是指节约。（　　）

# 第 2 章　建设项目可行性研究

## 知识导航

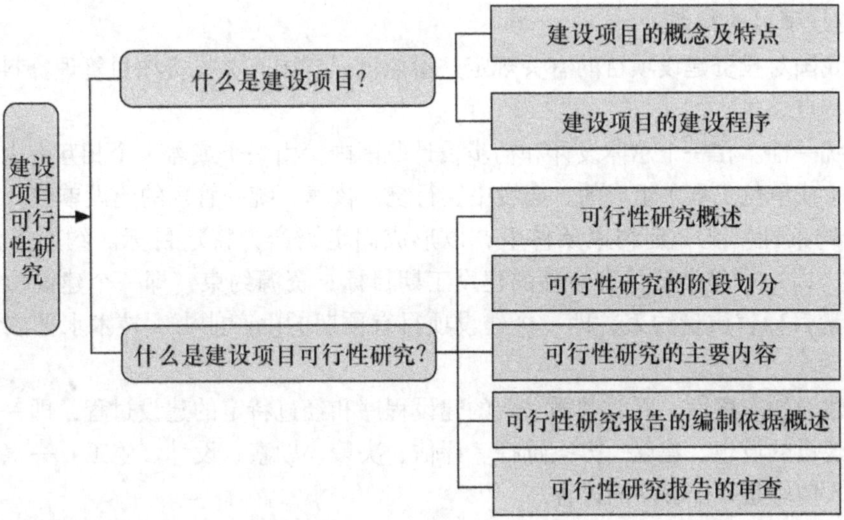


## 学习目标

☑ 掌握建设项目的基本概念。
☑ 掌握建设项目的建设程序。
☑ 掌握可行性研究的内容。
☑ 了解可行性研究报告的编制依据。

# 2.1 建设项目概述

## 2.1.1 建设项目的概念及特点

### 1. 建设项目

建设项目是项目中最重要的一类。一个建设项目就是一项固定资产投资项目，既有基本建设项目，如新建、扩建等扩大生产能力的建设项目，又有技术改造项目，即以节约、增加产品品种、提高质量、治理“三废”、劳动安全为主要目的的项目。建设项目是指需要一定量的投资，经过决策和实施（设计、施工等）的一系列程序，在一定的约束条件下以形成固定资产为明确目标的一次性事业。

### 2. 建设项目的特点

根据我国对投资建设项目的有关规定并参照世界各国有关投资项目管理资料，建设主要有以下特点。

（1）统一性。在一个总体设计和初步设计范围内，由一个或若干个相互有内在联系的单项工程（或单位工程）组成的、建设中实行统一核算、统一管理的建设单位。

（2）约束性。在一定约束条件下，以形成固定资产为特定目标。约束条件包括：时间约束，即一个建设项目有合理的建设工期目标；资源约束，即一个建设项目有一定的投资总量目标；质量约束，即一个建设项目有预期的生产能力、技术水平或使用效益目标。

（3）建设的有序性。需要遵循必要的建设程序和经过特定的建设过程，即一个建设项目从提出建设的设想、建议、方案选择、评估、决策、勘察、设计、施工，一直到竣工、投产或投入使用是一个有序的过程。

（4）一次性。按照特定的任务，项目具有一次性特点的组织形式，表现为投资的一次性投入，建设地点的一次性固定，设计的单一，施工的单件性。

（5）具有投资限额标准。只有达到一定限额投资的才作为建设项目，不满限额标准的称为零星固定资产购置。随着改革开放的深入，这一限额将逐步提高，如投资50万元以上的称为建设项目。

## 2.1.2 建设项目的建设程序

建设项目的建设程序是指在项目建设工作中必须遵循的先后次序，是建设项目从决策、设计、施工到竣工验收、投入生产或交付使用的整个工作过程中各个阶段的工作顺序。它是工程建设过程客观规律的反映，是建设项目科学决策和顺利进行的重要保证。

项目建设过程是一种把投资转化为固定资产的经济活动，这一活动纵横向联系、内外部联系均比较复杂，涉及面广，环节多，是一种多行业、多部门密切配合的综合性较强的经济活动。因此，在建设过程中，包含紧密相连、环环相扣，有其前后顺序和阶段的过程，不同阶段有不同的内容，既不允许混淆，又不允许颠倒与跳跃。因此，建设项目必须有组织有计划地按顺序进行。

世界各国和国际组织在建设项目建设程序上可能存在着某些差异，但按照建设项目发展的内在规律，其投资建设活动都要经过投资决策和建设实施两个发展阶段。这两个发展阶段又可分为若干个阶段，它们之间存在着严格的先后次序，可以进行合理的交叉，但不能任意颠倒次序。

**1. 国外工程项目建设的主要步骤**

从美国、英国、法国、德国、日本等国的情况看，国外工程项目建设的全过程分为以下阶段。

（1）第一阶段　投资前阶段（Pre-investment Phase），包括投资设想、可行性研究、评价报告等。

（2）第二阶段　投资阶段（Investment Phase），进行谈判和签订工程合同，项目设计、施工安装、试运转。

（3）第三阶段　生产阶段（Operational Phase），正式投产。

国外基本建设一般包括以下几个主要步骤：①投资设想；②可行性研究；③投资决策；④谈判与签订合同；⑤以选购设备材料为主的工程设计；⑥由承包施工单位负责的实施设计或称施工详图设计；⑦施工安装；⑧竣工验收，提供使用；⑨维持与管理。

以世界银行贷款项目为例，其建设周期包括项目选定、项目准备、项目评估、项目谈判、项目实施和项目总结评价六个阶段。每一阶段的工作深度决定着项目在下一阶段的发展，彼此相互联系、相互制约。在项目选定阶段，要根据借款申请国所提出的项目清单，进行鉴别选择，通常根据项目性质选择符合世界银行贷款原则，有助于当地经济和社会发展的急需项目。被选定的项目经过 1 ~ 2 年的项目准备，提出详细可行性研究报告，由世界银行组织专家进行项目评估之后，与申请国进行贷款谈判、签订协议，然后进入项目的勘察设计、采购、施工、生产准备和试运转等实施阶段，在项目贷款发放完成后 1 年左右进行项目的总结评价。正是由于其科学、严密的项目周期，保证了世界银行在各国的投资保持着较高的成功率。

**2. 我国工程建设项目的建设程序**

按照我国现行规定，项目的建设程序可以分为 4 个时期和 9 个主要阶段，如图 2-1 所示。

（1）建设前期。建设前期也称项目投资决策阶段，其工作主要包括项目建议书和可行性研究两个阶段。在投资者（业主）项目投资决策后，应报相关主管部门审批。

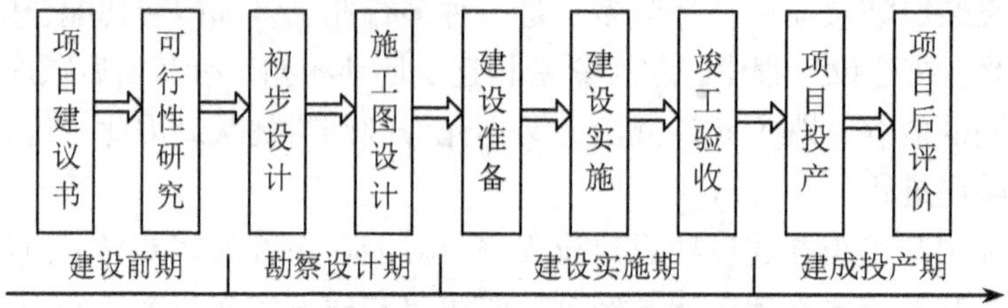


**图 2-1 我国工程建设项目的一般建设程序**

1）项目建议书。项目建议书是投资者（业主）根据国民经济、社会发展和行业、地区发展规划的要求，结合资源条件和市场调查及预测等，对准备建设的项目提出的轮廓性设想和建议，是向国家提出项目建设的建议性文件。项目建议书一般由专业机构和专业人员在调查研究、收集资料和综合分析的基础上提出。项目建议书的内容视项目的不同而有繁有简，但应包括以下几方面：①项目提出的必要性和依据。②产品方案、拟建规模和建设地点的初步设想。③资源情况、建设条件、协作关系和设备技术引进国别、厂商的初步分析。④投资估算、资金筹措及还贷方案设想。⑤项目进度安排。⑥经济效益和社会效益的初步估计。⑦环境影响的初步评价。

对于政府投资项目，项目建议书按要求编制完成后，应根据建设规模和限额划分分别报送相关部门审批。项目建议书经批准后，可进行详细的可行性研究工作，并不一定代表项目非上不可，批准的项目建议书不是项目的最终决策。

根据《国务院关于投资体制改革的决定》（国发［2004］20 号），对于企业不使用政府资金投资建设的项目，政府不再进行投资决策性质的审批，项目实行核准制或登记备案制，企业不需要编制项目建议书，可直接编制可行性研究报告。

2）可行性研究。项目可行性研究是投资前期的重要工作，可行性研究结果也是项目决策的重要依据。可行性研究是对工程项目在技术上是否可行和经济上是否合理进行全面、综合、深入的研究和科学的论证。可行性研究的内容包括论证建设缘由、选择建设地点、研究建设条件与技术方案、估算项目投资、拟定资金筹措方案、分析项目成本与利润、进行经济评价等。建设项目的可行性研究一般应委托具有相应资质的工程咨询单位进行。可行性研究未通过的项目不得进行下一步工作。

3）项目投资决策审批。根据《国务院关于投资体制改革的决定》的规定，政府投资项目和非政府投资项目分别实行审批制、核准制或备案制。

对于采用直接投资和资本金注入方式的政府投资项目，一般都要经过符合资质要求的咨询中介机构进行评估论证，特别重大的项目还应实行专家评议制度。国家逐步实行政府投资项目公示制度，广泛听取各方面的意见和建议。政府需要从投资决策的角度审批项目建议书和可行性研究报告，除特殊情况外不再审批开工报告，同时还要严格审批其初步设计和概算，对采用投资补助、转贷和贷款贴息方式的政府投资项目，则只审批资金申请报告。

对不使用政府资金投资建设的非政府投资项目，一律不再实行审批制，区别不同情况实行核准制或登记备案制。①核准制。企业投资建设《政府核准的投资项目目录》中的项目时，仅需向政府提交项目申请报告，不再经过批准项目建议书、可行性研究报告和开工报告的程序。②备案制。对于《政府核准的投资项目目录》以外的企业投资项目，实行备案制。除国家另有规定外，由企业按照属地原则向地方政府投资主管部门备案。

为扩大大型企业集团投资决策权，对基本建立现代企业制度的特大型企业集团，投资建设《政府核准的投资项目目录》中的项目时，可以按项目单独申报核准，也可编制中长期发展建设规划，规划经国务院或国务院投资主管部门批准后，规划中属于《政府核准的投资项目目录》中的项目不再另行申报核准，只需办理备案手续。企业集团要及时向国务院有关部门报告规划执行和项目建设情况。

（2）勘察设计期。勘察设计期的主要工作一般划分为两个阶段，即初步设计和施工图设计。重大项目和技术复杂项目，可根据需要增加技术设计阶段。

1）初步设计。初步设计是根据可行性研究报告要求所做的具体实施方案，是为了阐明在指定的地点、时间和投资控制数额内，拟建项目在技术上的可行性和经济上的合理性，并通过对工程项目做出的基本技术经济规定，编制项目总概算。通常初步设计不得随意改变被批准的可行性研究报告所确定的建设规模、产品方案、工程标准、建设地址和总投资等控制目标。如果初步设计提出的总概算超过可行性研究报告总投资的10%以上或其他主要指标需要变更时，应说明原因和计算依据，并重新向原审批单位报批可行性研究报告。

2）技术设计。技术设计应根据初步设计和更详细的调查研究资料编制，以进一步解决初步设计中的重大技术问题，如工艺流程、建筑结构、设备选型及数量确定等，使工程项目的设计更具体、更完善，技术指标更好。

3）施工图设计。施工图设计应根据初步设计或技术设计的要求，结合现场实际情况，完整地表现建筑物外形、内部空间分割、结构体系、构造状况以及建筑群的组成和周围环境的配合，还包括各种运输、通信、管道系统、建筑设备的设计。在工艺方面，应具体确定各种设备的型号、规格及各种非标准设备的制造加工图。

根据建设部 2000 年颁布的《建筑工程施工图设计文件审查暂行办法》规定，建设单位应当将施工图报送建设行政主管部门，由建设行政主管部门委托有关审查机构，进行结构安全和强制性标准、规范执行情况等内容的审查。审查的主要内容包括：建筑物的稳定性、安全性，地基基础和主体结构体系的安全性、可靠性；符合消防、节能、环保、抗震、卫生、人防等有关强制性标准、规范；施工图达到规定的深度要求；不损害公众利益。

建设单位将施工图报建设行政主管部门审查时，还应同时提供批准的立项文件或初步设计批准文件、主要的初步设计文件、工程勘察成果报告和结构计算书及计算软件名称。

施工图一经审查批准，不得擅自进行修改，如遇特殊情况需要进行涉及审查主要内容的修改时，必须重新报请原审批部门，由原审批部门委托审查机构审查后再批准实施。

（3）建设实施期。项目建设实施阶段主要包括建设准备、建设实施和竣工验收三个阶段。

1）建设准备。建设准备是在项目开工建设之前切实要做好的各项准备工作。其主要内容包括：征地、拆迁和场地平整；完成施工用水、电、通信、道路等接通工作；组织招标选择工程监理单位、承包单位及设备、材料供应商；准备必要的施工图纸。

建设单位完成工程建设准备工作并具备工程开工条件后，应首先到规定的工程质量监督机构办理工程质量监督注册手续，然后及时办理施工许可证。办理质量监督注册手续时需提供下列资料：施工图设计文件审查报告和批准书；中标通知书和施工、监理合同；建设单位、施工单位和监理单位工程项目的负责人和机构组成；施工组织设计和监理规划（监理实施细则）以及其他需要的文件资料。

根据建设部2001年7月发布的《建筑工程施工许可管理办法》规定，从事各类房屋建筑及其附属设施的建造、装修装饰和与其配套的线路、管道、设备的安装，以及城镇市政基础设施工程的施工，业主在开工前应当向工程所在地的县级以上人民政府建设行政主管部门申请领取施工许可证，必须申请领取施工许可证的建筑工程未取得施工许可证的，一律不得开工。对于工程投资额在30万元以下或者建筑面积在300平方米以下的建筑工程，可以不申请办理施工许可证。

2）建设实施。建设实施即建设项目的施工。各项建设准备工作完成以及年度建设计划批准后，建设项目应立即开始施工。项目新开工时间，是指工程项目设计文件中规定的任何一项永久性工程第一次正式破土开槽开始施工的日期，不需开槽的工程，正式开始打桩的日期就是开工日期。铁路、公路、水库等需要进行大量土、石方工程的，以开始进行土方、石方工程的日期作为正式开工日期。工程地质勘察、平整场地、旧建筑物的拆除、临时建筑、施工用临时道路和水、电等工程开始施工的日期不能算做正式开工日期。

施工安装活动应按照工程设计要求、施工合同条款及施工组织设计，在保证工程质量、工期、成本及安全、环保等目标的前提下进行，达到竣工验收标准后，由施工承包单位移交给建设单位。

3）竣工验收。当工程项目按设计文件的规定内容和施工图纸的要求全部建完后，便可组织验收。竣工验收是投资成果转入生产或使用的标志，也是全面考核工程建设成果、检验设计和工程质量的重要步骤。

按照国家现行规定，工程项目按批准的设计文件所规定的内容建成，符合验收标准，即工业项目经过投料试车（带负荷运转）合格，形成生产能力的；非工业项目符合设计要求，能够正常使用的，都应及时组织验收，办理固定资产移交手续。

我国对工程项目竣工应达到标准有明确的基本规定，各类工程项目除了应遵循这些共同标准外，还要结合专业特点确定其竣工应达到的具体条件。对某些特殊情况，工程施工虽未全部按设计要求完成，也可进行验收。

在竣工验收准备阶段，建设单位应认真做好工程竣工验收的准备工作，主要包括：①整理技术资料。技术资料主要包括土建施工、设备安装方面及各种有关的文件、合同和试生产情况报告等。②绘制竣工图。工程项目竣工图是真实记录各种地下、地上建筑物等详细情况的技术文件，是对工程进行交工验收、维护、扩建、改建的依据，同时也是使用单位长期保存的技术资料。③编制竣工决算。建设单位必须及时清理所有财产、物资和未花完或应收回的资金，编制工程竣工决算，分析概（预）算执行情况，考核投资效益，报请主管部门审查。

根据国家现行规定，规模较大、较复杂的建设项目应先进行初验，然后进行正式验收。规模较小、较简单的工程项目，可以一次进行全部项目的竣工验收。

工程项目全部建完，经过各单位工程的验收，符合设计要求，并具备竣工图、竣工决算、工程总结等必要文件资料，由项目主管部门或建设单位向负责验收的单位提出竣工验收申请报告。

竣工验收要根据投资主体、工程规模及复杂程度由国家有关部门或建设单位组成验收委员会或验收组。验收委员会或验收组负责审查工程建设的各个环节，听取各有关单位的工作汇报。审阅工程档案、实地查验建筑安装工程实体，对工程设计、施工和设备质量等做出全面评价。不合格的工程不予验收，对遗留问题要提出具体解决意见，限期落实完成。

4）生产准备。对生产性建设项目而言，生产准备是项目投产前由建设单位进行的一项重要工作。它是衔接建设和生产的桥梁，是项目建设转入生产经营的必要条件。建设单位应适时组成专门班子做好生产准备工作，确保项目建成后能及时投产。

生产准备工作的内容根据项目或企业的不同，其要求也各不相同，但一般应包括以下主要内容：①招收和培训生产人员。招收项目运营过程中所需的人员，并采用多种方式进行培训。特别要组织生产人员参加设备的安装、调试和工程验收工作，使其能尽快掌握生产技术和工艺流程。②组织准备。主要包括生产管理机构设置、管理制度和有关规定的制定、生产人员配备等。③技术准备。主要包括国内装置设计资料的汇总，有关国外技术资料的翻译、编辑，各种生产方案、岗位操作法的编制以及新技术的准备等。④物资准备。主要包括落实原材料、协作产品、燃料、水、电、气等的来源和其他需协作配合的条件，并组织工装、器具、备品、备件等的制造或订货。

（4）建成投产期。工程建设项目的建成投产期是项目的生产经营阶段，其目的是实现经营目标，归还贷款和回收资金。

1）项目投产。在完成生产准备、项目竣工验收合格后，即转入项目的投产期或运行期，开始进行产品的生产、销售等。在该期间应做好确保和提高产品质量、降低产品成本、加强售后服务等工作。

2）项目后评价。在项目建成投产并达到设计生产能力后（一般为项目投产 3 年后），根据项目实际发生的数据以及后续年限的预测数据，对项目的技术水平、经营管理、产品市场、成本和效益等进行综合分析和评价，比较项目建成后的实际情况与项目建设前期可行性研究中设定的目标，找出两者的差距及存在问题、原因及影响因素，提出改进意见和建议，为今后同类项目的建设前期评估和决策提供参考和分析的依据。项目后评价一般应由项目审批单位委托具有相应资质的工程咨询单位进行。

## 2.2 可行性研究的内容

### 2.2.1 可行性研究概述

#### 1．可行性研究的含义

可行性研究（Feasibility Study）是对投资建议、工程项目建设等方案的确定所进行的系统、科学、综合的研究、分析和论证。建设项目可行性研究则是根据国民经济长期发展规划、地区发展规划和行业发展规划的要求，对拟建工程项目在技术、工程和经济上是否合理可行，进行全面分析、系统论证、多方案比较和综合评价，为编制和审批设计任务书提供可靠依据的一项工作。

可行性研究的任务是以市场为前提，以技术为手段，以经济效果为最终目标，对拟建的投资项目，在投资前期全面、系统地论证该项目的必要性、可能性、有效性和合理性，做出对项目可行或不可行的评价。

可行性研究工作最早是在 20 世纪 30 年代美国开发田纳西河流域时开始试行的，作为流域开发规划的重要阶段。第二次世界大战结束后，由于科学技术的发展和经济建设的需要，可行性研究在大型工程项目中得到广泛应用，成为投资项目决策前的一个重要的工作阶段。现在，世界各国对重要投资项目都普遍要进行可行性研究。

#### 2．可行性研究的目的

可行性研究的目的是对提出的投资建议、工程项目建设方案进行尽可能详细的调查研究和做出鉴定，并对下一阶段是否终止或继续进行研究提出必要的论证。或者说，其目的是从技术、经济两个方面对不同的技术方案、施工方案等进行全面系统的研究、分析，并对投产后的经济效果进行预测，以判断它是“行”还是“不行”。可行性研究一般要考虑本项目：在技术上是否可行；经济上是否合理；财务上是否赢利，以及需要多少人力、物力和资源，需要多长时间建设，需要多少资金，筹集资金的方式是什么。

经济发达国家早已开始在规划中以“投资前研究”、“预先研究”、“建设意见书”、“技术经济分析”等方法进行各种预测分析，这就是现在称为“可行性研究”的工作。联合国工业发展组织（UNIDO）于 1978 年出版了《工业可行性研究手册》，主张在发展中国家大力推行可行性研究。

1981 年 3 月 3 日国务院在《加强基本建设体制管理、控制基本建设规模的若干规定》中明确规定：所有新建、扩建大中型项目以及利用外资进行基本建设项目都必须进行可行性研究。

在我国社会主义市场经济体制下，可行性研究不但应按各个项目进行，考虑市场的需求，还应从整个国民经济角度出发，对工程项目规模、发展速度、投资安排、投资结构等通盘考虑，进行技术、经济效果分析和论证，以求得最优的工程项目投资方案。这就是说，不但要重视微观的可行性研究，更要重视宏观的可行性研究。

#### 3. 可行性研究的主要作用

可行性研究的主要作用是作为项目投资决策的科学依据，防止和减少决策失误造成的浪费，提高投资效益。经批准的可行性研究报告，其具体作用如下：

（1）作为确定建设项目的依据。可行性研究报告一经审批通过，意味着该项目正式批准立项，可以进行初步设计，所以经批准的可行性研究报告是确定建设项目的依据。

（2）作为编制设计文件的依据。在可行性研究报告中，对项目选址、建设规模、主要生产流程、设备选型和施工进度等方面都做了较详细的论证、研究，为设计文件的编制提供了依据。

（3）作为向银行贷款的依据。可行性研究报告详细预测了项目的财务效益、经济效益和贷款偿还能力。世界银行等国际金融组织，均把可行性研究报告作为申请项目投资贷款的先决条件。我国的银行也都把可行性研究报告作为审批建设项目投资贷款的依据。

（4）作为拟建项目与相关协作单位签订合同或协议的依据。根据可行性研究报告，拟建项目可以与有关协作单位签订原材料、燃料、动力、运输通信、建筑安装、设备购置等方面的协议。

（5）作为政府有关部门批准项目建设执照等的依据。项目在建设中和投产后对市政建设、环境及生态都有影响，因此项目的开工建设需当地市政、规划和环保部门的认可。在可行性研究报告中，对选址、总图布置、环境及生态保护方案等诸方面都做了论证，为申请和批准建设执照提供了依据。

（6）作为施工组织、工程进度安排及竣工验收的依据。可行性研究报告对施工组织、工程进度安排及竣工验收等工作都有明确的要求，所以它是检查施工进度及工程质量的依据。

（7）作为项目后评价的依据。在项目后评估时，以可行性研究报告为依据，将项目的预期效果与实际效果进行对比考核，从而对项目的运行进行全面的评价。

### 2.2.2　可行性研究的阶段划分

按研究的深度不同，可行性研究分为投资机会研究、初步可行性研究和详细可行性研究三个阶段。

### 1. 投资机会研究

投资机会研究（Opportunity Study，OS），也称投资机会鉴别，是指为寻找有价值的投资机会而进行的准备性调查研究。

投资机会研究的重点是对投资环境的分析，如在某一地区或某一产业部门，对某类项目背景、市场需求、资源条件、发展趋势以及需要的投入和可能的产出等方面进行准备性的调查、研究和分析，目的是发现有利的投资机会。

投资机会研究可分为一般机会研究与具体项目机会研究两类。

（1）一般机会研究。一般机会研究是一种全方位的搜索过程，需要进行广泛的调查，收集大量的数据。一般机会研究又可分为三类：

1）地区机会研究。通过调查分析地区的基本特征、人口及人均收入、地区产业结构、经济发展趋势、地区进出口结构等状况，研究、寻找在某一特定地区内的投资机会。

2）部门机会研究。通过调查分析产业部门在国民经济中的地位和作用、产业的规模和结构、各类产品的需求及其增长率等状况，研究、寻找在某一特定产业部门的投资机会。

3）资源开发机会研究。通过调查分析资源的特征、资源的储量、可利用和已利用状况、利用该项资源的产品需求和限制条件等情况，研究、寻找开发某项资源的投资机会。

（2）具体项目机会研究。在一般机会研究初步筛选投资方向和投资机会后，需要进行具体项目的投资机会研究。具体项目机会研究比一般机会研究较为深入、具体，需要对项目的背景、市场需求、资源条件、发展趋势以及需要的投入和可能的产出等方面进行准备性的调查、研究和分析。

机会研究的成果是机会研究报告。机会研究阶段对项目的建设投资和生产成本一般是参照类似项目的数据做粗略的估算，其精确度要求在±30%以内。

### 2. 初步可行性研究

初步可行性研究（Pre-feasibility Study，PS），也称预可行性研究，是在机会研究的基础上，对项目方案进行初步的技术、财务、经济分析和初步的社会、环境评价，对项目是否可行做出初步判断。研究的主要目的是判断项目是否有生命力，是否值得投入更多的人力和资金进行详细可行性研究和辅助研究，并据此做出是否进行投资的初步决定。

初步可行性研究的主要内容包括：项目建设的必要性和依据；市场分析与预测；产品方案、拟建规模和场址环境；生产技术和主要设备；主要原材料的来源和其他建设条件；项目建设与运营的实施方案；投资初步估算、资金筹措与投资使用计划初步方案；财务效益和经济效益的初步分析；环境影响和社会效益的初步评价以及投资风险的初步分析。初步可行性研究的重点，主要是从宏观上分析论证项目建设的必要性和可能性。项目建设的可能性，主要指项目是否具备建设的基本条件，包括市场条件、资源条件、技术条件、资金条件、环境条件以及外部协作配套条件等，其中重点是市场需求分析。

初步可行性研究的深度介于投资机会研究和详细可行性研究之间，这一阶段对建设投资和生产成本的估算一般采用指标估算法，其精确度要求在 ± 20%以内。

通过初步可行性研究，如果认为项目建设是必要的，而且具备了基本的建设条件，就可以根据投资主体以及审批机构的要求，编制项目建议书或初步可行性研究报告。项目建议书和初步可行性研究报告都是初步可行性研究的成果，它们之间的差别表现在具体阐述研究成果时，初步可行性研究报告详尽一些，项目建议书简略一些。有些重大项目，通常是在初步可行性研究报告的基础上摘编项目建议书，在此情况下，项目建议书实际上是初步可行性研究报告的综合篇。

通过初步可行性研究，如果判断项目是有生命力的，就可以进一步进行详细可行性研究。需要指出的是，不是所有项目都必须进行初步可行性研究，小型项目或者简单的技术改造项目在选定投资机会后，可以直接进行详细可行性研究。

### 3．详细可行性研究

详细可行性研究是在项目决策前对项目有关的工程、技术、经济等各方面条件和情况进行详尽、系统、全面的调查与研究分析，对各种可能的建设方案和技术方案进行详细的比较论证，并对项目建成后的经济效益、国民经济和社会效益进行预测和评价的一种科学分析过程和方法，是项目进行评估和决策的依据。详细可行性研究对项目所需的投资和生产费用的计算，误差允许在±10%范围内。

在对拟建项目进行详细可行性研究时，必须在国家有关的规划、政策、法规的指导下完成，同时，还要有相应的各种技术资料。

由于对基础资料的占有程度、研究深度及可靠程度等要求不同，可行性研究各个研究阶段的目的、任务、要求以及所需费用和时间也各不相同，其研究的深度和可靠程度也不同。可行性研究阶段的划分与比较如表 2-1 所示。

表 2-1　可行性研究阶段划分与比较

| 研究阶段 | 主要任务 | 研究所需时间 | 投资估算精确度（%） | 研究费用占总投资比例（%） |
|---|---|---|---|---|
| 机会研究 | 鉴别投资方向，寻找投资机会，提出项目投资建议 | 1 ~ 3 月 | ±30 | 0.2 ~ 1 |
| 初步可行性研究 | 对项目做专题研究，筛选方案，确定项目的初步可行性 | 3 ~ 5 月 | ±20 | 0.25 ~ 1.25 |
| 详细可行性研究 | 对项目进行深入的技术、经济论证，提出结论性建议，确定项目投资的可行性 | 小项目 0.5 ~ 1 年<br>大项目 1 ~ 2 年 | ±10 | 小项目 1 ~ 3<br>大项目 0.8 ~ 1 |

### 2.2.3 可行性研究的主要内容

建设工程项目可行性研究的内容，因项目的性质不同、行业特点不同而有所差别。从总体看，可行性研究的内容与初步可行性研究的内容基本相同，但研究的重点有所不同，研究的深度有所提高，研究的范围有所扩大。可行性研究的重点是项目建设的可行性，必要时还需进一步论证项目建设的必要性。

可行性研究的内容按照国家发展计划委员会 2002 年颁发的《投资项目可行性研究指南》规定，工业项目的可行性研究报告一般要求具备以下主要内容：

1）项目总论。包括项目兴建理由、项目预期目标、项目建设基本条件。

2）市场预测。包括市场预测内容、市场现状调查、产品供需预测、价格预测、竞争力分析、市场风险分析、市场调查与预测方法。

3）资源条件评价。包括资源开发利用的基本要求和资源评价。

4）建设规模与产品方案。包括建设规模方案选择、产品方案选择、建设规模与产品方案比选。

5）场址选择。包括场址选择的基本要求、场址选择研究内容、场址方案比选。

6）技术方案、设备方案和工程方案。包括技术方案选择、主要设备方案选择、工程方案选择、节能措施以及节水措施。

7）原材料燃料供应。包括主要原材料供应方案、燃料供应方案以及主要原材料燃料供应方案比选。

8）总图运输与公用辅助工程。包括总图布置方案、场内外运输方案以及公用工程与辅助工程方案。

9）环境影响评价。包括环境影响评价基本要求、环境条件调查、影响环境因素分析以及环境保护措施。

10）劳动安全卫生与消防。包括劳动安全卫生和消防设施。

11）组织机构与人力资源配置。包括组织机构设置及其适应性分析、人力资源配置以及员工培训。

12）项目实施进度。包括建设工期和实施进度安排。

13）投资估算。包括建设投资估算内容、建设投资估算方法、流动资金估算、项目投入总资金及分年投入计划。

14）融资方案。包括融资组织形式选择、资金来源选择、资本金筹措、债务资金筹措以及融资方案分析。

15）财务评价。包括财务评价内容与步骤、财务评价基础数据与参数选取、销售收入与成本费用估算、新设项目法人项目财务评价、既有项目法人项目财务评价、不确定性分析以及非营利性项目财务评价。

16）国民经济评价。包括国民经济评价范围和内容、国民经济效益与费用识别、影子价格的选取与计算、国民经济评价参数选择、国民经济评价报表编制以及评价指标计算。

17）社会评价。包括社会评价作用、范围、主要内容、步骤及方法。

18）风险分析。包括风险因素识别、风险评估方法、风险防范对策。

19）研究结论与建议。包括推荐方案总体描述、主要比选方案描述以及结论与建议。

可以看出，建设项目可行性研究报告的内容可以概括为三大部分：一是市场研究，包括产品的市场调查和预测研究，这是项目可行性研究的前提和基础，其主要任务是要解决项目的“必要性”问题；二是技术研究，即技术方案和建设条件研究，这是项目可行性研究的技术基础，它要解决项目在技术上的“可行性”问题；三是效益研究，即经济效益的分析和评价，这是项目可行性研究的核心部分，主要解决项目在经济上的“合理性”问题。市场研究、技术研究和效益研究共同构成项目可行性研究的三大支柱。

### 2.2.4 可行性研究报告的编制依据和要求

#### 1. 编制可行性研究报告的主要依据

（1）国民经济发展的长远规划，国家经济建设的方针、任务和技术经济政策。按照国民经济发展的长远规划、经济建设的方针和政策及地区和部门发展规划，确定项目的投资方向和规模，提出需要进行可行性研究的项目建议书。在宏观投资意向的控制下安排微观的投资项目，并结合市场需求，有计划地统筹安排好各地区、各部门和企业的产品生产和协作配套，搞好综合平衡。

（2）项目建议书和委托单位的要求。项目建议书是做各项准备工作和进行可行性研究的重要依据，只有经国家计划部门同意，并列入建设前期工作计划后，方可开展可行性研究的各项工作。建设单位在委托可行性研究任务时，应向承担可行性研究工作的单位，提出对建设项目的目标和要求，并说明有关市场、原料、资金来源以及工作范围等情况。

（3）有关的基础数据资料。进行厂址选择、工程设计、技术经济分析，以便掌握可靠的自然、地理、气象、水文、地质、社会、经济等基础数据资料，以及交通运输与环境保护等资料。

（4）有关工程技术经济方面的规范、标准、定额等，以及国家正式颁布的技术法规和技术标准。这些都是考察项目技术方案的基本依据。

（5）国家或有关主管部门颁发的有关项目评价的基本参数和指标。这些参数和指标主要有基准收益率、社会折现率、折旧率、汇率、贸易费用率、影子工资率、重要投入物的影子价格等。它们是项目可行性研究中财务评价和国民经济评价的基准依据和判别标准。这些参数可由国家统一颁布发行，也可由各主管部门根据行业的特点，对有关项目的技术参数和价格调整系数，根据实际情况进行测算后，自行拟定，报国家有关部门备案。

#### 2. 编制可行性研究报告的要求

为了保证可行性研究报告的科学性、客观性和公正性，防止错误和虚假，可行性研究报告应满足下列要求：

（1）从客观数据出发，通过科学分析，得出可行或不可行的结论。

（2）可行性研究报告的内容深度要达到国家规定的标准，基本内容要完整。为此，调查研究要贯彻始终；要掌握切实可靠的资料，保证资料的全面性、客观性；要坚持按可行性研究的程序进行研究；要按国家规定的格式、内容进行实事求是的编写；要坚持多方案比较，择优选取；要坚持先有论据，后下结论。

（3）为保证可行性研究的质量，承接任务的咨询单位要配齐相关领域的专业人才，要有足够的时间保证，不能走形式，不能草率行事；要严格执行签订的合同，并按合同的要求签订验收可行性研究的工作和报告。

### 2.2.5 可行性研究报告的审查

#### 1．可行性研究报告的审查与评估

咨询单位完成可行性研究工作后报送的可行性研究报告，是投资者（业主）做出投资决策的依据。对可行性研究报告的审查和评估是投资者（业主）科学决策的基础，其目的是要审查和评估可行性研究的内容是否确实、完整，分析和计算是否正确，最终确定投资机会的选择是否合理、可行。

可行性研究报告评估，是指在可行性研究报告编制完成后，由另一家具有相应执业资格的工程咨询单位再一次对拟建项目进行技术、财务、经济等方面的论证，对可行性研究报告所做结论的真实性和可靠性进行核实和评价，如实反映项目潜在的有利和不利因素，对项目的可行性做出明确的结论，为项目业主或有关决策部门进行决策提供依据。

可行性研究报告评估通常在以下情况下进行：①需由政府审批的项目，一般委托有相应执业资格的工程咨询单位进行评估。评估结论是政府决策的依据。②拟对项目贷款的银行，一般自行组织专家组对项目进行评估，评估结论是银行贷款、决策的依据。③项目投资者（业主）为了分析可行性研究报告的可靠性，进一步完善项目方案，聘请另一家工程咨询单位对可行性研究报告进行评估。

#### 2．可行性研究报告评估单位的选择

项目业主为了能快速、正确、科学地做出投资决策，在很大程度上取决于项目可行性研究工作以及可行性研究报告评估工作的准确与否，因此，业主在选择可行性研究评估单位时应掌握具备执业资格、有信誉、有实力三个基本条件。

承担可行性研究报告评估的工程咨询单位，必须依法取得政府有关部门及其授权机构认定的工程咨询单位资格。工程咨询单位资格包括资格等级、咨询专业和服务范围三部分。工程咨询单位应在其执业范围内承担任务并有良好的业绩。

承担可行性研究报告评估的工程咨询单位，应能遵循“公正、科学、可靠”的宗旨和

“敢言、多谋、善断”的行为准则。实事求是，一切从实际情况出发，说实话、办实事，应能做到严谨廉洁、优质高效，既对国家负责，又对投资者负责。

评价可行性评估单位的实力主要是考核专家层次、组织管理能力和装备水平。承担可行性研究报告评估的工程咨询单位，应有自己的专家队伍，有一批能胜任评估任务的项目经理，善于综合优化多种咨询方案和意见，做出正确的判断和结论；应具有规范化、制度化和现代化的管理和装备，并有组织高层次评估专家组的能力。

### 3. 可行性研究报告审查的主要内容

项目投资者（业主）对可行性研究报告审查的内容主要包括九个方面。

（1）建设工程项目的必要性。从国民经济和社会发展等宏观角度，审查建设工程项目是否符合国家的产业政策、行业规划和地区规划，是否符合经济和社会发展的需要；分析市场预测是否准确，项目规模是否经济合理，产品的品种、性能、规格构成和价格是否符合国内外市场需求的趋势和有无竞争能力。

（2）建设条件与生产条件。项目所需资金能否落实，资金来源是否符合国家有关政策规定；分析选址是否合理，总体布置方案是否符合国土规划、城市规划、土地管理和文物保护的要求和规定；项目建设过程中和建成后原料、燃料的供应条件，以及供电、供水、供热、交通运输等要求能否落实；项目的“三废”治理是否符合保护生态环境的要求。

（3）工艺、技术、设备。分析项目采用的工艺、技术、设备是否符合国家的技术发展政策和技术装备政策，是否可行、先进、适用、可靠，是否有利于资源的综合利用，是否有利于提高产品质量，降低消耗，提高劳动生产率；项目所采用的新工艺、新技术、新设备是否安全可靠；引进设备有无必要，是否符合国家有关规定和国情，能否与国内设备、零配件、工艺技术相互配套。

（4）建筑工程的方案和标准。建筑工程有无不同方案的比选，分析推荐的方案是否经济、合理；审核工程地质、水文、气象、地震等自然条件对工程的影响和采取的治理措施；建筑工程采用的标准是否符合国家的有关规定，是否贯彻了勤俭节约的方针。

（5）基础经济数据的测算。分析投资估算的依据是否符合国家或地区的有关规定，工程内容和费用是否齐全，有无高估冒算、任意提高标准、扩大规模，以及有无漏项、少算、压低造价等情况；资金筹措方式是否可行，投资计划安排是否得当；报告中的各项成本费用计算是否正确，是否符合国家有关成本管理的标准和规定；产品销售价格的确定是否符合实际情况和预测变化趋势，各种税金的计算是否符合国家规定的税种和税率；对预测的计算期内各年获得的利润额进行审核与分析；分析报告中确定的项目建设期、投产期、生产期等时间安排是否切实可行。

（6）财务效益。从项目本身出发，结合国家现行财税制度和现行价格，对项目的投入费用、产出效益、偿还贷款能力以及外汇等财务状况，来判别项目财务上的可行性。

审查财务效益指标主要是复核财务内部收益率、财务净现值、投资回收率、投资利润率、投资利税率和固定资产借款偿还期。涉外项目还应评价外汇净现值、财务换汇成本和财务节汇成本等指标。

（7）国民经济效益。国民经济效益评价是从国家、社会的角度，考虑项目需要国家付出的代价和给国民经济带来的效益。一般审查时用影子价格、影子工资、影子汇率和社会折现率等，分析项目给国民经济带来的净效益，以判别项目经济上的合理性。评价指标主要是审查计算的经济内部收益率、经济净现值、投资效益率等。

（8）社会效益。社会效益包括生态平衡、科技发展、就业效果、社会进步等方面。应根据项目的具体情况，分析和审查可能产生的主要社会效益。

（9）不确定性分析。审查项目的不确定性分析一般应对报告中的盈亏平衡分析、敏感性分析进行鉴定，以确定项目在财务上、经济上的可靠性和抗风险能力。

业主对以上各方面进行审核后，对项目的投资机会进一步做出总的评价，进而做出投资决策。若认为推荐方案成立，可就审查中发现的问题，要求咨询单位对可行性研究报告进行修改、补充和完善，提出结论性意见并上报有关主管部门审批。

**4．可行性研究报告的报批**

按照国家有关规定，可行性研究报告的审批权限划分为以下四级。

（1）所有大中型和限额以上项目的可行性研究报告，按照项目隶属关系由行业主管部门或省、自治区、直辖市和计划单列市审查同意后，报国家发展和改革委员会。国家发展和改革委员会委托中国国际工程咨询公司等有资格的咨询公司，对可行性研究报告进行评估，提出评估报告后，再由国家发展和改革委员会审批。凡投资在 2 亿元以上的项目，由国家发展和改革委员会审核后报国务院审批。

（2）地方投资安排的地方院校、医院及其他文教卫生事业的大中型基本建设工程项目，可行性研究报告由省、自治区、直辖市和计划单列市发展和改革委员会审批，抄报国家发展和改革委员会和有关部门备案。

（3）企业横向联合投资的大中型基本建设项目，凡自行解决资金、能源、原材料、设备，以及投产后的产供销、动力、运力等能够自己落实，而且已经与有关部门、地方、企业签订了合同，不需要国家安排的，可行性研究报告由有关部门或省、自治区、直辖市、计划单列市发展和改革委员会审批，抄报国家发展和改革委员会和有关部门备案。

（4）小型和限额以下项目的可行性研究报告，按照项目隶属关系，分别由主管部门或省、自治区、直辖市、计划单列市发展和改革委员会审批。

可行性研究报告经过正式批准后，应当严肃执行，任何部门、单位或个人都不能擅自变更。确有正当理由需要变更时，需将修改的建设规模、项目地址、技术方案、主要协作条件、突破原定投资控制数、经济效益的提高或降低等内容，报请原审批单位同意，并正式办理变更手续。

## 复习思考题

1．简答题

（1）什么是建设项目？建设项目具有哪些特点？

（2）建设项目遵循的一般建设程序是什么？

（3）可行性研究的含义和特点是什么？

（4）可行性研究的主要作用有哪些？

（5）可行性研究报告的编制依据和要求有哪些？

（6）可行性研究报告由哪些部分组成？

2．选择题（四个选项为单选题，五个选项为多选题）

（1）（　　）是决定投资控制目标的关键阶段，是正确处理技术与经济关系、确定和控制建设项目投资的关键环节。

A．建设项目决策阶段　　B．工程设计阶段

C．招标阶段　　D．实施阶段

（2）建设项目总投资中的（　　）是总投资中最活跃、最敏感的部分，也是建设项目投资控制最核心、最本质的部分。

A．固定资产投资　B．流动资产投资　C．无形资产投资　D．其他资产投资

（3）项目投资估算精度要求在±20%的阶段是（　　）。

A．投资设想　B．机会研究　C．初步可行性研究　D．详细可行性研究

（4）按我国的建设程序，可行性研究应在（　　）进行。

A．建设任务书下达之后　　B．项目建议书被批准之后

C．机会研究完成之后　　D．可行性研究准备完成之后

（5）进行工程项目的可行性研究，旨在解决的问题有（　　）。

A．项目建设的技术可行性　　B．项目建设的必要性

C．项目建设的经济合理性　　D．建设项目的周期性

E．建设项目的可靠性

（6）建设项目的特点是（　　），在现有经济和资源条件下，技术方案的取舍最终由经济效果决定。

A．见效快　　B．运行成本低

C．技术经济指标效果最优　　D．建设周期长

E．投资规模大

3．填空题

（1）广义的可行性研究，按研究的深度，可分为______、______和______三个阶段。

（2）详细可行性研究对项目所需的投资和生产费用的计算误差允许在______范围内。

# 第 3 章　建设项目经济分析的基础知识

## 知识导航

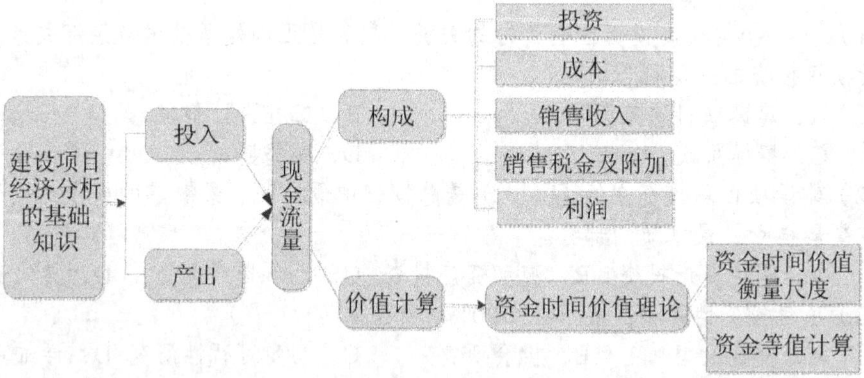


## 学习目标

☑ 熟悉现金流量的主要构成要素及其各要素的组成部分。
☑ 理解资金时间价值。
☑ 掌握名义利率与实际利率。
☑ 掌握资金等值的概念。
☑ 掌握资金等值计算公式并熟练运用以解决实际问题。

# 3.1　现金流量的概念及构成

## 3.1.1　现金流量及其相关概念

### 1. 现金流量

建设项目一般经历投资期、投产期、达产期、稳产期、减产期、回收处理期等阶段，整个过程被称为项目寿命周期。正确确定项目在寿命期内各个时期（各个时间点）的现金流量是项目评价的基础，在工程经济分析中，要把评价的项目视为一个独立的系统。通常，对流入系统的资金收入称为现金流入，对流出系统的资金支出称为现金流出，并把某一个时间点的现金流入与现金流出的差额称为净现金流量。系统的现金流入、现金流出和净现金流量统称为现金流量。现金流量一般以计息期为时间量的单位，用现金流量图或现金流量表来表示。

工程经济学中研究的现金流量同会计学中研究的财务收支是不同的，两者区别如下。

（1）工程经济学研究的是拟建项目未来将发生的现金流量，系统的现金流出和现金流入是预测的，因此，预测的精确性非常重要。而会计学中研究的一般是已经发生了的财务收支的实际数据，因此，统计记录的完整性和真实性非常重要。

（2）工程经济学中的现金流量计算是以特定的经济系统为研究对象的。凡是已流入和流出系统的资金，都视为现金流量，并对应发生的时点。例如，固定资产投资和无形资产投资发生在建设期，已作为一次性支出而计入了现金流出，因此就不能在生产经营中以产品费用中的折旧、摊销形式再计入现金流出，以免重复计算；但是在会计核算中，却以产品成本费用要素的形式逐期计提和摊销。

（3）在工程经济学研究中，由于考察的角度和范围不同，现金流量包括的内容也不同。例如，企业上缴给国家的税金，从企业角度看是现金流出量，但从整个国民经济角度看则既不是现金流出，也不是现金流入，因为社会资源量没有变化，国民收入也未变化，只是在国家范围内资金分配权与使用权的一种转移；而在会计学中，税金被视为企业财务支出。

（4）在工程经济学中的现金流量的现金，不仅指现钞，而且包括转账支票等其他结算凭证；而在会计学中的现金，则仅指现钞，即货币现金。

### 2. 现金流量图

现金流量图是表示项目系统在整个寿命周期内各时间点的现金流入和现金流出状况的一种图示。它是用纵轴表示现金流量，用横轴表示时间坐标的现金流量与时间关系的直角坐标系图，简称现金流量图。

现金流量图包括三大要素：大小、流向与时间点。其中，大小表示资金数额，流向指项目的现金流入或流出，时间点指现金流入或流出所发生的时间。现金流量图的一般形式如图 3-1 所示。

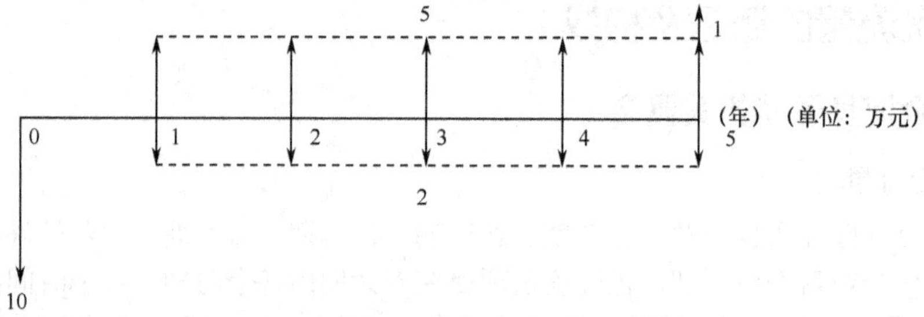


图 3-1　现金流量图

现金流量图的绘制方法为：

（1）水平线表示时间坐标，时间推移从左到右，每个刻度表示一个计息期。

（2）垂直箭线表示现金流量的大小，箭头向上表示现金流入，记为 $CI_t$（Cash Income）；箭头向下表示现金流出，记为 $CO_t$（Cash Output）。现金流量大小与箭线长度成比例。

（3）箭线方向与立足点有关，同一笔资金借贷双方的现金流量方向相反。例如，某工程公司 4 年前在银行存款 1 000 万元，现取出 2 400 万元，则该工程公司和银行关于此项财务活动的现金流量图分别如图 3-2 和图 3-3 所示（单位：万元）。

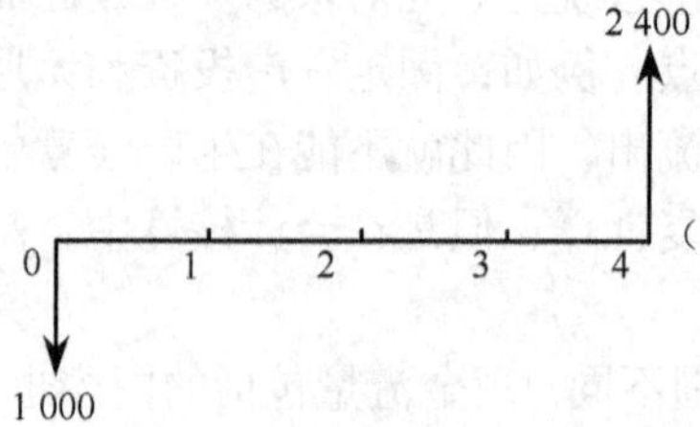


图 3-2　工程公司的现金流量图

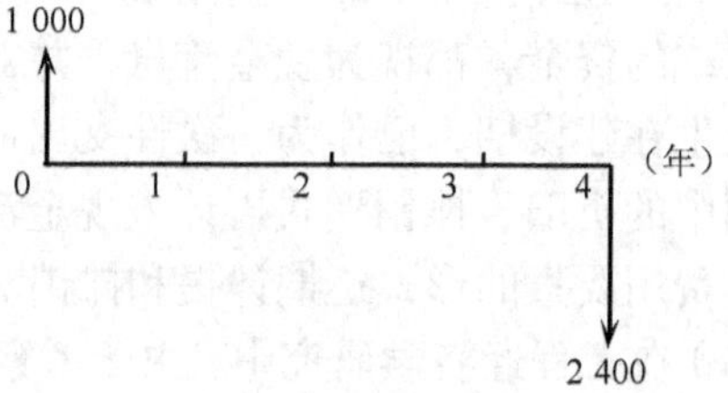


图 3-3　银行的现金流量图

【例 3-1】　某项目第一、二、三年分别投资 100 万元、70 万元、50 万元，以后各年均收益 90 万元，经营费用为 20 万元，寿命期 10 年，期末残值 40 万元。试绘制现金流量图。

【解】该项目的现金流量图如图 3-4 所示。

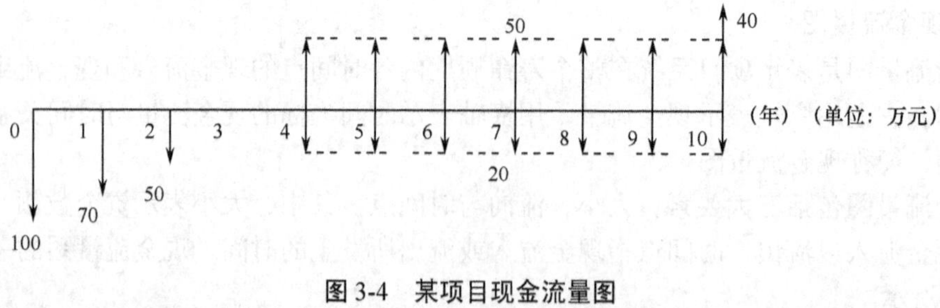


图 3-4　某项目现金流量图

【例 3-2】 某工程项目建设期为 2 年，生产期为 8 年。第一、二年的年初固定资产投资分别为 1 000 万元，第三年年初投入流动资金 400 万元，并一次全部投入。投产后每年获销售收入 1 200 万元，年经营成本及销售税金合计支出 800 万元，生产期的最后一年年末回收固定资产净残值 200 万元及全部流动资金。试绘制该项目的现金流量图。

【解】 该项目的现金流量图如图 3-5 所示。

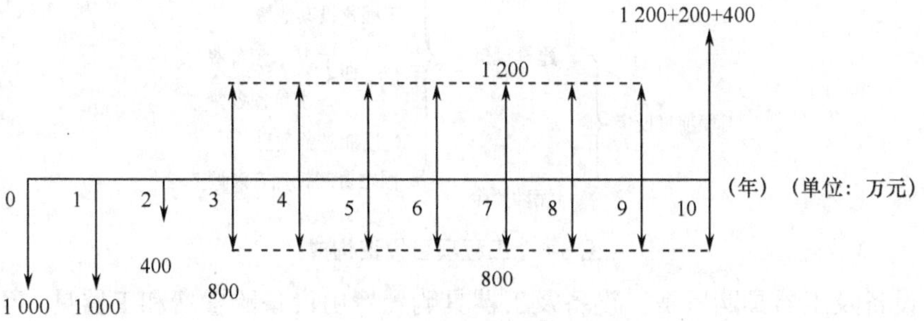


图 3-5 某工程项目现金流量图

3．现金流量估算表

现金流量估算表也是表示现金流量的主要方式，其主要结构如表 3-1 所示。

表 3-1 现金流量估算表（样表）

| 序号 | 项 目 | 计 算 期 | | | | | 合 计 |
|---|---|---|---|---|---|---|---|
| | | 1 | 2 | 3 | … | $n$ | |
| 1 | 现金流入 | | | | | | |
| 1.1 | | | | | | | |
| … | | | | | | | |
| 2 | 现金流出 | | | | | | |
| 2.1 | | | | | | | |
| … | | | | | | | |
| 3 | 净现金流量 | | | | | | |

### 3.1.2 现金流量的构成

在工程经济分析中，投资、成本、销售收入、销售税金及附加、利润等是构成经济系统现金流量的基本要素，也是进行工程经济分析最重要的基础数据。熟悉这些经济概念，对正确估计现金流量是很有帮助的。

1．投资

广义的投资是指人们的一种有目的的经济行为，即以一定的资源投入某项计划，以获得所期望的报酬的活动。投资可以分为生产性投资和非生产性投资，所投入的资源可以是资金，也可以是人力、技术或其他资源。狭义的投资则指人们在社会经济活动中为实现某种预定的生产、经营目标而预先垫支的资金。

建设项目总投资是指某项工程从筹建开始到全部竣工投产为止所发生的全部资金投入。工程项目投资由建设投资和流动资金两大部分组成，如图3-6所示。

- 工程项目投资
  - 建设投资
    - 设备及工器具购置费
    - 建筑安装工程费
    - 工程建设其他费
    - 预备费
      - 基本预备费
      - 涨价预备费
    - 建设期借款利息
    - 固定资产投资方向调节税
  - 流动资金

**图3-6　工程项目投资构成**

（1）设备及工器具购置费。设备及工器具购置费由设备购置费和工器具、生产家具购置费组成，如图3-7所示。

- 设备及工器具购置费
  - 设备购置费
    - 设备原价
      - 国产标准设备原价
        - 国产标准成套设备合同价
        - 国产标准单体设备出厂价
      - 国产非标准设备原价
      - 进口设备抵岸价
    - 设备运杂费
      - 包装和包装材料费
      - 运输费
      - 装卸费
      - 采购及仓库保管费
  - 工器具、生产家具购置费

**图3-7　设备及工器具购置费构成**

设备购置费是指为工程建设项目购置或自制的达到固定资产标准的设备、工具、器具的费用。固定资产的标准是：①使用期限超过一年的机器、机械、运输工具，以及其他与生产有关的设备、工具、器具；②单位价值在2 000元以上，并且使用年限超过2年的不属于生产经营主要设备的物品。

工器具、生产家具购置费是指新建项目或扩建项目初步设计规定必须购置的不够固定资产标准的设备、仪器、工卡模具、器具、生产家具和备品备件的费用。其一般计算公式为：

$$\text{工器具、生产家具购置费}=\text{设备购置费}\times\text{定额费率} \tag{3-1}$$

（2）建筑安装工程费。建筑安装工程费由建筑工程费和安装工程费两部分组成。其详细的构成如图3-8所示。

- 建筑安装工程费
  - 直接工程费
    - 直接费
      - 人工费
      - 材料费
      - 施工机械使用费
    - 其他直接费
    - 现场经费
      - 临时设施费
      - 现场管理费
  - 间接费
    - 企业管理费
    - 财务费用
    - 其他费用
  - 计划利润
  - 税金
    - 营业税
    - 城乡维护建设税
    - 教育费附加

图 3-8 建筑安装工程费构成

直接工程费是指直接用于建筑安装工程施工中的各种费用的总和。间接费是指建筑安装企业为组织施工和进行经营管理，以及间接为建筑安装生产服务的各项费用。计划利润等于一定的基数乘以计划利润率，土建工程和安装工程基数不同，其中土建工程的基数为直接工程费和间接费之和，安装工程的基数为人工费。税金是建筑安装企业根据国家税法规定所应缴纳的税金，主要是营业税、城市维护建设税及教育费附加。

（3）工程建设其他费。工程建设其他费是指从工程筹建到工程竣工验收交付使用为止的整个建设期间，为保证工程建设顺利完成和交付使用后能够正常发挥效用而发生的各项费用。工程建设其他费按其内容大体可分为三类：第一类为土地费用；第二类为与项目建设有关的其他费用；第三类为与未来生产经营有关的费用，如图 3-9 所示。

- 工程建设其他费
  - 土地费
  - 与项目建设有关的其他费
    - 建设单位管理费
    - 勘察设计费
    - 研究试验费
    - 施工机构迁移费
    - 引进技术和进口设备其他费
    - 供电补贴费
    - 临时设施费
    - 工程监理费
    - 工程保险费
  - 与未来企业生产经营有关的其他费
    - 联合试运转费
    - 生产准备费
    - 办公和生活家具购置费

图 3-9 工程建设其他费构成

土地是不可再生的稀缺资源，是工程项目的载体，进行工程经济活动必须涉及土地取得方式及其费用。目前土地费用一般占到工程项目建设投资的 30%左右，个别项目甚至占到 60%～70%。

（4）预备费。预备费又称不可预见费，是为保证工程顺利进行，避免不可预见因素造成投资不足而预先安排的一笔费用，包括基本预备费和涨价预备费。不可预见费以设备及工器具购置费、建筑安装工程费和工程建设其他费之和的 3%～7%估算。

基本预备费是指在项目实施中可能发生的难以预料的支出，又称建设不可预见费，主要指设计变更及施工过程中可能增加工程量的费用。费用内容包括：在批准的初步设计范围内，技术设计、施工图设计及施工过程中所增加的工程和费用；设计变更、局部地基处理等所增加的费用；一般自然灾害所造成的损失和预防自然灾害所采取措施的费用；竣工验收时为鉴定工程质量对隐蔽工程进行必要的挖掘和修复的费用。

涨价预备费是对建设工期较长的项目，由于在建设期内可能发生材料、设备、人工等价格上涨引起投资增加，工程建设其他费用调整，利率、汇率调整等，需要事先预留的费用，亦称价格变动不可预见费。

（5）建设期借款利息。建设期借款利息是指项目在建设期内因使用债务资金而支付的利息。在偿还债务资金时，这部分利息一般也作为本金，计算项目投入使用后备期的利息。建设投资借款的资金来源渠道不同，其建设期贷款利息的计算方法也不同。国内借款利息的计算比较简单，国外借款利息中还要包括承诺费、管理费等。为简化计算，承诺费等一般不单独计算，采用适当提高利息率的方法处理。

在项目的经济分析中，无论各种债务资金是按年计息，还是按季、月计息，均可简化为按年计息，即将名义利率折算为实际年利率。

在项目的经济分析中，假定各种债务资金均在年中支用，即当年借款支用额按半年计息，上年借款按全年计息。建设期每年利息的计算公式为：

$$\text{每年应计利息}=\left(\text{年初借款本息累计}+\frac{\text{本年借款支用额}}{2}\right)\times\text{年利率} \tag{3-2}$$

### 2．成本

工程项目投入使用后，即进入生产经营期。总成本费用是指在一定时期（通常为一年）为生产和销售产品或提供服务而发生的全部费用。在工程经济分析中，总成本费用的构成和计算通常由生产成本加期间费用法和生产要素估算法两种方法计算。在生产经营期内，各年的成本费用由生产成本和期间费用两部分组成。

（1）生产成本加期间费用法。在生产经营期内，各年的成本费用由生产成本和期间费用两部分组成。

1）生产成本的构成。生产成本也称制造成本，是指企业生产经营过程中实际消耗的直接材料费、直接工资、其他直接支出和制造费用。

直接材料费包括企业生产经营过程中实际消耗的原材料、辅助材料、设备零配件、外购半成品、燃料、动力、包装物、低值易耗品以及其他直接材料费。

直接工资包括企业直接从事产品生产人员的工资、奖金、津贴和补贴等。

其他直接支出包括直接从事产品生产人员的职工福利费等。

制造费用是指企业各个生产单位（分厂、车间）为组织和管理生产所发生的各项费用，包括生产单位（分厂、车间）管理人员工资、职工福利费、折旧费、维简费、修理费、物料消耗、低值易耗品摊销、劳动保护费、水电费、办公费、差旅费、运输费、保险费、租赁费（不含融资租赁费）、设计制图费、试验检验费、环境保护费以及其他制造费用。

2）期间费用的构成。期间费用是指在一定会计期间发生的与生产经营没有直接关系和关系不密切的管理费用、财务费用和销售费用。期间费用不计入产品的生产成本，直接体现为当期损益。

管理费用是指企业行政管理部门为管理和组织经营活动发生的各项费用，包括：公司经费（工厂总部管理人员工资、职工福利费、差旅费、办公费、折旧费、修理费、物料消耗、低值易耗品摊销以及公司其他经费）、工会经费、职工教育经费、劳动保险费、董事会费、咨询费、顾问费、交际应酬费、税金（指企业按规定支付的房产税、车船使用税、土地使用税和印花税等）、土地使用费（或海域使用费）、技术转让费、无形资产摊销、开办费摊销、研究发展费以及其他管理费用。

财务费用是指企业为筹集资金而发生的各项费用，包括生产经营期间的利息净支出、汇兑净损失、调剂外汇手续费、金融机构手续费，以及在筹资过程中发生的其他财务费用等。

销售费用是指企业在销售产品、自制半成品和提供劳务等过程中发生的各项费用以及专设销售机构的各项经费，包括应由企业负担的运输费、装卸费、包装费、保险费、委托代销费、广告费、展览费、租赁费（不包括融资租赁费）和销售服务费用、销售部门人员工资、职工福利费、差旅费、办公费、折旧费、修理费、物料消耗、低值易耗品摊销以及其他经费等。

（2）生产要素估算法。企业财务核算中，制造费用、管理费用和营业费用中均包括多项费用，且行业间不尽相同。为便于计算，在工程经济中将工资及福利费、折旧费、修理费、摊销费息支出进行归并后分别列出，另设一项“其他费用”，将制造费用、管理费用、财务费用和销售费用中扣除工资及福利费、折旧费、修理费、摊销费、维简费、利息支出后的费用列入其中。这样，各年成本费用的计算公式为：

$$年成本费用=外购原材料+外购燃料动力+工资及福利费+修理费+折旧费+维简费+摊销费+利息支出+其他费用 \tag{3-3}$$

1）外购原材料成本计算。原材料成本是成本的重要组成部分，计算公式为：

$$原材料成本=年产量\times单位产品原材料成本 \quad (3-4)$$

式（3-4）中，年产量可根据测定的设计生产能力和投产期各年的生产负荷加以确定；单位产品原材料成本是依据原材料消耗定额和单价确定的。企业生产经营过程中所需的原材料种类繁多，在计算时，可根据具体情况，选取耗用量较大的、主要的原材料为对象，依据有关规定、原则和经验数据进行估算。

2）外购燃料动力成本计算。燃料动力成本计算公式为：

$$燃料动力成本=年产量\times单位产品燃料和动力成本 \quad (3-5)$$

3）工资及福利费计算。工资及福利费包括在制造成本、管理费用、销售费用之中，为方便计算，可将以上各项成本中的工资及福利费单独计算。计算可采取以下两种方法。

一是按整个企业职工定员数和人均年工资额计算年工资总额，计算公式为：

$$年工资成本=企业职工定员数\times人均年工资额 \quad (3-6)$$

二是按照不同的工资级别对职工进行划分，分别估算同一级别职工的工资，然后再加以汇总。一般可分为五个级别，即高级管理人员、中级管理人员、一般管理人员、技术工人和一般工人。若有国外技术人员和管理人员，应单独列出。

福利费主要包括职工的保险费、医药费、医疗经费、职工生活困难补助以及按国家规定开支的其他职工福利支出，不包括职工福利设施的支出。一般可按职工工资总额的一定比例提取。

（3）折旧计算。折旧是指在固定资产的使用过程中，随着资产损耗而逐渐转移到产品成本费用中的那部分价值。将折旧费计入成本费用是企业回收固定资产投资的一种手段。按照国家规定的折旧制度，企业把已经发生的资本性支出转移到产品成本费用中去，然后通过产品的销售，逐步回收初始的投资费用。

根据我国财务会计制度的有关规定，计提折旧的固定资产范围包括：房屋、建筑物；在用的机器设备、仪器仪表、运输车辆、工具器具；季节性停用和在修理停用的设备；以经营租赁方式租出的固定资产；以融资租赁方式租入的固定资产。结合我国的企业管理水平，将固定资产分为三大部分、二十二类，按大类实行分类折旧。在进行工程项目的经济分析时，可分类计算折旧，也可综合计算折旧，要视项目的具体情况而定。我国现行的固定资产折旧方法，一般采用平均年限法、工作量法或加速折旧法。

1）平均年限法。平均年限法也称直线法，即根据固定资产的原值、估计的净残值率和折旧年限计算折旧。其计算公式为：

$$折旧费=\frac{固定资产原值\times(1-预计净残值率)}{折旧年限} \quad (3-7)$$

式（3-7）中，固定资产原值根据固定资产投资额、预备费和建设期贷款利息计算求得。

预计净残值率是预计的固定资产净残值与固定资产原值的比率，根据行业会计制度规定，固定资产净残值率按照固定资产原值的 3%～5%确定。特殊情况，如净残值率低于 3%或高于 5%的，由企业自主确定，并报主管财政机关备案。在工程项目的经济分析中，由于折旧年限是根据项目的固定资产经济寿命期决定的，因此固定资产的残余价值较大，净残值率一般可选择 10%，个别行业（如港口等）可选择高于 10%的净残值率。

折旧年限可参照国家有关部门对各类固定资产折旧最短年限做出的规定：房屋、建筑物 20 年；火车、轮船、机械设备和其他生产设备 10 年；电子设备和火车、轮船以外的运输工具，以及与生产、经营业务有关的器具、工具、家具等 5 年。若采用综合折旧方法，项目的生产期即为折旧年限。在工程项目经济分析中，对轻工、机械、电子等行业的折旧年限，一般可确定为 8～15 年；有些项目的折旧年限可确定为 20 年；对港口、铁路、矿山等项目的折旧年限可选择 30 年或 30 年以上。

2）工作量法。也可采用工作量法计算折旧，对于交通运输企业和其他企业专用车队的客货运汽车，按照行驶里程计算折旧费。其计算公式为：

$$\text{单位里程折旧费}=\frac{\text{原值}\times(1-\text{预计净残值率})}{\text{总行驶里程}} \tag{3-8}$$

$$\text{年折旧费}=\text{单位里程折旧费}\times\text{年行驶里程} \tag{3-9}$$

对于大型专用设备，根据工作小时计算折旧费。其计算公式为：

$$\text{每小时折旧费}=\frac{\text{原值}\times(1-\text{预计净残值率})}{\text{总工作小时}} \tag{3-10}$$

$$\text{年折旧费}=\text{每小时折旧费}\times\text{年工作小时} \tag{3-11}$$

3）加速折旧法。加速折旧法又称递减折旧法，是指在固定资产使用初期提取折旧较多，在后期提取较少，使固定资产价值在使用年限内尽早得到补偿的折旧计算方法。它是一种鼓励投资的措施，即国家先让利给企业，加速回收投资，增强还贷能力，促进技术进步。因此只对某些确有特殊原因的建设项目，才准许采用加速折旧法计提折旧。加速折旧的方法很多，主要有双倍余额递减法和年数总和法。

双倍余额递减法是以平均年限法确定的折旧率的双倍乘以固定资产在每个会计期间的期初账面净值，从而确定当期应提折旧的方法。其计算公式为：

$$\text{年折旧率}=\frac{2}{\text{折旧年限}}\times 100\% \tag{3-12}$$

$$\text{年折旧费}=\text{年初固定资产账面原值}\times\text{年折旧率} \tag{3-13}$$

实行双倍余额递减法的固定资产，应当在其固定资产折旧年限到期前两年内，将固定资产净值扣除预计净残值后的净额平均摊销，即最后两年改用直线折旧法计算折旧。

年数总和法是以固定资产原值扣除预计净残值后的余额作为计提折旧的基础，按照逐年递减的折旧率计提折旧的一种方法。采用年数总和法的关键是每年都要确定一个不同的折旧率。其计算公式为：

$$年折旧率=\frac{折旧年限-已使用年限}{折旧年限的年数之和}\times 100\%=\frac{折旧年限-已使用年限}{折旧年限\times(折旧年限+1)\div 2}\times 100\% \quad (3\text{-}14)$$

$$年折旧费=（固定资产原值-预计净残值）\times 年折旧率 \quad (3\text{-}15)$$

在建设项目的经济分析中，一般采用平均年限法计算折旧费。

（4）修理费计算。与折旧费相似，修理费也包括在制造费用、管理费用、销售费用之中。为便于计算和进行经济分析，可将以上各项成本中的修理费单独估算。修理费包括大修理费用和中小修理费用。

在估算修理费时，一般无法确定修理费具体发生的时间和金额，可按照折旧费的一定百分比计算，该百分比可参照同行业的经验数据加以确定。

（5）维简费计算。维简费是指采掘、采伐工业按生产产品数量（采矿按每吨原矿产量，林区按每立方米原木产量）提取的固定资产更新和技术改造资金，即维持简单再生产的资金。企业发生的维简费直接计入成本，其计算方法和折旧费相同。这类采掘、采伐企业不计提固定资产折旧。

（6）摊销费计算。摊销费是指无形资产和其他资产在一定期限内分期摊销的费用。

无形资产是指企业能长期使用而没有实物形态的资产，包括专利权、非专利技术、商标权、商誉、著作权和土地使用权等。

其他资产原称递延资产，是指除固定资产、无形资产和流动资产之外的其他资产。在建设项目的经济分析中，可将生产准备费、办公和生活家具购置费等开办费性质的费用直接形成其他资产。开办费是指企业在筹建期间所发生的各种费用，主要包括在注册登记和筹建期间起草文件、谈判、考察等发生的各项支出，销售网的建立和广告费用，还有筹建期间人员工资、办公费、培训费、差旅费、印刷费、律师费、注册登记费，以及不计入固定资产和无形资产购建成本的汇兑损益和利息等项支出。

无形资产和其他资产的原始价值要在规定的年限内，按年度或产量转移到产品的成本之中，这一部分被转移的无形资产和其他资产的原始价值称为摊销。企业通过计提摊销费，回收无形资产及其他资产的资本支出。计算摊销费采用直线法，并且不留残值。

计算无形资产摊销费的关键是确定摊销期限。无形资产应按规定期限分期摊销。法律、合同或协议规定有法定有效期和受益年限的，按照法定有效期或合同、协议规定的受益年限孰短的原则确定；没有规定期限的，按不少于10年的期限分期摊销。

其他资产的摊销也可采用年限平均法，不计残值，其摊销年限应注意符合税法的要求。

若各项无形资产和其他资产摊销年限相同，可根据全部无形资产和其他资产的原值和摊销年限计算出各年的摊销费；若摊销年限不同，则要分别计算各项无形资产和其他资产的摊销费，然后将其相加，即可得到生产经营期各年的摊销费。

（7）生产经营期利息计算。利息支出是指筹集资金而发生的各项费用，包括生产经营期间发生的利息净支出，即在生产经营期所发生的建设投资借款利息和流动资金借款利息之和。建设投资借款在生产期发生利息的计算公式为：

$$每年支付利息=年初本金累计额\times年利率 \tag{3-16}$$

为简化计算，还款当年按年末偿还，全年计息。

流动资金的借款属于短期借款，利率较长期借款利率低，且利率一般为季利率，3 个月计息一次。在工程经济分析中，为简化计算，一般采用年利率，每年计息一次。

流动资金借款利息计算公式为：

$$流动资金利息=流动资金借款累计金额\times年利率 \tag{3-17}$$

需要引起注意的是，在生产经营期利息是可以进入成本的，因而每年计算的利息不再参与以下各年利息的计算。

（8）其他费用计算。如前所述，其他费用是指在制造费用、管理费用、财务费用和销售费用中扣除工资及福利费、折旧费、修理费、摊销费和利息支出后的费用。

在建设项目经济分析中，其他费用一般可根据成本中的原材料成本、燃料和动力成本、工资及福利费、折旧费、修理费、维简费及摊销费之和的一定百分比计算，并按照同类企业的经验数据加以确定。将上述各项合计，即得出生产经营期各年的成本。

（9）经营成本计算。经营成本是指项目从总成本中扣除折旧费、维简费、摊销费和利息支出以后的成本，即

$$经营成本=总成本-折旧费-维简费-摊销费-利息支出 \tag{3-18}$$

经营成本是工程经济学特有的概念，涉及产品生产及销售、企业管理过程中的物料、人力和能源的投入费用，反映企业的生产和管理水平。在建设项目的经济分析中，经营成本被应用于现金流量的分析。

计算经营成本之所以要从总成本中剔除折旧货、维简费、摊销费和利息支出，主要原因是：

1）现金流量表反映项目在计算期内逐年发生的现金流入和流出。与常规会计方法不同，现金收支何时发生就在何时计算，不做分摊。由于投资已按其发生的时间作为一次性支出被计入现金流出，所以不能再以折旧费、维简费和摊销费的方式计为现金流出，否则会发生重复计算。因此，作为经常性支出的经营成本中不包括折旧费和摊销费，同理也不包括维简费。

2）因为全部投资现金流量表以全部投资作为计算基础，不分投资资金来源，利息支出不作为现金流出，而自有资金现金流量表中已将利息支出单列，因此经营成本中也不包括利息支出。

（10）固定成本与变动成本计算。从理论上讲，年成本费用可分为固定成本、变动成本和混合成本三大类。

1）固定成本是指在一定的产量范围内不随着产量变化而变化的成本，如按直线法计提的固定资产折旧费、计时工资及修理费等。

2）变动成本是指随着产量的变化而变化的成本，如原材料费用、燃料和动力费用等。

3）混合成本是指介于固定成本和变动成本之间，既随产量变化又不成正比例变化的成本，又称半固定和半变动成本，即同时具有固定成本和变动成本的特征。在线性盈亏平衡分析时，要求对混合成本进行分解，以区分出其中的固定成本和变动成本，并分别计入固定成本和变动成本总额之中。在建设项目的经济分析中，为便于计算和分析，可将总成本费用中的原材料费用及燃料和动力费用视为变动成本，其余各项均视为固定成本。之所以做这样的划分，主要目的就是为盈亏平衡分析提供前提条件。

**3．销售收入**

建设项目的收入是估算项目投入使用后生产经营期内各年销售产品或提供劳务所取得的收入。销售产品的收入称为销售收入，提供劳务的收入称为营业收入。

销售收入是项目建成投产后补偿成本、上缴税金、偿还债务、保证企业再生产正常进行的前提，是进行利润总额、销售税金及附加和增值税估算的基础数据。销售收入的计算公式为：

$$销售收入=产品销售单价\times产品年销售量 \tag{3-19}$$

在建设项目经济分析中，产品年销售量应根据市场行情，采用科学的预测方法确定。产品销售单价一般采用出厂价格，也可根据需要选用送达用户的价格。

估算销售收入时，产品销售价格是一个很重要的因素，一般来讲，建设项目的经济效益对其变化是最敏感的，一定要谨慎选择。一般可在口岸价格、市场价格和成本加成价格中进行选择。

如果项目产品是出口产品，或者替代进口产品，或者间接出口产品，可以口岸价格为基础确定销售价格。出口产品和间接出口产品可选择离岸价格（FOB），替代进口产品可选择到岸价格（CIF），或者直接以口岸价格定价，或者以口岸价格为基础，参考其他有关因素确定销售价格。

如果同类产品或类似产品已在市场上销售，并且这种产品既与外贸无关，也不是计划控制的范围，则可选择现行市场价格作为项目产品的销售价格。当然，也可以现行市场价格为基础，根据市场供求关系上下浮动作为项目产品的销售价格。

如果拟建项目的产品属于新产品，则可根据下列公式估算其出厂价格：

$$\text{出厂价格}=\text{产品计划成本}+\text{产品计划利润}+\text{产品计划税金} \tag{3-20}$$

式中

$$\text{产品计划利润}=\text{产品计划成本}\times\text{产品成本利润率} \tag{3-21}$$

$$\text{产品计划税金}=\frac{\text{产品计划成本}+\text{产品计划利润}}{1-\text{税率}}\times\text{税率} \tag{3-22}$$

以上几种情况，当难以确定采用哪种价格时，可考虑选择可供选择方案中价格最低的一种作为项目产品的销售价格。

在工程经济分析中，应首先根据市场需求预测确定项目产品的市场份额，进而合理确定企业的生产规模，再根据企业的设计生产能力确定年产量。在现实经济生活中，产品年销售量不一定等于年产量，这主要是因市场波动而存在库存变化引起的产量与销售量的差别。但在建设项目经济分析中，难以准确地估算出由于市场波动引起的库存量变化，因此在估算销售收入时，不考虑项目的库存情况，假设当年生产出来的产品当年全部售出。这样，就可以根据项目投产后各年的生产负荷确定各年的销售量。如果项目的产品比较单一，用产品单价乘以产量即可得到每年的销售收入；如果项目的产品种类比较多，要根据销售收入和销售税金及附加估算表进行估算，即应首先计算每种产品的年销售收入，然后汇总在一起，求出项目生产经营期各年的销售收入；如果产品部分销往国外，还应计算外汇收入，并按外汇牌价折算成人民币，然后再计入项目的年销售收入总额中。

#### 4．销售税金及附加

销售税金是根据商品或劳务的流转额征收的税金，属于流转税的范畴。销售税金包括增值税、消费税、营业税、城市维护建设税、资源税。附加是指教育费附加，其征收的环节和计费的依据类似于城乡维护建设税。所以，在建设项目的经济分析中，一般将教育费附加并入销售税金项内，视同销售税金处理。

（1）增值税。增值税是对我国境内销售货物、进口货物以及提供加工、修理修配劳务的单位和个人，就其取得货物的销售额、进口货物金额、应税劳务收入额计算税款，并实行税款抵扣制的一种流转税。

在工程经济分析中，增值税作为价外税可以不包括在销售税金及附加中，也可以包含在销售税金及附加中。如果不包括在销售税金及附加中，产出物的价格不含有增值税中的销项税，投入物的价格中也不含有增值税中的进项税。但在销售税金及附加的估算中，为了计算城乡维护建设税和教育费附加，有时还需要单独计算增值税额，作为城乡维护建设税和教育费附加的计算基数。增值税是按增值额计税的，可按下列公式计算：

$$增值税应纳税额=当期销项税额-当期进项税额 \quad (3-23)$$

式（3-23）中，销项税额是指纳税人销售货物或提供应税劳务，按照销售额和增值税率计算并向购买方收取的增值税额。其计算公式为：

$$\begin{aligned}销项税额&=销售额\times增值税率\\&=销售收入（含税销售额）\div（1+增值税率）\times增值税率\end{aligned} \quad (3-24)$$

进项税额是指纳税人购进货物或接受应税劳务所支付或者负担的增值税额。其计算公式为：

$$进项税额=外购原材料、燃料及动力费\div（1+增值税率）\times增值税率 \quad (3-25)$$

（2）消费税。消费税是对工业企业生产、委托加工和进口的部分应税消费品按差别税率或税额征收的一种税。消费税是在普遍征收增值税的基础上，根据消费政策、产业政策的要求，有选择地对部分消费品征收的一种特殊的税种。目前，我国的消费税共设11个税目、13个子目。消费税的税率有从价定率和从量定额两种。其中，黄酒、啤酒、汽油、柴油产品采用从量定额计征的方法；其他消费品均为从价定率计税，税率从3%到45%不等。

消费税采用从价定率和从量定额两种计税方法计算应纳税额，一般以应税消费品的生产者为纳税人，于销售时纳税。应纳税额计算可采用从价和从量两种计税方式。

1）实行从价定率办法计算的。

$$\begin{aligned}应纳税额&=应税消费品销售额\times适用税率\\&=\frac{销售收入（含增值税）}{1+增值税率}\times消费税率\end{aligned} \quad (3-26)$$

2）实行从量定额方法计算的。

$$应纳税额=应税消费品销售数量\times单位税额 \quad (3-27)$$

应税消费品的销售额是指纳税人销售应税消费品向买方收取的全部价款和价外费用，不包括向买方收取的增值税税款。消费税应税消费品的销售数量，是指应税消费品的数量。其中，销售应税消费品的，为应税消费品的销售数量；自产自用应税消费品的，为应税消费品的移送使用数量；委托加工应税消费品的，为纳税人收回的应税消费品数量；进口的应税消费品，为海关核定的征税数量。

（3）营业税。营业税是对在我国境内从事交通运输业、建筑业、金融保险业、邮电通信业、文化体育业、娱乐业、服务业或有偿转让无形资产、销售不动产行为的单位和个人，就其营业额所征收的一种税。营业税税率是 3%～20%。应纳税额的计算公式为：

$$应纳税额=营业额\times 适用税率 \quad (3\text{-}28)$$

在一般情况下，营业额为纳税人提供应税劳务、转让无形资产、销售不动产时向对方收取的全部价款和价外费用。

（4）城乡维护建设税。城乡维护建设税是以纳税人实际缴纳的流转税额为计税依据征收的一种税。城乡维护建设税按纳税人所在地区实行差别税率：项目所在地为市区的，税率为 7%；项目所在地为县城、镇的，税率为 5%；项目所在地为乡村的，税率为 1%。

城乡维护建设税以纳税人实际缴纳的增值税、消费税、营业税税额为计税依据，并分别与上述三种税同时缴纳。其应纳税额计算公式为：

$$应纳税额=（增值税+消费税+营业税）的实纳税额\times 适用税率 \quad (3\text{-}29)$$

（5）教育费附加。教育费附加是为了加快地方教育事业的发展，扩大地方教育经费的资金来源而开征的一种附加费。根据有关规定，凡缴纳消费税、增值税、营业税的单位和个人，都是教育费附加的缴纳人。教育费附加随消费税、增值税、营业税同时缴纳。教育费附加的计征依据是各缴纳人实际缴纳的消费税、增值税、营业税的税额，征收率为 3%。其计算公式为：

$$应纳教育费附加额=（消费税+增值税+营业税）的实纳税额\times 3\% \quad (3\text{-}30)$$

（6）资源税。资源税是国家对在我国境内开采应税矿产品或者生产盐的单位和个人征收的一种税。实质上，它是对因资源生成和开发条件的差异而客观形成的级差收入征收的。资源税的征收范围包括：①矿产品。包括原油、天然气、煤炭、金属矿产品和其他非金属产品。②盐。包括固体盐、液体盐。

资源税的应纳税额，按照应税产品的课税数量和规定的单位税额计算。应纳税额的计算公式为：

$$应纳税额=应税产品课税数量\times 单位税额 \quad (3\text{-}31)$$

课税数量是指纳税人开采或者生产应税产品用于销售的，以销售数量为课税数量；纳税人开采或者生产应税产品自用的，以自用数量为课税数量。

### 5. 利润

（1）利润总额的计算。利润总额是企业在一定时期内生产经营活动的最终财务成果。它集中反映了企业生产经营各方面的效益。

现行会计制度规定，利润总额等于营业利润加上投资净收益、补贴收入和营业外收支净额的代数和。其中，营业利润等于主营业务收入减去主营业务成本和主营业务税金及附加，加上其他业务利润，再减去营业费用、管理费用和财务费用后的净额。在对建设项目进行经济分析时，为简化计算，在估算利润总额时，假定不发生其他业务利润，也不考虑投资净收益、补贴收入和营业外收支净额，本期发生的总成本等于主营业务成本、营业费用、管理费用和财务费用之和，并且视项目的主营业务收入为本期的销售（营业）收入，主营业务税金及附加为本期的销售税金及附加。利润总额的估算公式为：

利润总额=产品销售（营业）收入−销售税金及附加−总成本费用　（3-32）

根据利润总额可计算所得税和净利润，在此基础上可进行净利润的分配。在建设项目的经济分析中，利润总额是计算一些静态指标的基础数据。

（2）所得税的计算。根据税法的规定，企业取得利润后，先向国家缴纳所得税，即凡在我国境内实行独立经营核算的各类企业或者组织者，来源于我国境内、境外的生产、经营所得和其他所得，均应依法缴纳企业所得税。

企业所得税以应纳税所得额为计税依据。纳税人每一纳税年度的收入总额减去准予扣除项目的余额为应纳税所得额。

纳税人发生年度亏损的，可用下一纳税年度的所得弥补；下一纳税年度的所得不足以弥补的，可以逐年延续弥补，但是延续弥补期最长不得超过5年。

企业所得税的应纳税额计算公式为：

所得税应纳税额=应纳税所得额×所得税税率　（3-33）

在建设项目的经济分析中，一般是按照利润总额作为企业所得，乘以25%税率计算所得税，即

所得税应纳税额=利润总额×25%　（3-34）

（3）净利润的分配。净利润是指利润总额扣除所得税后的差额。计算公式为：

净利润=利润总额−所得税　（3-35）

在建设项目的经济分析中，一般视净利润为可供分配的净利润，可按照下列顺序分配：① 提取盈余公积金。一般企业提取的盈余公积金分为两种。一是法定盈余公积金，在其金额累计达到注册资本的50%以前，按照可供分配的净利润的10%提取，达到注册资本的50%，可以不再提取；二是法定公益金，按可供分配的净利润的5%提取。② 向投资者分配利润（应付利润）。企业以前年度未分配利润，可以并入本年度向投资者分配。③ 未分配利润，即未做分配的净利润。可供分配利润减去盈余公积金和应付利润后的余额，即为未分配利润。

销售收入、成本费用、税金和利润的关系如图3-10所示。

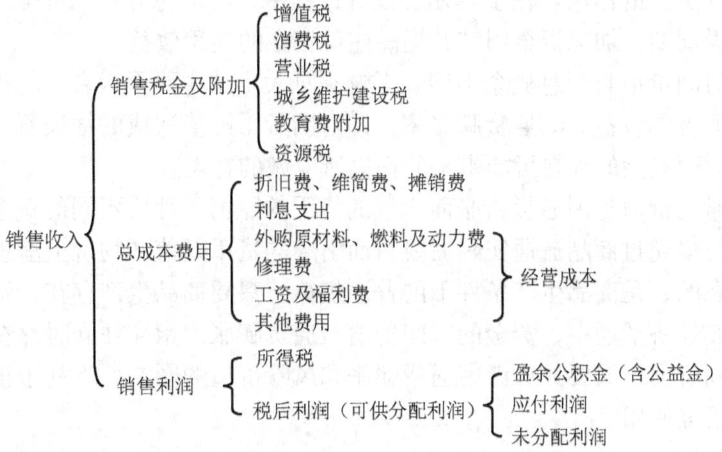


图 3-10　销售收入、成本费用、税金和利润的关系

# 3.2　资金时间价值

## 3.2.1　资金时间价值的含义

### 1. 资金时间价值的内涵

货币如果作为贮藏手段保存起来，不论经过多长时间仍为同等数量的货币，而不会发生数值的变化。货币的作用体现在流通中，货币作为社会生产资金参与再生产的过程即会得到增值，带来利润。货币的这种现象，一般称为资金的时间价值。

资金的时间价值是指资金在生产经营及其循环、周转过程中，随着时间的推移能产生新的价值，其表现就是资金的利息或纯收益。

对于资金的时间价值，可以从两个方面理解：

（1）资金随着时间的推移，其价值会增加，这种现象叫做资金增值。增值的原因是资金的投资和再投资。1 元钱今年到手和明年到手是不一样的，先到手的资金可以用来投资而产生新的价值，因此，今年的 1 元钱比明年的 1 元钱更值钱。从投资者的角度来看，资金的增值特性使资金具有时间价值。

（2）资金一旦用于投资，就不能用于现期消费。牺牲现期消费是为了能在将来得到更多的消费，个人储蓄的动机和国家积累的目的都是如此。从消费者的角度看，资金的时间价值体现在为对放弃现期消费的损失所应做的必要补偿。

资金具有时间价值并不意味着货币本身能够增值，而是因为资金代表一定量的物化产物，并在生产和流通过程中与劳动相结合，才会产生增值。资金的时间价值原理在生产实践过程中有广泛的应用，其最大的作用在于使资金的流向更加合理和易于控制，从而使有限的资金发挥更大的作用。在基本建设投资过程中，必须充分考虑资金的时间价值，千方百计缩短建设周期，加速资金周转，提高建设资金的使用效益。

资金的时间价值与利息概念不同。影响利息大小的主要因素有：①投资收益率，即单位投资所能取得的收益。②通货膨胀率，即对因货币贬值造成的损失所应做的补偿。③风险因素，即对因风险的存在可能带来的损失所应做的补偿。

资金的时间价值与因通货膨胀而产生的货币的贬值是性质不同的概念。通货膨胀是指由于货币发行量超过商品流通实际需要量而引起的货币贬值和物价上涨现象。资金时间价值是客观存在的，是商品生产条件下的普遍规律，只要商品生产存在，资金就具有时间价值。但在现实经济活动中，资金的时间价值与通货膨胀因素往往同时存在。因此，既要重视资金的时间价值，又要充分考虑通货膨胀和风险价值的影响，以利于正确的投资决策和合理有效的资金使用。

### 2．资金时间价值的度量

衡量资金时间价值的尺度有两种：一是绝对尺度，即利息、赢利或收益；二是相对尺度，即利率、赢利率或收益率。

利息是货币资金借贷关系中借方支付给贷方的报酬。利息是劳动者为全社会创造的剩余价值（社会纯收入）的再分配部分。借贷双方的关系是国家通过银行，在国家、企业、个人之间调节资金余缺的相互协作关系。所以贷款要计算利息，固定资金和流动资金的使用也采取有偿和付息的办法，其目的都是鼓励企业改善经营管理，鼓励节约资金，提高投资的经济效果。

利率是指在一定时间所得利息额与投入资金的比例，也称使用资金的报酬率。它反映了资金随时间变化的增值率，是衡量资金时间价值的相对尺度，一般以百分数表示。用于表示计算利息的时间单位称为计息周期，有年、季、月或日等不同的计息长度。因为计息周期不同，所以表示利率时应该注明时间单位。

如果将一笔资金存入银行，这笔资金就称为本金。经过一段时间之后，储户可在本金之外再得到一笔利息，这一过程可表示为：

$$F_n = P + I_n \tag{3-36}$$

式中，$F_n$ 表示本利和；$P$ 表示本金；$I_n$ 表示利息。$n$ 表示计算利息的周期数，即计息周期。

利息通常根据利率来计算。利率是单位本金经过一个计算周期后的增值额。其表达式为：

$$i = \frac{I_1}{P} \times 100\% \tag{3-37}$$

式中，$i$ 表示利率；$I_1$ 表示一个计算周期的利息。

### 3.2.2 利息、利率及其计算

通过前面的分析可以看出，利息是占用资金所付出的代价（或放弃使用资金所得到的补偿）。利率是在一个计息周期内所得的利息额与借贷金额（本金）之比。

**1. 单利与复利**

利息的计算有单利计息和复利计息之分。

（1）单利法。单利法是指仅用本金计算利息，不将先前计算周期中产生的利息累加到本金中去计息，即利息不再生利息。

单利法的计算公式为：

$$F_n = P(1+ni) \tag{3-38}$$

推导 第 1 年 $F_1 = P + P \cdot i = P(1+i)$

第 2 年 $F_2 = P(1+i) + P \cdot i = P(1+2i)$

……

第 $n$ 年 $F_n = P\{1+(n-1)i\} + P \cdot i = P(1+ni)$

即 $n$ 个利息周期后的本利和为：

$$F_n = P(1+ni)$$

（2）复利法。复利法是指由本金加上先前计息周期中累积利息额的总和进行计息，即利息再生利息。复利计息求本利和的计算公式为：

第 1 年 $F_1 = P + P \cdot i = P(1+i)$

第 2 年 $F_2 = P(1+i) + P(1+i) \cdot i = P(1+i)^2$

……

第 $n$ 年 $F_n = P(1+i)^{n-1} + P(1+i)^{n-1} \cdot i = P(1+i)^n$

即 $n$ 个利息周期后的本利和为：

$$F_n = P(1+i)^n \tag{3-39}$$

复利法的计算比较符合客观的经济发展情况，所以考虑资金的时间因素，在工程经济分析中，应采用复利的计算方法。

复利法分为普通复利法（又称间断复利）和连续复利法。① 普通复利法是以年为单位计算复利的一种方法，每年只计算一次利息。② 连续复利法又分为两种：一是一年内连续计算数次利息，即平常采用以月、季等为单位计算利息就属于这种方法；二是一年内连续计算无数次利息，即假定一年内不是计算有限次数，而是无数次的连续计算利息，换句话说，以日、时、分和秒为单位计算利息。

2．名义利率与实际利率

前面介绍的普通复利公式，是以年为单位计算利率的。但在实际工作中，有许多贷款业务规定，一年进行几次计息，如以半年、季、月等时间单位计息。这是再进行现金流量的折算，就应以名义利率与实际利率计算。

（1）名义利率。假定有一笔贷款交易，要求每月按 1%的复利支付利息，则年名义利率为 1%×12=12%。所以

$$年名义利率（r）=周期利率\times每年的计息次数（m） \quad （3\text{-}40）$$

由于计息的周期长短不同，同一笔资金在占用时间相等的情况下，所付的利息会有较大的差别，这将会影响方案的经济效益指标。这时需要将方案贷款计息的年名义利率换算成年实际利率后再进行比较。

（2）实际利率。若本金为 $P$，一年中计息次数为 $m$，每个计息周期的利率为 $r/m$，则一年之后的本利和为：

$$F = P(1+\frac{r}{m})^m \quad （3\text{-}41）$$

这时年实际利率 $i$ 为：

$$i = \frac{F-P}{P} = \frac{P(1+\frac{r}{m})^m - P}{P} = (1+\frac{r}{m})^m - 1$$

上面的公式是一年中复利计息次数有限时，名义利率与实际利率的换算公式。当每年中的复利计息次数 $m$ 无限增加时，则年实际利率为：

$$i = \lim[(1+\frac{r}{m})^{\frac{m}{r}}]^r - 1$$

因为 $\lim(1+\frac{r}{m})^{\frac{m}{r}} = e$，所以，$i=e^r-1$。

这种计息方式称为连续复利。可见，每年计息次数不同的年名义利率，只有把它们换算成相应的年实际利率，彼此之间才是可比的，否则是不可比的。因为如果年名义利率一定，每年的计息次数越频繁，则年实际利率与年名义利率之间的差额就越大；如果每年的计息次数一定，年名义利率越高，年实际利率与年名义利率之间不仅绝对差额而且相对差额也越大。

为了比较，我们将年名义利率为 10%的不同计息周期的年实际利率列出，如表 3-2 所示。

表 3-2　不同计息周期下的实际利率比较

| 计息周期 | 一年内计息次数 $m$ | 每期利率 $r/m$（%） | 年实际利率 $i$（%） |
|---|---|---|---|
| 一年 | 1 | 10.000 | 10.000 |
| 半年 | 2 | 5.000 | 10.250 |
| 按季 | 4 | 2.5 | 10.381 |
| 按月 | 12 | 0.833 | 10.471 |
| 按天 | 365 | 0.027 | 10.516 |
| 连续 | ∞ | 0.000 | 10.517 |

**【例 3-3】**　某企业要购置新设备，有两家银行可提供贷款。甲银行年利率为 16%，按年复利计息；乙银行年利率为 15%，按月复利计息。试问：向哪家银行贷款为宜？

**【解】** 甲银行的年实际利率就是年名义利率，即年实际利率为 16%。

乙银行的年名义利率为 15%，其年实际利率为：

$$i=\left(1+\frac{r}{m}\right)^{m}-1=\left(1+\frac{0.15}{12}\right)^{12}-1=16.075\%$$

计算结果表明，乙银行的年实际利率高于甲银行的年实际利率，故应向甲银行贷款。

### 3.2.3　资金等值计算

1．资金等值的概念

资金等值是在时间因素的作用下，在不同的时点绝对值不等的资金具有相同的价值。例如，现在的 100 元与一年以后的 106 元，虽然绝对数量不等，但如果在年利率为 6%的情况下，这两个时间点上的两笔绝对值不同的资金是“等值”的。

在方案对比中，由于资金的时间价值作用，使得各方案在不同时间点上发生的现金流量无法直接比较，必须把在不同时间点上的现金按照某一利率折算至某一相同的时间点上，使之等值以后方可进行比较。这种计算过程称为资金的等值计算。

影响资金等值的因素有三个：资金金额的大小、资金发生的时间和利率。在已定资金额及时点情况下，利率是决定资金等值的主要因素。

我们把将来某一时点的资金金额换算成现在时点等值金额的过程称为“折现”或“贴现”。而将来时点上的资金贴现后的资金金额称为“终值”或“将来值、本利和”。需要说明的是，“现值”并非专指一笔资金“现在”的价值，它是一个相对的概念。一般来说，将第 $t+k$ 时点上发生的资金贴现到第 $t$ 时点，所得的等值金额就是第 $t+k$ 时点上资金金额的现值，进行资金等值计算中使用的反映资金时间价值的参数叫贴现率。实际上，贴现率可以看做收益率。

2．资金等值的计算公式

在考虑资金时间价值的情况下，不同时间点上发生的现金收入和支出的数值是不能直接相加减的，只能通过资金等值的计算，将它们换算成同一时点后再进行加减计算。这个等值换算和普通复利公式是相同的，因此就可以用普通复利公式来计算资金的时间价值。

（1）一次支付利息公式。一次支付又称整付，是指所分析系统的现金流量，无论流入还是流出，均在一个时点上一次发生。其典型现金流量图如图3-11所示。

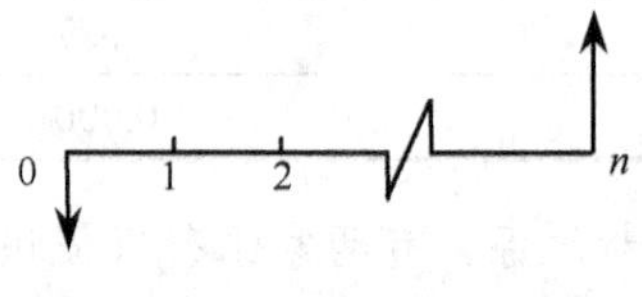


图3-11　一次支付现金流量图

1）一次支付未来值公式。如果现有一笔资金，按年利率 $i$ 进行投资，$n$ 年后的本利和计算方法为：

$$F = P(1+i)^n \tag{3-42}$$

式中，$(1+i)^n$ 称为一次支付未来值系数，简称终值系数，通常用 $(F/P,i,n)$ 表示。其含义是：一元钱的本金，在利率为 $i$ 的条件下，$n$ 年后的本利和为多少。这样计算未来值的公式可写为：

$$F = P(F/P,i,n) \tag{3-43}$$

**【例3-4】**　某人现在存款1 000元，银行的利率为6%。问：第5年年末他将取出多少钱？

**【解】** 由式（3-42）可得：

$$F = P(1+i)^5 = P(F/P,6\%,5) = 1\ 000 \times 1.338 = 1\ 338（元）$$

所以第5年年末此人将取出1 338元。

**【例3-5】**　某公司现在向银行借款100万元，年利率为10%，借款期5年。问：第5年年末一次偿还银行的本利和是多少？

**【解】** 由式（3-42）可得：

$$F = P(1+i)^5 = P(F/P,10\%,5) = 100 \times 1.610\ 5 = 161.05（万元）$$

所以第5年年末一次偿还银行的本利和为161.05万元。

2）一次支付现值公式。如果已知未来值、利率和计息周期数，即已知 $F$、$i$ 和 $n$，求现值 $P$，则由公式 $F = P(1+i)^n$ 可得：

$$P = F \times \frac{1}{(1+i)^n} \tag{3-44}$$

这是一次支付终值公式的逆运算，系数$\frac{1}{(1+i)^n}$叫做一次支付现值系数，简称现值系数，通常用$(P/F,i,n)$表示，所以现值公式还可表示为：

$$P = F(P/F,i,n) \tag{3-45}$$

**【例 3-6】** 某人想在第 4 年年末买一台彩色电视机，估计那时候价格为 8 000 元，按 3%的复利计算。问：现在他必须存入多少资金？

**【解】** 由式（3-45）可得：

$$P = F(P/F,i,n) = 8\,000\,(P/F,3\%,4) = 7\,108\text{（元）}$$

所以此人现在必须存入 7 108 元。

**【例 3-7】** 某企业购置一台设备，方案实施时立即投入 20 000 元，第 2 年年末又投入 15 000 元，第 5 年又投资 10 000 元，利率为 5%，不计折旧。问：第 10 年此设备价值多少？现值又是多少？

**【解】** 根据题意，结合式（3-42）和式（3-45）可得：

$$F=20\,000\,(F/P,5\%,10)+15\,000\,(F/P,5\%,8)+10\,000\,(F/P,5\%,5)$$
$$=20\,000\times1.629+15\,000\times1.477+10\,000\times1.276=67\,495\text{（元）}$$
$$P=20\,000+15\,000\,(P/F,5\%,2)+10\,000\,(P/F,5\%,5)$$
$$=20\,000+15\,000\times0.907\,0+10\,000\times0.783\,5=41\,440\text{（元）}$$

所以第 10 年此设备价值 67 405 元，现值为 41 440 元。

（2）等额系列利息公式。等额分付是多次支付形式中的一种。多次支付是指现金流入和现金流出在多个时点上发生，而不是集中在某点上。现金流的大小可以是不等的，也可以是相等的。当现金流序列是连续的且数额相等时，则称为等额系列现金流量。

1）等值系列未来值公式。其现金流量图如图 3-12 所示。图中所示的从第 1 年年末到第 $n$ 年年末每年发生的金额均为 $A$，称为等额年金。

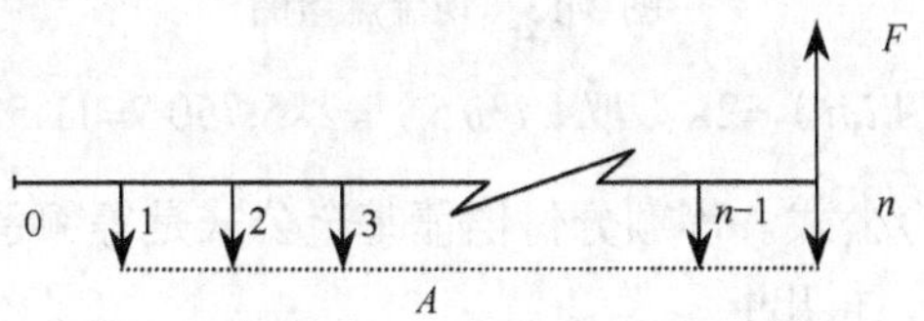


图 3-12　等额系列年值与未来值关系图

若已知每年的等额年值 $A$、利率 $i$ 和计息周期 $n$，欲求终值 $F$，公式的推导过程如下：

第 1 年　$F_1 = A(1+i)^{n-1}$

第 2 年　$F_2 = A(1+i)^{n-2}$

……

第 $n$ 年　$F_n=A$

$$F = A(1+i)^{n-1} + A(1+i)^{n-2} + \cdots + A(1+i) + A$$
$$= A[1+(1+i)+(1+i)^2+\cdots+(1+i)^{n-2}+(1+i)^{n-1}]$$

利用等比级数求和公式得：

$$F = A\frac{(1+i)^n-1}{i} \tag{3-46}$$

式中，$\frac{(1+i)^n-1}{i}$ 叫做年金终值系数，通常用（$F/A,i,n$）来表示。

**【例 3-8】** 某企业从每年的折旧费中保留 5 万元，现已有 20 万元，今后 6 年仍然这样累计下去，利率为 10%。问：第 6 年年末这笔保留的折旧基金总额是多少？

**【解】** $F$=20（$F/P$,10%,6）+5（$F/A$,10%,6）=20×1.7716+5×7.7156=74.02（万元）

**【例 3-9】** 某公路工程总投资 10 亿元，5 年建成，每年年末投资 2 亿元，年利率为 7%。求第 5 年年末的实际累计总投资额。

**【解】** 已知 $A$=2，$i$=7%，$n$=5，求 $F$。

该项目资金现金流量图如图 3-13 所示。第 5 年虚线表示需要收入多少才能与总投资持平。

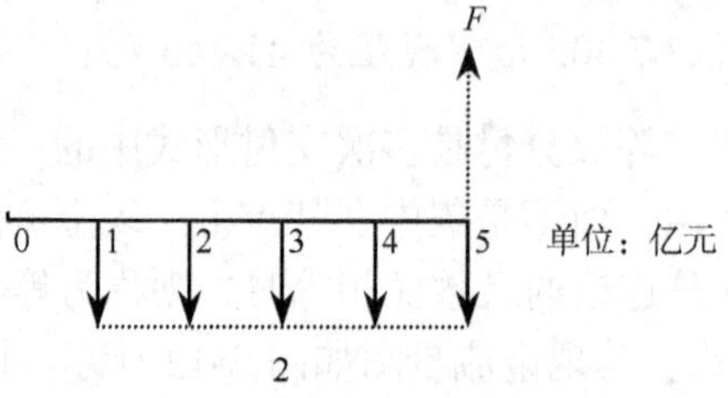


图 3-13　现金流量图

$F$=$A$（$F/A,i,n$）=2×（$F/A$,7%,5）=2×5.750 7=11.5（亿元）

2）等额分付偿债基金公式。等额分付偿债基金公式是等额系列未来值公式的逆运算，可从式（3-46）推导出来，得出：

$$A = F\frac{i}{(1+i)^n-1} \tag{3-47}$$

式中，$\frac{i}{(1+i)^n-1}$叫做等额分付偿债基金系数，通常用符号（$A/F,i,n$）来表示。

【例 3-10】　某厂欲积累一笔设备更新基金，用于第 4 年年末更新设备。预计此项设备投资总额为 500 万元，银行利率为 12%。问：每年年末至少要存入多少钱？

【解】由式（3-47）可得：

$$A=500（A/F, 12\%, 4）=500\times0.2092=104.62（万元）$$

所以每年年末应至少存入 104.62 万元。

【例 3-11】　某企业准备 5 年后兴建一幢 5 000 平方米的住宅楼以改善职工居住条件，按测算每平方米造价为 800 元。若银行利率为 8%，问：现在起每年年末应等额存入多少金额才能满足需要？

【解】已知 $F$=5 000×800=400 万元，$i$=8%，$n$=5，求 $A$。

$$A=F（A/F,i,n）=400\times（A/F,8\%,5）=400\times0.170\ 46=68.184（万元）$$

所以该企业每年年末应等额存入 68.184 万元才能满足需要。

3）等额系列现值公式。如果希望在今后 $n$ 年内，每年年末都能取得一笔等额的资金，利息率（或收益率）为 $i$，那么现在必须投入多少资金。可利用 $F=A\frac{(1+i)^n-1}{i}$ 和 $P(1+i)^n$ 两个公式推导，得出：

$$P=A\frac{(1+i)^n-1}{i(1+i)^n} \quad (3\text{-}48)$$

式中，$\frac{(1+i)^n-1}{i(1+i)^n}$叫做等额系列现值系数，简称年金现值系数，通常用符号$(P/A,i,n)$来表示，如图 3-14 所示。

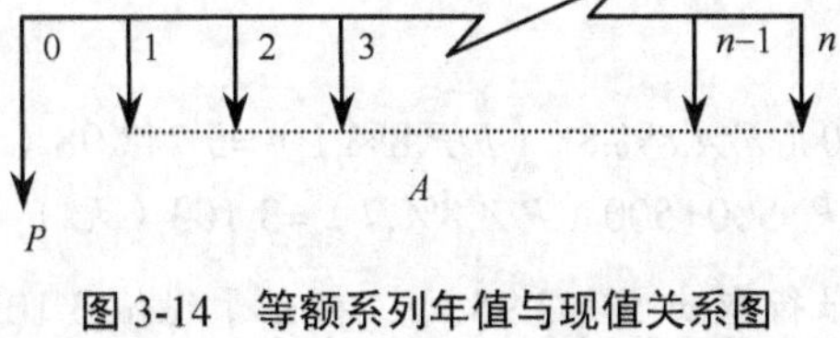


图 3-14　等额系列年值与现值关系图

【例 3-12】　假设父亲在他儿子诞生那一天决定把一笔款项存入银行，利率为 5%，他准备在他儿子过 18 岁、19 岁、20 岁、21 岁生日时都有一笔数额 2 000 元的款项。问：① 他现在应存入多少钱？② 若这四笔钱不取，而作为他儿子 24 岁生日时的总开支，他儿子 24 岁时有多少存款？

【解】根据题意：

① $P$=2 000（$P/A$,5%,4）（$P/F$,5%,17）=2000×3.546×0.4363=3 094.24（元）

所以现在应存入 3 094.24 元。

② $F$=2 000（$F/A$,5%,4）（$F/P$,5%,3）=2000×3.546×1.158=9 981.96（元）

所以他儿子 24 岁时有 9 981.96 元。

【例 3-13】 某建筑公司计划贷款购买一部 10 万元的建筑机械，利率为 10%。据预测此机械使用年限为 10 年，每年平均可获净利润 2 万元。问：所得净利润是否足以偿还银行贷款？

【解】已知 $A$=2 万元，$i$=10%，$n$=10，求 $P$ 是否大于或等于 10 万元。

$P$=$A$（$P/A,i,n$）=2×（$P/A$,10%,10）=2×6.144 5=12.289（万元）>10（万元）

所以足以偿还银行贷款。

4）等额分付资本回收公式。等额分付资本回收公式是等额系列现值公式的逆运算，可从式（3-48）推导出来，得出：

$$A = P\frac{i(1+i)^n}{(1+i)^n-1} \tag{3-49}$$

式中，$\frac{i(1+i)^n}{(1+i)^n-1}$叫做等额分付资本回收系数，通常用（$A/P,i,n$）来表示。

【例 3-14】 若现在用 1 000 元购买一台设备，问：在今后 5 年中每年应等额回收多少款项，才能使得购买此设备不盈不亏？（投资收益率为 6%）。

【解】根据资本回收公式得：

$A$=1 000（$A/P$,6%,5）=1000×0.2374 = 237.4（元）

所以应在今后 5 年中每年等额回收 237.4 元。

【例 3-15】 某人每年年初存入银行 500 元，连续 8 年，若银行利率为 8%，问：此人第 8 年年末可从银行取出多少钱？相当于现值多少？

【解】根据题意：

$F$=500（$F/A$,8%,8）（$F/P$,8%,1）=5 743.98（元）

$P$=500+500（$P/A$,8%,7）=3 103（元）

此人第 8 年年末可从银行取出 5 743.98 元，相当于现值 3 103 元。

【例 3-16】 某建设项目的投资计划用外国商业银行贷款，年利率为 20%，若投资额为 1 000 万元，项目服务年限 20 年，期末无残值。问：该项目年收益为多少时不至于亏本？

【解】已知 $P$=1 000 万元，$i$=20%，$n$=20，求 $A$。

$A$=$P$（$A/P,i,n$）=1 000×（$A/P$,20%,20）=1 000×0.205 4=205.4（万元）

即该项目年平均收益至少应为 205.4 万元。

（3）等差系列利息公式。在经济活动中，许多经济过程所发生的现金流量是逐年递增或递减的，如设备的维修和保养费用，是随着设备的使用年限增加而递增的，油田的收益从整个生产周期看，也是随着开采期限的增长而递减的。若递增或递减的速度是稳定的，即以相等的数额递增或递减，这种类型就称为等差系列。

现以递增情况的现金流量说明进行，如图 3-15 所示。

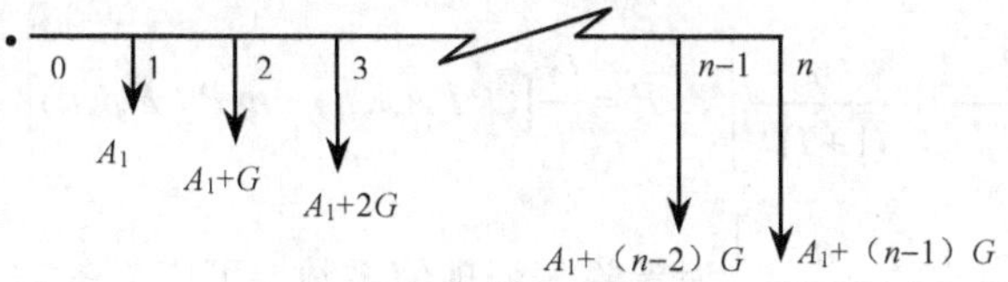


图 3-15　等差系列现金流量图

图 3-15 中第 1 年年末的支付是 $A_1$，第 2 年年末的支付是 $A_1+G$，第 3 年年末的支付是 $A_1+2G$，……，第 $n$ 年年末的支付是 $A_1+(n-1)G$。图 3-15 的等差系列现金流量图可分解成由两个系列组成的现金流量图，一个是等额支付系列，年金为 $A_1$（见图 3-16），另一个是 $0, G, 2G,\cdots,(n-1)G$ 组成的等差系列（见图 3-17）。

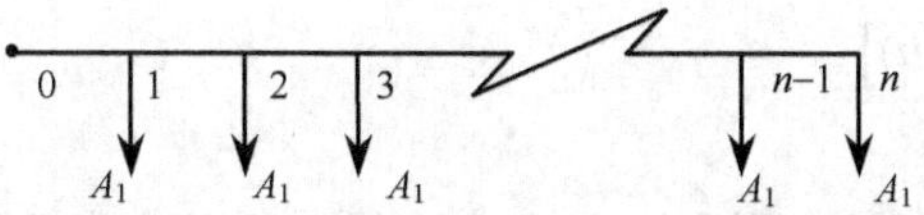


图 3-16　等额支付系列现金流量图

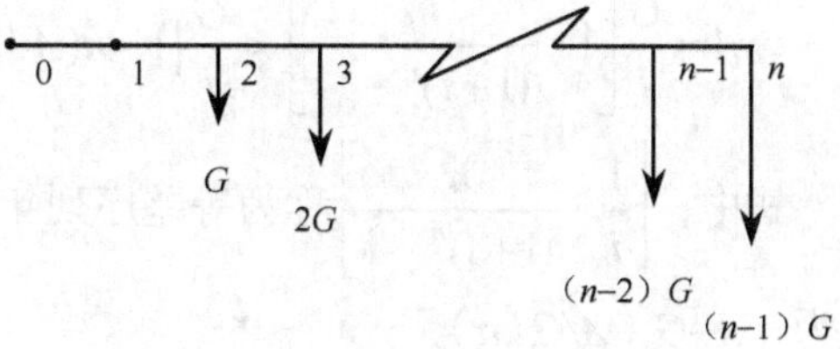


图 3-17　等差系列现金流量图

等差系列利息公式包括三个方面：

1）等差系列未来值公式。

$$
\begin{aligned}
F &= \sum_{j=1}^{n-1} G\frac{(1+i)^j-1}{i} \\
&= \frac{G}{i}\left[(1+i)+(1+i)^2+\cdots+(1+i)^{n-1}-(n-1)\right] \\
&= \frac{G}{i}\left[1+(1+i)+(1+i)^2+\cdots+(1+i)^{n-1}-n\right] \\
&= \frac{G}{i}\left[\frac{(1+i)^n-1}{i}-n\right] \\
&= \frac{G}{i}\left[(F/A,i,n)-n\right]
\end{aligned}
$$

式中，$\frac{1}{i}\left[\frac{(1+i)^n-1}{i}-n\right]$为等差序列终值系数，可用（$F/G,i,n$）表示。所以该式又可表示为：$F=G$（$F/G,i,n$）。

2）等差系列现值公式。

$$\because F=\frac{G}{i}\left[\frac{(1+i)^n}{i}-n\right],\quad P=\frac{F}{(1+i)^n}$$

$$\therefore P=\frac{G}{i}\left[\frac{(1+i)^n-1}{i(1+i)^n}-\frac{n}{(1+i)^n}\right],\quad P=\frac{G}{i}\left[(P/A,i,n)-n(P/F,i,n)\right]$$

式中，$\frac{1}{i}\left[\frac{(1+i)^n-1}{i(1+i)^n}-\frac{n}{(1+i)^n}\right]$为等差序列现值系数，可用（$P/G,i,n$）表示。所以该式又可表示为：$P=G(P/G,i,n)$。

3）等差系列年值公式。

$$\because F=\frac{G}{i}\left[\frac{(1+i)^n-1}{i}-n\right],\quad A=F\frac{i}{(1+i)^n-1}$$

$$\therefore A=\frac{G}{i}\left[1-\frac{in}{(1+i)^n-1}\right]=\frac{G}{i}\left[1-n(A/F,i,n)\right]$$

式中，$\left[\frac{1}{i}-\frac{n}{(1+i)^n-1}\right]$称为等差序列年值系数，可用（$A/G,i,n$）表示。所以该式又可表示为：$A=G$（$A/G,i,n$）。

**【例3-17】** 某厂考虑购买一台设备，其价值为25 000元。每年的维修及保养费用：第1年为5 000元，第2年为6 000元，以后每年递增1 000元至第8年年末。$i=10\%$。问：使用该设备8年内总费用的现值、未来值各是多少？

**【解】**根据题意：

$P$=25 000+5 000（$P/A$,10%,8）+$G/i$[（$P/A$,10%,8）−8（$P/F$,10%,8）]=67 705（元）

$F$=25 000（$F/P$,10%,8）+5 000（$F/A$,10%,8）+$G/i$[（$F/A$,10%,8）−8]=145 140（元）

所以该设备8年内总费用的现值和未来值分别为67 705元和145 140元。

**【例3-18】** 某公司新产品的销售收入可达10万元，由于市场竞争的结果，销售额每年等额递减，第9年年末递减为零。请在10%的利率下计算该公司现值收入。

**【解】**根据题意：

$G$=10/8=1.25（万元）

$$P=10(P/A,10\%,9)-G/i[(P/A,10\%,9)-9(P/F,10\%,9)]=33.31(万元)$$

所以该公司现值收入为 33.31 万元。

**【例 3-19】** 某类建筑机械的维修费用第 1 年为 200 元，以后每年递增 50 元，服务年限为 10 年。问：服务期内全部维修费用的现值为多少？（$i$=10%）

**【解】**已知 $A_1$=200 元，$G$=50 元，$i$=10%，$n$=10 年，求等差支付现值 $P$。

$$\begin{aligned}P&=(A_1+G/i)(P/A,i,n)-nG/i(P/F,i,n)\\&=(200+50/0.1)(P/A,0.1,10)-10\times50/0.1(P/F,0.1,10)\\&=700\times6.144\,5-5\,000\times0.385\,5=2\,373.65(元)\end{aligned}$$

即服务期内全部维修费用的现值为 2 373.65 元。

（4）等值计算公式应用注意事项。上面介绍了复利计算的各类基本计算公式，运用这些基本公式时要注意以下问题：

1）方案的初始投资，假设发生在寿命期初。

2）寿命期内各项收入或支出，均假设发生在各期的期末。

3）本期的期末即下一期的期初。

4）$P$ 是在计算期的期初发生的。

5）寿命期期末发生的本利和 $F$，记在第 $n$ 期期末。

6）等额支付系列 $A$，发生在第一期期末。

7）当问题包括 $P$、$A$ 时，$P$ 在第一期期初，$A$ 在第一期期末。

8）当问题包括 $F$、$A$ 时，$F$ 和 $A$ 同时在最后一期期末发生。

9）等差系列公式中，第一个 $G$ 发生在第二期期末。

## 复习思考题

**1．简答题**

（1）建设项目现金流量主要由哪些要素构成？各构成要素的组成如何？

（2）如何绘制现金流量图？

（3）什么是资金的时间价值？

（4）单利和复利的区别是什么？

（5）如何理解等值？

（6）名义利率、实际利率关系如何？

**2．选择题**（四个选项为单选题，五个选项为多选题）

（1）项目投资中，不属于固定资产投资项目的有（　　）。

A．建筑工程费　B．设备购置费　C．安装工程费　D．基本预备费

（2）总成本中应不包括（　　）。

A．折旧、摊销　B．利息支出　C．所得税　D．经营成本

（3）下列费用中属于财务费用的是（　　）。

A．营业费用　B．劳动保护费　C．技术转让费　D．利息净支出

（4）在下列成本项目中，属于变动成本的有（　　）。

A．折旧费　B．原材料费　C．管理费　D．财务费用

（5）影响资金时间价值的主要因素不包括（　　）。

A．资金的使用时间　B．资金周转的速度

C．资金投入和回收特点　D．资金的用途

（6）下列属于现金流出的是（　　）。

A．营业收入　B．固定成本　C．流动资金　D．折旧和摊销

（7）下列各项中属于无形资产的有（　　）。

A．专利权　B．商标权　C．著作权　D．土地使用权

E．经营特许权

（8）下列各种折旧方法中，属于加速折旧方法的是（　　）。

A．年数总和法　B．年金法　C．双倍余额递减法

D．直线折旧法　E．现值法

**3．计算题**

（1）企业第一、二、三年分别投资1 000万元、800万元、500万元，第三、四年分别收益20万元、40万元，经营费用为30万元。以后各年平均收益为550万元，经营费用均为100万元，寿命期为12年，期末残值为200万元。试画出该项目的现金流量图。

（2）借款10万元，年名义利率为12%，要求在25年内以每半年计息一次的方式均分25次等额偿还借款，求每次的偿还额度。

（3）企业5年后需10万元作为技术改造经费，若年利率为8%，每年存入相同数量的金额，则在年末存款时，每次应存入多少基金。当改为年初存款时，每次又应存入多少基金。

（4）已知某项目的现金流量表如表3-3所示。① 画出现金流量图，并求各点处的净现金流量。② 设 $i$ 等于8%，求此项目的现值。

**表3-3　项目现金流量表**　　单位：万元

| 现金流量要素 \ 时点 | 0 | 1 | 2 | 3 | 4 | 5 | 6 |
|---|---|---|---|---|---|---|---|
| 投资 | 600 | 400 | | | | | |
| 销售收入 | | | 80 | 200 | 400 | 400 | 400 |
| 经营费用 | | | 40 | 70 | 70 | 70 | 70 |

（5）某公司现在从银行贷款若干元，利率为 10%，第 10 年年末一次偿清本利和。在下列贷款额下，按单利法和复利法计算本利和：①贷款 1 000 万元；②贷款 5 000 万元。

（6）某企业现贷款 2 000 万元，利率为 8%，若在第 15 年年末一次还清本利和，求按单利法和复利法计算的本利和。

（7）某工程师获得 10 000 元贷款，偿还期为 5 年，利率为 10%。在下列几种还款方式下，按复利法计算此人还款总额和利息各是多少：

1）每年年末只偿还 2 000 元本金，所欠利息第 5 年年末一次还清。

2）每年年末偿还 2 000 元本金和所欠利息。

3）每年年末偿还所欠利息，第 5 年年末一次还清本金。

4）第 5 年年末一次还清本利。

（8）假设利率为 8%，试求：

1）现存入银行 10 000 元，第 5 年年末应取出多少？

2）现向银行贷款 200 000 元，第 10 年年末一次还回多少？

3）某企业现在向银行贷款 15 万元，第 5 年年末一次还清，应还多少？

4）现在投资 2 500 元，第 25 年年末可得多少资金？

（9）某建设项目预计需投资人民币 350 亿元（其中 60%自筹，40%从国外贷款，贷款利率为 10%），工程建设期 18 年。试计算：

1）建设期期末时，欠国外贷款利息多少？

2）所欠贷款利息是贷款本金的几倍？

3）建设期期末共欠国外贷款本利和是多少？

（10）某公司拟购置一台新计算机，价值 100 000 元，可付现款，也可先付 25 000 元现款，其余每年年末付 10 000 元，连付 10 年。如该公司可以用该项投资获利 8%，哪种方案更合适？

（11）某人现在借款 10 000 元，在 5 年内以年利率 10%还清全部本金和利息。以如下三种偿付方案进行偿付，试分析各年末的偿付资金。

A 方案　在 5 年中每年年底仅偿付利息，只在第 5 年年末在付息同时将本金一并归还。

B 方案　将所借本金分期均匀摊还，每年年末偿还本金，同时偿还到期利息。

C 方案　也将本金做分期摊还，每年偿付的本金额不等，但每年偿还的本金加利息总额却相等，即所谓等额分付。

（12）奖金支付方案有以下四种：① 立即支付 10 万元；② 期限为 10 年的年末年金 1.9 万元；③ 第 10 年年末一次支付 32 万元；④ 从第 6 年年末起支付 5 年的等额年金 5 万元。

请绘制各方案的现金流量图，计算分析并选出最大价值的方案。

（13）假设你准备买房，估计在今后 10 年内你的月收入为 16 000 元。如果月收入的 30%

可以用来支付住房贷款的月还款额，在年利率为12%的情况下，求你有偿还能力的最大贷款额。请画出现金流量图并求解（月末还款）。

（14）假设你以4 500元/平方米的价格购买了一套建筑面积为120平方米的住宅，并向金融机构申请了相当于房价70%的按月等额还款的抵押贷款。已知该项抵押贷款的年限为15年，年利率12%，按月计息。若你拟于开始还款后的第10年年初一次偿清贷款余额，求此时一次偿还的金额。试画出现金流量图并求解。

（15）某家庭以住房抵押贷款方式购买了一套住宅，住房抵押贷款期限为20年，年利率为6%，以每月2 500元等额还款。该家庭于第9年年初一次性偿还贷款本金10万元，余额在以后的5年内用按月等额还款的方式还清，求最后5年内的月等额还款额。

（16）某设备原始价值为10 000元，使用期为10年，残值为200元。① 试用余额递减法，求各年年末的设备净值和折旧额。② 若残值为零，试用双倍余额递减法，求各年设备净值和折旧额。

# 第 4 章　建设项目经济评价基本指标

## 知识导航

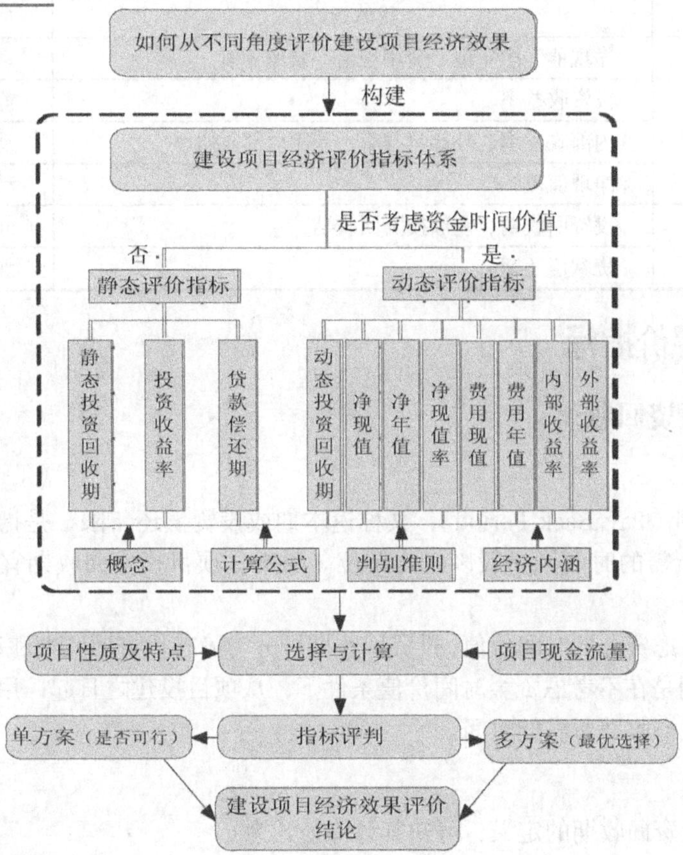


## 学习目标

☑ 理解各种经济评价指标的含义。

☑ 掌握各种经济评价指标的计算方法及其判别准则。

建设项目经济评价是确保投资决策正确性和科学性的基础，而经济评价质量直接取决于评价指标和评价方法的正确性和适宜性。因此，正确地选择评价指标和方法就显得尤为重要。

建设项目的经济评价指标多种多样，它们从不同的角度反映项目的经济性。根据是否考虑资金的时间价值，建设项目经济评价指标可分为静态评价指标和动态评价指标。不考虑资金时间价值的评价指标为静态评价指标；考虑资金时间价值的评价指标为动态评价指标。根据项目对资金的回收速度、获利能力和资金的使用效率分类，这些指标又可分为价值型指标、效率型指标和时间型指标。对上述指标进一步细分，如表 4-1 所示。

表 4-1　经济评价基本指标

| 指标类型 | 具体指标 | 备　　注 |
|---|---|---|
| 价值型指标 | 净现值、净年值、费用现值、费用年值 | 动态指标 |
| 效率型指标 | 投资收益率 | 静态指标 |
| | 内部收益率、外部收益率、差额内部收益率 | 动态指标 |
| | 净现值率 | 动态指标 |
| 时间型指标 | 投资回收期、差额投资回收期 | 静态、动态指标 |
| | 贷款偿还期 | 静态指标 |

# 4.1　静态评价指标

## 4.1.1　静态投资回收期

### 1．概念

投资回收期（Pay Back Period），又称返本期或投资偿还年限，是指以项目的净收益回收项目投资所需的时间，一般以年为单位。通常，项目投资回收期宜从项目建设开始年算起。

根据是否考虑资金的时间价值，投资回收期可分为静态投资回收期和动态投资回收期。静态投资回收期是在不考虑资金时间价值条件下，从项目投建之日起，用项目每年的净收益将项目全部投资收回所需的时间。

### 2．计算

根据静态投资回收期的定义，可知其计算公式为：

$$K=\sum_{t=0}^{T_{\mathrm{p}}}\mathrm{NB}_t \tag{4-1}$$

式中，$K$ 表示投资总额；$\mathrm{NB}_t$ 表示第 $t$ 年的净收益；$T_{\mathrm{p}}$ 表示静态投资回收期。

如果投资项目每年的净收益相等，投资回收期可以用下式计算：

$$T_{\mathrm{p}}=\frac{K}{\mathrm{NB}}+T_{\mathrm{K}} \tag{4-2}$$

式中，NB 表示年净收益；$T_{\mathrm{K}}$ 表示项目建设期。

对于各年净收益不等的项目，可根据投资项目财务分析的现金流量表计算投资回收期，其公式为：

$$T_{\mathrm{p}}=T+\left(\frac{\text{第}T\text{年累计净现金流量的绝对值}}{\text{第}T+1\text{年净现金流量}}\right) \tag{4-3}$$

式中，$T$ 表示项目各年累计净现金流量最后一个负值的年份。

我们用横坐标表示时间，纵坐标表示累计净现金流量（NCF），则建设项目的净现金流量累计曲线如图 4-1 所示，该图有助于我们对式（4-3）的理解。

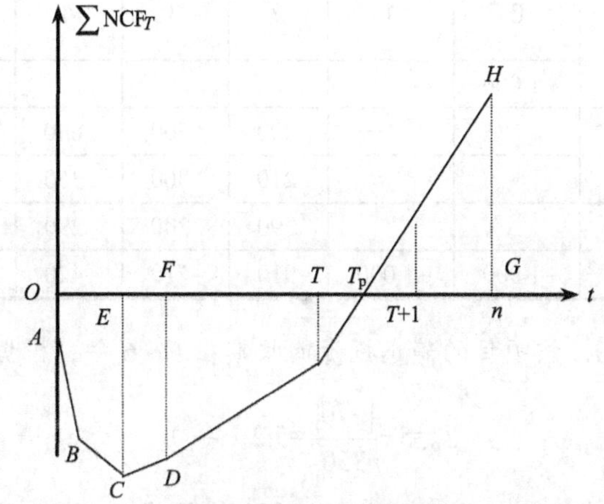


图 4-1　净现金流量曲线

图 4-1 中，$T_{\mathrm{p}}$ 为静态投资回收期，项目各年根据三角形相似性质可得：

$$\frac{T_{\mathrm{p}}-T}{T+1-T_{\mathrm{p}}}=\frac{\left|\sum \mathrm{NCF}_{T}\right|}{\sum \mathrm{NCF}_{T+1}}$$

解得

$$T_{\mathrm{p}}=T+\frac{\left|\sum \mathrm{NCF}_{T}\right|}{\sum \mathrm{NCF}_{T+1}+\left|\sum \mathrm{NCF}_{T}\right|}$$

其中，$\sum \mathrm{NCF}_{T+1}+\left|\sum \mathrm{NCF}_{T}\right|$ 为第 $T$+1 年的净现金流量，该结果与公式完全相符。

图 4-1 还反映了一般建设项目从建设到报废全过程的资金运行状况。$OA$ 为前期费用支

出阶段，如勘察、设计及可行性研究等的费用支出；$AB$ 为主要投资阶段，如厂房建设、设备的购置安装等；$BC$ 为后期投资阶段，如试车及流动资金投资等；$CDT_pH$ 为获利生产阶段。

图 4-1 中的一些点和线段也有明确的经济含义：$CE$ 为投资总额；$OE$ 为建设期；$EF$ 为投产期；$FG$ 为稳产期。

3．判别准则

用静态投资回收期评价投资项目时，需要与根据同类项目的历史数据和投资者意愿确定的基准投资回收期相比较。设基准投资回收期为 $T_b$，判别准则为：若 $T_p \leqslant T_b$，则项目可以考虑接受；若 $T_p > T_b$，则项目应予以拒绝。

**【例 4-1】** 已知项目投资与年净收益状况如表 4-2 所示，基准投资回收期为 6 年，计算该项目的静态投资回收期，并判断项目是否可行。

表 4-2 项目投资与年净收益表 单位：万元

| 项目 \ 年份 | 0 | 1 | 2 | 3 | 4 | 5 | 6 | 7 |
|---|---|---|---|---|---|---|---|---|
| （1）总投资 | 1 000 | | | | | | | |
| （2）收入 | — | — | 300 | 500 | 640 | 750 | 750 | 750 |
| （3）支出（不包括投资） | | | 210 | 300 | 350 | 400 | 400 | 400 |
| （4）净现金流［（2）–（3）］ | | | 90 | 200 | 290 | 350 | 350 | 350 |
| （5）累计净现金流量 | –1 000 | –1 000 | –910 | –710 | –420 | –70 | 280 | 630 |

**【解】** 从表 4-2 可见，该项目的静态投资回收期在 5～6 年，根据式（4-3）计算得：

$$T_p = 5 + \frac{|-70|}{350} = 5.2（年）$$

即该项目的静态投资回收期为 5.2 年，根据静态投资回收期的判别准则，该项目应予以接受。

静态投资回收期作为广泛使用的辅助评价指标，其主要优点为：

（1）概念明确，计算简单；

（2）在一定程度上反映了建设项目的经济性，即投资回收期越短越好；

（3）从一定程度上反映出建设项目风险的大小。

静态投资回收期的缺点为：

（1）未反映资金的时间价值；

（2）由于它未考虑投资回收以后的经济效益及项目的服务年限等，因此不能全面地反映项目在整个寿命期内真实的经济效益。

### 4.1.2 投资收益率

1．概念

投资收益率（Rate of Return on Investment），又称投资效果系数，是指项目达到设计生产能力后正常生产年份的年净收益与项目投资总投资的比例。

2．计算

投资收益率的一般表达式为：

$$R=\frac{\mathrm{NB}}{K} \tag{4-4}$$

式中，$K$ 表示投资总额，$K=\sum_{t=0}^{m} K_t$，$K_t$ 为第 $t$ 年的投资额，$m$ 为完成投资的年份，根据不同的分析目的，$K$ 可以是全部投资额（固定资产投资、建设期借款利息和流动资金之和），也可以是投资者的权益投资额（如资本金）；NB 表示正常年份的净收益，根据不同的分析目的，NB 可以是利润，可以是利润税金总额，也可以是年净现金流入等；$R$ 表示投资收益率，根据 $K$ 和 NB 的具体含义，$R$ 可以表现为各种不同的具体形态。

投资收益率的具体形态有：

$$\text{全部投资收益率}=\frac{\text{年利润+折旧与摊销+利息支出}}{\text{全部投资额}} \tag{4-5}$$

$$\text{投资利税率}=\frac{\text{年利润+税金}}{\text{全部投资额}} \tag{4-6}$$

$$\text{权益投资收益率}=\frac{\text{年利润+折旧与摊销}}{\text{权益投资额}} \tag{4-7}$$

$$\text{权益投资利润率}=\frac{\text{年利润}}{\text{权益投资额}} \tag{4-8}$$

对于权益投资收益率和权益投资利润率来说，还有所得税前与所得税后之分。

3．判别准则

用投资收益率评价投资方案的经济效果，需要与根据同类项目的历史数据及投资者意愿等确定的基准投资收益率做比较。设基准投资收益率为 $R_b$，则判别准则为：若 $R \geqslant R_b$，则项目可以考虑接受；若 $R<R_b$，则项目应予以拒绝。

**【例 4-2】** 某项目经济数据如表 4-2 所示，现已知基准投资收益率为 $R_b$=20%，试以投资收益率指标判断项目是否可行。

【解】由表 4-2 数据可得：

$$R=350/1\,000=0.35=35\%$$

由于 $R>R_b$（20%），故项目可以考虑接受。

投资收益率指标未考虑资金的时间价值，而且舍弃了项目的建设期、寿命期等众多经济数据，故一般仅用于工程经济数据尚不完整的项目初步研究阶段。

## 4.2 动态评价指标

动态评价指标不仅计入了资金的时间价值，而且考察了项目在整个寿命期内收入与支出的全部经济数据。因此，它们比静态评价指标的评价效果更准确、更科学。

### 4.2.1 净现值

1．概念

净现值（Net Present Value，NPV）是指方案在寿命期内各年的净现金流量，按照一定的折现率（一般采用基准折现率 $i_0$）折现到同一时点（通常是期初）的现值累加值。

2．计算

净现值按下式计算：

$$\mathrm{NPV}=\sum_{t=0}^{n}(\mathrm{CI}-\mathrm{CO})_t(1+i_0)^{-t} \tag{4-9}$$

式中，NPV 表示净现值；$(\mathrm{CI}-\mathrm{CO})_t$ 表示第 $t$ 年的净现金流量，其中 CI 为现金流入，CO 为现金流出；$n$ 表示项目寿命年限；$i_0$ 表示基准折现率。

3．判别准则

对于单一方案而言，其结论有三种：

（1）NPV>0，说明项目方案的收益率能达到并超过基准收益率水平；

（2）NPV<0，说明项目方案投资收益率达不到基准收益率水平；

（3）NPV=0，说明项目方案收益率正好达到基准收益率水平，即刚好达到基本的要求。

故 NPV≥0，应接受项目方案；NPV<0，应拒绝项目方案。

多方案比选时，若各备选方案的寿命期相同，则净现值越大的方案相对越优，即净现值最大准则。

【例 4-3】 某项目期初投资为 10 000 元，在 5 年中每年平均收入 5 310 元，残值为 2 000 元，每年支出的经营费和维修费为 3 000 元，按基准折现率为 10%计算，试说明它是否为一个理想方案。

【解】按净现值指标进行评价：

NPV（10%）= −10 000+（5 310−3 000）×（$P/A$,10%,5）+2 000×($P/F$,10%,5)
= −0.99（元）

由于 NPV（10%）<0，此投资项目在经济上不合理，应予以拒绝。

**【例 4-4】** 若将例 4-3 中的基准折现率改为 5%，问：此项投资是否值得？

【解】计算此时的净现值：

NPV（5%）= −10 000+（5 310−3 000）×（$P/A$,5%,5）+2 000× ($P/F$,5%,5)
=1 359.09（元）

由于 NPV（5%）>0，此投资项目在经济上可行，应予以接受。

例 4-3 和例 4-4 的数据表明，净现值的大小与基准折现率 $i_0$ 有很大的关系。通常，净现值随着基准折现率 $i_0$ 的变动而反向变动。下面我们具体讨论一下净现值 NPV 与折现率之间的函数关系。

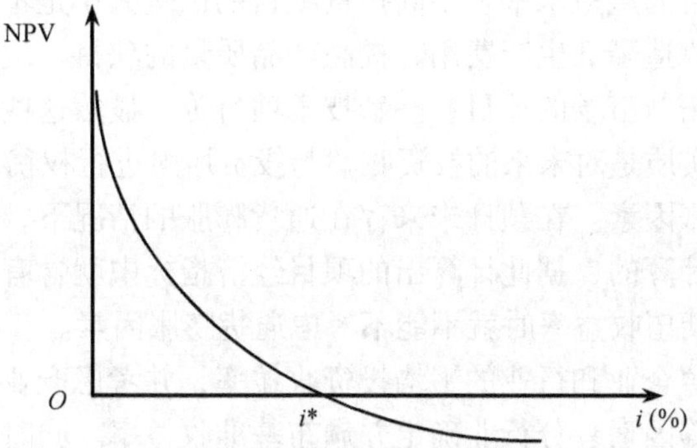


图 4-2 净现值与折现率的函数关系

从图 4-2 中，可以发现净现值与折现率的关系具有如下特点：

（1）同一净现金流量的净现值随着折现率 $i$ 的增大而减小，故基准折现率 $i_0$ 定得越高，NPV 值越小，方案越不容易通过评价标准。

（2）净现值曲线与横坐标相交时的折现率为 $i^*$，表示该折现率下的 NPV=0，且当 $i<i^*$ 时，NPV($i$)>0；$i>i^*$时，NPV($i$)<0。$i^*$是一个具有重要经济意义的折现率临界值，将在后面对它做详细分析。

**4．基准折现率 $i_0$ 的含义及确定依据**

基准折现率 $i_0$ 是指使投资项目可以被接受的最低的期望收益率，是投资者进行投资时可以接受的一个最低界限标准。它是项目方案经济效果评价中的一个十分重要的参数。

确定一个项目的基准折现率必须对该项目的投资条件做深入的分析，充分考虑资金的来源、借贷的利息、投资收益、风险大小及投资的机会成本等多个方面。在基准折现率确定时，要特别注意：

（1）必须大于以任何方式筹措的资金成本。项目的资金主要来源于两个方面：一是自有资金，包括用于项目投资的资本公积金、提取的折旧与摊销费、未分配的税后利润和发行股票所筹集的资金；二是债务资金，包括向银行和非银行金融机构的贷款及发行债券所筹集的资金。资金成本是项目筹措资金和使用资金所需付出的代价。一般情况下，基准折现率 $i_0$ 必须大于全部资金的加权平均成本。

（2）必须大于投资的机会成本。投资的机会成本是指投资者可筹集到的有限资金如果不用于拟建项目，而用于其他最佳投资机会所能获得的赢利。例如，一个投资 500 万元的项目，如果这 500 万元在其他最佳投资机会中赢利率为 15%，则这个 15%就是项目所用每一单位资金的机会成本。为了保证资金的有效利用，项目的最低期望收益率不能低于资金的机会成本。正常情况下，资金机会成本会高于资金成本，否则大量的日常投资活动就会停顿下来。

（3）考虑不同项目的风险水平。不同投资项目的风险大小是不同的。例如，在市场稳定的情况下进行技术改造降低生产费用、提高产品质量的项目，现有产品扩大生产规模的项目，生产新产品开拓新市场的项目，高新技术项目等，显然这些项目的风险水平是依次递增的。投资决策的实质是对未来的投资收益与投资风险进行权衡。

（4）考虑通货膨胀因素。在预计未来存在通货膨胀的情况下，如果项目现金流量是按预计的各年即时价格计算的，据此计算出的项目经济指标中就含有通货膨胀因素。在这种情况下，在确定最低期望收益率时就不能不考虑通货膨胀因素。

国家有关部门按照企业和行业的平均投资收益率，并考虑产业政策、资源劣化程度、技术进步和价格变动等因素，分行业确定并颁布基准收益率。同时，国家正是通过制定并颁布各行业的基准收益率，作为投资调控的手段。

净现值是反映项目投资赢利能力的一个重要的动态评价指标，其优点在于：

1）考虑了资金的时间价值，对项目进行动态评价；

2）考察了项目在整个寿命期内的经济状况，可直接以货币额表示项目投资的收益性大小，经济意义明确直观。

但是，在实际工作中若仅以净现值的大小选择方案，则容易选择投资额大、赢利多的方案，而容易忽视投资少、赢利较多的方案。

### 4.2.2　净现值率

1．概念

净现值率（Net Present Value Rate，NPVR），又称净现值指数，是指技术方案的净现值与投资现值之比。

### 2. 计算

净现值率的计算公式为：

$$\mathrm{NPVR}=\frac{\mathrm{NPV}}{\mathrm{PVI}}=\frac{\mathrm{NPV}}{\sum_{t=0}^{n}K_t(P/F,i,t)} \tag{4-10}$$

式中，PVI 表示投资现值；$K_t(P/F,i,t)$表示第 $t$ 年投资额的现值。

### 3. 判别准则

对于单一方案而言，若 NPVR≥0，可以考虑接受方案；若 NPVR<0，方案应予以拒绝。

净现值率衡量的是单位投资的赢利能力或资金的使用效率，净现值大的方案，其净现值率不一定大。因此，在多方案的评价与选优中，净现值率是一个重要的评价指标，其与净现值配合使用。

**【例 4-5】** 计算例 4-4 中投资项目的净现值率。

**【解】**根据净现值率的计算公式可得：

$$\mathrm{NPVR}=\frac{\mathrm{NPV}}{\mathrm{PVI}}=\frac{1\,359.09}{10\,000}=0.135\,9=13.59\%$$

**【例 4-6】** 有两个方案 A 和 B，在利率为 15%时，方案 A 的净现值为 352.2 万元，投资现值为 3 000 万元；方案 B 的净现值为 372.6 万元，投资现值为 3 650 万元。试以净现值和净现值率指标来选择最优方案。

**【解】**（1）从 NPV 指标判断：

$$\mathrm{NPV_A}=352.2，\mathrm{NPV_B}=372.6$$

因为 $\mathrm{NPV_A}<\mathrm{NPV_B}$，所以方案 B 优于方案 A。

（2）从 NPVR 指标判断：

$$\mathrm{NPVR_A}=\frac{\mathrm{NPV_A}}{\mathrm{PVI_A}}=\frac{352.2}{3000}=0.117\,4=11.74\%$$

$$\mathrm{NPVR_B}=\frac{\mathrm{NPV_B}}{\mathrm{PVI_B}}=\frac{372.6}{3\,650}=0.102=10.2\%$$

NPVR 指标的计算结果说明方案 A 在确保 15%的收益时，每元投资现值尚可获得比方案 B 多 0.015 4 元的额外收益，所以在考虑单位投资效率的情况下，方案 A 优于方案 B。

用净现值指标和净现值率指标评价方案时，由于反映的经济效果角度不同，得出的结论可能是相互矛盾的。这时就应根据具体情况，选择一个为主要指标，另一个为辅助指标。

### 4.2.3 费用现值

在对多个方案进行比较选择时，如果诸方案的产出价值相同，或者诸方案能够满足相同的需要，但产生的经济效益难以用价值形式（货币）计量时（如劳动条件的改善、教育、环保、国防等），就可以通过对各方案费用现值的比较进行选择。

1．概念

费用现值（Present Cost，PC）是指包含从项目投资开始到项目终结的整个项目寿命期内发生的全部费用，按照一定的折现率折现到同一时点（通常是期初）的现值累加值。

2．计算

费用现值的表达式为：

$$\mathrm{PC}=\sum_{t=0}^{n}\mathrm{CO}_t(P/F,i_0,t) \qquad (4\text{-}11)$$

式中，PC 表示费用现值；$\mathrm{CO}_t$表示第 $t$ 年的现金流出；$(P/F,i_0,t)$表示复利现值系数。

3．判别准则

费用现值指标只能用于多方案的比选，其判别准则是费用现值最小的方案为优。

【例 4-7】 某项目有 A、B、C 三个方案，均能满足同样的需要。各方案的费用数据如表 4-3 所示。在基准折现率 $i_0$=10%的情况下，计算各方案的费用现值并确定最优方案。

表 4-3 三个方案的费用数据表　　单位：万元

| 方　案 | 初始投资 | 年运营费用（1～5 年） | 年运营费用（6～10 年） |
|---|---|---|---|
| A | 80 | 15 | 15 |
| B | 105 | 12 | 12 |
| C | 115 | 8 | 10 |

【解】各方案的费用现值计算如下：

$$\mathrm{PC_A}=80+15\times(P/A,10\%,10)=80+15\times6.145=172.18\text{（万元）}$$

$$\mathrm{PC_B}=105+12\times(P/A,10\%,10)=105+12\times6.145=178.74\text{（万元）}$$

$$\mathrm{PC_C}=115+8\times(P/A,10\%,5)+10\times(P/A,10\%,5)\times(P/F,10\%,5)$$
$$=115+8\times3.791+10\times3.791\times0.620\,9=168.87\text{（万元）}$$

根据费用最小的选优原则，方案 C 最优，方案 A 次之，方案 B 最差。

### 4.2.4 净年值

1．概念

净年值（Net Annual Value，NAV）是指按给定的基准折现率，通过等值换算将方案计算期内各个不同时点的净现金流量分摊到计算期内各年的等额年值。

2．计算

净年值的计算公式为：

$$\begin{aligned} \text{NAV} &= \text{NPV}(A/P,i_0,n) \\ &= \left[\sum_{t=0}^{n}(\text{CI}-\text{CO})_t(1+i_0)^{-t}\right](A/P,i_0,n) \end{aligned} \qquad (4\text{-}12)$$

式中，NAV 表示净年值；$(A/P,i_0,n)$表示资本回收系数；其余符号意义同式（4-11）。

3．判别准则

对于单一方案而言，若 NAV⩾0，则项目在经济效果上予以接受；若 NAV<0，则项目在经济效果上予以拒绝。

多方案进行评价时，净年值最大的方案为最优方案。

将净年值的计算公式及判别准则与净现值的做比较可知，由于$(A/P,i_0,n)>0$，故净年值与净现值在项目评价的结论上是一致的。因此，净年值与净现值是等效评价指标。

【例 4-8】 以例 4-3 的投资项目为例，计算其净年值。

【解】此题目可用两种方法求解。

方法一：

$$\begin{aligned} \text{NAV} &= [-10\,000+(5\,310-3\,000)\times(P/A,10\%,5)+2\,000\times(P/F,10\%,5)]\times(A/P,10\%,5) \\ &= -0.26\text{（元）} \end{aligned}$$

方法二：

$$\begin{aligned} \text{NAV} &= (5\,310-3\,000)-10\,000\times(A/P,10\%,5)+2\,000\times(A/F,10\%,5) \\ &= -0.26\text{（元）} \end{aligned}$$

根据净年值的判别准则，该投资项目方案应予以拒绝。由此也可看出净年值与净现值在项目评价的结论上是一致的。

### 4.2.5 费用年值

1．概念

费用年值（Annual Cost，AC）是指按基准折现率，通过等值换算，将方案计算期内各年不同时点的现金流出分摊到计算期内各年的等额年值。

2．计算

费用年值的表达式为：

$$\begin{aligned}\mathrm{AC} &= \mathrm{PC}(A/P, i_0, n) \\ &= \left[\sum_{t=0}^{n} \mathrm{CO}_t (P/F, i_0, t)\right](A/P, i_0, n)\end{aligned} \tag{4-13}$$

式中，AC 表示费用年值；$(A/P, i_0, n)$表示资本回收系数；其余符号意义同式（4-11）。

3．判别准则

费用年值只用于多方案的比选，其判别准则与费用现值一致，费用年值最小的方案为最优。

【例 4-9】 计算例 4-7 中各方案的费用年值。

【解】$AC_A$=15＋80×（$A/P$,10%,10)=28.02（万元）

$AC_B$=12＋105×（$A/P$,10%,10)=29.09（万元）

$AC_C$=[115＋8×（$P/A$,10%,5) ＋10×（$P/A$,10%,5) ×（$P/F$,10%,5)] ×（$A/P$,10%,10)
=27.48（万元）

根据费用最小的选优原则，计算结果表明方案 C 最优，方案 A 次之，方案 B 最差。该结论与应用费用现值指标的评价结果一致。

所以费用现值与费用年值的关系，恰如前述净现值和净年值的关系一样。除了在指标含义上有所不同外，就评价结论而言，二者是等效评价指标。

### 4.2.6 动态投资回收期

1．概念

动态投资回收期是按照给定的基准折现率，用项目净收益的现值将总投资现值回收所需的时间。动态投资回收期克服了静态投资回收期没有考虑资金时间价值的缺点，人们在投资项目评价中经常采用动态投资回收期指标。

2．计算

我们用 $T_P^*$表示动态投资回收期，它应满足：

$$\sum_{t=0}^{m} K_t (1+i_0)^{-t} = \sum_{t=0}^{T_P^*} \mathrm{NB}_t (1+i_0)^{-t} \tag{4-14}$$

式中，$T_P^*$表示动态投资回收期；$m$ 表示投资期数；$K_t$ 表示第 $t$ 年的投资额；$\mathrm{NB}_t$ 表示第 $t$ 年的净收益。

动态投资回收期也可以根据项目财务分析的现金流量表计算，其公式为：

$$T_p^* = T^* + \frac{\text{第}T\text{年累计净现金流量现值的绝对值}}{\text{第}T+1\text{年净现金流量现值}} \quad (4\text{-}15)$$

式中，$T^*$表示项目各年累计净现金流量现值最后一个负值的年份。

同样，我们可以借助图 4-3 现金流量现值累计图，参照 $T_p$ 的推导过程，推导出 $T_p^*$。

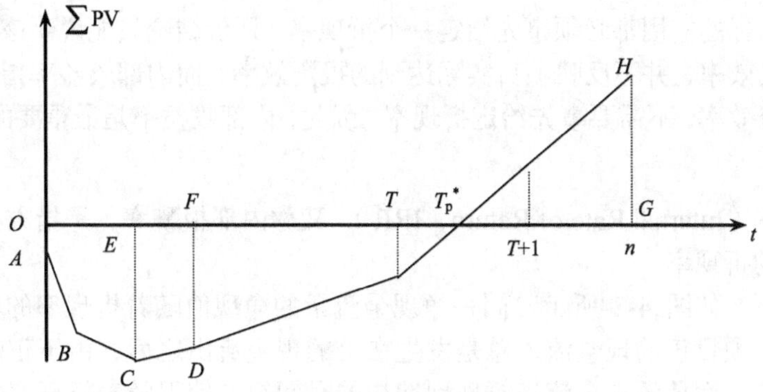

图 4-3　现金流量现值累计图

3．判别准则

用动态投资回收期 $T_p^*$评价投资项目的可行性，需要与根据同类项目的历史数据和投资者意愿确定的基准动态投资回收期相比较。设基准动态投资回收期为 $T_b^*$，判别准则为：若 $T_p^* \leqslant T_b^*$，项目可以考虑接受，否则应予以拒绝。

**【例 4-10】**　计算例 4-1 中项目的动态投资回收期，数据如表 4-4 所示。基准折现率为 10%，基准动态投资回收期 $T_b^*$=6 年，试判断该项目是否可行。

表 4-4　某项目的现金流量现值表　　单位：万元

| 项目＼年份 | 0 | 1 | 2 | 3 | 4 | 5 | 6 | 7 |
|---|---|---|---|---|---|---|---|---|
| （1）总投资 | 1 000 | | | | | | | |
| （2）收入 | — | — | 300 | 500 | 640 | 750 | 750 | 750 |
| （3）支出（不包括投资） | | | 210 | 300 | 350 | 400 | 400 | 400 |
| （4）净现金流量[（2）-（3）] | | | 90 | 200 | 290 | 50 | 350 | 350 |
| （5）净现金流量现值（$i_0$=10%） | -1 000 | — | 74.38 | 150.26 | 198.07 | 217.32 | 197.57 | 179.61 |
| （6）累计净现金流量现值 | -1 000 | -909.09 | -834.71 | -684.45 | -486.37 | -269.05 | -71.48 | 108.12 |

**【解】**从表 4-4 可见，该项目的动态投资回收期为：

$$T^* = 6 + \frac{|-71.48|}{179.61} = 6.66\text{（年）}$$

由于 $T_p^*>T_b^*$，根据动态投资回收期判别准则，该项目应予以拒绝。

动态投资回收期除了考虑资金时间价值外，它具有静态投资回收期同样的特征，一般用于粗略评价，需要与其他指标结合起来使用。

### 4.2.7 内部收益率

前述评价指标的应用都必须事先给定一个折现率，评价结论只能说明该项目是否达到或超过基本要求的效率，并不反映项目实际达到的投资效率。而内部收益率指标反映了项目实际能达到的投资效率，不需要事先给定折现率。因此，内部收益率是最重要的评价指标之一。

1．概念

内部收益率（Internal Rate of Return，IRR），又称内部报酬率，是指方案在寿命期内的净现值为零时的折现率。

一般情况下，如图 4-2 所示，同一净现金流量的净现值随着折现率的增大而减小。其原因是一般投资项目正的现金流入总是发生在负的现金流出之后，由于正的现金流入折现到期初的时间长，而负的现金流出折现到期初的时间短，使得随着折现率的增加，正的现金流入的现值减少得多，负的现金流出的现值减少得少，这样现值的代数和就减小。NPV 函数曲线与横坐标的交点，即当 NPV＝0 时的收益率就为内部收益率。因此可以明确，用净现值为零作为条件，反求出净现值为零时的 $i$ 值，就可得出项目的内部收益率。

2．计算

内部收益率可通过下述方程求得：

$$\text{NPV（IRR）} = \sum_{t=0}^{n}(\text{CI}-\text{CO})_t(1+\text{IRR})^{-t} = 0 \tag{4-16}$$

式中，IRR 表示内部收益率；其他符号意义同式（4-11）。

式（4-16）是一个高次方程，不容易直接求解，通常采用“试算内插法”求 IRR 的近似解，其原理如图 4-4 所示。

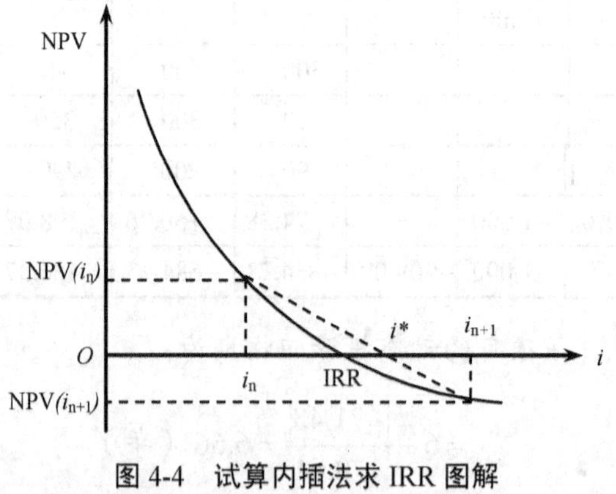


图 4-4　试算内插法求 IRR 图解

如图 4-4 所示，IRR 在 $i_n$ 与 $i_{n+1}$ 之间，用 $i^*$ 近似代替 IRR，当 $i_{n+1}$ 与 $i_n$ 的距离控制在一定范围内时，可以达到要求的精度。具体计算步骤如下：

（1）设初始折现率为 $i_1$，一般可以先取行业的基准折现率 $i_0$ 作为 $i_1$，并计算对应的净现值 NPV($i_1$)。

（2）若 NPV($i_1$)≠0，则根据 NPV($i_1$)是否大于零，再设 $i_2$，若 NPV($i_1$)>0，则设 $i_2>i_1$；若 NPV($i_1$)<0，则设 $i_2<i_1$。$i_1$ 与 $i_2$ 的差距取决于 NPV($i_1$)绝对值的大小，较大的绝对值可以取较大的差距；反之，取较小的差距，然后计算对应的 NPV($i_2$)。

（3）重复步骤 2，直到出现 NPV($i_n$)>0, NPV($i_{n+1}$)<0 时，用线性内插值的方法计算出 IRR 的近似值，计算公式为：

$$\text{IRR}=i_n+\frac{\text{NPV}(i_n)}{\text{NPV}(i_n)+|\text{NPV}(i_{n+1})|}(i_{n+1}-i_n) \tag{4-17}$$

（4）计算的误差取决于 $(i_{n+1}-i_n)$ 的大小，为此，$(i_{n+1}-i_n)$ 一般以等于 2%为宜，最大不应超过 5%。

### 3. 判别准则

设基准折现率为 $i_0$，若 IRR≥$i_0$，则项目在经济效果上可以接受；若 IRR<$i_0$，则项目在经济效果上应予以拒绝。

一般情况下，当 IRR≥$i_0$ 时，会有 NPV($i_0$)≥0，反之，当 IRR<$i_0$ 时，则 NPV($i_0$)<0。因此对于单方案评价，内部收益率准则与净现值准则评价的结论是一致的。

**【例 4-11】**　求例 4-3 所述项目的内部收益率。

**【解】** 取 $i_1=i_0=10\%$，则

$$\begin{aligned}\text{NPV}(i_0) &= -10\,000+2\,000\times(P/F, 10\%,5)+2\,310\times(P/A, 10\%,5)\\ &=-0.99（元）\end{aligned}$$

取 $i_2=9\%$，计算 NPV($i_2$)=285.7（元）

利用内插法计算公式可得：

$$\text{IRR}=9\%+\frac{285.7}{285.7+|-0.99|}(10\%-9\%)=9.99\%$$

由于 IRR(9.99%)小于基准折现率 $i_0$(10%)，故该项目在经济效果上是不可行的。该评价结果与应用净现值指标评价的结果一致。

### 4. 内部收益率的经济含义

内部收益率的经济含义可以理解为在项目的整个寿命周期内按利率 $i$=IRR 计算，始终存在未能回收的投资，而在寿命结束时，投资恰好被完全收回。也就是说，项目在寿命期

内始终处于“偿付”未被回收的投资状况。因此，项目的“偿付”能力完全取决于项目内部，故称之为“内部收益率”。

5. 内部收益率方程解的讨论

内部收益率计算适用于常规投资方案，否则会出现 IRR 的多个解，使 IRR 指标评价方案失效。所谓常规投资方案，是在寿命期内除建设期或者投产初期的净现金流量为负值外，其余年份均为正值，寿命期内净现金流量的正负号只从负到正变化一次，且所有负现金流量都出现在正现金流量之前。

为了讨论这个问题，我们把 IRR 计算表达式（4-16）改写为：

$$CF_0+CF_1\,(1+IRR)^{-1}+\cdots+CF_n\,(1+IRR)^{-n}=0 \tag{4-18}$$

式中，$CF_0, CF_1,\cdots, CF_n$ 表示各年的净现金流量。

令 $1+IRR=x$，则式（4-18）是关于 $x$ 的 $n$ 次方程，从理论上讲有 $n$ 个根（可能是重根）。根据笛卡尔符号规则，方程正实数根的个数不大于净现金流量 $CF_t$ 变号的次数。因此，对于常规方案，正实数根的数目≤1，即内部收益率 IRR 有唯一解。

对于非常规投资方案，也就是方案寿命期内净现金流量的正负号不止变化一次，此时就可能出现多解。一般情况下，非常规投资方案是否出现 IRR 的多解，要看以 IRR 作为折现率回收投资，未被回收的投资余额是否一直保持在寿命期结束之前处于小于零的状况，即未被回收的投资的余额满足：

$$\begin{aligned} F_t(IRR)&=\sum_{j=0}^{t}CF_j\,(1+IRR)^{t-j}<0 \quad (t=0,1,\cdots,n-1) \\ F_t(IRR)&=\sum_{j=0}^{t}CF_j\,(1+IRR)^{t-j}=0 \quad (t=n) \end{aligned} \tag{4-19}$$

满足上述两式的非常规方案，可得到 IRR 的唯一解；否则，会出现 IRR 的多解，项目无内部收益率。

### 4.2.8 外部收益率

对投资方案内部收益率 IRR 的计算，隐含着一个基本假定，即项目寿命期内所获得的净收益全部可用于再投资，再投资的收益率等于项目的内部收益率。这种隐含假定是由于现金流量计算中采用复利计算方法导致的。

1. 概念

外部收益率（External Rate of Return，ERR）是指投资的未来值与再投资的净收益累计值相等时的收益率。

外部收益率实际上是对内部收益率的一种修正，计算外部收益率时也假定项目寿命期内所获得的净收益全部可用于再投资，所不同的是假定再投资的收益率等于基准折现率。

2．计算

求解 ERR 的方程可写成下面的形式：

$$\sum_{t=0}^{n} \mathrm{NB}_t(1+i_0)^{n-t} = \sum_{t=0}^{n} K_t(1+\mathrm{ERR})^{n-t} \tag{4-20}$$

式中，ERR 表示外部收益率；$K_t$ 表示第 $t$ 年的净投资；$\mathrm{NB}_t$ 表示第 $t$ 年的净收益。

从式（4-20）中可以看出，ERR 与 IRR 相似，只不过 ERR 假设所回收的资金是以相当于基准收益率 $i_0$ 进行再投资的，而 IRR 假设所回收的资金是以 IRR 进行再投资的。IRR 在计算过程中，已回收的资金再投资的收益率等于 IRR，而 ERR 计算过程中等于 $i_0$。一般情况下，IRR≥$i_0$，因此，ERR 的值一般在 IRR 与 $i_0$ 之间。式（4-20）不会出现多个正实数解的情况，而且通常可以用代数方法直接求解。

3．判别准则

ERR 指标用于评价投资方案经济效果时，需要与基准折现率 $i_0$ 相比较，判别标准是：若 ERR≥$i_0$，则项目可以被接受；若 ERR<$i_0$，则项目不可接受。

【例 4-12】　某建筑公司承接一项建筑工程，合同规定甲方先分两年预付一部分款项，待工程完工后再分两年支付工程款的其余部分。该建筑公司承接该项目预计各年的净现金流量如表 4-5 所示。设基准折现率 $i_0$=10%，试用收益率指标评价该项目是否可行。

表 4-5　建设项目的净现金流量表　　单位：万元

| 年　份 | 0 | 1 | 2 | 3 | 4 | 5 |
|---|---|---|---|---|---|---|
| 净现金流量 | 1 900 | 1 000 | −5 000 | −5 000 | 2 000 | 6 000 |

【解】该项目是一个非常规项目，其 IRR 方程有两个解：$i_1$=10.2%，$i_2$=47.3%。所以不能用内部收益率评价，可采用外部收益率指标进行评价。根据式（4-20）列出如下方程：

$$1\,900\times(1+10\%)^5+1\,000\times(1+10\%)^4+2\,000\times(1+10\%)+6\,000$$
$$=5\,000\times(1+\mathrm{ERR})^3+5\,000\times(1+\mathrm{ERR})^2$$

可解得 ERR=10.1%，因为 ERR>$i_0$，项目可接受。

外部收益率的使用并不普遍，但对于非常规项目的评价，ERR 有其优越之处：

（1）求解 ERR 比较简单。

（2）对于任何现金流量的投资项目，ERR 有唯一解。

（3）ERR 与 IRR 相比能够更准确地反映项目在整个计算期的投资收益水平。

（4）ERR 与 NPV 的评价结论相同。

ERR 的不足之处在于要事先知道基准折现率 $i_0$ 才能计算，但用 IRR 时，虽然不需要事先知道 $i_0$，但在评价方案时还是要与 $i_0$ 进行比较。所以在这一点上 IRR 也没有多少优势。

## 复习思考题

1．简答题

（1）为什么要用多个评价指标来评价项目方案？

（2）什么是投资回收期？静态投资回收期和动态投资回收期有什么区别？

（3）什么是净现值？其计算公式是什么？净现值与净现值率的经济含义有何区别？

（4）在什么情况下适合用费用现值与费用年值进行项目评价？

（5）什么是内部收益率？其经济含义是什么？

（6）外部收益率与内部收益率相比有什么区别？

2．选择题

（1）静态评价指标相比动态评价指标最大的特点是（　　）。

A．考虑了资金的时间价值　　B．适用于投资方案的粗略评价

C．适用于逐年收益不同的投资方案　　D．反映了短期投资效果

（2）投资回收期和贷款偿还期两个经济评价指标都是（　　）。

A．自建设年开始计算　　B．时间型指标

C．反映偿债能力的指标　　D．动态评价指标

（3）净年值是指把项目寿命期内的净现金流量按设定的折现率算成与其等值的各年年末的（　　）。

A．等额净现金流量值　　B．净现金流量值

C．差额净现金流量值　　D．税后净现金流量值

（4）为了限制对风险大、盈利低的项目进行投资，在项目经济评价时，可采取的方法是（　　）。

A．提高基准收益率　　B．提高投资收益率

C．提高投资报酬率　　D．提高内部收益率

（5）若某项目的动态投资回收期刚好等于项目计算期，则必然有（　　）。

A．动态投资回收期大于基准投资回收期

B．动态投资回收期小于基准投资回收期

C．内部收益率等于基准收益率

D．内部收益率大于基准收益率

3．计算题

（1）某项目投资方案的现金流量情况如表 4-6 所示，试求该方案的静态和动态投资回

收期。($i_0$=10%)

表 4-6　投资方案现金流量表　　单位：万元

| 项目＼年份 | 0 | 1 | 2 | 3 | 4 | 5 |
|---|---|---|---|---|---|---|
| 净现金流量 | −15 000 | 3 800 | 3 560 | 3 320 | 3 080 | 7 840 |
| 累计净现金流量 | −15 000 | −11 200 | −7 640 | −4 320 | −1 240 | 6 600 |

(2)某拟建项目，第 1 年年初投资 1 000 万元，第 2 年年初投资 2 000 万元，第 3 年年初投资 1 500 万元，从第 3 年起连续 8 年每年可获净收入 1 450 万元。若期末残值忽略不计，最低希望收益率为 12%，试计算净现值和内部收益率，并判断该项目经济上是否可行。

(3)有三个投资项目，其数据资料如表 4-7 所示。

表 4-7　X、Y、Z 投资项目现金流量表　　单位：万元

| 方案＼年份 | 0 | 1 | 2 |
|---|---|---|---|
| X | −5 000 | — | 9 000 |
| Y | −5 000 | 4 000 | 4 000 |
| Z | −5 000 | 7 000 | — |

请计算：

1)利率分别为 5%、10%和 15%时的投资净现值。

2)各项投资的内部收益率。

3)当利率为 10%时，应用净现值法评价哪项投资有利？

(4)某项目初始投资为 8 000 元，第 1 年年末现金流入为 2 000 元，第 2 年年末现金流入为 3 000 元，第 3、第 4 年年末的现金流入均为 4 000 元，请计算该项目的净现值、净年值、净现值率、内部收益率和动态投资回收期。($i_0$=10%)

(5)某项目有两种投资方案：方案 A 初始投资 1 600 万元，在 5 年寿命期内每年经营费用 500 万元；方案 B 初始投资 1 200 万元，在 5 年寿命期内每年经营费用 650 万元。若期望收益率为 8%，应选择哪种投资方案？

(6)某厂可以 40 000 元购置一台旧机床，年费用估计为 32 000 元，当该机床在第 4 年更新时残值为 7 000 元。该厂也可以 60 000 元购置一台新机床，其年运行费用为 26 000 元，当它在第 4 年更新时残值为 9 000 元。若基准收益率为 10%，应选择哪种方案？

# 第 5 章　投资方案的比选方法

## 知识导航

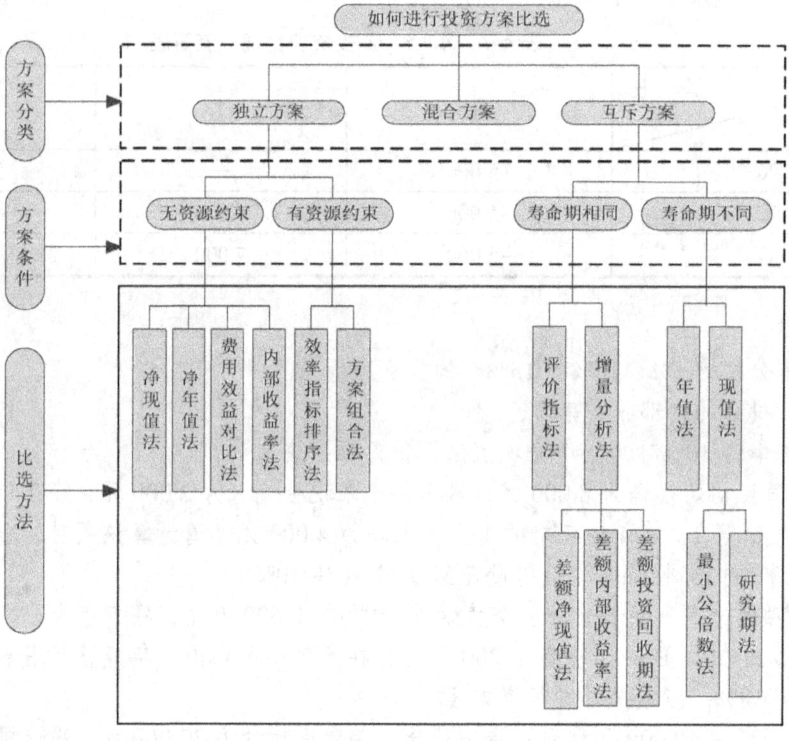


## 学习目标

☑ 掌握独立方案的选择原则。

☑ 掌握在无资源约束和有资源约束条件下正确选择投资方案的方法。

☑ 掌握互斥方案增量法比较的原理，并能运用增量法进行方案选择。

☑ 了解方案的相互关系。

## 5.1　投资方案的相互关系与分类

如果投资决策都是对单一投资方案的评价，就可以利用第 4 章所述的经济评价方法和指标来决定项目的取舍。然而，在实践中投资主体往往需要面对多个备选方案，方案之间存在各种各样的经济关系，这样就造成投资决策的复杂性。因此，有必要仔细研究不同方案之间的相互关系，以便做出正确选择。方案之间的经济关系通常可分为独立、互斥和混合三种类型，其分类如图 5-1 所示。

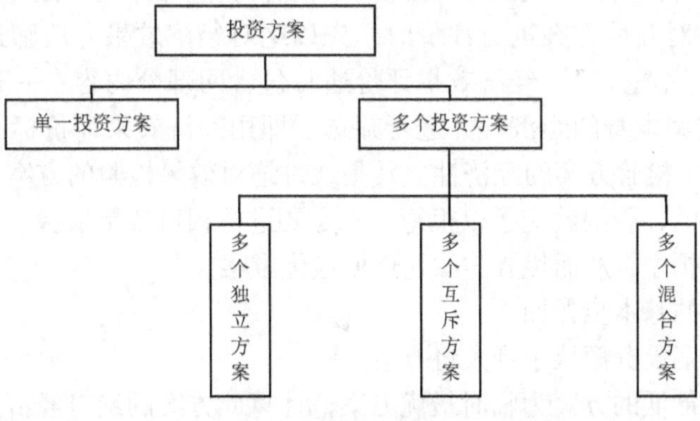


图 5-1　投资方案分类

### 1．独立方案

各方案间不具有排他性，在一组备选的投资方案中，采纳某一方案并不影响其他方案的采纳，即采纳某一方案并不要求放弃其他的方案。独立方案的特点是具有“可加性”。

### 2．互斥方案

各方案间是相互排斥的，采纳某一方案就不能再采纳其他方案，即多个方案中只能选择其一，其余方案必须放弃。例如，要投资建设一个废旧电器回收厂，现有甲、乙、丙三个选址方案，选择其中一个方案，就不能接纳另两个方案，这三个方案则为互斥方案。

### 3．混合方案

在一组备选方案中，若采纳或放弃某一方案会影响其他方案的现金流量；或者采纳或放弃某一方案会影响其他方案的采纳或放弃；或者采纳某一方案必须以先采纳其他方案为前提等，即大方案群中各个方案之间具有相关关系，但这种关系不同于互斥关系。在实际问题中，方案间互相独立和相互排斥的关系往往交织在一起。例如，为实现环境保护目标，某公司须对所属甲、乙、丙三个工厂的废物进行处理（三个独立方案），而各厂又有焚烧、回收、填埋三种互斥的措施，这样就组合成九个不同的方案。这种类型的方案就称为混合方案。

本书仅研究互斥方案和独立方案的比选，不探讨混合方案的比选问题。

## 5.2 互斥方案的比选方法

互斥方案是指被比较的方案之间互不相容、互为排斥，只能选择其一，其余方案必须放弃。在对互斥方案比选时，由于每个方案都具有同等可选择的机会，为使资金发挥最大的效益，我们总是希望选出备选方案中最具经济性的方案。在进行方案比选时，首先要找到经济上合理的项目，其次要找到最优经济性的项目，这样才能保证所选方案不但可行而且最优。因此，在对互斥方案进行评价时，先以绝对经济效果方法筛选方案，然后再以相对经济效果方法优选方案。经济效果评价通常包含两部分内容：一是要进行绝对效果检验，考察各个方案本身的经济性并进行筛选，即用经济效果评价标准（如 $\mathrm{NPV}\geqslant 0$，$\mathrm{NAV}\geqslant 0$，$\mathrm{IRR}\geqslant i_0$）检验方案的经济性。凡是通过绝对效果检验的方案，就认为它在经济效果上是可以接受的，否则就应予以拒绝。二是要进行相对效果检验，即对通过筛选的方案按特定指标进行排序，从而优胜劣汰、选取最优方案。

互斥方案比选的基本步骤如下：

（1）按项目方案投资额从小到大将方案排序。

（2）以投资额最低的方案为临时最优方案，计算此方案的绝对经济效果指标，并与判别标准比较，直到找到一个可行方案。

（3）依次计算各方案的相对经济效益，并与判别标准比较，优胜劣汰，最终取胜者即为最优方案。

互斥方案经济效果评价的特点是要进行多方案比选，故应遵循方案间的可比性。其必须具备的可比条件为：① 被比较方案的费用及效益计算口径一致；② 被比较方案具有相同的计算期；③ 被比较方案现金流量具有相同的时间单位。如果以上条件不满足，各个方案之间不能进行直接比较，必须经过一定转化后方能进行比较。

为了遵循可比性原则，现分别按方案寿命期相同、寿命期不同和无限寿命三种情况讨论互斥方案的经济效果评价。

### 5.2.1 寿命期相同方案的互斥比选

对于寿命期相同的互斥方案，计算期通常设定为其寿命周期，这样能满足在时间上的可比性。

#### 1. 评价指标法

如果各备选方案各年的净现金流量可以估算，则可以采用净现值、净年值、费用现值、费用年值等指标进行比选。其比选过程通常遵循如下两个步骤：

（1）分别检验各方案自身的绝对经济效果，将不能通过评价标准的方案淘汰。

（2）检验方案的相对经济效果，根据净现值（净年值）最大准则或费用现值（费用年值）最小准则，对方案进行选优。

**【例 5-1】** 某工程有 A、B、C 三个方案可供选择，有关资料如表 5-1 所示。若基准收益率为 10%，应如何选择一个最有利的方案？

表 5-1　互斥方案 A、B、C 的现金流量

| 方　案 | 初始投资（元） | 收益（元） | 残值（元） | 寿命（年） |
|---|---|---|---|---|
| A | 20 000 | 3 000 | 0 | 20 |
| B | 35 000 | 5 000 | 0 | 20 |
| C | 100 000 | 9 000 | 10 000 | 20 |

**【解】** 解法一　根据净现值法的计算公式得：

$NPV_A=-20\,000+3\,000(P/A,10\%,20)=5\,540$（元）

$NPV_B=-35\,000+5\,000(P/A,10\%,20)=7\,568$（元）

$NPV_C=-100\,000+9\,000(P/A,10\%,20)+10\,000(P/F,10\%,20)=-21\,892$（元）

因为 $NPV_C<0$，故淘汰方案 C。

根据净现值的最大准则原理，因为 $NPV_B>NPV_A>0$，故应选择净现值最大的 B 方案。

解法二

$NAV_A=[-20\,000+3\,000(P/A,10\%,20)](A/P,10\%,20)=650.95$（元）

$NAV_B=[-35\,000+5\,000(P/A,10\%,20)](A/P,10\%,20)=889.24$（元）

$NAV_C=[-100\,000+9\,000(P/A,10\%,20)+10\,000(P/F,10\%,20)](A/P,10\%,20)=-2\,572.31$（元）

因为 $NAV_C<0$，故淘汰 C 方案。

根据净年值的最大准则原理，因为 $NAV_B>NAV_A>0$，故应选择净年值最大的方案 B。

**【例 5-2】** 方案 A、B 是互斥方案，其有关资料如表 5-2 所示。若基准收益率为 10%，试对方案进行评价选择。

表 5-2　互斥方案 A、B 的基本资料　　单位：万元

| 方案 | 初始投资 | 年运营费 | 残值 | 寿命（年） |
|---|---|---|---|---|
| A | 20 | 2 | 3 | 5 |
| B | 30 | 1 | 5 | 5 |

**【解】** 解法一

$PC_A=20+2(P/A,10\%,5)-3(P/F,10\%,5)=25.72$（万元）

$PC_B=30+1(P/A,10\%,5)-5(P/F,10\%,5)=30.69$（万元）

$\because$ $PC_A < PC_B$ $\therefore$ 应选方案 A。

解法二

$AC_A$=[20+2($P/A$,10%,5) −3($P/F$,10%,5)]($A/P$,10%,5)=6.78（万元）

$AC_B$=[30+1($P/A$,10%,5) −5($P/F$,10%,5) ]($A/P$,10%,5)=8.10（万元）

$\because$ $AC_A < AC_B$ $\therefore$ 应选方案 A。

### 2. 增量分析法

如果备选方案各自的净现金流量无法估量，但可以估算出两个对比方案之间的现金流差额，此时用增量分析法来比选方案就更为方便。增量分析法是通过增量净现金流评价增量投资经济效果的一种方法。它是互斥方案比选的基本方法。因此，净现值、净年值、投资回收期、内部收益率等评价指标都可用于增量分析。

增量分析法一般采取两两比较的环比方式，但当方案数目较多时，这种比较就过于烦琐（$n$ 个互斥方案需进行 $\dfrac{n!}{2(n-2)!}$ 次比较）。这时，可采取如图 5-2 所示的步骤减少比较次数。

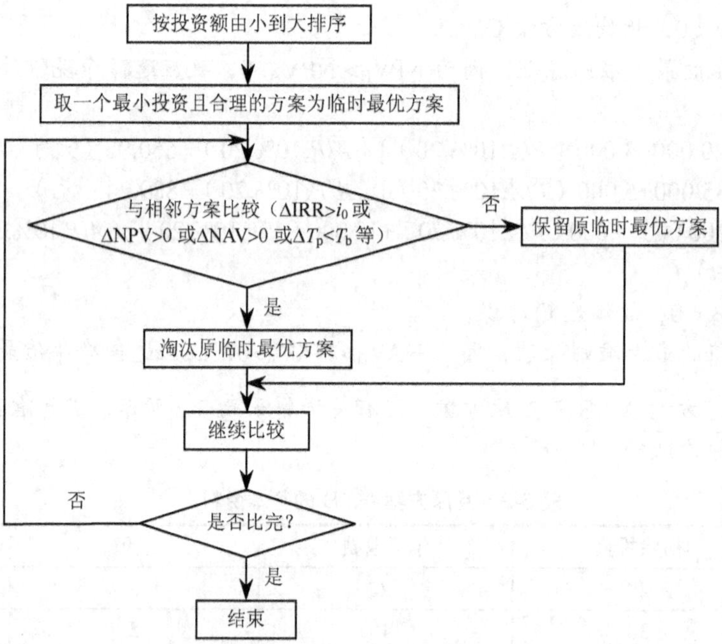


图 5-2　增量分析法一般步骤

增量分析法的一般步骤为：

1）将方案按投资额由小到大排序。

2）进行各方案绝对效果评价。计算各方案的 IRR（或 NPV、NAV、$T_p$ 等）指标考察经济合理性，淘汰 IRR< $i_0$（或 NPV<0 或 NAV<0 或 $T_p>T_b$）的方案，保留通过绝对效果检验的方案，选取投资额最小的合理方案为临时最优方案。

3）进行相对效果评价。依次计算其余方案相对于前一步骤中的最优方案的ΔIRR（或ΔNPV、ΔNAV、$\Delta T_p$ 等）。若ΔIRR > $i_0$（ΔNPV>0 或ΔNAV>0 或$\Delta T_p<T_b$），则保留投资额大的方案；反之，则保留投资额小的方案，直到最后一个被保留的方案即为最优方案。

（1）差额净现值法。对于互斥方案，利用不同方案的差额现金流量来计算净现值进行方案选择的方法，称为差额净现值法。

设 A、B 为投资额不等的互斥方案，A 方案比 B 方案投资大，两方案的差额净现值可由式（5-1）求出：

$$\Delta NPV = \sum_{t=0}^{n}[(CI_A - CO_A)_t - (CI_B - CO_B)](1+i_0)^{-t}$$
$$= NPV_A - NPV_B \qquad (5\text{-}1)$$

差额净现值法就是利用不同方案的 NPV 进行比选的方法。

利用差额净现值比选方案的判别准则是：若ΔNPV≥0，表明增加的投资在经济上是合理的，投资大的方案优于投资小的方案；反之，则说明投资小的方案是更经济的。

必须注意的是，差额净现值只能用来检验差额投资的效果，或者相对效果。差额净现值大于零只表明增加的投资是合理的，并不表明全部投资是合理的。因此，在采用差额净现值法对方案进行比较时，首先必须保证比选的方案都是可行方案。

【例 5-3】　有 A、B、C 三个互斥的投资方案，寿命周期均为 10 年，各方案的初始投资和年净收益如表 5-3 所示。试在折现率为 10%的条件下选择最佳方案。

表 5-3　互斥方案 A、B、C 的有关资料　　单位：万元

| 方　案 | 初始投资 | 年净收益 |
|---|---|---|
| A | 170 | 44 |
| B | 260 | 59 |
| C | 300 | 68 |

【解】投资方案按投资额从小到大排列顺序是 A、B、C，首先检验方案 A 的绝对效果。

$\Delta NPV_{A-0}$=−170+44（$P/A$，10%，10）=100.34（万元）

由$\Delta NPV_{A-0}$>0，说明方案 A 的绝对效果是好的，方案 A 是可行方案。

$\Delta NPV_{B-A}$=−（260−170）+（59−44）（$P/A$，10%，10）=2.17（万元）

由$\Delta NPV_{B-A}$>0，说明方案 B 优于方案 A，淘汰方案 A。

$\Delta NPV_{C-B}$=−（300−260）+（68−59）（$P/A$，10%，10）=15.30（万元）

由$\Delta NPV_{C-B}>0$，说明方案C优于方案B，淘汰方案B。故最优方案为方案C。

同样，也可以用直接比较法进行计算，利用净现值指标计算该题可以得到同样的结论。

$NPV_A=-170+44(P/A, 10\%, 10)=100.34$（万元）

$NPV_B=-260+59(P/A, 10\%, 10)=102.51$（万元）

$NPV_C=-300+68(P/A, 10\%, 10)=117.81$（万元）

因为$NPV_C>NPV_B>NPV_A>0$，所以选择方案C。

因此，实际工作中应根据具体情况选择比较方便的比选方法。当有多个互斥方案时，直接用净现值最大准则选择最优方案比两两比较的增量分析更为简便。分别计算各备选方案的净现值，根据净现值最大准则选择最优方案，可以将方案的绝对经济效果检验和相对经济效果检验结合起来，判别准则可表述为：净现值最大且非负的方案为最优可行方案。

对于仅有费用现金流量的互斥方案比选也可用差额净现值法，这时无非是把增额投资所导致的对其他费用的节约看成增额收益。

**【例5-4】** 设备A原值1 600元，在5年寿命期内每年经营费500元，设备B原值1 200元，在5年寿命期内每年经营费650元，两台设备的残值均为0，基准折现率为8%。若两台设备均是可行方案，应选哪台设备？

**【解】**由于设备A原值比设备B多投入400元，而设备A比设备B每年经营费少花150元，则

$$\Delta NPV_{A-B}=-400+150(P/A, 8\%, 5)=198.906\,5\text{（万元）}$$

因为$\Delta NPV_{A-B}\geqslant 0$，说明设备A优于设备B，故应选设备A。

（2）差额内部收益率法。差额内部收益率是指相比较两个方案的各年净现金流量差额的现值之和等于零时的折现率。其计算公式为：

$$\sum_{t=0}^{n}(\Delta CI-\Delta CO)_t(1+\Delta IRR)^{-t}=0 \tag{5-2}$$

式中，$\Delta CI$表示互斥方案A、B的差额（增量）现金流入，$\Delta CI=CI_A-CI_B$；$\Delta CO$表示互斥方案A、B的差额（增量）现金流出，$\Delta CO=CO_A-CO_B$；$\Delta IRR$表示互斥方案A、B的差额内部收益率。

因为$\Delta CI=CI_A-CI_B$，$\Delta CO=CO_A-CO_B$，则式（5-2）又可以写成：

$$\sum_{t=0}^{n}(CI_A-CO_A)_t(1+\Delta IRR)^{-t}-\sum_{t=0}^{n}(CI_B-CO_B)_t(1+\Delta IRR)^{-t}=0$$

$$NPV_A(\Delta IRR)-NPV_B(\Delta IRR)=0$$

$$NPV_A(\Delta IRR)=NPV_B(\Delta IRR) \tag{5-3}$$

因此，差额内部收益率又可表述为两互斥方案净现值（或净年值）相等时的折现率。

用差额内部收益率比选方案的判别准则是：若$\Delta IRR > i_0$，则投资大的方案为优；若$\Delta IRR < i_0$，则投资小的方案为优。我们可以用图 5-3 的净现值函数曲线来说明其方案比选原理。

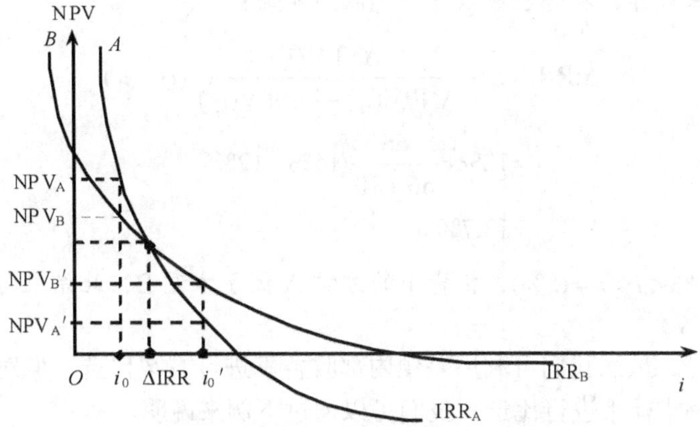


图 5-3　方案 A、B 的净现值函数曲线

在图 5-3 中，曲线 $A$、$B$ 分别为方案 A、B 的净现值函数曲线。在 A、B 两方案净现值曲线的交点处，两方案净现值相等，该点所对应的折现率即为两方案的差额内部收益率$\Delta IRR$。图 5-3 显示，当基准收益率为 $i_0$ 时，$\Delta IRR > i_0$，则 $NPV_A > NPV_B$，投资大的方案为优；当基准收益率为 $i_0'$ 时，$\Delta IRR < i_0'$，则 $NPV_A < NPV_B$，投资小的方案为优。由此可见，用差额内部收益率指标和净现值指标比选方案，结论是一致的。

**【例 5-5】**　设有两个互斥方案，其使用寿命均为 10 年，有关资料如表 5-4 所示，基准折现率 $i_0$=15%。试用净现值法和差额内部收益率法比较和选择最优可行方案。

表 5-4　方案 A、B 的有关资料　　单位：万元

| 方案 \ 项目 | 初始投资 | 年收入 | 年支出 | 净残值 |
|---|---|---|---|---|
| A | 5 000 | 1 600 | 400 | 200 |
| B | 6 000 | 2 000 | 600 | 0 |

**【解】** 1）计算净现值，判别可行性。

$NPV_A$=−5 000+1 200（$P/A$，10%，10）+200（$P/F$，10%，10）=1 072.24（万元）

$NPV_B$=−6 000+1 400（$P/A$，10%，10）=1 026.6（万元）

$\because NPV_A > NPV_B > 0 \therefore$ 两方案均可行，方案 A 优于方案 B。

2）计算差额投资内部收益率，比较和选择最优可行方案。

$\Delta NPV$=−1 000+200（$P/A$，$i$，10）−200（$P/F$，$i$，10）

设 $i_1$=12%，则

$\Delta NPV(i_1)=-1\,000+200(P/A,12\%,10)-200(P/F,12\%,10)=66$（万元）

设 $i_2$=14%，则

$\Delta NPV(i_2)=-1\,000+200(P/A,14\%,10)-200(P/F,14\%,10)=-10$（万元）

用线性内插法计算，求得差额投资内部收益率为：

$$\Delta IRR = i_1 + \frac{\Delta NPV(i_1)}{\Delta NPV(i_1)+|\Delta NPV(i_2)|}(i_2-i_1)$$

$$=12\%+\frac{66}{66+10}(14\%-12\%)$$

$$=13.7\%$$

$\because \Delta IRR=13.7\% < i_0\ (i_0=15\%)\ \therefore$ 投资小的方案 A 优于方案 B，此结果与净现值法评价结果一致。

值得注意的是，虽然我们可利用差额内部收益率进行方案比选，但对于互斥方案不能直接用内部收益率指标来进行比选，我们可以通过下例来说明。

**【例 5-6】** 方案 A、B 是互斥方案，其各年的现金流量如表 5-5 所示，设折现率为 10%，试对方案进行评价选择。

表 5-5　互斥方案 A、B 的净现金流量及经济效果指标　　单位：万元

| 方　案 | 0 | 1～10 年 | NPV | IRR（%） |
|---|---|---|---|---|
| A | −2 300 | 650 | 1 693.6 | 25.34 |
| B | −1 500 | 500 | 1 572 | 31.22 |
| A−B | −800 | 150 | 121.6 | 13.6 |

**【解】** 由表 5-5 可知，$NPV_A$=1 693.6 万元，$NPV_B$=1 572 万元；$IRR_A$=25.34%，$IRR_B$=31.22%。

两个互斥方案的净现值 NPV 均大于零，内部收益率 IRR 均大于基准折现率，方案 A 和方案 B 都能通过绝对经济效果检验，且使用 NPV 指标和使用 IRR 指标进行绝对经济效果检验结论是一致的。

由于 $NPV_A>NPV_B>0$，则方案 A 优于方案 B。又 $IRR_A>IRR_B$，若以内部收益率最大为比选准则，方案 B 优于方案 A，这与按净现值最大准则比选的结论相矛盾。而投资额不等的互斥方案比选的实质是判断增量投资的经济合理性，即投资大的方案相对于投资小的方案多投入的资金能否带来满意的增量收益。显然，若增量投资能够带来满意的增量收益，则投资额大的方案优于投资额小的方案，若增量投资不能带来满意的增量收益，则投资额小的方案优于投资额大的方案。因此，互斥方案的比选不能直接用内部收益率来比选。

（3）差额投资回收期法。差额投资回收期是指在不计利息的条件下，一个方案比另一个方案多支出的投资，用年经营成本的节约额逐年回收所需的时间，即

$$\Delta T_{\mathrm{p}}=\frac{\Delta K}{\Delta C'}=\frac{K_2-K_1}{C_1'-C_2'} \tag{5-4}$$

式中，$\Delta T_{\mathrm{p}}$为差额投资回收期；$\Delta K$ 为投资差额（$K_1<K_2$）；$\Delta C'$为年经营成本差额（$C_1'>C_2'$）。

在实际工作中，往往是投资大的方案经营成本较低，投资小的经营成本较高。此时，计算差额投资回收期限$\Delta T_{\mathrm{p}}$，当$\Delta T_{\mathrm{p}}$小于基准投资回收期 $T_{\mathrm{b}}$时，说明追加的投资经济效益是好的，应选择投资大的方案；当$\Delta T_{\mathrm{p}}$大于基准投资回收期 $T_{\mathrm{b}}$时，说明追加的投资不经济，应选择投资小的方案。

当两个方案的年产量不同时，即 $Q_2\neq Q_1$，若 $K_2/Q_2>K_1/Q_1$，$C_2'/Q_2>C_2'/Q_1$，其差额投资回收期$\Delta T_{\mathrm{p}}$为

$$\Delta T_{\mathrm{p}}=\frac{\dfrac{K_2}{Q_2}-\dfrac{K_1}{Q_1}}{\dfrac{C_1'}{Q_1}-\dfrac{C_2'}{Q_2}} \tag{5-5}$$

当$\Delta T_{\mathrm{p}}<T_{\mathrm{b}}$，投资大的方案为优，反之，投资小的方案为优。

**【例 5-7】** 已知有两个建厂方案，方案 A 投资为 1 500 万元，年经营成本 400 万元，年产量为 1 000 件；方案 B 投资为 1 000 万元，年经营成本 360 万元，年产量为 800 件。基准投资回收期 $T_{\mathrm{b}}$为 6 年，试问如何进行方案选优。

**【解】**第一步，计算各方案单位产量费用。

$$\frac{K_{\mathrm{A}}}{Q_{\mathrm{A}}}=\frac{1\,500}{100}=1.5(\text{万元/件})$$

$$\frac{K_B}{Q_B}=\frac{1\,000}{800}=1.25(\text{万元/件})$$

$$\frac{C_A'}{Q_A}=\frac{400}{1\,000}=0.40(\text{万元/件})$$

$$\frac{C_B'}{Q_B}=\frac{360}{800}=0.45(\text{万元/件})$$

第二步，计算差额投资回收期 $\Delta T_{\mathrm{p}}$。

$$\Delta T_{\mathrm{p}}=\frac{1.5-1.25}{0.45-0.4}=5(\text{年})$$

第三步，评价。

$\because \Delta T_{\mathrm{p}}<\Delta T_{\mathrm{b}}=6$，$\therefore$方案 A 较优。

### 5.2.2 寿命期不同方案的互斥比选

对寿命期不同的互斥方案进行比选，首先要使方案具有可比性。满足这一要求需要解决两个方面的问题：一是设定一个合理的共同分析期；二是给寿命期不等于分析期的方案选择合理的方案连续假定或者残值回收假定。下面结合具体指标来分析。

1．年值法

年值法是指投资方案在计算期的收入及支出，按一定的折现率换算为等值年值，用以评价或选择方案的一种方法。在对寿命期不同的互斥方案进行评选时，特别是参加比选的方案数目众多时，年值法是最为简便的方法。年值法使用的指标有净年值和费用年值。

用年值法进行寿命不同的互斥方案比选，实际上隐含着这样一种假定：各备选方案在其寿命结束时均可按原方案重复实施无限次。因为一个方案无论重复实施多少次，其年值是不变的，在这一假定前提下，年值法以“年”为时间单位比较各方案的经济效果，从而使寿命不同的互斥方案间具有可比性。

当仅需计算费用时，以费用年值最小所对应的方案为最优方案；当计算净年值时，以 $NAV_i \geqslant 0$ 且 max（$NAV_i$）所对应的方案为最优方案。

【例 5-8】　两互斥方案 A、B 各年的现金流量如表 5-6 所示。若基准收益率为 10%，试选择较优方案。

表 5-6　方案 A、B 的现金流量表　　单位：万元

| 项目 方案 | 投　资 | 年净现金流量 | 残　值 | 寿命（年） |
|---|---|---|---|---|
| A | −10 | 3 | 1.5 | 6 |
| B | −15 | 4 | 2.0 | 9 |

【解】$NAV_A=-10(A/P,10\%,6)+3+1.5(A/F,10\%,6)=0.898$（万元）

$NAV_B=-15(A/P,10\%,9)+4+2(A/F,10\%,9)=1.542$（万元）

由于 $NAV_B > NAV_A > 0$，故方案 B 优于方案 A。

【例 5-9】　互斥方案 A、B 具有相同的产出，方案 A 寿命期为 10 年，方案 B 寿命期为 15 年。两方案的费用现金流如表 5-7 所示，若基准收益率为 10%，试选择较优方案。

表 5-7　方案 A、B 的费用现金流量表　　单位：万元

| 项目 方案 | 投　资 | | 经营费用 | |
|---|---|---|---|---|
| | 0 年 | 1 年 | 2～10 年 | 11～15 年 |
| A | 100 | 100 | 60 | 200 |
| B | 100 | 140 | 40 | 0 |

【解】$AC_A$=[100+100(P/F,10%,1)+60(P/A,10%,9)( P/F,10%,1)+200(P/A,10%,5)（P/F,10%,10）](A/P,10%,15)=82.2（万元）

$AC_B$ =[100+140（P/F,10%,1）+40(P/A,10%,9)( P/F,10%,1)] (A/P,10%,10) =65.1（万元）

由于 $AC_A < AC_B$，故方案 B 优于方案 A。

2．现值法

当互斥方案寿命不等时，一般情况下，各方案的现金流在各自寿命期内的现值不具有可比性。若采用现值法（净现值或费用现值），则需对各备选方案的寿命期做统一处理（设定一个共同的分析期），使方案满足可比性的要求。处理的方法通常有以下两种。

（1）最小公倍数法。取各备选方案寿命期的最小公倍数作为方案比选时共同的分析期，即将寿命期短于最小公倍数的方案按原方案重复实施，直到其寿命期等于最小公倍数为止。这种方法是以不同备选方案使用寿命的最小公倍数作为研究周期，在此期间各方案分别考虑以同样规模重复投资多次，据此算出各方案的净现值，然后进行比较选优。

【例 5-10】　某企业技术改造有两个方案可供选择，各方案的有关数据如表 5-8 所示。试在基准折现率 12%的条件下选择最优方案。

表 5-8　方案 A、B 的有关数据　　单位：万元

| 项目<br>方案 | 投　资 | 年净现金流量 | 寿命（年） |
|---|---|---|---|
| A | 800 | 360 | 6 |
| B | 1 200 | 480 | 8 |

【解】A、B 两个方案寿命期的最小公倍数为 24 年。两个方案重复后的现金流量示意图如图 5-4 所示。从现金流量图中可以看出，方案 A 重复 4 次，方案 B 重复 3 次。

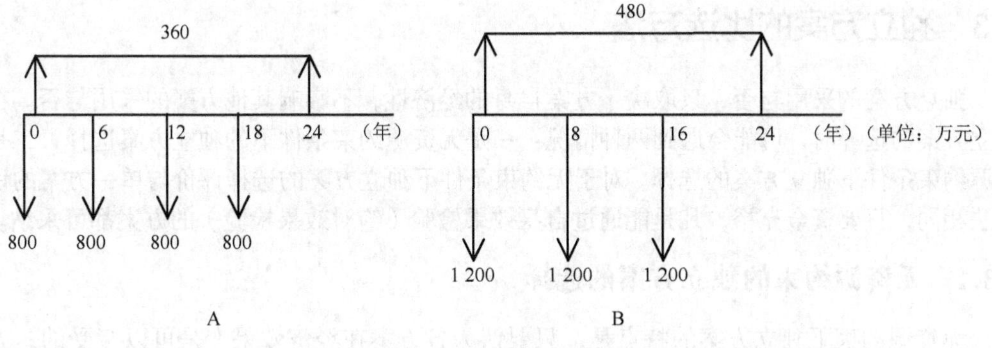


图 5-4　现金流量示意图

$NPV_A$=–800–800（$P/F$，12%，6）–800（$P/F$，12%，12）–800（$P/F$，12%，18）+360（$P/A$，12%，24）=1 287.7（万元）

$NPV_B$=–1 200–1 200（$P/F$，12%，8）–1 200（$P/F$，12%，16）+480（$P/A$，12%，24）=1 856.1（万元）

∵$NPV_B$ >$NPV_A$>0 ∴方案B优于方案A。

（2）研究期法。对于某些不可再生资源开发资源型项目（如石油开采），在进行寿命不等的互斥方案比选时，方案可重复实施的假定不成立。在这种情况下，不能采用含有方案重复假定的年值法和最小公倍数法，但可采用研究期法进行方案比选。

一般情况下，选取备选方案中最短的寿命期作为共同分析期。因此，需要计算寿命期长于共同分析期的方案，估算该方案在共同分析期末回收的资产余值，该项余值估算的合理性及准确性，对方案比选结论有重要影响。

通常，可以在考虑资金时间价值的基础上，将投资方案未使用价值作为研究期末终端价值，即用投资方案在研究期末固定资产的净值作为研究期末终端价值。

用上述方法计算出的净现值用于寿命不同互斥方案评价的判别准则是：净现值最大且非负的方案是最优可行方案。对于仅有或仅需计算费用现金流的互斥方案，可比照上述方法计算费用现值进行比选，判断准则是：费用现值最小的方案为最优可行方案。

【例5-11】 根据例5-10的数据，用研究期法来比选方案。

【解】取最短的寿命期6年作为共同的分析期，用研究期法来求各方案的净现值。

$NPV_A$=–800+360（$P/A$，12%，6）=679.96（万元）

将方案B未使用价值作为研究期末终端价值，则其第6年年末的终端价值为

$F_6$（B）=1 200（$A/P$，12%，8）（$P/A$，12%，6）=993.17（万元）

$NPV_B$=–1 200+480（$P/A$，12%，6）+993.17（$P/F$，12%，6）=1 276.64（万元）

∵$NPV_B$ >$NPV_A$>0 ∴方案B优于方案A。

## 5.3 独立方案的比选方法

独立方案的采用与否，只取决于方案自身的经济性，不影响其他方案的采用与否。在对独立方案的选择时，可能会遇到两种情况：一是无资源约束条件下的独立方案选择；二是有资源约束条件下独立方案的选择。对于无约束条件下独立方案的选择评价与单一方案的评价方法相同，只要资金充裕，凡是能通过自身效果检验（绝对效果检验）的方案都可采纳。

### 5.3.1 无资源约束的独立方案的选择

无资源约束下独立方案的特点是，只要认为各方案在经济效果上是可以接受的，方案即可入选，且各入选方案可以并存。

1. NPV 法和 NAV 法

用净现值（NPV）法和净年值（NAV）法选择独立方案时，只需按基准收益率分别计算各方案的 NPV 或 NAV，当方案的 NPV 或 NAV 的值为正数时，则说明该方案取得了超过基准收益率水平以上的收益，方案可取。

**【例 5-12】**　某工程项目有 A、B、C、D 四个独立方案，有关资料如表 5-9 所示。当基准收益率为 20%时，试做选择。

表 5-9　各独立方案的有关资料

| 方　案 | 投资（万元） | 寿命（年） | 残值（万元） | 年收益（万元） |
|---|---|---|---|---|
| A | 20 000 | 5 | 4 000 | 6 000 |
| B | 150 000 | 10 | −10 000 | 40 000 |
| C | 30 000 | 20 | 0 | 10 000 |
| D | 160 000 | 30 | 10 000 | 40 000 |

**【解】**用净现值法选择方案得：

$NPV_A$=−20 000+6 000（$P/A$，20%，5）+4 000（$A/F$，20%，5）

=−448.8（万元）

同理得：$NPV_B$=16 085（万元），$NPV_C$=18 696（万元），$NPV_D$=39 576（万元）

若用 NAV 法选择方案得：

$NPV_A$=−150.4（万元）

同理得：$NAV_B$=4 610（万元），$NAV_C$=3 838（万元），$NAV_D$=7 865（万元）

由于 $NPV_A<0$ 且 $NAV_A<0$，因此方案 A 不合理，应予以拒绝。

由上面计算结果可以看出，用 NPV 法和 NAV 法计算得出的结论是相同的。

2. 费用—效益对比法

效益—费用（$B/C$）之比是一种效率型指标，其计算表达式为：

$$B/C=\frac{净效益(现值或年值)}{净费用(现值或年值)}$$

净效益包括投资方案所带来的全部收益，并减去方案实施所带来的损失；净费用包括投资方案的所有费用支出，并扣除方案实施对投资者带来的所有节约。若方案的净效益大于净费用，即 $B/C$ 大于 1，则认为这个方案在经济上是可以接受的，反之，方案则是不可取的。因此，用效益—费用选取方案的评价标准是：$B/C>1$。

**【例 5-13】**　问题及数据同例 5-12。

**【解】**根据效益—费用法的计算公式得：

A 方案　成本 $C$=20 000（$A/P$, 20%, 5）−4 000（$A/F$, 20%, 5）=6 150（万元）

收益 $B$=6 000

（$B/C$）$_A$=6 000/6 150=0.97

同理得：（$B/C$）$_B$=1.10,（$B/C$）$_C$=1.62,（$B/C$）$_D$=1.25

根据 $B/C$ 法的选择原则可知，应选择 $B/C$ 值大于 1 的方案，即方案 B、C、D。

3. IRR 法

用 IRR 法选择各备选方案，其选择的原则与单方案的选择原则相同。

**【例 5-14】** 问题及数据同例 5-12。

**【解】** 计算得各自的内部收益率分别为 $IRR_A$=19%、$IRR_B$=23.3%、$IRR_C$=30%、$IRR_D$=25%，由于方案 B、C、D 的内部收益率均大于基准的内部收益率，所以这三个方案均为入选方案。

### 5.3.2 有资源约束的独立方案的选择

独立方案虽然在选择时互不影响，但当资源有限时，即使所有的备选方案都是可供选择的有利方案，也不可能全部被采纳。这时选择方案的原则是：在资源限额内使所有资源能最有效地发挥作用，取得最大的总效益。

1. 效率指标排序法

效率指标排序法是通过选取能反映投资效率的指标，用这些指标把投资方案按投资效率的高低顺序排序。在资金有约束的条件下，选择最佳方案组合，使有限资金能获得最大效益。该方法的方案选择步骤为：

（1）计算各方案的“效率”（如动态内部收益率、净现值率等）。

（2）将方案按“效率”由大到小的顺序，在直角坐标系上画成直方图进行排列。横坐标表示资源数量，纵坐标表示效率。

（3）将各种投资的基准利率（可能接受的资源代价）排列在同一坐标图上。

（4）根据方案的直方图折线、基准利率线以及资源限额的界限进行分析，界限以内基准利率线以上的方案则为入选方案。

**【例 5-15】** 某公司投资预算资金为 500 万元，有 A、B、C、D、E、F 六个独立方案可供选择，寿命均为 8 年，各方案的现金流量如表 5-10 所示。基准收益率为 12%，判断其经济性，并选择方案。

表 5-10 各方案的有关资料 单位：万元

| 年 份 | A | B | C | D | E | F |
|---|---|---|---|---|---|---|
| 0 | −100 | −140 | −80 | −150 | −180 | −170 |
| 1～8 年 | 34 | 45 | 30 | 34 | 47 | 30 |

【解】计算出各方案的 NPVR（见表 5-11），淘汰 NPVR<0 的 F 方案。

表 5-11　各方案的有关资料　单位：万元

| 年　份 | A | B | C | D | E | F |
|---|---|---|---|---|---|---|
| NPV | 81.390 0 | 100.080 0 | 80.050 0 | 31.390 0 | 70.750 0 | −9.950 0 |
| NPVR | 0.813 9 | 0.714 8 | 1.000 6 | 0.209 3 | 0.393 0 | −0.058 5 |
| 按 NPVR 排序 | 2 | 3 | 1 | 5 | 4 | 6（舍去） |

按 NPVR 从大到小顺序选择方案，满足限制条件的组合方案为 C、A、B、E。所用资金总额刚好为 500 万元（见图 5-5），总净现值为 332.27 万元。

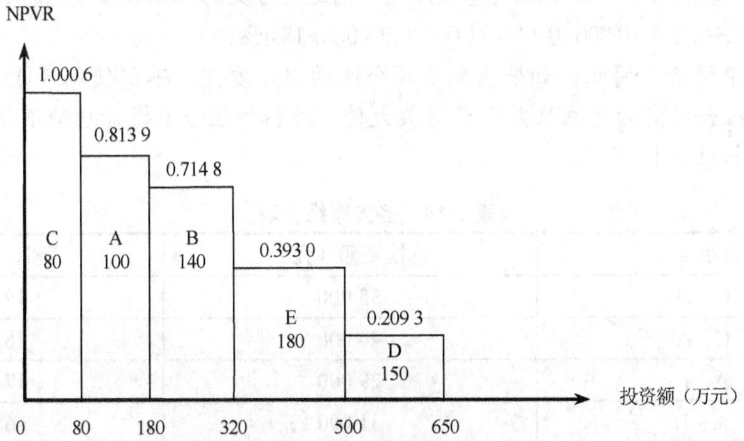


图 5-5　各方案净现值率指标排列图

【例 5-16】　某工程投资预算为 35 000 元，现有 6 个独立方案，资料如表 5-12 所示。若基准收益率为 14%，试做选择。

表 5-12　各独立方案的有关资料

| 方　案 | 投资额（元） | 寿命（年） | 年收益（元） |
|---|---|---|---|
| A | 10 000 | 6 | 2 870 |
| B | 15 000 | 9 | 2 930 |
| C | 8 000 | 5 | 2 680 |
| D | 21 000 | 3 | 9 500 |
| E | 13 000 | 10 | 2 600 |
| F | 6 000 | 4 | 2 540 |

【解】用 NAV 法计算各方案的 IRR，并按 IRR 由大到小的顺序排列，得出表 5-13。其中排除了 IRR 小于基准收益率的方案 B（IRR =14%）。

表 5-13　各方案的 IRR 计算指标

| 方　案 | IRR（%） | 投资额（元） | 投资额累计（元） |
|---|---|---|---|
| F | 25 | 6 000 | 6 000 |
| C | 20 | 8 000 | 14 000 |
| A | 18 | 10 000 | 24 000 |
| D | 17 | 21 000 | 45 000 |
| E | 15 | 13 000 | 58 000 |

根据表 5-13 的计算结果应选 F、C、A 三个方案。但这一选择尚有 11 000 元资金剩余，若将此资金投向基准收益率为 14%的基准方案，则这些方案的总体收益率为：TRR=（0.25×6 000+0.2×8 000+0.18×10 000+0.14×11 000）/35 000=18.4%。

由于有剩余资金，因此，如果重新选择合适的组合方案，不仅使剩余资金得到充分利用，还可以使组合方案的总体收益率获得最大值。对各种组合（投资总额不超限额）方案，其总体收益率如表 5-14 所示。

表 5-14　各方案组合表

| 方案组合 | 总投资额（元） | TRR（%） |
|---|---|---|
| F、C、D | 35 000 | 19.1 |
| F、C、A | 24 000 | 18.4 |
| F、A、E | 29 000 | 17.4 |
| C、A、E | 31 000 | 16.9 |

根据 TRR 最大的原则，应选择方案 F、C 和 D。

### 2．互斥方案组合法

互斥方案组合法是把受资金限制的独立方案都组合成相互排斥的组合方案，其中每个组合方案代表一个相互排斥的组合，这就可以利用前述互斥方案的比较方法来选择最优的组合方案（最终的选择只可能是一种组合方案）。

互斥方案组合法的一般步骤如下：

（1）建立所有互斥方案组合（$m$ 个独立方案有 $2^m$ 个组合方案）；其中包括 0 方案，即投资为 0，收益也为 0。

（2）每个组合方案的现金流量为被组合的各独立方案的现金流量的叠加。

（3）排除总投资额超过投资资金限额的组合方案。

（4）计算所剩各互斥组合方案的效益指标，如内部收益率和净现值等指标。

（5）进行各互斥方案组合的比选。

**【例 5-17】**　某企业欲投资 A、B、C 三个项目，三个项目之间具有独立关系，寿命期均为 8 年。其详细资料如表 5-15 所示。如果折现率为 12%，投资总额最多不得超过 450 万元。试确定最优项目组合。

表 5-15　各项目相关资料表　单位：万元

| 项　目 | A | B | C |
|---|---|---|---|
| 初始投资 | 150 | 230 | 200 |
| 年净收益 | 35 | 52 | 46 |
| 净现值 | 23.87 | 28.31 | 28.51 |

【解】（1）建立所有的互斥方案组合，并计算净现值指标，如表 5-16 所示。

表 5-16　A、B、C 的互斥组合方案　单位：万元

| 序　号 | 方案组合 | 投资总额 | 年净收益 | 净 现 值 |
|---|---|---|---|---|
| 1 | 0 | 0 | 0 | 0 |
| 2 | A | 150 | 35 | 23.87 |
| 3 | B | 230 | 52 | 28.31 |
| 4 | C | 200 | 46 | 28.51 |
| 5 | AB | 380 | 87 | 52.18 |
| 6 | AC | 350 | 81 | 52.38 |
| 7 | BC | 430 | 98 | 56.82 |
| 8 | ABC | 580 | 133 | 超过资金限额 |

（2）进行方案比选。根据表 5-16，前 7 个方案组合满足资金约束条件，其中第 7 个方案组合（BC）的净现值最大，故 BC 方案组合为最优方案组合。

## 复习思考题

1．简答题

（1）什么是独立方案？

（2）什么是互斥方案？

（3）无约束条件下独立方案的比选方法有哪些？如何选择？

（4）有约束条件下独立方案的比选方法有哪些？

（5）为什么内部收益率法不能作为互斥方案的比选指标？

（6）互斥方案增量分析指标有哪些？各有什么特点？

（7）怎样用内部收益率法进行多方案项目的比选？

（8）简述净现值最大准则在多方案比选中的合理性。

**2．选择题**（四个选项为单选题，五个选项为多选题）

（1）在进行投资方案经济效果评价时，增量投资内部收益率是指（　　）两个方案。

A．净年值相等时的内部收益率　　B．投资收益率相等时的净年值率

C．净年值相等时的折现率　　D．内部收益率相等时的投资报酬率

（2）对于寿命期不同的互斥方案进行经济评价时，可以采用的动态评价方法是（　　）。

A．净现值率法和内部收益率法　　B．研究期法和增量内部收益率法

C．净现值法和内部收益率法　　D．增量投资收益率法和增量投资回收期法

（3）进行独立型投资方案经济效果评价时，认为方案在经济上可行，能够通过绝对经济效果检验的条件是（　　）。

A．增量投资收益率不小于基准投资收益率

B．静态投资回收期不超过基准投资回收期

C．投资收益率非负

D．增量投资回收期不超过基准投资回收期

（4）投资项目方案经济比选中，计算期相同的互斥方案可以采用的比选方法有（　　）。

A．投资回收期法　　B．净现值法

C．盈亏平衡法　　D．费用现值法

E．差额投资内部收益率法

**3．计算题**

（1）有可利用的资金40万元，可投向6个相互独立的投资方案。当方案的寿命皆为8年，期望收益率为12%时，试用直方图法和内部收益率法选择方案。相关资料如表5-17所示。

**表5-17　独立方案投资收益状况一览表**　　单位：万元

| 方　案 | A | B | C | D | E | F |
|---|---|---|---|---|---|---|
| 投资 | 10 | 14 | 8 | 15 | 18 | 17 |
| 年收益 | 3.4 | 4.5 | 3.0 | 3.4 | 4.7 | 3.2 |
| IRR | | | | | | |

（2）已知A、B方案为两个互斥型方案，其有关资料如表5-18所示。在基准收益率为15%时，哪个方案为优？

**表5-18　A、B方案的有关资料**　　单位：万元

| 方案 | 初始投入 | 年收入 | 年支出 | 经济寿命 |
|---|---|---|---|---|
| A | 3000 | 1800 | 800 | 5 |
| B | 3650 | 2200 | 1000 | 10 |

（3）某项目有A、B、C三个采暖方案，均能满足同样的需要。其费用数据如表5-19所示。在基准收益率为10%的情况下，试用费用现值和费用年值确定最优方案。

表5-19　三个采暖方案的费用数据表　　单位：万元

| 方案＼年末 | 总投资（第0年年末） | 年运营费用（第1~10年年末） |
|---|---|---|
| A | 200 | 60 |
| B | 240 | 50 |
| C | 300 | 35 |

（4）资金限额为90万元，有A~H 8个投资方案，有关数据如表5-20所示。问：在资金限额内，应优先选择哪几个投资方案？

表5-20　各方案基本数据资料一览表　　单位：万元

| 方案 | A | B | C | D | E | F | G | H |
|---|---|---|---|---|---|---|---|---|
| 投资 | 20 | 15 | 50 | 16 | 22 | 8 | 14 | 4 |
| NPV | 18 | 12 | 34 | 8 | 15 | 2 | 10 | 1.2 |
| NPVR | 0.9 | 0.8 | 0.68 | 0.5 | 0.682 | 0.25 | 0.7 | 0.3 |

（5）某企业现有若干互斥方案，资料如表5-21所示，表中各方案的寿命均为7年。试讨论以下问题：

1）当折现率$i$=10%，资金足够时，试选择最佳方案。

2）若考虑到非经济因素，B方案必须实施，那么折现率在什么范围内，B方案在经济上也是最优的？

3）若$i$=10%时实施B方案，在经济上的损失为多少？

表5-21　互斥方案相关资料表　　单位：万元

| 方案 | 初始投资 | 年净收益 |
|---|---|---|
| A | 2 000 | 500 |
| B | 3 000 | 900 |
| C | 4 000 | 1 100 |
| D | 5 000 | 1 380 |

（6）分别依据以下条件，从表5-22中所选方案。

1）期望收益率为12%，投资限额为65 000元。

2）期望收益率为15%，投资限额为85 000元。以收益率为效率指标选择方案，并计算总投资收益率。

表 5-22　各独立方案相关资料表

| 方　　案 | A | B | C | D | E | F | G |
|---|---|---|---|---|---|---|---|
| 投资（元） | 12 000 | 18 000 | 9 000 | 3 000 | 25 000 | 11 000 | 18 000 |
| 收益率（%） | 16 | 21 | 13 | 8 | 23 | 19 | 14 |

（7）某公司有6个投资方案，方案资料如表5-23所示，利率为12%。当资源限额2 400万元，寿命为8年时，试选择方案。

表 5-23　各投资方向相关资料　　单位：万元

| 方　　案 | A | B | C | D | E | F |
|---|---|---|---|---|---|---|
| 投资 | 500 | 700 | 400 | 750 | 900 | 850 |
| 年收入 | 171 | 228 | 150 | 167 | 235 | 159 |
| IRR（%） | 30 | 28 | 34 | 15 | 20 | 10 |

# 第 6 章　价值工程

## 知识导航

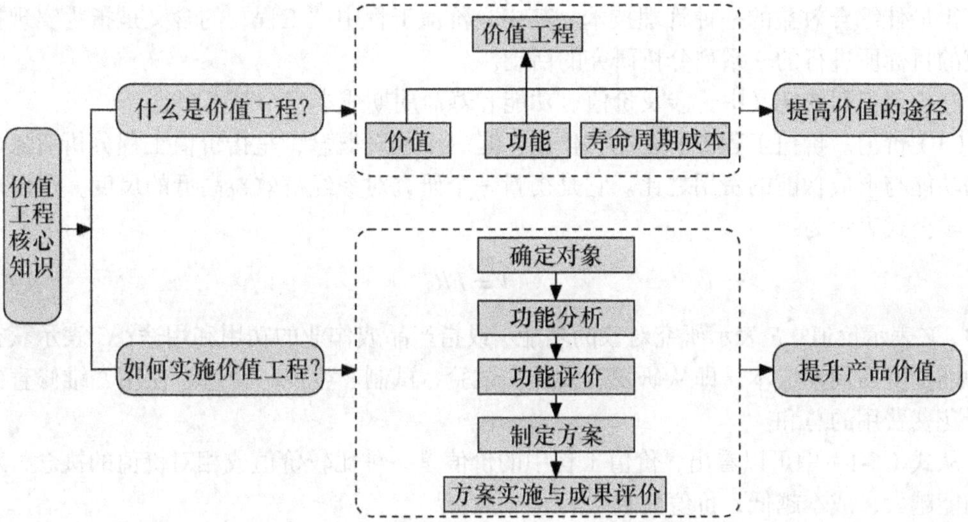


## 学习目标

☑ 掌握价值工程的基本概念及特点。
☑ 熟悉价值工程的实施步骤及常用方法。
☑ 熟悉价值工程在建设项目中的应用。

# 6.1 价值工程概述

价值工程是一门工程技术与经济相结合的学科。它既是一种管理技术，又是一种思想方法。国内外的实践证明，推广应用价值工程能促进合理利用社会资源。建设项目中应用价值工程将更好地满足社会的需求。

## 6.1.1 价值工程的概念

### 1. 价值工程

价值工程（Value Engineering，VE）是以提高产品价值和有效利用资源为目的，通过有组织的创造性工作，寻求用最低的寿命周期成本，可靠地实现所研究对象的必要功能，以获得最佳综合效益的一种管理技术。其中，价值工程中“工程”的含义是指为实现提高价值的目标所进行的一系列分析研究的活动。

在价值工程的定义中，涉及价值、功能和寿命周期成本三个基本概念。

（1）价值。价值工程中所述的“价值”是一个相对概念，是指价值工程分析对象所具有的功能与形成功能的费用之比。它是衡量一个研究对象经济效益高低的尺度，可以用一个数学公式表示为：

$$V=F/C \tag{6-1}$$

式中，$V$表示价值；$F$表示研究对象的功能，或指产品或作业的功用和用途；$C$表示获得相应功能的寿命周期成本，即从研发、设计、试验、试制、生产、销售、使用、维修直到报废所花费费用的总和。

从式（6-1）中可以看出，价值工程中的价值是一种比较价值或相对价值的概念，对象的功能越大，成本越低，价值就越大。

（2）功能。功能是指价值工程分析对象能够满足人们某种需要的一种属性。例如，对产品而言，功能就是指它的用途。任何产品的存在是由于它们具有能满足用户需求的功能。人们购买产品的实质是为了获得产品的功能。

根据功能的不同特性，可做如下分类。

1）按功能的重要程度，可分为基本功能和辅助功能。基本功能就是要达到这种产品的目的必不可少的功能，是产品的主要功能，如果不具备这种功能，这种产品就失去其存在的价值。例如，承重墙的基本功能是承受荷载。

辅助功能是为了更有效地实现基本功能而添加的功能，是次要功能，是为了实现基本功能而附加的功能。

2）按功能的性质，可分为使用功能和美学功能。使用功能从功能的内涵上反映其使用属性，而美学功能是从产品外观反映功能的艺术属性。无论使用功能还是美学功能，它们都是通过基本功能和辅助功能来实现的。产品的使用功能和美学功能要根据产品的特点而有所侧重，有的产品其使用功能突出，如地下电缆、地下管道等；有的产品其美学功能突出，如墙纸、壁画等。当然，很多产品两种功能兼而有之，如手表。

3）按功能的量化标准，可分为过剩功能和不足功能。过剩功能是指某些功能虽属必要，但满足需要有余，在数量上超过了用户需求或标准功能水平。不足功能是相对于过剩功能而言的，表现为产品功能水平低于标准功能水平，不能完全满足用户需要。不足功能和过剩功能是价值工程的主要研究对象。

4）按用户的需求，可分为必要功能和不必要功能。必要功能是指用户所要求的功能以及实现用户所需功能有关的功能，使用功能、美学功能、基本功能、辅助功能等均可能称为必要功能。不必要功能是指不符合用户要求的功能。不必要功能包括三类：一是多余功能，二是重复功能，三是过剩功能。不必要功能很可能产生不必要的费用，这不仅增加了用户的经济负担，而且浪费了资源。因此，价值工程的目标在于实现产品的必要功能，即充分满足用户要求的功能。

5）按总体与局部，可分为总体功能与局部功能。总体功能和局部功能是目的和手段的关系，产品各局部功能是实现产品总体功能的手段，而产品的总体功能又是产品各局部功能要达到的目的。

上述分类有助于分辨确定各种功能的性质和重要程度。价值工程正是抓住产品功能这一本质，通过对产品功能的分析研究，正确、合理地确定产品的必要功能，消除不必要功能，加强不足功能，削弱过剩功能，改进设计，降低产品成本。因此，可以说价值工程是以功能为中心，在可靠地实现必要功能基础上来考虑降低产品成本的。

（3）寿命周期成本。寿命周期是指从价值工程分析对象被研究开发、设计制造、用户使用直到报废为止的整个时期。对象的寿命周期一般可分为自然寿命和经济寿命。价值工程一般以经济寿命来计算和确定对象的寿命周期。

寿命周期成本是指从分析对象被研究开发、设计制造、销售使用直到报废所发生的各项费用之和。寿命周期成本主要由生产成本及维护成本组成。生产成本 $C_1$ 是指用户购买产品的费用，包括产品的研发、设计、试制、生产、销售等费用；使用及维护成本 $C_2$ 是指用户使用产品过程中支付的各种费用，包括使用过程中的能耗、维修费用、人工费用、管理费用等。

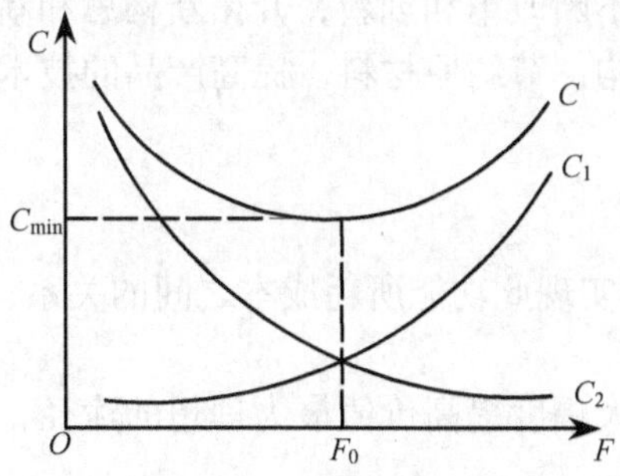

图 6-1　产品成本与功能关系图

在一定范围内，$C_1$ 与 $C_2$ 存在此消彼长的关系。随着功能水平提高，生产成本 $C_1$ 增加，使用及维护成本 $C_2$ 降低；反之功能水平降低，其生产成本 $C_1$ 降低，但是使用及维护成本 $C_2$ 增加。因此，寿命周期成本 $C$ 呈马鞍形变化，如图 6-1 所示。在 $F_0$ 点，产品的生产成本

$C_1$ 和使用及维护成本 $C_2$ 两条曲线叠加所对应的寿命成本为最小值 $C_{\min}$，体现了较理想的功能与成本关系。

价值工程就是要通过着重于功能分析的一系列有组织的创造性活动，提高所研究对象的价值。

### 2. 价值工程的特点

价值工程涉及价值、功能和寿命周期成本三个基本要素，它具有以下特点：

（1）价值工程的目标是以最低的寿命周期成本使产品具备它必须具备的功能。寿命周期成本与其功能是辩证统一的关系。寿命周期成本的高低，不仅关系到生产企业的利益，同时与满足用户的要求乃至建设资源节约型社会密切相关。因此价值工程的活动应贯穿于生产和使用的全过程，兼顾生产者和用户的利益，以获得最佳综合效益。

（2）价值工程的核心是对产品进行功能分析。价值工程的功能是指对象能够满足某种要求的一种属性。例如，住宅有提供居住空间的功能，厂房有提供生产制造场地的功能等。用户购买产品，是购买这种产品的功能。企业生产的目的，也是提供用户所期望的功能，而产品的结构、材质等是实现这些功能的手段，目的是主要的，手段可以广泛选择。因此，价值工程的核心是功能分析，应围绕着产品的功能进行分析，促使功能与成本合理匹配，获取较高经济效益。价值工程一般要求将功能定量化，即将功能转化为能够与成本直接相比的量化值。

（3）价值工程是以集体的智慧开展的有计划、有组织的管理活动。价值工程研究的问题涉及产品的整个寿命周期，涉及面广，研究过程复杂。因此，在开展价值工程活动时，必须组织科研、设计生产、管理、采购、供销、财务，甚至用户等各方面有经验的人员参加，以适当的组织形式组成一个智力结构合理的集体，共同研究，发挥集体智慧、经验和积极性，排除片面性和盲目性，博采众长，有计划、有领导、有组织地开展活动，以达到提升产品价值的目的。

（4）价值工程以用户要求为重点。产品的设计依据是用户的功能需求。用户对产品功能提出的各种要求，就应成为价值工程的改进重点，认真地鉴别出产品中存在的那些与用户要求无关的功能，降低由此造成的冗余成本。

（5）价值工程强调不断改革和创新。价值工程强调不断改革和创新，开拓新构思和新途径，获得新方案，创造新功能载体，从而简化产品结构，节约原材料，提高产品的技术性能与经济效益。

### 3. 提高价值的途径

公式 $V=F/C$，不仅深刻地反映出产品价值与功能和实现此功能所耗成本之间的关系，而且为如何提高价值提供了五种途径。

（1）在提高产品功能的同时，降低产品成本，这是大幅度提高价值最为理想的途径，即 $\frac{F\uparrow}{C\downarrow}=V\uparrow\uparrow$。

（2）在产品成本不变的条件下，通过提高产品的功能，达到提高产品价值的目的，即 $\frac{F\uparrow}{C\rightarrow}=V\uparrow$。

（3）在保持产品功能不变的前提下，通过降低成本达到提高价值的目的，即 $\frac{F\rightarrow}{C\downarrow}=V\uparrow$。

（4）在适度增大产品成本同时，产品功能有较大幅度提高，即功能的提高幅度超过了成本的提高幅度，价值还是提高了，即 $\frac{F\uparrow\uparrow}{C\uparrow}=V\uparrow$。

（5）产品功能略有下降，产品成本大幅度下降，即功能的下降幅度小于成本下降的幅度，这样也可以达到提升产品价值的目的，即 $\frac{F\downarrow}{C\downarrow\downarrow}=V\uparrow$。

在产品形成的各个阶段都可以应用价值工程提升产品价值，但在不同的阶段应用价值工程效果却是大不相同的。价值工程更侧重在产品的研制与设计阶段，对于建设项目来说，侧重在规划与设计阶段。

### 6.1.2 价值工程的实施步骤

价值工程也像其他技术一样有自己独特的一套工作程序。其工作步骤及具体内容如表 6-1 所示。

表 6-1 价值工程的实施步骤

| 工作阶段 | 价值工程的实施步骤 | | 价值工程的问题 |
|---|---|---|---|
| | 基本步骤 | 详细步骤 | |
| 准备阶段 | 确定对象 | （1）对象选择 | 研究对象是什么 |
| | | （2）信息资料收集 | |
| 分析阶段 | 功能分析 | （3）功能定义 | 它的功能是什么 |
| | | （4）功能整理 | |
| | 功能评价 | （5）功能成本分析 | 它的成本是多少 |
| | | （6）功能评价 | 它的价值是多少 |
| | | （7）确定改进范围 | |
| 创新阶段 | 制定方案 | （8）方案创造 | 有无其他方法实现同样的功能 |
| | | （9）概略评价 | 新方案的成本是多少 |
| | | （10）调整完善 | |
| | | （11）详细评价 | |
| | | （12）提出方案 | 新方案能满足功能的要求吗 |
| 实施阶段 | 方案实施与成果评价 | （13）方案审批 | 实现预定目标了吗 |
| | | （14）方案实施与检查 | |
| | | （15）成果评价 | |

### 1. 价值工程准备阶段

价值工程准备阶段的主要工作是对象的选择与信息资料的收集，目的是确定价值工程的研究对象。

（1）对象选择。对象选择需要运用一定的原则和方法选择价值工程研究对象。一般说来，从以下几方面考虑价值工程对象的选择：

1）从设计方面来看，对产品结构、性能和技术指标差、体积和重量大的产品进行价值工程活动，可使产品结构、性能、技术水平得到优化，从而得到产品价值。

2）从生产方面来看，对量大面广、工序烦琐、工艺复杂、原材料和能源消耗高、质量难以保证的产品，进行价值工程活动。

3）从销售方面来看，选择用户意见较多、退货索赔多和竞争力差的产品进行价值活动，以赢得消费者的认同，占领更大的市场份额。

4）从成本方面来看，选择成本高或成本比例大的产品，进行价值活动可降低产品成本。

价值工程对象选择的方法有很多种，应根据不同价值工程对象的特点及企业自身条件选用适宜的方法。常用的方法有经验分析法、ABC 分析法、强制确定法、百分比分析法、价值指数法等。这里仅介绍常用的几种。

1）经验分析法。经验分析法是一种定性分析方法。这种方法是依据分析人员的经验而做出的选择，它的优点是简便易行，考虑问题综合全面；缺点是缺乏定量的数据，准确性较差，对象选择的正确与否主要取决于参加者的水平与态度。为了消除和克服缺点，可以挑选经验丰富、熟悉业务的人员参加，通过集体研究，共同确定分析对象。在实践中，也可将经验分析法与其他方法结合使用，以取得更好的经济效果。

2）ABC 分析法。ABC 分析法也叫成本比例法、重点法或者巴雷特法。用 ABC 分析法选择价值工程对象时，将产品、零件或工序按其成本大小进行排队，通过分析比较局部成本在总成本中所占的比例大小，用“关键的占少数和次要的占多数”的原则确定价值工程对象。

一般按如下方式对产品、零件或工序进行 A、B、C 分类，如图 6-2 所示。

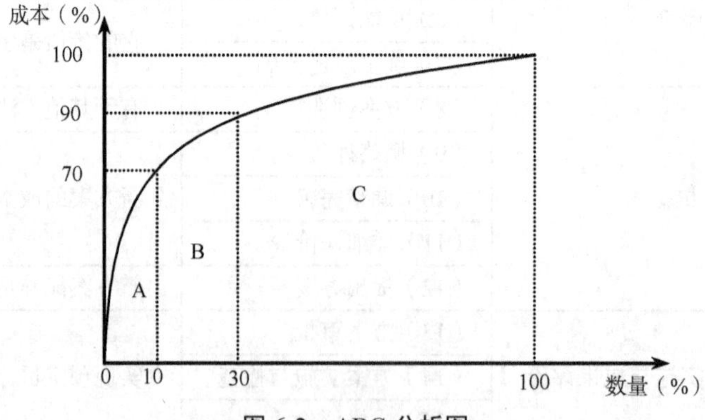


图 6-2　ABC 分析图

① A 类，数量比率占 10%左右，而它的成本费用占总成本的比例为 70%左右，一般作为价值工程的研究对象。

② B 类，数量比率占 20%左右，它的成本占总成本比例为 20%左右，如果人力、财力、物力允许也可以作为价值工程的研究对象。

③ C 类，数量比率占 70%左右，它的成本占总成本比例为 10%左右，一般不宜作为价值工程的研究对象。

【例 6-1】 某住宅楼工程基础部分包含 17 个分项工程，各分项工程的造价及基础部分的直接费如表 6-2 所示。试采用 ABC 分析法确定该基础工程中可能作为价值工程研究对象的分项工程。

表 6-2 某住宅楼基础工程分项工程 ABC 分类

| 分项目工程名称 | 成本（元） | 累计分项工程数 | 累计分项工程数百分比（%） | 累计成本（元） | 累计成本百分比（%） | 分类 |
|---|---|---|---|---|---|---|
| C20 带形钢筋混凝土基础 | 63 436 | 1 | 5.88 | 63 436 | 39.5 | A |
| 干铺土石屑垫层 | 29 119 | 2 | 11.76 | 92 555 | 57.64 | |
| 回填土 | 14 753 | 3 | 17.65 | 107 308 | 66.83 | |
| 商品混凝土运费 | 10 991 | 4 | 23.53 | 118 299 | 73.67 | B |
| C10 混凝土基础垫层 | 10 952 | 5 | 29.41 | 129 251 | 80.49 | |
| 排水费 | 10 487 | 6 | 35.29 | 139 738 | 87.02 | |
| C20 独立式钢筋混凝土基础 | 6 181 | 7 | 41.18 | 145 919 | 90.87 | |
| C10 带形无筋混凝土基础 | 5 638 | 8 | 47.06 | 151 557 | 94.38 | C |
| C20 矩形钢筋混凝土柱 | 2 791 | 9 | 52.94 | 154 348 | 96.12 | |
| M5 砂浆砌砖基础 | 2 202 | 10 | 58.82 | 156 550 | 97.49 | |
| 挖土机挖土 | 2 058 | 11 | 64.71 | 158 608 | 98.77 | |
| 推土机场外运费 | 693 | 12 | 70.59 | 159 301 | 99.20 | |
| 履带式挖土机场外运费 | 529 | 13 | 76.47 | 159 830 | 99.53 | |
| 满堂脚手架 | 241 | 14 | 82.35 | 160 071 | 99.68 | |
| 平整场地 | 223 | 15 | 88.24 | 160 294 | 99.82 | |
| 槽底钎探 | 197 | 16 | 94.12 | 160 491 | 99.94 | |
| 基础防潮底 | 89 | 17 | 100 | 160 580 | 100 | |
| 总成本 | 160 580 | | | | | |

【解】基础分项工程的 ABC 分类如表 6-2 所示，其中，C20 带形钢筋混凝土基础、干铺土石屑垫层、回填土三项工程为 A 类工程，应考虑作为价值工程分析的对象。

3）强制确定法。强制确定法是以功能重要程度作为选择价值工程对象的一种分析方法。具体步骤是：首先进行功能评分，求出功能系数和成本系数，依据价值系数的计算结果分析对象的功能与成本是否相称，若不相称，应选为价值工程的研究对象。

此方法是从功能与成本两方面来考虑问题的，所以比较全面且方法简便易行，能够将功能由定性表达提升到定量分析。但这种方法依据人的主观打分，不能准确地反映出功能差距的大小。如果产品间功能差别不大且比较均匀，而且一次分析的产品数目不太多时，可采用强制确定法。在零部件很多时，可先用经验分析法、ABC 分析法选出重点零部件，再用强制法细选。

（2）信息资料收集。价值工程研究对象确定之后，围绕有关问题，收集情报和资料十分重要。一般应收集以下几方面的信息资料：

1）用户方面。用户使用产品目的、使用条件、使用环境、维护保养条件等；用户对产品的性能及外观方面的要求；用户对产品价格、交货期限、技术服务方面的要求；用户对产品的可靠性、安全性、操作性及寿命的要求。

2）市场方面。产品的产销情况、市场需求、市场容量、销售量与市场需求量；产品竞争的情况，具体包括目前有哪些竞争的厂家和竞争的产品，竞争产品的价格、利润、销售量、质量指标、用户反映、市场划分和占有率情况；同类企业和同类产品的发展计划，拟增加的投资额，改扩建及合并调整情况。

3）技术方面。产品的功能、水平高低，实现功能的方式和方法，产品的成本；本企业产品设计、工艺、制造等技术档案资料；国内同类产品的设计方案、产品结构、加工工艺、设备、材料、标准；新技术、新材料、新工艺、新设备发展方面的情报；有关技术法规和标准的要求等。

4）经济方面。本企业的基本情况；企业的经营方针、生产能力及限制条件、经营情况、技术经济指标等。

5）政府和社会方面。政府的有关法规、条例、政策、环境保护等方面的情报。

信息资料的收集要有明确的目标，收集的情报要求完整、可靠、及时，这就要求有计划地收集情报资料，并对取得的情报进行加工、分类，整理成可供分析利用的信息。

### 2．价值工程分析阶段

价值工程分析阶段的主要工作有功能定义、功能整理与功能评价。

（1）功能定义。功能定义是用简明的语言对价值工程对象的每项功能做一个确切的描述。通过这种描述，把功能的本质、内容及其水平准确地表达出来。定义方法和原则如下：

1）使用简洁语言。多用两词法，即“动词”加“名词”，如基础功能定义“承受荷载”，间隔墙功能定义“分隔空间”。

2）尽量准确，反映功能本质。

3）适当抽象，不违反准确性为度，有助于开阔思路。

4）全面。可参照产品从上到下、从主到次顺序分析定义。

（2）功能整理。产品的结构间、功能间都有着复杂的联系。因此，仅仅把产品的功能定义出来是不够的，价值工程还要求在大量的功能定义基础上进行功能整理。

功能整理是用系统的观点将已经定义的功能加以系统化，找出各局部功能相互之间的逻辑关系，并用插图形式表达（见图 6-3），以明确产品的功能系统，从而为功能评价和方案构思提供依据。

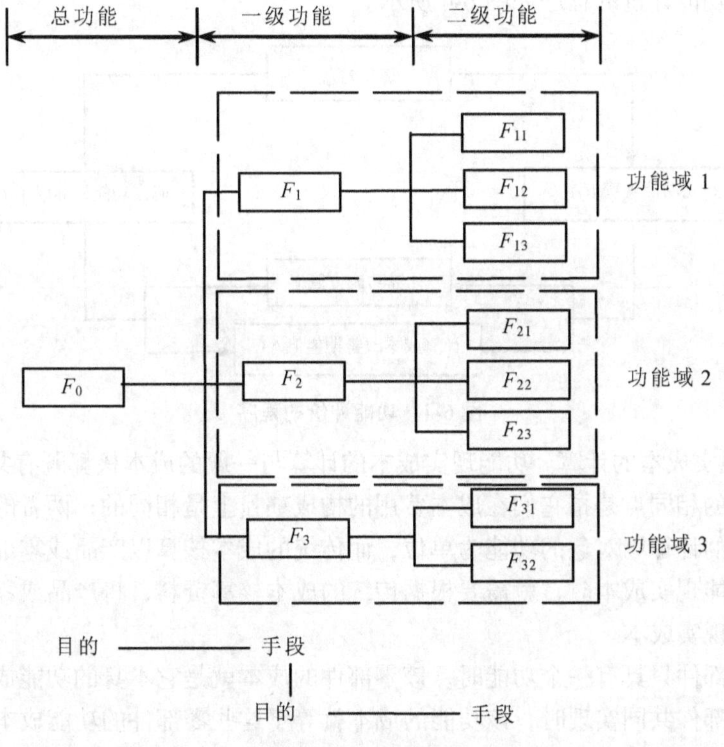


图 6-3 功能系统图

在图 6-3 中，每个分支形成一级。$F_0$ 为一级功能，$F_1, F_2, F_3$ 为二级功能，$F_{11}, F_{12}, \cdots, F_{32}$ 为三级功能。某功能和它的分支全体形成功能域，如 $F_2$、$F_{21}$、$F_{22}$ 和 $F_{23}$ 是一个功能域。同一功能域中的级别用位表示，高一级功能称为“上位”，低一级功能称为“下位”，同级功能称为“同位”。$F_2$ 是 $F_{21}$、$F_{22}$、$F_{23}$ 的上位功能，$F_{21}$、$F_{22}$、$F_{23}$ 之间则是同位关系。功能整理采取的逻辑是：目的—手段，即上位功能（目的功能）是目的，下位功能（手段功能）是手段。

经过功能定义与整理后明确了价值工程对象所具有的功能，接下来要定量确定功能的目标成本、功能的现实成本、改进目标。这些问题都要通过功能评价来解决。

（3）功能评价。功能评价是找出实现功能的最低费用并将其作为功能的目标成本，以功能目标成本为基准，通过与功能现实成本的比较，求出两者的比值（功能价值）和两者的差异值（改善期望值），然后选择功能价值低、改善期望值大的功能作为价值工程活动的重点改进对象。

1）功能评价的程序。功能评价的程序为：① 计算功能的现状成本 $C$；② 求出功能的目标成本 $F$（功能目标成本）；③ 计算功能的价值 $V=F/C$ 和改进期望值 $H=C-F$，选择功能的改进对象。功能评价的程序如图 6-4 所示。

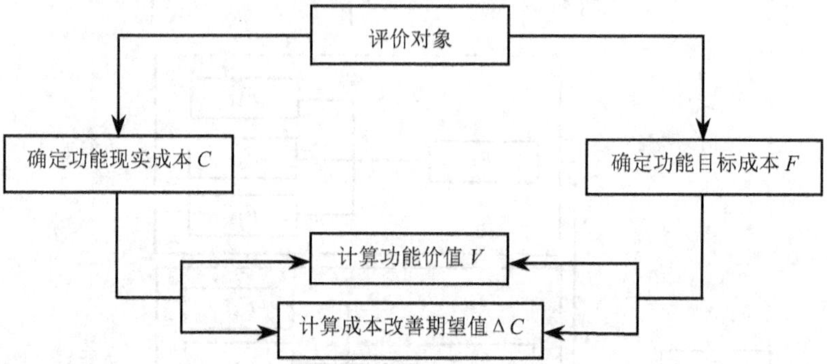


图 6-4　功能评价的程序

2）功能现实成本的计算。功能现实成本的计算与一般的成本核算既有共同点，也有不同之处。两者的相同点是指它们在成本费用的构成项目上是相同的；两者的不同之处在于功能现实成本的计算以对象的功能为单位，而传统的成本核算以产品或零部件为单位。因此，在计算功能现实成本时，就需要根据传统的成本核算资料，将产品或零部件的现实成本转化为功能现实成本。

当一个零部件只具有一个功能时，该零部件的成本就是它本身的功能成本；当一项功能要有多个零部件共同实现时，该功能的成本就等于这些零部件的功能成本之和。当一个零部件具有多项功能或同时与多项功能有关时，就需要将零部件成本分摊给各项有关功能，至于分摊的方法和分摊比例，可根据具体情况决定。

**【例 6-2】**　某产品由 A、B、C、D、E 五个零部件组成，成本分别为 160 元、70 元、180 元、50 元和 40 元，共实现 $F_1 \sim F_5$ 五项功能，具体数据如表 6-3 所示。求各项功能的现实成本。

表6-3 某产品功能现实成本计算 单位：元

| 零部件 | | | 功能（或功能域） | | | | |
|---|---|---|---|---|---|---|---|
| 序号 | 名称 | 成本 | $F_1$ | $F_2$ | $F_3$ | $F_4$ | $F_5$ |
| 1 | A | 160 | 50 | 60 | 20 | | 30 |
| 2 | B | 70 | | 20 | | 50 | |
| 3 | C | 180 | 50 | 50 | 30 | 50 | |
| 4 | D | 50 | | 40 | | 10 | |
| 5 | E | 40 | | | | | 40 |
| 合 计 | | $C$ | $C_1$ | $C_2$ | $C_3$ | $C_4$ | $C_5$ |
| | | 500 | 100 | 170 | 50 | 110 | 70 |

【解】表6-3中的A零部件是用来实现$F_1$、$F_2$、$F_3$和$F_5$功能的，将A零部件的成本分配给其所实现的4项功能，分别为50元、60元、20元和30元。以此类推，将B、C、D、E的成本分别分摊到各自实现的功能中，然后将各功能分配的成本合计起来，得到了各功能的现实成本，如$F_1$的现实成本为100元，$F_2$的现实成本为170元。

3）功能目标成本计算。功能目标成本是指可靠地实现用户要求功能的最低成本，可以根据图纸和定额，也可以根据国内外先进水平或根据市场竞争的价格等来确定。它可以理解为是企业有把握，或者说应该达到的实现用户要求功能的最低成本。功能目标成本计算方法有多种，这里仅介绍功能评价值分配法。

功能评价值分配法是根据功能的重要性系数确定功能目标成本的方法。其基本思路是：首先确定产品总目标成本，并根据各功能的重要程度和复杂程度确定功能重要性系数，最后按功能重要性系数分配产品的目标成本，从而求出各个功能的目标成本。从上述的分析可以看出，功能评价值分配法的核心是确定功能重要性系数。

①功能重要性系数的计算。功能重要性系数是评价对象的某项功能在总功能所占的比例。确定功能重要性系数的方法主要有环比评分法和强制评分法。

强制评分法是采用一定的评分规则，通过对比打分来计算功能重要性系数。它又包括0-1两两对比评分法和0～4两两对比评分法。现采用0-1两两对比评分法加以说明。

这种方法是请5～15位对产品熟悉的专家各自参加功能的评价。评价的基本步骤如下。

第一步 每位专家将两个功能按功能重要程度对比打分，功能重要的打1分，相对不重要的打0分，不允许两者同样重要而都打1分，或两者都不重要都打0分。假设计算例6-2中的5项功能$F_1$、$F_2$、$F_3$、$F_4$和$F_5$的功能重要性系数，表6-4是某位评价人员的打分表。

表 6-4　0-1 评分法打分表

| 功能名称 | $F_1$ | $F_2$ | $F_3$ | $F_4$ | $F_5$ | 功能得分 |
|---|---|---|---|---|---|---|
| $F_1$ | × | 1 | 1 | 0 | 1 | 3 |
| $F_2$ | 0 | × | 1 | 0 | 1 | 2 |
| $F_3$ | 0 | 0 | × | 1 | 0 | 1 |
| $F_4$ | 1 | 1 | 0 | × | 1 | 3 |
| $F_5$ | 0 | 0 | 1 | 0 | × | 1 |
| 合　计 | | | | | | 10 |

将各零件得分相加后得总分，根据该表可知 $F_1$ 得 3 分，$F_2$ 得 2 分。

第二步　计算每个功能平均得分值。平均得分值是将得分总数除以评价人数。计算过程如表 6-5 所示。

表 6-5　0-1 评分法计算表

| 评价人员<br>功能名称 | 专家<br>1 | 专家<br>2 | 专家<br>3 | 专家<br>4 | 专家<br>5 | 总得分 | 平均<br>得分 | 功能重要<br>性系数 |
|---|---|---|---|---|---|---|---|---|
| $F_1$ | 3 | 4 | 4 | 4 | 4 | 19 | 3.8 | 0.38 |
| $F_2$ | 2 | 3 | 3 | 2 | 3 | 13 | 2.6 | 0.26 |
| $F_3$ | 1 | 1 | 0 | 1 | 2 | 5 | 1.0 | 0.1 |
| $F_4$ | 3 | 2 | 3 | 3 | 1 | 12 | 2.4 | 0.24 |
| $F_5$ | 1 | 0 | 0 | 0 | 0 | 1 | 0.2 | 0.02 |
| 合　计 | 10 | 10 | 10 | 10 | 10 | 50 | 10 | 1.00 |

第三步　计算功能重要性系数。功能重要性系数是将零件所得平均得分值除以平均得分值总和，计算过程如表 6-5 所示。功能重要性系数越大说明功能越重要。

②功能目标成本计算。功能目标成本的计算可以分为新产品设计和老产品改进设计两种情况。

老产品在改进设计之前，已经有了产品和各个功能的现状成本，但成本的分配不一定合理，因此可利用功能重要性系数重新分配成本，从而确定功能目标成本，具体可按表 6-6 进行。

对新产品设计，产品的目标成本基本上已大致确定。因此，可将设定好的新产品目标成本按功能评价系数进行分配，求出各功能的目标成本。

4）计算功能价值 $V$，分析成本功能的合理匹配程度。功能价值 $V$ 的计算方法可分为功能成本法与功能指数法两大类。

表 6-6　老产品的功能目标成本

| 功能 | 现实成本① | 功能评价系数② | 功能目标成本③=②×500 |
|---|---|---|---|
| $F_1$ | 100 | 0.38 | 190 |
| $F_2$ | 170 | 0.26 | 130 |
| $F_3$ | 50 | 0.10 | 50 |
| $F_4$ | 110 | 0.24 | 120 |
| $F_5$ | 70 | 0.02 | 10 |
| 合　计 | 500 | 1.00 | 500 |

功能成本法将评价对象的功能目标成本与功能的现实成本进行比较，求得评价对象的价值系数和成本降低期望值，进而确定价值工程改进对象，具体如表 6-7 所示。计算公式如下：

$$\text{价值系列}V=\frac{\text{功能目标成本}F}{\text{功能现实成本}C} \tag{6-2}$$

表 6-7　功能价值计算

| 功能或功能领域 | 功能现实成本 C | 功能目标成本 F | 功能价值 V=F/C | 成本降低目标 C-F | 功能改进优先顺序 |
|---|---|---|---|---|---|
| $F_1$ | 100 | 190 | 1.90 | — | — |
| $F_2$ | 170 | 130 | 0.76 | 40 | 2 |
| $F_3$ | 50 | 50 | 1.00 | — | — |
| $F_4$ | 110 | 120 | 1.09 | — | — |
| $F_5$ | 70 | 10 | 0.14 | 60 | 1 |
| 合计 | 500 | 500 | — | 100 | — |

功能指数法将评价对象的功能指数与评价对象的成本指数进行比较，得出评价对象的价值指数，进而确定价值工程的改进对象，计算公式如下：

$$\text{价值指数}V=\frac{\text{评价对象功能指数}F}{\text{评价对象成本指数}C} \tag{6-3}$$

根据式（6-3），功能的价值系数或指数可能出现的结果如下：

- $V$=1，表示功能与成本达到了合理匹配，一般无须改进。
- $V$<1，此时成本对于所实现的功能来说偏高。一种可能是存在着过剩功能，另一种可能是功能虽无过剩，但实现功能的条件或方法不佳，致使实现功能的成本过高。这种情形一般应列为改进范围。
- $V$>1，说明该功能比较重要，但分配的成本较少。这种情况应具体分析，若是成本偏低，使功能不足，则应作为改进对象，若确属以较低成本实现了必要功能，则一般不列为价值工程的改进范围。

5）确定价值工程对象的改进范围。从以上分析可以看出，确定价值工程对象的改进范围，应综合考虑 $V$ 偏离 1 的程度以及成本降低的幅度，优先选择 $V$ 远小于 1 且成本改进幅度大的功能。表 6-7 显示，该产品价值工程功能改进顺序应为 $F_5$ 和 $F_2$ 功能。

### 3．价值工程创新阶段

（1）方案创造。方案创造是在已对改进对象进行功能分析评价的基础上，寻找和构思实现功能的新方案，这是价值工程能否取得成效的关键步骤。

方案创造的方法有很多，如头脑风暴法、歌顿法、专家意见法、专家检查法等。

（2）方案评价。方案评价是指对新构思的方案进行技术、经济和社会三个方面的评价，包括方案的概略评价和方案的详细评价，如图 6-5 所示。

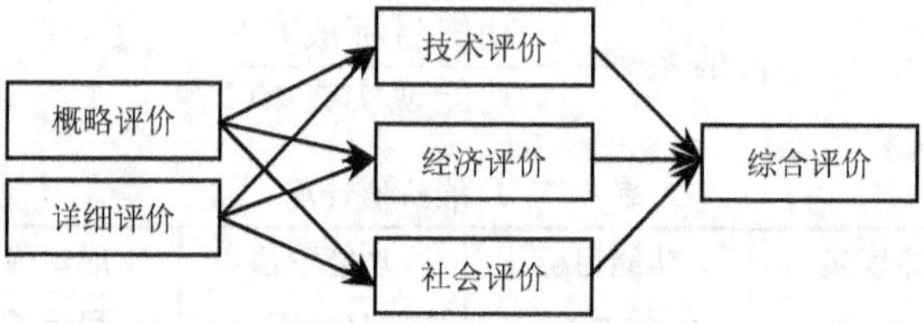


图 6-5 方案评价的步骤

概略评价是对新构思方案进行初步研究，其目的是从众多的方案中进行粗略的筛选，以减少详细评价的改进量。详细评价是在概略评价所得的比较抽象的方案中，评选出准备实施的最佳方案，其评价结论是方案审批的依据。

技术评价围绕功能进行，内容是方案能否实现所需功能以及实现程度；经济评价围绕经济效果进行，内容是以成本为代表的经济可行性；社会评价围绕社会效果进行，内容是方案对社会的利弊；最后进行综合评价，选出最佳方案。

### 4．价值工程实施阶段

价值工程实施阶段的主要工作是方案实施与成果评价。方案实施过程中，要经常检查，以保证实施的质量，达到预期目标。方案实施之后，需全面总结价值工程活动的成果，比较新方案实施所取得的实际效果和原方案的效果，以利于开展今后的价值工程活动。

## 6.2 价值工程在建设项目中的应用

### 1．工程项目应用价值工程的特点

价值工程是一种行之有效的科学方法，在工程项目设计、施工中正在得到越来越广泛的应用。工程项目产品的特殊性决定了工程项目应用价值工程的特点有：

（1）与一般机械、化工、纺织工业产品不同，建筑产品为人们的生产或生活提供具有不同功能的空间。例如，住宅是由卧室、客厅、厨房、卫生间等不同的空间构成的一种建筑产品，这些不同的空间都具有各自不同的功能。价值工程的任务，就是在设计与实施阶段寻求用最低的总成本，实现建筑产品各部分及整体的功能。

（2）建筑产品所需材料数量大、种类多，又因新型建材发展很快，这就出现了材料的选用问题。许多材料（如钢材、水泥、木材、塑料及各种装饰材料）都是可以互相代用的，若选择合理则可降低产品的总成本。各种建筑材料能否相互代替的关键就在于，它的总功能和总成本的对比情况，即价值系数的大小。

（3）建筑产品的生产活动常在露天进行，所需工种多，工作量大，交叉作业频繁，合理的施工组织可以提高工作效率，降低生产成本，这就需要运用价值工程对工程项目实施方案进行比选。

**2．工程项目应用价值工程案例分析**

某市拟兴建一截污环保工程，工程地质条件复杂，施工场地狭小，实物工程量多。经过认真调查研究，对截污环保工程的建设提出三个备选方案。

方案 1　竖井施工，直径 5.5 米，深度 60 米，需开挖山体 1 730 立方米，预计工期 4 个月。

方案 2　斜井施工，圆拱直墙断面，全长 105 米，预计工期 2.5 个月。

方案 3　平洞施工，圆拱直墙断面，全长 130 米，预计工期 3.5 个月。

为保证施工质量，按期完成施工任务，并取得较好的经济效益，该市决定对其开展价值工程活动，选定一个最优方案。

（1）对截污环保工程进行功能分析。第一步工作是进行功能定义。截污环保工程的基本功能是截排污水，其辅助功能是使用方便。

第二步工作是进行功能整理，建设方请有关的专家分类整理出五项功能：下料出渣通道（$F_1$）、施工人员通道（$F_2$）、隧道井棚（$F_3$）、隧道施工面衬砌（$F_4$）和通风供水供电（$F_5$）。通过计算，得出这五项功能的重要程度比为 $F_1:F_2:F_3:F_4:F_5=6:2:4:1:3$。

（2）对截污环保工程进行功能评价。采用环比评分法计算功能重要性系数，首先确定上面五项功能的暂定重要性系数，即对上下相邻两项功能的重要性进行对比打分，所打的分作为暂定重要性系数。例如，$F_1$ 的暂时重要性系数为 $6:2=3$，$F_2$ 的为 $2:4=0.5$，以此类推，功能重要性系数计算如表 6-8 所示的暂定重要性系数列。

其次，对暂定重要性系数进行修正。修正方法是将最下面的功能 $F_5$ 的修正后重要性系数定为 1，再自下而上与暂定重要性系数逐个相乘，得到各功能的修正后的重要性系数，具体如表 6-8 所示的修正后重要性系数列。

最后，以修正后重要性系数的合计值为分母，各功能的修正后重要性系数为分子，相除后即得各功能的重要性系数，具体如表 6-8 所示的功能重要性系数列。

表6-8　功能重要性系数计算表

| 功　能 | 暂定重要性系数 | 修正后重要性系数 | 功能重要性系数 |
|---|---|---|---|
| 下料出渣通道（$F_1$） | 3 | 2 | 0.375 |
| 施工人员通道（$F_2$） | 0.5 | 2/3 | 0.125 |
| 隧道井棚（$F_3$） | 4 | 4/3 | 0.250 0 |
| 隧道施工面衬砌（$F_4$） | 1/3 | 1/3 | 0.062 5 |
| 通风供水供电（$F_5$） | — | 1 | 0.187 5 |
| 合计 | — | 16/3 | 1.000 0 |

随后，专家对三个方案的功能满足程度进行了打分（满分为10分），具体数据如表6-9所示。

表6-9　各方案功能得分表

| 功能名称 | 方案功能得分 | | |
|---|---|---|---|
| | 方案1 | 方案2 | 方案3 |
| 下料出渣通道（$F_1$） | 6 | 10 | 9 |
| 施工人员通道（$F_2$） | 7 | 9 | 8 |
| 隧道井棚（$F_3$） | 6 | 8 | 7 |
| 隧道施工面衬砌（$F_4$） | 8 | 9 | 8 |
| 通风供水供电（$F_5$） | 7 | 8 | 7 |

根据功能重要性系数计算表和各方案功能得分表的相关数据，计算各方案的加权得分，再以各方案功能加权得分合计为分母，各方案功能加权得分为分子，相除得到功能指数，具体数据如表6-10所示。

表6-10　各方案的功能指数计算表

| 功　能 | 功能重要性系数 | 各方案功能加权得分 | | |
|---|---|---|---|---|
| | | 方案1 | 方案2 | 方案3 |
| 下料出渣通道（$F_1$） | 0.375 0 | 0.375 0×6 | 0.375 0×10 | 0.375 0×9 |
| 施工人员通道（$F_2$） | 0.125 0 | 0.125 0×7 | 0.125 0×9 | 0.125 0×8 |
| 隧道井棚（$F_3$） | 0.250 0 | 0.250 0×6 | 0.250 0×8 | 0.250 0×7 |
| 隧道施工面衬砌（$F_4$） | 0.062 5 | 0.062 5×8 | 0.062 5×9 | 0.062 5×8 |
| 通风供水供电（$F_5$） | 0.187 5 | 0.187 5×7 | 0.187 5×8 | 0.187 5×7 |
| 合计 | 1.000 0 | 6.437 5 | 8.937 5 | 7.937 5 |
| 功能指数 | | 0.276 1 | 0.383 4 | 0.340 5 |

建设方请有关专家估算出方案1、2、3三个方案的工程总造价分别为220.07万元、209.47万元和266.09万元。与功能指数的计算类似，以各方案造价的合计为分母，各方案造价为

分子，相除后得到各方案的成本指数，如表6-11所示。

表6-11 各方案成本指数计算表

| 方 案 | 1 | 2 | 3 | 合计 |
|---|---|---|---|---|
| 工程总造价（万元） | 220.070 0 | 209.470 0 | 266.090 0 | 695.630 0 |
| 成本指数 | 0.316 4 | 0.301 1 | 0.382 5 | 1.000 0 |

依据各方案功能指数和成本指数的计算结果，计算出价值指数，详见表6-12。

表6-12 各方案计算表价值指数

| 方 案 | 1 | 2 | 3 |
|---|---|---|---|
| 功能指数 | 0.276 1 | 0.383 4 | 0.340 5 |
| 成本指数 | 0.316 4 | 0.301 1 | 0.382 5 |
| 价值指数 | 0.872 6 | 1.273 3 | 0.890 2 |

由结果可知，方案2的价值指数最高。当几个方案相比较时，价值指数最高的方案为最优方案，所以应选择斜井施工方案。与其他方案相比，虽然斜井施工方案为最优，但仍需改进，价值工程工作人员应针对存在的问题进行进一步优化。

## 复习思考题

**1. 简答题**

（1）什么是价值工程？价值的含义是什么？提高价值的途径有哪些？

（2）什么是寿命周期成本？价值工程中为什么要考虑寿命周期成本？

（3）什么是功能？应如何进行功能定义？

（4）什么是功能整理？怎样绘制功能系统图？

（5）什么是功能评价？如何进行功能评价？

（6）方案的创造有哪些方法？如何进行方案的评价？

**2. 选择题**（四个选项为单选题，五个选项为多选题）

（1）价值工程中价值的含义是（　　）。

A．产品功能的实用程度

B．产品消耗的社会必要劳动时间

C．产品成本与功能的比值

D．产品的功能与实现这个功能所消耗费用的比值

（2）价值工程中涉及的基本要素是（　　）。

A．价值、功能、成本　　B．价值、功能、寿命周期

C．使用价值、功能、寿命周期成本　　D．价值、功能、寿命周期成本

（3）在价值工程的工作程序中，确定产品的成本和价值是通过（　　）来解决的。

A．功能定义和功能整理　　B．功能整理和功能分析

C．功能分析和功能评价　　D．功能评价和功能定义

（4）价值工程中，功能评价是指可靠地实现用户要求功能的（　　）成本。

A．最高　B．使用　C．最低　D．最优

（5）某产品功能的现实成本为4 000元，目标成本为3 600元，该产品分为三个功能区。各功能区的重要性系数和现实成本如表6-13所示，则应用价值工程时，优先选择的改进对象依次为（　　）。

**表6-13　功能重要性系数及功能现实成本**

| 功能区 | 功能重要性系数 | 功能的现实成本（元） |
|---|---|---|
| $F_1$ | 0.34 | 1 600 |
| $F_2$ | 0.42 | 1 520 |
| $F_3$ | 0.42 | 880 |

A．$F_1$-$F_2$-$F_3$　B．$F_1$-$F_3$-$F_2$　C．$F_2$-$F_3$-$F_1$　D．$F_3$-$F_1$-$F_2$

（6）某产品的实际成本是2 000元，目标成本是1 800元，其各个部件的功能指数及成本指数如表16-14所示，则部件A、B、C的成本改进期望值分别为（　　）。

**表6-14　功能指数及成本指数**

| 部件 | 功能指数 | 实际成本 | 成本指数 |
|---|---|---|---|
| A | 0.3 | 740 | 0.37 |
| B | 0.3 | 560 | 0.28 |
| C | 0.4 | 700 | 0.35 |

A．60、60、80　B．74、56、70　C．200、20、−20　D．140、−40、−100

**3．综合应用题**

（1）自选一个简单产品，进行功能定义、功能整理和功能评价。

（2）某项目可分为甲、乙、丙、丁四个功能区域，各功能现实成本和目标成本如表6-15所示。

**表6-15　各功能区域现实成本与目标成本表**　　单位：元

| 功能区域 | 甲 | 乙 | 丙 | 丁 |
|---|---|---|---|---|
| 现实成本 | 2 960 | 9 400 | 10 200 | 3 040 |
| 目标成本 | 2 850 | 9 060 | 9 800 | 2 590 |

请根据功能价值与成本改善期望值，从四个功能域中选择价值工程重点改进对象。

# 第 7 章　建设项目不确定性分析方法

## 知识导航

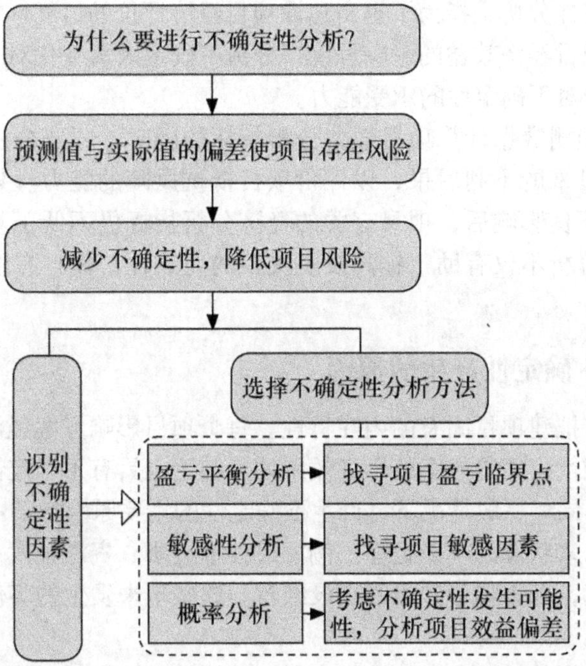


## 学习目标

☑ 了解建设项目不确定性分析的目的和意义。
☑ 掌握盈亏平衡分析方法。
☑ 掌握敏感性分析方法和步骤。
☑ 了解概率分析方法。

# 7.1 建设项目不确定性分析概述

在建设项目评价论证阶段，建设项目分析和评价所采用的数据是根据历史和现实资料的主观判断预测和估算的。一旦这些数据发生变化将会使项目的预测效益与项目实施后的实际效益产生偏差，当实际效益小于预测效益时就会使项目产生一定风险。由于建设项目寿命一般都较长，项目实施过程中内、外部环境（政治、社会、道德、文化、风俗习惯、项目组织等）不断变化，使原预测和估算的某些数据会随之变化，具有一定的不确定性，因此，有必要对建设项目进行不确定性分析，努力规避建设项目的投资风险。

## 7.1.1 建设项目不确定性分析的概念

建设项目不确定性分析是指为了提高建设项目经济评价的可靠性，计算、分析各种不确定因素的变化对项目经济效益的影响程度，分析不确定因素变化对方案经济效果的影响程度，以及方案本身对不确定性的承受能力。

因此，在利用预测数据计算项目效益分析指标的同时，还要分析、计算出现不确定因素会给项目效益带来的不利后果，以评价项目抵抗风险的能力。只有考虑了各种易发生的不确定因素的不良影响后，项目有关的经济分析指标仍不低于基准值，经济上才是可行的。不确定性分析不仅有助于提高投资决策的可靠性，而且有助于提高投资项目的风险防范能力。

## 7.1.2 建设项目不确定性产生的原因

不确定性是所有拟建项目固有的内在特性。每个项目影响方案经济效果的各种因素的未来变化具有不确定性，使得方案的经济效果评价结论也具有不确定性，只是不确定程度因拟建项目不同而不同。一般情况下，产生不确定性的主要原因如下：

（1）建设项目未来状态的不确定性。例如，技术进步、资源开发及社会的未来发展，项目的社会经济环境，都影响着项目的建设经营。这些未来发生的事件几乎无法准确地加以预测。

（2）拟建项目数据的统计存在偏差。由于原始统计上的误差、统计样本量的不足、公式或模型套用不合理等造成的偏差。例如，项目固定资产投资和流动资金数额在实际中往往会因种种原因被高估或低估，从而影响项目评价的结果。

（3）通货膨胀。通货膨胀会产生物价的浮动，从而影响项目评价中所用的价格，进而导致诸如年销售收入、年经营成本等指标与实际值相比产生偏差。

（4）技术进步和工艺变化。当今，技术和工艺变革很快，原来拟订的生产工艺和技术路线，有可能在项目建设和实施过程中发生变化。技术进步会引起新老产品和工艺的替代，这样，根据原有技术条件和生产水平估计出的年销售收入等指标就会与实际值发生偏差。

（5）市场供求结构的变化。这种变化会影响产品的市场供求状况，进而对产量、成本等指标值产生影响。例如，新产品或替代品的出现会导致产品价格和市场需求的意外变化。

（6）其他外部影响因素。例如，政府政策的变化，新的法律、法规的颁布，国际政治经济形势的变化等，均会对项目的经济效果产生一定的甚至难以预料的影响。又如，项目评价论证阶段国家可能对项目所处行业持扶持态度，在财务税收方面予以减免、低息贷款等优惠政策。但项目实施时，国家可能对该行业持限制态度取消甚至提高税收和贷款利率，致使项目的经济效益由好变坏。

（7）资金筹措方式与来源。建设项目的投资由业主负责筹措，筹措的方式与来源多种多样，相应的资金筹措风险也多种多样。

（8）物资采购与供货时间。物资采购环节中存在许多风险因素，如质量、价格、运输等，而供货时间的推迟也会导致工期的拖延。

此外，还有一些造成建设项目不稳定的原因：国民收入和人均收入增长率的变化；有力竞争者的出现或消失；家庭消费结构的变化；需求弹性的变化；运费、税收因素的变化等。

### 7.1.3 建设项目不确定因素及其影响

进行不确定性分析，就是要找出影响项目的主要不确定因素，分析其影响程度，研究预防应变措施，减少和消除对项目的不利影响，以达到项目的预期效果。建设项目主要的不确定因素及其对项目的影响如下：

（1）物价的变化。由于通货膨胀、供求关系的变化及其他原因会引起大部分项目投入物、产出物价格的变化，如原材料费用的上涨、劳务费用的增加、产品价格的波动。

（2）投资额的变化。投资额增加使项目的投入增大并降低项目的经济效益。

（3）建设工期的变化。建设工期延长不仅使项目的投入增大，而且可能使项目错过良好商机，影响项目的经济效益。

（4）项目产出达不到正常的生产能力，会使项目的产出减小并降低项目的经济效益。

（5）项目经营成本的变化。

（6）年利率的变化。

### 7.1.4 建设项目不确定性分析方法

常用的不确定性分析方法有盈亏平衡分析、敏感性分析、概率分析。通过盈亏平衡分析，可以掌握不确定因素对项目盈亏的影响程度，在保证项目不发生亏损（或在可行）的情况下，允许各种不确定因素的最大变动范围，为决策者提供一个数量界限。通过敏感性分析，可以知道哪些不确定因素是影响项目效益变化的最敏感的因素，为决策者提出注意的方向。风险决策分析在盈亏分析和敏感性分析的基础上，不仅要了解哪些因素可能变化，而且要进一步估计各种因素发生的概率大小，以此估算出项目取得一定经济效益的概率大小，为决策者提供科学决策的依据。在具体应用时，要在综合考虑项目的类型、特点，决策者的要求，相应的人力、财力，以及项目对国民经济的影响程度等条件下来选择。一般来讲，盈亏平衡分析只适用于项目的财务评价，而敏感性分析和概率分析则可同时用于财务评价和国民经济评价。

进行项目的不确定性分析有助于加强建设项目的风险管理和控制，避免在变化面前束手无策。同时，在风险和不确定性分析基础上所做的决策，可在一定程度上避免决策失误所带来的巨大损失，有助于决策的科学性。

## 7.2 盈亏平衡分析

不确定因素的变化影响投资方案的经济效果，当这些因素的变化达到某一临界值时，可能致使原来赢利的项目变为亏损项目，并导致项目比选的结果发生质的变化。盈亏平衡分析的目的就是要找出建设项目的盈亏临界点，以判断不确定因素对方案经济效果的影响程度，说明方案实施的风险大小及投资项目承担风险的能力，为投资决策提供科学依据。

盈亏平衡分析又称“量－本－利”分析，是在一定市场、生产能力及经营管理条件下，通过对产品产量、成本、利润相互关系的分析，判断项目或企业对市场需求变化适应能力的一种不确定性分析方法。盈亏平衡分析的核心问题是确定盈亏平衡点，进而分析并找出能够减少亏损、增加赢利的有效途径和措施，以达到提高项目经济效益的目的。

盈亏平衡状态是指项目的销售收入等于总成本，项目既不赢利也不亏损时所处的一种临界状态。根据销售收入及总成本，与产销量（假定产量等于销量）之间是否呈线性关系，盈亏平衡分析可分为线性盈亏平衡分析和非线性盈亏平衡分析，本书仅讨论线性盈亏平衡分析问题。

### 7.2.1 线性盈亏平衡分析

当项目的总成本、销售收入与产量呈线性关系时，盈亏平衡分析称为线性盈亏平衡分析。盈亏平衡分析的目的是要找出产量、总成本、利润三者结合的最佳点。其三者之间的关系模型为：利润=销售收入–总成本。

#### 1. 独立方案的线性盈亏平衡分析

独立方案的线性盈亏平衡分析是通过对项目产量（销售量）、成本、利润之间的经济数量关系，分析市场及项目生产经营等内外情况变化对方案实施效果的影响，并据此进行项目经济效果可靠性评价。

（1）线性盈亏平衡分析的前提条件如下：

1）产量等于销售量；

2）产量变化，单位可变成本不变，从而使总成本成为产量的线性函数；

3）产量变化，销售单价不变，从而使销售收入成为销售量的线性函数；

4）只生产单一产品，或者生产多种产品，但可以换算为单一产品计算。

（2）线性盈亏平衡分析函数。销售收入等于产品单价与销售量的乘积。在没有竞争的市场条件下，销售收入与销售量呈线性关系，即产品价格是一个常数，不随产品销售量的变化而变化。此时的销售收入为：

$$\mathrm{TR}=P\times Q \tag{7-1}$$

式中，TR 表示销售收入；$P$ 表示单位产品价格；$Q$ 表示产品销售量。

总成本费用是项目投产后，生产和销售产品的全部费用，包括固定成本和变动成本两部分。固定成本（$C_F$）是指在一定条件下不随产量增减而变化的成本，如固定资产折旧费、大修理费、管理费等；变动成本（$C_V$）是指在一定技术水平和生产规模限度内随产量变动而变动的成本，如直接人工费、直接材料费、原材料费等。

若设企业产品的单位变动成本为 $C_V$，则总成本费用与产量的关系可表示为：

$$\mathrm{TC}=C_F+C_V=C_F+C_V\times Q \tag{7-2}$$

要使投资项目赢利，则总销售收入必须大于总成本。由利润=销售收入-总成本，得到：

$$B=\mathrm{TR}-\mathrm{TC}=(P-C_V)\times Q-C_F \tag{7-3}$$

（3）线性盈亏平衡分析图。图 7-1 中纵坐标表示销售收入与成本费用，横坐标表示产品产量。销售收入线与总成本费用线的交点 $E$ 称为盈亏平衡点。在平衡点的左边，总成本大于销售收入，为亏损区；在平衡点右边，销售收入大于总成本，为赢利区；在平衡点上，企业不盈不亏。

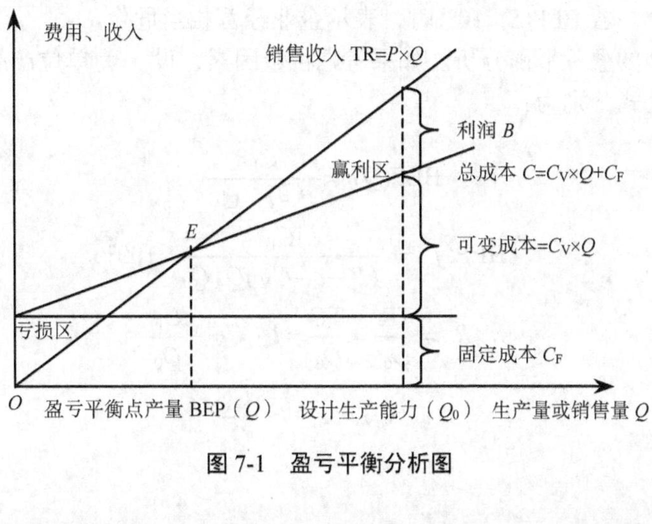


图 7-1 盈亏平衡分析图

（4）盈亏平衡点的确定。令 $B$=0，解出的 $Q$ 即为盈亏平衡点产量（或销售量），记为 BEP($Q$)。

$$\text{BEP}(Q)=\frac{C_\text{F}}{P-C_\text{V}} \tag{7-4}$$

如果项目设计生产能力为 $Q_0$，则项目盈亏平衡生产能力利用率 BEP($f$)为：

$$\text{BEP}(f)=\text{BEP}(Q)/Q_0\times 100\% \tag{7-5}$$

若按设计生产能力 $Q_0$ 进行生产和销售，则盈亏平衡价格为：

$$P^*=\frac{\text{TR}}{Q_0}=\frac{\text{TC}}{Q_0}=C_\text{V}+\frac{C_\text{F}}{Q_0} \tag{7-6}$$

同理，若按设计能力进行生产和销售，且销售价格已定，则盈亏平衡时单位产品变动成本为：

$$C_\text{V}^*=P-\frac{C_\text{F}}{Q_0} \tag{7-7}$$

（5）盈亏平衡分析与经营风险的衡量。盈亏平衡分析给出了项目的盈亏区域界限，只有在赢利区内项目才可行。但是，项目在实施过程中会受到很多不确定因素的影响，可能会超越盈亏分界线，进入亏损区。为了说明经营风险的大小，引入经营安全率指标 BEP($S$)：

$$\text{BEP}(S)=1-\text{BEP}(f) \tag{7-8}$$

从式（7-8）中可以看到，BEP($S$)越大，实际生产经营状况越远离盈亏平衡点，项目经营的安全性越大，抗风险能力越强。通常，BEP($S$)>30%时，认为企业经营较安全，即盈亏平衡时的产量（或销售量）BEP($Q$)小于等于正常年份产量或销售量的 70%，才可认为风险性较小，经营安全。若 BEP($S$)<10%时，表示企业经营相当危险。

（6）考虑税金的盈亏平衡分析。如果考虑税金因素，设 $t$ 为单位产品的税金，则上述各平衡点的计算公式分别为：

$$\text{BEP}(Q)=\frac{C_\text{F}}{P-t-C_\text{V}} \tag{7-9}$$

$$\text{BEP}(f)=\frac{C_\text{F}}{(P-t-C_\text{V})Q\cdot Q_0}\times 100\% \tag{7-10}$$

$$P^*=\frac{\text{TR}}{Q_0}=\frac{\text{TC}}{Q_0}=t+C_\text{V}+\frac{C_\text{F}}{Q_0} \tag{7-11}$$

$$C_\text{V}^*=P-t-\frac{C_\text{F}}{Q_0} \tag{7-12}$$

从上述盈亏平衡点的计算公式可知，盈亏平衡点的产量越高，盈亏平衡点的销售收入越高，盈亏平衡点生产能力利用率越高，盈亏平衡点价格越高和单位产品变动成本越低，项目的风险就越大，安全度越低；反之，则项目安全度越大，项目赢利能力越强，项目抗风险的能力也就越强。

**【例 7-1】** 某企业欲投资一条新产品生产线，其年设计生产能力为 40 000 台，该产品售价为 500 元，固定费用为 800 万元，变动费用为 1 000 万元。试确定盈亏平衡点，并判断项目的经营状况。

**【解】** 单位变动成本：

$$C_{\mathrm{V}}=10\ 000\ 000/40\ 000=250\text{（元/台）}$$

盈亏平衡点产量：

$$\mathrm{BEP}(Q)=\frac{C_{\mathrm{F}}}{P-C_{\mathrm{V}}}=8\ 000\ 000/（500-250）=32\ 000\text{（台）}$$

项目盈亏平衡生产能力利用率：

$$\mathrm{BEP}(f)=\mathrm{BEP}(Q)/\ Q_0\times100\%=32\ 000/40\ 000\times100\%=80\%$$

项目盈亏平衡价格：

$$P^*=\frac{\mathrm{TR}}{Q_0}=\frac{\mathrm{TC}}{Q_0}=C_{\mathrm{V}}+\frac{C_{\mathrm{F}}}{Q_0}$$

$$=250+8\ 000\ 000/40\ 000=450\text{（元/台）}$$

经营安全率：

$$\mathrm{BEP}(S)=1-\mathrm{BEP}(f)=20\%$$

因此，通过计算可知，若未来产品销售价格及生产成本与预期值相同，项目不发生亏损的条件是年销售量不低于 32 000 件。若生产成本与预期值相同，按设计生产能力进行生产，不亏损的销售价格最少为 450 元/台。经营安全率低于 30%，项目经营不安全。

**2. 互斥方案的线性盈亏平衡分析**

盈亏平衡分析还可以运用在对互斥方案的比选上。若一个共有的不确定因素影响互斥方案的取舍时，可先求出两方案的盈亏平衡点（BEP），再根据 BEP 取舍。

设两个方案经济效果（$E_1$、$E_2$）受同一个共同的不确定因素 $x$ 的影响，且可表示成 $x$ 的函数，即

$$E_1=f_1(x)$$

$$E_2=f_2(x)$$

当两个方案经济效果相同即 $E_1=E_2$ 时，使其成立的 $x$ 值即为两方案的优劣平衡点，结合对不确定因素 $x$ 未来取值范围的预测，就可以做出相应的决策。

**【例 7-2】** 建设某项目有两种生产方案，方案 A 初始投资为 60 万元，预期年净收益为 15 万元；方案 B 初始投资为 160 万元，预期年收益为 35 万元。该项目产品的市场寿命具有较大的不确定性。如果给定基准折现率为 15%，不考虑期末资产残值，试就项目寿命期分析两方案在各种生产规模下的优劣。

**【解】** 设项目寿命期为 $n$，则

$$NPV_A=-60+15（P/A，15\%，n）$$

$$NPV_B=-160+35（P/A，15\%，n）$$

当 $NPV_A=NPV_B$ 时，有

$$-60+15（P/A, 15\%, n）=-160+35（P/A, 15\%, n）（P/A, 15\%, n）=5$$

查复利系数表得 $n\approx10$ 年。

这就是以项目寿命期为共有变量时方案 A 与方案 B 的盈亏平衡点。由于方案 B 年净收益较高，项目寿命期延长对方案 B 有利。故可知：如果根据市场预测项目寿命期小于 10 年，应采用方案 A；若寿命期在 10 年以上，则应采用方案 B。

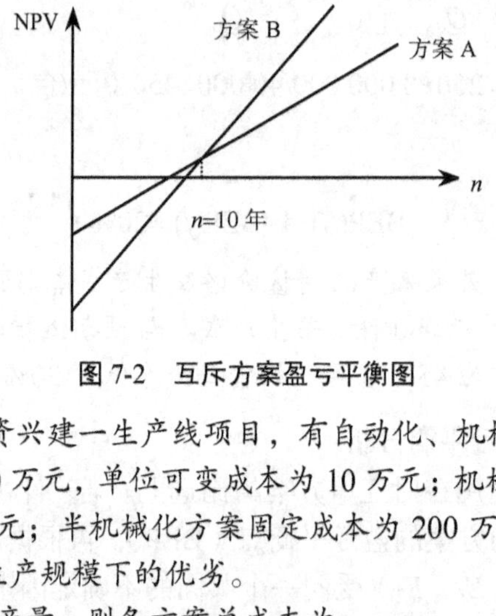


图 7-2 互斥方案盈亏平衡图

**【例 7-3】** 某企业投资兴建一生产线项目，有自动化、机械化、半机械化三种方案，自动化方案固定成本为 600 万元，单位可变成本为 10 万元；机械化方案固定成本为 400 万元，单位可变成本为 12 万元；半机械化方案固定成本为 200 万元，单位可变成本为 16 万元。试分析各方案在各种生产规模下的优劣。

**【解】** 设 $Q$（万件）为产量，则各方案总成本为：

$$TC_1=C_{F_1}+C_{V_1}\cdot Q=600+10Q$$

$$TC_2=C_{F_2}+C_{V_2}\cdot Q=400+12Q$$
$$TC_3=C_{F_3}+C_{V_3}\cdot Q=200+16Q$$

各方案总成本曲线如图 7-3 所示。

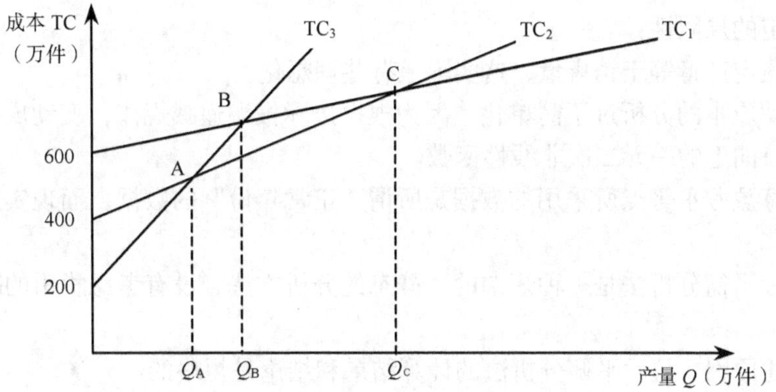


图 7-3　各方案总成本与产量关系图

从图 7-3 可知，三条成本曲线两两相交于 A、B、C 三个点。

当 $Q<Q_A$ 时，$\min\{TC_1,TC_2,TC_3\}=TC_3$，选择半机械化方案；

当 $Q_A<Q<Q_C$ 时，$\min\{TC_1,TC_2,TC_3\}=TC_2$，选择机械化方案；

当 $Q>Q_C$ 时，$\min\{TC_1,TC_2,TC_3\}=TC_1$，选择自动化方案。

令 $TC_3=TC_2$，求得 $Q_A$=50 万件；

令 $TC_1=TC_2$，求得 $Q_C$=100 万件。

故当生产规模小于 50 万件时，选择半机械化方案；当生产规模介于 50 万～100 万件时，选择机械化方案；当生产规模大于 100 万件时，选择自动化方案。

**【例 7-4】**　某企业加工一种产品需用某种设备，现有 A、B 两种设备可供选择。A 设备初始投资为 20 万元，预期年运行费为 15 万元；B 设备初始投资为 40 万元，预期年运行费为 10 万元，使用年限均为 8 年。问：基准折现率为多少时选 A 设备有利。

**【解】** 设基准折现率为 $i_0$，两种设备费用的现值分别为：

$$PC_A=20+15\,(P/A,\ i_0,\ 8)$$
$$PC_B=40+10\,(P/A,\ i_0,\ 8)$$

令 $PC_A=PC_B$，有 $20+15\,(P/A,\ i_0,\ 8)=40+10\,(P/A,\ i_0,\ 8)$

解得 $i_0$=17.5%。

当基准折现率为 17.5%时，两设备的费用现值相等。当基准折现率小于 17.5%时，B 设备的费用现值较低，应选用 B 设备；当基准折现率大于 17.5%时，A 设备的费用现值较低，应选用 A 设备。

### 7.2.2 盈亏平衡分析的局限性

通过盈亏平衡分析法得出盈亏平衡点，使建设项目投资决策的外部条件简单地表现出来，根据盈亏平衡点的高低，可以了解项目抗风险的能力。因此，这种分析方法简便实用，但也存在一定的局限性：

（1）要假定产量等于销售量，这实际上有些理想化。

（2）变动成本的分析过于简单化，因为根据边际报酬递减规律，变动成本是以产量为自变量的开口向上的一元二次非线性函数。

（3）计算盈亏平等点所采用的数据是所谓“正常年份”的数据，而现实经济环境是千变万化的。

（4）盈亏平衡分析法是一种短期的、静态的分析方法，没有考虑货币的时间价值和长期情形。

鉴于上述原因，盈亏平衡分析法的计算结果和结论是粗略的。

## 7.3 敏感性分析

敏感性分析，也称灵敏度分析，是一种常用于评价建设项目经济效果的不确定性分析方法。通过计算一个或多个不确定因素的变化所导致的经济评价指标的变化幅度，分析各个因素的变化对现实预期目标的影响程度，发现敏感因素，为项目决策提供重要的依据。

### 7.3.1 敏感性分析的基本原理

#### 1. 敏感性分析的概念

敏感性分析是在确定性分析的基础上，通过进一步分析、预测项目主要不确定因素（如投资、成本、销售量、生产能力、价格、利率、寿命周期等）的数值变化对项目评价指标（如内部收益率、净现值等）的影响，从中找出敏感因素，确定评价指标对该因素的敏感程度和项目对其变化的承受能力。

敏感性分析分为单因素敏感性分析和多因素敏感性分析两种。单因素敏感性分析是对单一不确定因素变化的影响进行分析，即假设各不确定因素之间相互独立，每次只考察一个因素，其他因素保持不变，以分析这个可变因素对经济评价指标的影响程度和敏感程度。单因素敏感性分析是敏感性分析的基本方法。多因素敏感性分析是对两个或两个以上互相独立的不确定因素同时变化时，分析这些变化的因素对经济评价指标的影响程度和敏感程度。通常，对一般项目只要求进行单因素敏感性分析，故我们仅介绍单因素敏感性分析。

#### 2. 敏感性分析的步骤

对建设项目进行敏感性分析时，其基本步骤如下。

（1）确定敏感性分析指标。由于敏感性分析是在确定性经济效果的基础上进行的，因此敏感性分析的指标应与技术方案的经济效益评价指标是一致的。评价建设项目经济效益指标包括净现值、净年值、内部收益率、投资回收期等，敏感性分析可根据经济评价的深度和项目特点选择相应指标。

（2）选定不确定因素，设定其变化范围。通常，影响建设项目经济效益的不确定因素包括项目总投资、项目寿命期、固定资产残值、变动成本、产品价格、销售量、建设工期和基准折现率等。实际上，并不需要对所有不确定因素逐一进行敏感性分析，只需选择最有可能对经济效益产生影响的因素即可。不确定因素的选择可依据两个原则：① 预计在可能的变动范围内，某因素的变动会较强烈地影响方案的经济效益指标；② 在评价中，某因素对自身数据的准确程度把握不大。

（3）计算不确定因素变动对分析指标的影响结果。设定不确定因素的变动范围和变动幅度（如±20%、±15%、±10%、±5%），计算各不确定因素不同幅度的变动所导致的经济效果评价指标的变动结果。

（4）确定敏感因素。判别敏感因素可用相对测定法和绝对测定法两种方法。相对测定法是假定拟分析的不确定因素从基本数值开始变动，比较在同一变动率下各因素的变动对经济效益指标影响的大小。其影响程度可用敏感度系数表示。敏感度系数的计算公式为：

$$\beta = \Delta A / \Delta F \tag{7-13}$$

式中，$\beta$为评价指标 $A$ 对于不确定因素 $F$ 的敏感度系数；$\Delta A$ 为不确定因素 $F$ 发生$\Delta F$ 变化率时，评价指标 $A$ 的相应变化率（%）；$\Delta F$ 为不确定因素 $F$ 的变化率（%）。

依据敏感度系数大小确定影响程度，找出最敏感的因素。敏感度系数越大的因素对分析指标的影响越强，也是越敏感的因素。

绝对测定法是假设各因素均向对项目不利的方向变动，并分别取其可能出现的“最坏值”，据此计算项目的经济效益指标。这一“最坏值”是项目允许不确定因素向不利方向变化的极限值，称为临界点，即超过极限值后，项目将变为不可接受。

实践中可将确定敏感因素的两种方法结合起来使用。首先，设定有关经济评价指标为其临界值，如令净现值等于零、内部收益率等于基准折现率；其次，分析因素的最大允许变动幅度，并与其可能出现的最大变动幅度相比较。若某因素可能出现的变动幅度超过最大允许变动幅度，则表明该因素是方案的敏感因素。

### 7.3.2　单因素敏感性分析

单因素敏感性分析是研究单一不确定因素的变动对方案经济效益指标影响的敏感程度。

#### 1．单因素敏感性分析的意义

（1）可以选择风险小的技术方案。在选择方案时，通过各方案敏感程度大小的对比，可以选择敏感程度小即风险小的投资方案。

（2）可以对风险大但效益好的投资方案进行完善。对于经济效果好而敏感程度大的方案，可以吸取其他方案的长处，或者设法对其进行调整，以减小敏感程度，完善方案。

（3）可以减少或避免风险。分析主要因素变化引起项目经济效果评价指标的变动，使决策者全面了解项目建设投产后可能出现的经济效果变动情况，积极采取措施，控制或减少不利因素的影响，从而减少或避免风险。

### 2．单因素敏感性分析举例

**【例 7-5】** 某一建设项目投资方案的现金流量如表 7-1 所示，其中的数据均为预测估算值。估计产品产量、价格和固定资产投资这三因素可能在 20%的范围内变化。试对上述三个不确定因素分别进行敏感性分析。（设基准收益率为 15%）

表 7-1 项目现金流量表

| 项 目 | 年 份 | | |
|---|---|---|---|
| | 1 | 2～9 | 10 |
| 现金流入 | | | |
| （1）产品销售收入 | | 1 000 | 1 000 |
| （2）回收固定资产余值 | | | 32 |
| （3）回收流动资金 | | | 200 |
| 现金流出 | | | |
| （1）固定资产投资 | 800 | | |
| （2）流动资金 | 200 | | |
| （3）经营成本 | | 600 | 600 |
| 其中：固定成本 | | 130 | 130 |
| 变动成本 | | 470 | 470 |
| （4）销售税金 | | 110 | 110 |
| 净现金流量 | −1 000 | 290 | 290+232 |

**【解】** 设产品价格变化的百分比为 $X$，产量变化的百分比为 $Y$，固定资产投资变动的百分比为 $Z$，则

$$\begin{aligned}NPV=&-[800(1+Z)+200](P/F,i,1)+[(1\,000-110)(1+X)(1+Y)-\\&130-470(1+Y)](P/A,i,9)(P/F,i,1)+232(P/F,i,10)\end{aligned}$$

将不确定因素的变动率代入，得到表 7-2 和图 7-4。

表 7-2　方案不确定因素变动及其对净现值的影响

| 不确定因素 | 变动率 | | | | | | | | |
|---|---|---|---|---|---|---|---|---|---|
| | −20% | −15% | −10% | −5% | 0 | 5% | 10% | 15% | 20% |
| 产品产量 | 42.5 | 129.7 | 216.8 | 303.9 | 391.1 | 478.2 | 565.3 | 652.5 | 739.6 |
| 固定资产投资 | 530.2 | 495.4 | 460.6 | 425.9 | 391.1 | 356.2 | 321.5 | 286.7 | 251.9 |
| 产品价格 | −347.0 | −162.9 | 21.8 | 206.4 | 391.1 | 575.7 | 760.3 | 945.0 | 1 129.0 |

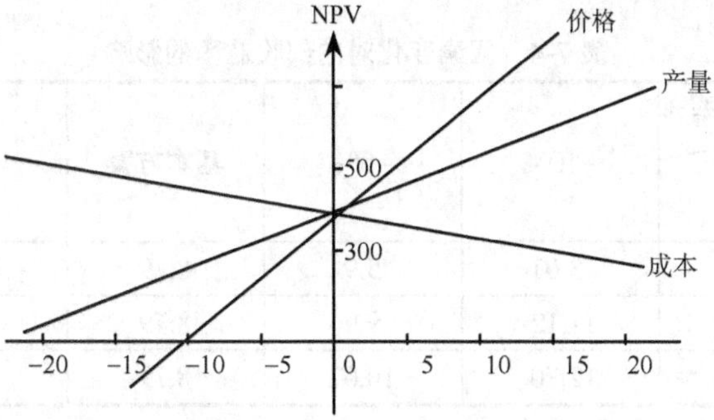


图 7-4　NPV 敏感性分析曲线

从图 7-4 可知，其中每条斜线的斜率反映经济评价指标对该不确定因素的敏感程度，斜率越大，敏感度越高。每条斜线与横轴的相交点所对应的不确定因素变化率即为该因素的临界点。本例中价格是最为敏感的因素，且如果价格降低 10%以上，NPV 就出现负值，方案变得不可行。

**【例 7-6】**　设某项目基本方案的基本数据估算值如表 7-3 所示。试就年销售收入、年经营成本和建设投资对内部收益率进行单因素敏感性分析。(基准收益率为 8%)

表 7-3　基本方案的基本数据估算表　　单位：万元

| 因素 | 建设投资 | 年销售收入 | 年经营成本 | 期末残值 | 寿命（年） |
|---|---|---|---|---|---|
| 估算值 | 1 500 | 600 | 250 | 200 | 6 |

**【解】**(1) 计算基本方案的内部收益率 IRR。

$$-I(1+\text{IRR})^{-1}+(B-C)\sum_{t=2}^{5}(1+\text{IRR})^{-t}+(B+L-C)(1+\text{IRR})^{-6}=0$$

$$-1\,500(1+\text{IRR})^{-1}+350\sum_{t=2}^{5}(1+\text{IRR})^{-t}+550(1+\text{IRR})^{-6}=0$$

采用试算法得：

$$NPV(i=8\%)=31.08（万元）>0，NPV(i=9\%)=-7.92（万元）<0$$

采用线性内插法可求得：

$$IRR = 8\% + \frac{31.08}{31.08 + 7.92}(9\% - 8\%) = 8.79\%$$

（2）计算销售收入、经营成本和建设投资变化对 IRR 的影响，如表 7-4 所示。绘制敏感性分析图，如图 7-5 所示。

表 7-4　因素变化对内部收益率的影响

| 内部收益率% / 变化率 / 不确定因素 | −10% | −5% | 基本方案 | +5% | +10% |
|---|---|---|---|---|---|
| 销售收入 | 3.01 | 5.94 | 8.79 | 11.58 | 14.30 |
| 经营成本 | 11.12 | 9.96 | 8.79 | 7.61 | 6.42 |
| 建设投资 | 12.70 | 10.67 | 8.79 | 7.06 | 5.45 |

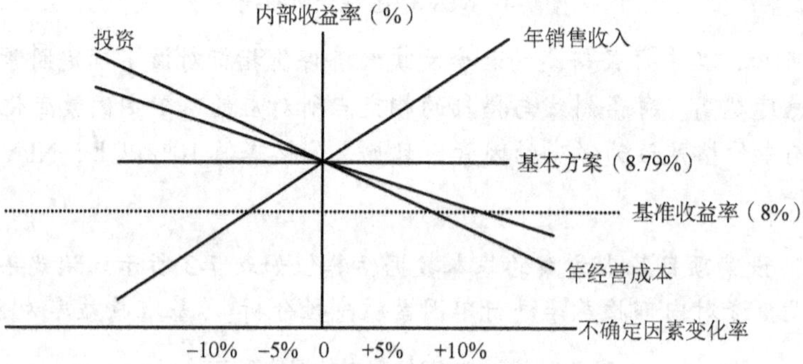


图 7-5　基本方案单因素敏感性分析图

（3）计算方案对各因素的敏感度系数。

$$敏感度系数\ \beta = \frac{评价指标变化的幅度(\%)}{不确定性因素变化的幅度(\%)}$$

$$年销售收入平均敏感度=\frac{14.30-3.01}{20}=0.56$$

$$年经营成本平均敏感度=\frac{|6.42-11.12|}{20}=0.24$$

$$建设投资平均敏感度=\frac{|5.45-12.70|}{20}=0.36$$

根据敏感度系数计算结果可知，按内部收益率对各个因素的敏感程度来排序，依次是销售收入、建设投资、年经营成本。这一结论也可从图 7-6 中观察而得。

### 7.3.3　敏感性分析的局限性

敏感性分析在一定程度上就各种不确定因素的变动对建设项目经济效益的影响进行定量描述，有助于投资者了解方案的风险情况，确定在决策过程及方案实施过程中需要重点研究与控制的因素。但是，敏感性分析没有考虑各种不确定因素未来发生变动的概率，这可能会影响分析结论的实用性和准确性。实际上，各种不确定因素在未来发生变动的概率往往不同。常常会出现这种情况，通过敏感性分析找出的某个敏感因素在未来发生不利变动的概率很小，实际引起的风险并不大；而另一不太敏感因素发生不利变动的概率却很大，实际所引发的风险反而比那个敏感因素更大。对这类问题的分析，敏感性分析将无法解决，应借助于概率分析。

## 7.4　概率分析

概率分析，又称风险分析，是利用主观的或经验的概率表示建设项目投资和运营中不确定因素发生某种变动的可能性，并在此基础上研究和预测不确定因素对项目经济评价指标影响的一种定量分析方法。

概率分析的基本原理是：假定各相关因素是服从某种概率分布的、相互独立的随机变量，因而作为各因素函数的建设项目的经济效益指标也是随机变量。在进行概率分析时，先对有关概率进行参数估计，然后通过计算经济效益的期望值、方差（或标准差）、差异系数（标准离差率）及累积概率等指标对建设项目的投资方案做出判断。

### 7.4.1　概率分析的基本原理

概率分析的基本原理，是在对现金流量进行概率估计的基础上，通过投资效果指标的期望值、累计概率、标准差及差异系数来反映方案的风险程度。

在对投资方案进行不确定性分析时，有时需要评估方案经济效果指标发生在某一范围的可能性。例如，当净现值大于或等于零的累计概率越大，表明方案的风险越小；反之，则风险越大。

概率分析一般可以按以下步骤进行：

（1）选定一个或几个评价指标。通常将内部收益率、净现值等作为评价指标。

（2）选定需要进行概率分析的不确定因素。通常有产品价格、销售量、主要原材料价格、投资额以及外汇汇率等。针对项目的不同情况，通过敏感性分析，选择较为敏感的因素作为概率分析的不确定因素。

（3）预测不确定因素变化的取值范围及概率分布。单因素概率分析，设定一个因素变化，其他因素均不变化，即只有一个自变量；多因素概率分析，设定多个因素同时变化，对多个自变量进行概率分析。

（4）根据测定的风险因素取值和概率分布，计算评价指标的相应取值和概率分布。

（5）计算评价指标的期望值和项目可接受的概率。

（6）分析计算结果，判断其可接受性，说明在该不确定性情况下建设项目的经济效益指标的期望值以及获取此效益的可能性。

### 7.4.2 概率分析方法

概率分析的方法大多是以建设项目经济评价指标（主要是 NPV）的期望值的计算过程和计算结果为基础的。这里仅介绍建设项目净现值的期望值法、标准差法、变异系数法和决策树法，通过计算项目净现值的期望值及净现值大于或等于零时的累计概率，以判断项目承担风险的能力。

#### 1. 期望值法

期望值是随机变量所有可能取值的加权平均数，权重为各种可能取值出现的概率（估计的或经验的）。

建设项目净现值的期望值是指在一定概率分布条件下，净现值所能达到的概率平均值。若以净现值作为经济效果描述指标，设各种现金流量情况下的净现值为 $\text{NPV}_t$ $(t=0,1,2,\cdots,n)$，则净现值的期望值为：

$$E(\text{NPV})=\sum_{t=1}^{n}\text{NPV}_t\cdot P_t \tag{7-14}$$

式中，$E$（NPV）表示 NPV 的期望值；$\text{NPV}_t$ 表示各种现金流量情况下的净现值；$P_t$ 表示对应于各种现金流量情况的概率值，$\sum_{t=1}^{n}P_t=1$；$n$ 表示未来状态的个数。

#### 2. 标准差法

标准差反映了一个随机变量实际值与其期望值偏离的程度。这种偏离程度在一定意义上反映了投资方案风险的大小。标准差的一般计算公式为：

$$\sigma=\sqrt{\sum_{i=1}^{n}P_i[x\cdot x_i-E\cdot E(x)]^2}=\sqrt{E(x^2)-[E(x)]^2} \tag{7-15}$$

式中，$\sigma$ 表示变量 $x$ 的标准差；$E(x)$表示变量的期望值；$x_i$ 表示变量 $x_i$ 状态下的取值（$i$=1, 2,$\cdots$, $n$）；$P_i$ 表示变量 $x_i$ 出现的概率；$n$ 表示未来状态的个数。

若以净现值作为经济效果描述指标，设各种现金流量情况下的净现值为 $\text{NPV}_t(t=0,1,2,\cdots,n)$，则净现值的标准差为：

$$\sigma(N \cdot \mathrm{NPV})=\sqrt{\sum_{i=1}^{n} P_i D[\mathrm{NPV}^{(i)}-E(\mathrm{NPV} \cdot V)]^2} \tag{7-16}$$

标准差越小，说明实际发生的可能情况与期望值越接近，期望值的稳定性也越高，项目风险越小。一个好的项目，其经济效益指标应该具有较大的期望值和较小的标准差，但是仅用标准差来衡量项目的风险是有局限性的，因为标准差是一个绝对指标。只有在不同的投资项目具有相同的期望收益的情况下，标准差才具有可比性，否则便没有可比性，不能作为说明项目风险大小的衡量标准。因此，还必须进一步引入变异系数（标准离差率）来估计方案的相对风险。

**3．变异系数（标准离差率）法**

变异系数是标准差与期望值之比，即

$$V=\frac{\sigma}{E(\mathrm{NPV})} \tag{7-17}$$

由于变异系数是一个相对数，不会受变量和期望值绝对值大小的影响，能更好地反映投资方案的风险程度，因此，变异系数是衡量相对风险的指标，它反映了单位收益承担的平均风险。一般来说，差异系数越小，项目的风险相对就越小；反之，风险就越大。

当对多个投资方案进行比较时，如果是效益指标，则认为期望值较大的方案较优；如果是费用指标，则认为期望值较小的方案较优。如果期望值相同，则标准差较小的方案风险更低；如果多个方案的期望值与标准差均不相同，则变异系数较小的方案风险更低。

**【例 7-7】** 某公司要从三个互斥方案中选择一个方案，各个方案的净现值及其概率情况如表 7-5 所示。

**表 7-5 各方案净现值、自然状态及概率**

| 市场销路 | 概 率 | 方案净现值（万元） | | |
|---|---|---|---|---|
| | | A | B | C |
| 销路差 | 0.25 | 2 000 | 0 | 1 000 |
| 销路一般 | 0.50 | 2 500 | 2 500 | 2 800 |
| 销路好 | 0.25 | 3 000 | 5 000 | 3 700 |

**【解】**（1）计算各方案净现值的期望值和标准差。

$E_{\mathrm{A}}$（NPV）=2 000×0.25+2 500×0.50+3 000×0.25=2 500（万元）

同理可得：

$E_{\mathrm{B}}$（NPV）=2 500（万元）

$$E_C(\text{NPV})=2\,576\text{（万元）}$$

$$\sigma_A=\sqrt{0.25\times(2\,000-2500)^2+0.5\times(2500-2500)^2+0.25\times(3000-2500)^2}$$
$$=353.55$$

同理可得：$\sigma_B=1\,767.77$，$\sigma_C=980.75$。

（2）根据方案净现值的期望值和标准差评价方案。因为方案A与方案B净现值的期望值相等，均为2 500万元，故需要通过比较它们的标准差来决定方案的优劣取舍。

由前面计算结果知：$\sigma_A<\sigma_B$，方案A风险较小，其经济效益优于方案B，所以舍去。

对方案A和方案C进行比较选择。由于它们净现值的期望值不相等，方案C的净现值的期望值大于方案A，但是方案A净现值的标准差小于方案C，究竟哪个方案较为经济合理不是很明显，故必须通过计算它们各自的变异系数，才能进一步确定这两个方案风险的大小和优劣取舍。

（3）计算变异系数。

$$V_A=\sigma_A/E_A(\text{NPV})=353.55/2\,500=0.141$$
$$V_C=\sigma_C/E_C(\text{NPV})=980.75/2\,575=0.381$$

因为 $V_A<V_C$，所以方案A的风险比方案C小，而两方案的净现值差别不是太大，因此，最后应选择方案A为最优投资方案。

**【例7-8】** 某风险投资项目，其产品年产量150万件，设产品销售价格、销售量与经营成本相互独立。投资、产品售价和年经营成本可能发生的数值及概率如表7-6、表7-7、表7-8所示。设本项目的期望收益率为15%，基准收益率为10%，试确定项目的风险程度。

**表7-6 投资状况表** 单位：万元

| 年 份 | 1年 | | 2年 | |
|---|---|---|---|---|
| 可能情况 | Ⅰ | Ⅱ | Ⅰ | Ⅱ |
| 数 值 | 1 000 | 1 200 | 2 000 | 2 400 |
| 概 率 | 0.8 | 0.2 | 0.7 | 0.3 |

**表7-7 产品售价状况表** 单位：元/件

| 年 份 | 3～12年 | | |
|---|---|---|---|
| 可能情况 | Ⅰ | Ⅱ | Ⅲ |
| 数 值 | 5 | 6 | 7 |
| 概 率 | 0.4 | 0.4 | 0.2 |

表 7-8 年经营成本状况表 单位：万元

| 年 份 | 3～12 年 | | |
|---|---|---|---|
| 可能情况 | Ⅰ | Ⅱ | Ⅲ |
| 数 值 | 150 | 200 | 250 |
| 概 率 | 0.4 | 0.4 | 0.2 |

【解】净现金流量的期望值计算如下，其余各年见表 7-9。

$$E(y_1)=1\,000\times 0.8+1\,200\times 0.2=-1\,040$$

标准差 $D(y_1)$ 的计算如下，其余各年见表 7-11。

$$D(y_1)=\sqrt{[-1\,000-(-1\,040)]^2\times 0.8+[-1\,200-(-1\,040)]^2\times 0.2}=66.78$$

表 7-9 各年净现金流量期望值与标准差

| 年 份 | 1 年 | 2 年 | 3～12 年 |
|---|---|---|---|
| 期望值 | –1 040 | –2 120 | 670 |
| 标准差 | 66.78 | 183.30 | 107.70 |

投资项目 12 年内净现金流量净现值的标准差 $\sigma$ 为：

$$\sigma=\sqrt{\frac{66.78^2}{(1+10\%)^2}+\frac{183.70^2}{(1+10\%)^4}+\frac{107.70^2}{(1+10\%)^6}+\cdots+\frac{107.70^2}{(1+10\%)^{24}}}=245.31$$

净现金流量净现值的期望值为：

$$E(\text{NPV})=-1\,040\times\frac{1}{(1+10\%)}-2\,120\times\frac{1}{(1+10\%)^2}+$$

$$670\times\frac{(1+10\%)^{10}-1}{0.1\times(1+10\%)^{10}}\times\frac{1}{(1+10\%)^2}=714.02$$

离差系数为：

$$\gamma=\frac{\sigma}{E(\text{NPV})}=\frac{245.31}{714.02}=0.34$$

从以上的分析可以看出，本项目的投资风险较低，离差系数仅为 0.34，说明就目前的分析看，该项目是可行的。

任何项目都会有风险。在综合评价时，应将风险与项目经济评价指标结合起来考虑。风险大的项目应当有较大的潜在获利能力，风险越大，所要求的项目内部收益率也越大。在国外，对于老厂改造项目，由于风险较小，内部收益率为 15%左右即可接受；但对于采用新工艺新技术的新建项目，由于风险较大，要求内部收益率达到 30%；而对于要重新开辟销售市场的新产品项目，则要求内部收益率在50%以上。这些要求可供我们在项目决策时借鉴参考。

【例7-9】 某商品住宅小区开发项目现金流量的估计值如表7-10所示。根据经验推断，销售收入和开发成本为离散型随机变量，其值在估计值的基础上可能发生的变化及其概率如表7-11所示。试确定该项目净现值大于等于零的概率。（基准收益率 $i_c$=12%。）

表7-10 基本方案的参数估计　　单位：万元

| 年　份 | 1 | 2 | 3 |
|---|---|---|---|
| 销售收入 | 857 | 7 143 | 8 800 |
| 开发成本 | 5 888 | 4 873 | 6 900 |
| 其他税费 | 56 | 464 | 1 196 |
| 净现金流量 | −5 087 | 1 806 | 9 350 |

表7-11 不确定因素的变化范围

| 因素 \ 概率 \ 变幅 | −20% | 0 | +20% |
|---|---|---|---|
| 销售收入 | 0.2 | 0.6 | 0.2 |
| 开发成本 | 0.1 | 0.3 | 0.6 |

【解】（1）项目净现金流量未来可能发生的9种状态如图7-6所示。

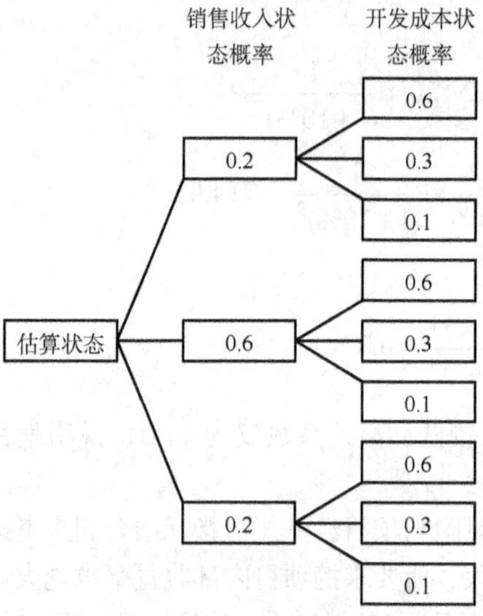


| 可能状态（$j$） | 状态概率（$P_j$） | $NPV^{(j)}$ | $P_j \cdot NPV^{(j)}$ |
|---|---|---|---|
| 1 | 0.12 | 3 123.2 | 374.8 |
| 2 | 0.06 | 5 690.4 | 341.4 |
| 3 | 0.02 | 8 257.6 | 165.2 |
| 4 | 0.36 | −141.3 | −50.9 |
| 5 | 0.18 | 2 425.9 | 436.7 |
| 6 | 0.06 | 4 993.0 | 299.6 |
| 7 | 0.12 | −1 767.0 | −212.0 |
| 8 | 0.06 | −838.7 | −50.3 |
| 9 | 0.02 | 1728.5 | 34.6 |
| 合　计 | 1.00 | | |

图7-6 项目净现值的期望值计算过程

（2）分别计算项目净现金流量各种状态的概率 $P_j$（$j$=1, 2,⋯, 9）。

$P_1$=0.2×0.6=0.12

$P_2$=0.2×0.3=0.06

$P_3$=0.2×0.1=0.02

其余类推，结果如图 7-6 所示。

（3）分别计算项目各状态下的净现值 $\text{NPV}^{(j)}$（$j$=1, 2,⋯, 9）。

$$\text{NPV}^{(1)}=\sum_{t=1}^{3}(\text{CI}-\text{CO})_t^{(1)}(1+12\%)^{-t}=3\,123.2\ \text{（万元）}$$

其余类推，结果如图 7-6 所示。

（4）计算项目净现值的期望值。

$E$(NPV) =0.12×3 123.2+0.06×5 690.4+0.02×8 257.6+0.36×(−141.3)+0.18×2 425.9+0.06×4 993.0+0.12×(−1 767)+0.06×(838.7)+0.02×1 728.5=1 339.1（万元）

（5）计算净现值大于等于零的概率。

$$P\text{（NPV}\geqslant 0\text{）}=1-0.36-0.12-0.06=0.46$$

由计算结果可知，该项目净现值的期望值大于零，是可行的。但净现值大于零的概率不够大，说明项目存在一定的风险。

### 4．决策树法

决策树法是在已知各种情况发生概率的基础上，通过构造决策树来求取净现值的期望值大于等于零的概率，评价项目风险、判断其可行性的决策分析方法，是直观运用概率分析的一种图解方法。决策树法特别适用于多阶段决策分析。

决策树一般由决策点、机会点、方案枝、概率枝组成。为便于计算，对决策树中的“□”（决策点）和“○”（机会点）按照从左到右、从上到下的顺序进行编号。

通过绘制决策树，可以很容易地计算出各个方案的期望值并进行比选。

**【例 7-10】** 某公司拟生产某种产品，根据技术预测与市场预测，该产品可行销 10 年，有三种可能的市场前景，如表 7-12 所示。

表 7-12 产品市场前景及其概率

| 产品市场状态 | 10 年内销路一直很好 | 10 年内销路一直不好 | 前 2 年销路好，后 8 年销路不好 |
|---|---|---|---|
| 对应状态的概率 | $P_1$=0.6 | $P_2$=0.3 | $P_3$=0.1 |

公司目前需要做出的决策是建一个大厂还是建一个小厂。如果建大厂，需投资 18 000 万元；如果建小厂，需投资 6 800 万元，两年后可根据市场情况再决定是否扩建。如果扩建小厂需再投资 13 000 万元。各种情况下的年净收益如表 7-13 所示。已知基准收益率 $i_c$=10%，试选择方案。

表 7-13　不同情况下各年净收益　　单位：万元

| 方案 | | $P_1$=0.6 | | $P_2$=0.3 | | $P_3$=0.1 | |
|---|---|---|---|---|---|---|---|
| | | 1～2 年 | 3～10 年 | 1～2 年 | 3～10 年 | 1～2 年 | 3～10 年 |
| 建大厂 | | 4 500 | 4 500 | 2 300 | 2 300 | 4 500 | 2 400 |
| 建小厂 | 两年后扩建 | 1 400 | 4 200 | — | — | 1 400 | 2 300 |
| | 不扩建 | 1 400 | 1 400 | 800 | 800 | 1 400 | 800 |

【解】（1）画出决策树，根据以上数据可以构造如图 7-7 所示的决策树。

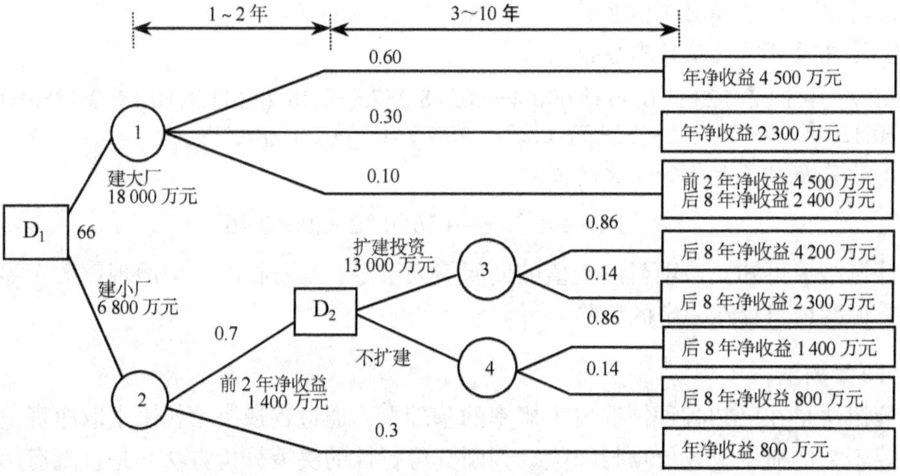


图 7-7　决策树结构

在图 7-7 所示的决策树上有两个决策点：$D_1$ 为一级决策点，表示目前所要做的决策，备选方案有两个，即建大厂和建小厂；$D_2$ 为二级决策点，表示在目前建小厂的前提下两年后所要做的决策，备选方案也有两个，即扩建和不扩建。

（2）确定各种状态的发生概率。本例中的三种市场前景可以看做四个独立事件的组合，这四个独立事件是：前 2 年销路好 $b_1$；后 8 年销路好 $b_2$；前 2 年销路不好 $w_1$；后 8 年销路不好 $w_2$。决策树上各种状态的发生概率分别为：

1）建大厂。

10 年内销路一直很好的概率 $P(b_1b_2)=P_1=0.6$

10 年内销路一直不好的概率 $P(w_1w_2)=P_2=0.3$

前 2 年销路好，后 8 年销路不好的概率 $P(b_1w_2)=P_3=0.1$

2）建小厂。

前 2 年销路好的概率 $P(b_1)=P(b_1b_2)+P(b_1w_2)=0.6+0.1=0.7$

前 2 年销路好，后 8 年销路好的概率 $P(b_2/b_1)=P(b_1b_2)/P(b_1)=0.6/0.7=0.86$

前 2 年销路好，后 8 年销路不好的概率 $P(w_2/b_1)=P(b_1w_2)/P(b_1)=0.1/0.7=0.14$

10 年内销路一直不好的概率 $P(w_1w_2)=P_2=0.3$

（3）计算各备选方案的净现值。本例是一个两阶段风险决策问题，利用决策树进行多阶段风险分析要从最末一级决策点开始。

1）第二级决策点各备选方案净现值的期望值。

① 扩建方案净现值的期望值（以第 2 年年末为基准年）为：

$$E(NPV)_{扩}=4\ 200(P/A,10\%,8)\times0.86+2\ 300\times(P/A,10\%,8)\times0.14-13\ 000=7\ 987.89\text{（万元）}$$

② 不扩建方案净现值的期望值（以第 2 年年末为基准年）为：

$$E(NPV)_{不扩}=1\ 400(P/A,10\%,8)\times0.86+800\times(P/A,10\%,8)\times0.14=7\ 020.86\text{（万元）}$$

$E(NPV)_{扩}>E(NPV)_{不扩}>0$，根据期望值原则，在第二级决策点 $D_2$ 应选择扩建方案。

2）第一级决策点各备选方案净现值的期望值。用扩建方案净现值的期望值 $E(NPV)_{扩}$ 代替第二级决策点进行计算。

① 建大厂方案净现值的期望值（以第 0 年年末为基准年）为：

$$E(NPV)_{大}=4\ 500(P/A,10\%,10)\times0.6+2\ 300(P/A,10\%,10)\times0.3+[4\ 500(P/A,10\%,2)+2\ 400(P/A,10\%,8)(P/F,10\%,2)]\times0.1-18\ 000=5\ 162.03\text{（万元）}$$

② 建小厂方案净现值的期望值（以第 0 年年末为基准年）为：

$$E(NPV)_{小}=[7\ 987.89(P/F,10\%,2)+1\ 400(P/A,10\%,2)]\times0.7+800(P/A,10\%,10)\times0.3-6\ 800=3\ 141.82\text{（万元）}$$

$E(NPV)_{大}$ 与 $E(NPV)_{小}$ 均大于零，由于 $E(NPV)_{大}>E(NPV)_{小}$，故应选择建大厂方案。

期望值表明在各种风险条件下期望可能得到的经济效益，而标准差则反映了经济效益各种可能值与期望值之间的差距。它们之间的差距越大，说明随机变量的可变性越大，意味着各种可能情况与期望值的差别越大，风险就越大；如果它们之间的差距越小，说明经济效益指标可能取的值就越接近于期望值，这就意味着风险越小。所以标准差的大小可以看做其所含风险大小的具体标志。因此，利用期望值和标准差可以对项目的经济效益风险情况进行分析和比较。一般来说，简单的概率分析可以只计算项目方案净现值的期望值以及净现值大于或等于零时的累计概率。

## 复习思考题

1. 简答题

（1）为什么要进行不确定分析？

（2）盈亏平衡分析的基本思路是什么？

（3）敏感性分析的目的是什么？步骤如何？

（4）概率分析中期望值和离散系数的经济含义有何不同？

**2. 选择题**

（1）盈亏平衡分析是研究建设项目投产后正常年份的（　　）之间的关系。

A．产量、利润　　B．产量、成本、利润

C．产量、投资　　D．产量、价格、利润

（2）关于敏感性分析的论述，下列说法中错误的是（　　）。

A．敏感性分析对不确定因素的变动对项目投资效果的影响做了定量的描述

B．敏感性分析得到了维持投资方案在在经济上可行所允许的不确定因素发生不利变动的最大幅度

C．敏感性分析不能说明不确定因素发生的情况的可能性

D．敏感性分析考虑了不确定因素在未来发生变动的概率

（3）某工程方案设计生产能力为年产1.5万吨，产品销售价格为3200元/吨，年总成本为4 000万元，其中固定成本为1 900万元，则盈亏平衡时的生产能力利用率为（　　）。

A．83.3%　B．70.4%　C．86.7%　D．66.7%

（4）在项目财务评价和国民经济评价中均可以使用的不确定性分析方法是(　　)。

A．敏感性分析法　　B．投入产出分析法

C．现金流量分析法　　D．盈亏平衡分析法

（5）单因素敏感分析过程包括：①确定敏感因素；②确定分析指标；③选择需要分析的不确定因素；④分析每个不确定因素的波动程度及其对分析指标可能带来的增减变化情况。正确的排列顺序是(　　)。

A．③②④①　B．①②③④　C．②④③①　D．②③④①

（6）一个好的项目，其经济效益指标应该具有（　　）。

A．较大的期望值，较大的标准差，较小的变异系数

B．较小的期望值，较小的标准差，较小的变异系数

C．较大的期望值，较小的标准差，较小的变异系数

D．较小的期望值，较大的标准差，较大的变异系数

**3. 计算题**

（1）某企业拟建一化工车间，设计生产能力为5 000吨/年，产品价格为1 100元/吨，固定成本为1 050 600元/年，变动成本为680元/年，销售税金为80元/吨，求以产量、生产能力利用率、销售价格、单位变动成本表示的盈亏平衡点。

（2）已知生产某种产品有三种可行的方案：采用方案1，年固定成本为800万元，单位产品变动成本为10元；采用方案2，年固定成本为500万元，单位产品变动成本为20元；采用方案3，年固定成本为300万元，单位产品变动成本为30元。试分析各种方案适

用的生产规模。

（3）某厂拟建一个工厂，制定了三个不同的厂址的建厂方案，由于各个地区的交通运输原材料供应、电源、水源等条件的不同，建设的基本投资不同，从而引起产品结构不同。各方案的资料如表 7-14 所示，试确定不同生产规模时的厂址选择。

表 7-14　各方案资料表

| 方　案 | 1 | 2 | 3 |
|---|---|---|---|
| 固定费用（万元） | 600 | 130 | 250 |
| 单位变动费用（元） | 44 | 27 | 15 |

（4）某企业以单价 15 元出售产品 1 万件，该产品单位可变成本为 10 元，固定成本为 2 万元。现打算变动售价以增加赢利，有两个不同方案：一是将售价提高到 16 元，估计销售量会下降到 9 000 件；二是将售价降低到 14 元，估计销售量可上升到 14 000 件。试选择方案。

（5）某项目有关数据如表 7-15 所示，基准投资收益率为 10%，估计产品产量、产品价格和固定资产投资三个因素在±10%的范围内变化。试分别分析这三个因素变化对净现值的影响程度。

表 7-15　项目现金流量表

| 项　目 | 年　份 | | |
|---|---|---|---|
| | 1 | 2～11 | 12 |
| （1）产品销售收入 | | 2 500 | 2 500 |
| （2）回收固定资产余值 | | | 100 |
| （3）回收流动资金 | | | 500 |
| （1）固定资产投资 | 2 000 | | |
| （2）流动资金 | 500 | | |
| （3）经营成本 | | 1 500 | 1 500 |
| 其中：变动成本 | | 1 100 | 1 100 |
| （4）销售税金 | | 250 | 250 |

（6）某项目需投资 20 万元，建设期为 1 年。根据预测，项目生产期的年收入（各年相同）为 5 万元、10 万元、12.5 万元的概率分别为 0.3、0.5、0.2，在每一收入水平下，生产期为 2 年、3 年、4 年和 5 年的概率分别为 0.2、0.2、0.5 和 0.1（基准投资收益率为 10%），计算期望净现值。

（7）某方案期初投资为 1 000 000 元，每年销售收入扣除经营成本后可余 200 000 元，残值随预期寿命变动，其概率如表 7-16 所示。求净年值的期望值和净年值小于零的累计概率（基准投资收益率为 12%）。

表 7-16　方案基本资料表

| 预期寿命（年） | 残值（元） | 概　率 |
|---|---|---|
| 5 | 30 000 | 0.20 |
| 6 | 25 000 | 0.20 |
| 7 | 20 000 | 0.15 |
| 8 | 15 000 | 0.15 |
| 9 | 10 000 | 0.15 |
| 10 | 5 000 | 0.15 |

（8）已知某工业投资方案各年净现金流量的期望值与标准差如表 7-17 所示，假定各年的随机现金流量之间互不相关，基准收益率为 12%。求下列概率，并对方案的风险大小做出自己的判断。

1）净现值大于或等于零的概率；

2）净现值小于−50 万元的概率；

3）净现值大于 500 万元的概率。

表 7-17　期望值与标准差资料表　　单位：万元

| 年　末 | 0 | 1 | 2 | 3 | 4 | 5 |
|---|---|---|---|---|---|---|
| 期望值 | −900 | 500 | 500 | 500 | 500 | 500 |
| 标准差 | 300 | 300 | 350 | 400 | 450 | 500 |

（9）某企业经销一种产品，单位变动成本为 50 元，售价为 100 元，每年固定费用为 90 万元，问：

1）盈亏平衡点时的产量多少？

2）如果企业现有生产能力为 2.4 万件，每年获利多少？

3）为了满足市场对产品的需求，扩大产量，要购置一条自动线，每年需增加固定费用 20 万元，但可节约变动费用 10 元/件，同时为扩大销售，计划降价 10%，此方案是否可行？

# 第 8 章　建设项目设备更新的经济分析

## 知识导航

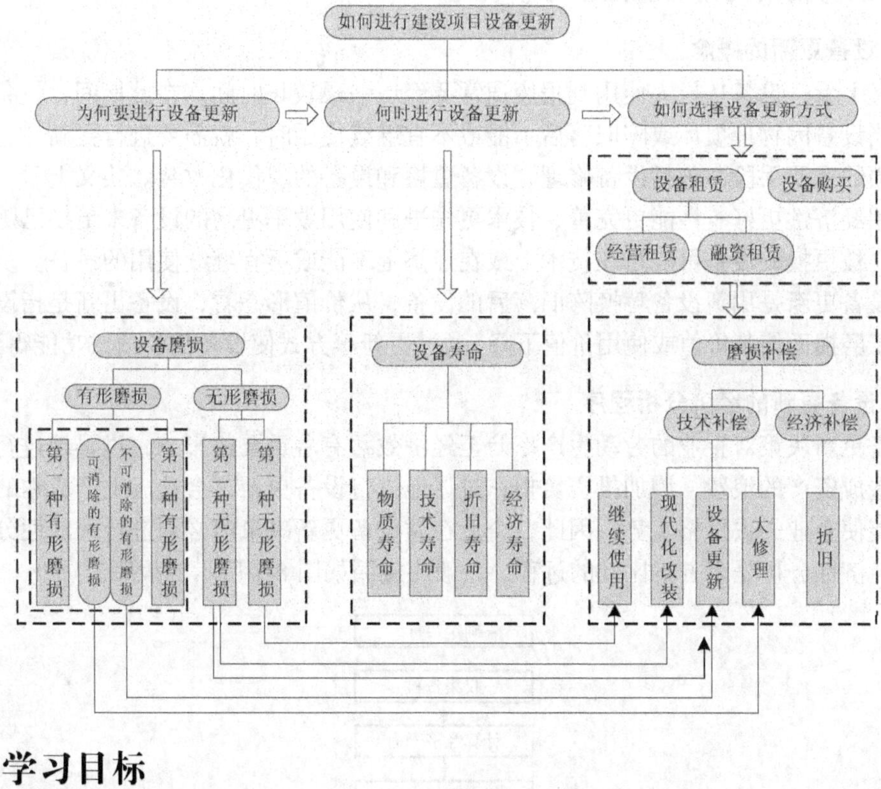


## 学习目标

☑ 掌握设备更新的概念。
☑ 熟悉设备磨损及补偿方式。
☑ 掌握设备经济寿命的确定方法。
☑ 掌握设备大修理及其经济界限。

☑ 掌握设备合理更新期的确定方法。
☑ 了解设备现代化改装的经济界限。
☑ 掌握设备租赁决策的经济分析方法。

## 8.1 设备更新概述

随着我国建设需求的不断扩张，无论组成建设工程项目实体的设备还是建筑施工机械设备，其需求量及功能要求都在提高。因此，建设项目业主和建筑施工企业都同样需要对设备整个运行期间的技术经济状况进行分析和研究，正确确定设备的经济寿命，明确和判定设备更新与否、更新时机、更新方式等问题，为科学决策提供依据。

### 8.1.1 设备更新的概念及经济分析程序

#### 1. 设备更新的概念

广义上看，设备从投入使用到报废通常要经历一段较长时间。在此期间，设备会逐渐磨损，当设备因物理损坏或陈旧落后不能或不宜继续使用时，就需要进行更新。它是消除设备磨损的重要手段，包括设备修理、设备更换和设备的现代化改装。狭义上看，设备更新就是用经济性更好、性能更完善、技术更先进和使用效率更高的设备来更换已陈旧过时的设备，被更换的设备可能是在技术上或在经济上不能或不宜继续使用的设备。从实物形态看，设备更新是用新设备替换陈旧落后的设备；从价值形态看，设备更新是指设备在使用中由于磨损而使其价值或使用价值下降，通过更新等方式使设备的价值或功能得到恢复。

#### 2. 设备更新的经济分析程序

设备更新决策对企业的劳动生产率乃至经济效益有着重要的影响，过早地进行设备更新，会造成资产的浪费，增加投资负担；过迟地进行设备更新，会造成生产成本的迅速上升，可能使企业失去价格优势。因此，企业在做设备更新决策前必须进行经济性分析。设备更新经济性分析是多方案比较的过程，一般应遵循如图 8-1 所示的程序。

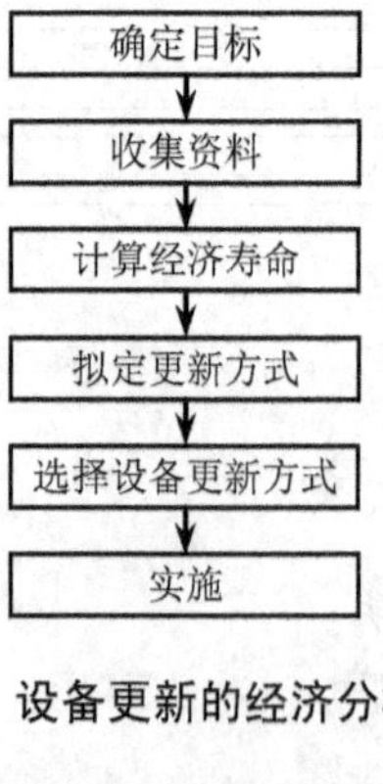


图 8-1 设备更新的经济分析程序

（1）确定目标。目标可以是一台设备、某个生产装置或一条生产线等。

（2）收集资料。收集设备折旧、费用、性能、技术进步、磨损程度资料。

（3）计算经济寿命，确定最佳更新时机。

（4）拟定更新方式。判断设备大修理是否经济合理、设备使用多长时间为经济、最佳更新时间在何时、何种方式更新设备最经济合理、设备直接购置和租赁的经济合理性比较等。也就是说，设备更新决策实质上是一个对多个互斥方案进行比较、选择、优化的过程。

（5）选择设备更新方式。最终确定设备更新的方式。

（6）实施。

通常采用“最低总费用法”对以上更新方案进行综合比较，即通过计算各方案在不同使用年限内的总费用，根据计划使用年限，按照总费用最低的原则进行方案选优。

### 8.1.2　设备的磨损及补偿方式

设备在使用一定时期后，就会陈旧甚至报废，这是由设备磨损造成的。如果要使生产过程持续下去，就必须对设备进行补偿。设备更新是补偿设备磨损的重要手段，是保证设备寿命周期费用最低的基本措施。设备补偿的方式既取决于设备的磨损程度和类型，也取决于设备的寿命和寿命周期的费用。

#### 1. 设备的磨损

设备在使用（或闲置）过程中均会发生磨损，我们必须认真研究设备磨损的规律，以便从价值形态上和实物形态上找出对设备进行补偿的最佳方式。磨损可以分为设备的有形磨损和无形磨损两种类型。

（1）设备的有形磨损。设备的有形磨损是指设备在使用或闲置过程中，由于外力或自然力的作用而发生的损耗。马克思把它分为第一种有形磨损和第二种有形磨损两种形式。

第一种有形磨损是指设备在使用过程中，由于外力的作用使零部件发生摩擦、振动和疲劳等现象，致使机器设备的实体产生的磨损。它通常表现为三个方面：一是机器设备的零部件原始尺寸的改变，甚至形状发生的改变；二是公差配合性质改变，精度降低；三是零件的损坏。当设备的有形磨损达到比较严重的程度时，设备就不能继续正常工作，失去了工作能力。如果不进行补偿，在生产上就不科学，在经济上的损失也相当严重。第一种有形磨损与使用的时间和强度有关。在第一种有形磨损的作用下，设备的加工精度、使用性能都将下降，劳动生产率降低，修理费用提高。当有形磨损达到比较严重的程度时，设备可能会不能继续正常工作，甚至会造成停产和发生事故。

第二种有形磨损是指设备在闲置过程中，由于自然力的作用而锈蚀，由于管理不善和缺乏必要的维护而自然丧失精度和工作能力而产生的物质磨损。这种磨损是机器生锈、金属腐蚀、橡胶和塑料的老化等原因造成的，时间长了很可能使设备的精度降低，工作能力下降。

技术进步对有形磨损的影响主要表现在两个方面：一方面，技术进步可以提高设备的耐久性，如更耐用的材料出现，使零部件加工精度提高，结构可靠性增大。采用新的先进的修理技术修复设备的有形磨损，提高设备的耐用性。另一方面，由于技术进步，使设备在使用中高效化、自动化，又加速设备的有形磨损，如自动化管理系统会大大减少设备的停歇时间，数控技术则大大减少设备的辅助时间。

有形磨损中有一部分是可以通过修理消除的，属于可消除的有形磨损；另一部分是不能通过修理消除的有形磨损。当设备的有形磨损达到不能作为劳动工具继续使用时，被视为完全磨损，这时，就要对设备进行更新。

（2）设备的无形磨损。设备的无形磨损是指由于科学技术进步而不断出现性能更加完善、生产效率更高的设备，使原有设备的价值降低；或者生产同样结构设备的价值不断降低，而使原有设备贬值。显然，在这种情况下，原有设备的价值不取决于最初的生产消耗，而取决于再生产时的消耗，而且这种消耗也是不断下降的。无形磨损也分为两种形式：第一种无形磨损和第二种无形磨损。

第一种无形磨损是指由于相同结构设备的再生产价值的降低，而使原有设备的价值贬值。在这种无形磨损中，设备的技术结构和经济性能并未改变，但是，由于技术进步的影响，生产工艺不断改进，成本不断下降，劳动生产率不断提高，致使生产这种设备的社会必要劳动消耗相应降低，从而使原有设备贬值。

第二种无形磨损是指由于不断出现性能更加完善、效率更高的设备，使原有设备显得陈旧落后而产生的经济磨损。由于出现比以前设备结构更新、技术性能更完善、生产效率和经济性能更高的设备，使原设备的价值降低，如果继续使用旧设备，将降低经济效果。

技术进步对无形磨损的影响主要表现为：一是若技术进步的形式表现为不断出现性能更加完善、效率更高的设备，但加工方法没有原则性变化，这种无形磨损则使设备的使用价值大大降低。二是若技术进步的形式表现为广泛采用新的劳动对象，特别是利用综合的人造材料时，则加工旧材料的设备必然被淘汰。三是若技术进步的形式表现为改变原有生产工艺，采用新的加工方法，则原有设备将失去使用价值。

两种磨损的相同之处都是使设备的使用价值降低；不同之处是有形磨损严重的设备，在大修或更新前是不能作为工具使用的；而无形磨损严重的设备，并不影响其继续使用，只影响其经济效果。

#### 2. 设备磨损的补偿

由于设备磨损的存在，必然引起设备原始价值的降低和技术状态的低劣化，因此，为维持设备的正常工作需要的特性和功能，必须采取相应的措施对设备进行补偿。设备磨损的补偿有技术补偿和经济补偿两种方式。

（1）设备磨损的技术补偿。设备的磨损形式和磨损程度的不同，决定了技术补偿的形式不同，设备磨损和技术补偿的关系如图 8-2 所示。

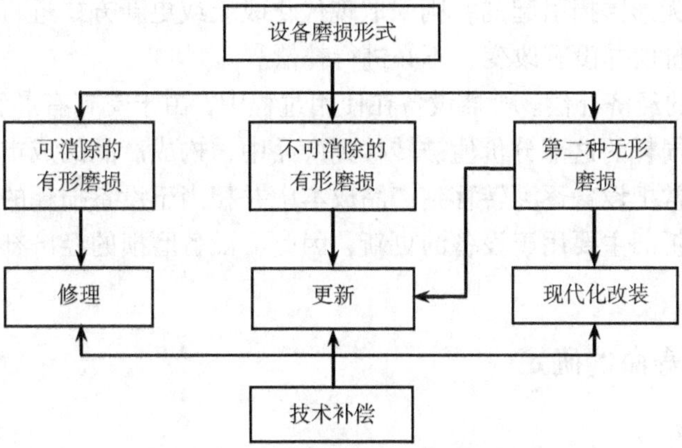


图 8-2　设备磨损及技术补偿方式

根据设备磨损的程度、类型的不同，相应地有修理、现代化改装和更新三种技术补偿方式。通常采用经济评价方法来决定采用何种补偿方式，其评价的实质是多方案比选。设备的技术补偿目的在于减轻设备的物质、技术劣化，保障设备良好的技术状态，防止设备故障停机等所造成的损失。

1）设备修理是指为了消除设备经常性的有形磨损和排除机器运行中碰到的各种故障，保证设备在其寿命期内维持必要性能而进行的维修工作，可分为日常维护、小修、中修和大修。日常维护是指与拆除和更换设备中被磨损的零部件无关的一些维修内容，诸如设备的润滑保洁、定期检查和调整等；小修是指在设备使用过程中为保证其工作能力而进行的调整、修复或更换个别零件的修理工作；中修是指进行设备部分解体的计划修理，主要是更换或修复不能用到下次计划修理的磨损零件，使修理的部分零件基本恢复到设备出厂时的功能水平；大修是指在原有实物形态上进行局部更新，通过对设备全部解体，修理耐久部分，更换全部损坏零部件，全面消除缺陷，恢复设备的精度以及零部件和整机的全部或接近全部的功能。

2）设备的现代化改装是指利用现代的科技成果来改装现有的旧设备。通过改进旧设备的结构或给旧设备换上新的部件来提高现有设备的技术水平和效率，使其赶上技术进步的步伐。由于这种方法是在旧设备的基础上进行的，所需的费用显然少于新购设备。对于资金不足的企业来说，设备的现代化改装是一条改变技术落后状况的重要途径。

3）设备更新是以新换旧。通常有两种形式：一种是用相同的设备去更换有形磨损严重、不能继续使用的旧设备；另一种是用技术更先进、效率更高、原料消耗更少的新型高效设备来更换旧设备。

若设备使用价值的降低主要是由有形磨损引起的，磨损较轻，可通过修理进行补偿。若磨损太重无法修复，或虽能修复但精度不能保证，则通过更新进行补偿。若设备使用价值的降低主要是由无形磨损引起的，则采取现代化改装或更新方式进行补偿。若设备虽遭受无形磨损但使用价值并没有改变，不必进行补偿。

（2）设备磨损的经济补偿。机器设备在使用过程中，由于受到有形和无形磨损的影响，其价值逐渐降低，损耗的这部分价值被转移到产品中，构成产品的成本，通过产品销售收回这部分价值。通常把设备逐渐转移到产品成本中并相当于设备损耗的那部分价值称为折旧。对设备提取的折旧主要用于设备的更新，因此，设备磨损的经济补偿是通过对设备提取折旧来实现的。

### 8.1.3 设备经济寿命的确定

#### 1. 设备的寿命

由于设备磨损的存在，设备的使用价值和经济价值逐年消失，因此设备具有一定的寿命。由于设备的磨损形式不同，所以在判断和衡量设备寿命时就有不同的标准。具体地说，设备的寿命有以下四种形式：

（1）设备的物质寿命。设备的物质寿命，也称自然寿命，是由有形磨损所决定的设备使用寿命，指设备从全新状态开始使用直到报废所延续的时间。正确使用设备，搞好设备的维修保养可延长设备的物质寿命，但不能从根本上避免设备的磨损，任何一台设备磨损到一定程度时，都必须进行修理或更新。

（2）设备的技术寿命。设备的技术寿命是由设备的无形磨损（特别是第二种无形磨损）决定的，是指设备由开始使用到因技术落后而被淘汰所延续的时间。由于科学技术的迅速发展，不断出现比现有设备技术更先进、经济性能更好的新型设备，从而使现有设备在物质寿命尚未结束前就被淘汰。因此，技术寿命的长短，主要取决于科学技术进步速度，而与有形磨损无关。通过现代化改装，可以延长设备的技术寿命。当更先进的设备出现时，现有设备在物质寿命尚未结束之前，就可能被淘汰。

（3）设备的折旧寿命。设备的折旧通常是通过折旧的方式逐年回收的。所谓折旧寿命，是指设备开始使用到其投资通过折旧的方式全部收回所延续的时间。

（4）设备的经济寿命。设备的经济寿命是由有形磨损和无形磨损同时决定的，是指设备由开始使用到其年平均成本最低年份所延续的时间。设备在使用后期，由于设备的低劣化，使用费用不断增加，为了避免因此而带来的不经济，就应停止对设备的继续使用，设备使用到此时的年限，就是设备的经济寿命。

### 2. 设备经济寿命的确定方法

确定设备经济寿命的原则是使设备的年平均使用成本最低。年平均使用成本由设备购置费的年分摊额和设备年运行费用两部分构成。设备年运行费用是使用单位在整个设备寿命期内为使设备正常运转而必须支出的与设备有关的费用，如操作人员的工资、能源消耗费、保养修理费、事故停产损失费等。随着设备使用年限的延长，设备的年分摊额会逐渐减少，而设备的年运行费用会逐渐增加。这样，设置购置分摊额的减少与设备年运行费用的增加必然会形成总费用（年平均使用成本）最低的状态，如图 8-3 所示。总费用最低所对应的使用时间 $T_0$ 即为设备的经济寿命。

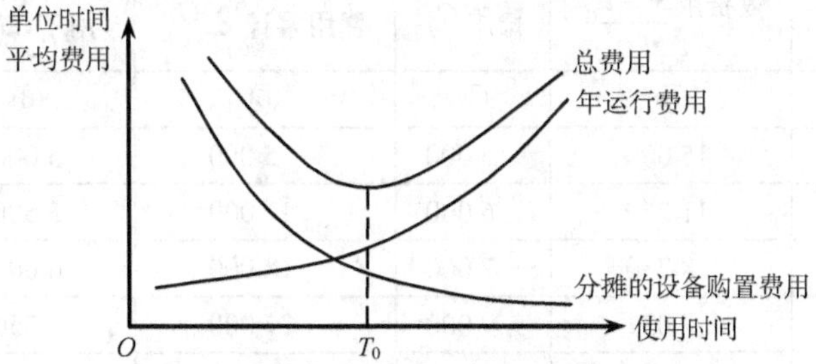


图 8-3 设备年均总费用构成

通常，设备经济寿命的确定有静态和动态两种计算方法。

（1）经济寿命的静态计算方法。假设设备购置费为 $P$，第 $j$ 年的运营成本为 $C_j$，第 $n$ 年年末的残值为 $L_n$，设备使用年限为 $n$，则 $n$ 年内设备的总费用为：

$$\text{TC}_n = P - L_n + \sum_{j=1}^{n} C_j$$

$n$ 年内设备的年等额总费用为：

$$\text{AC}_n = \frac{\text{TC}_n}{n} = \frac{P - L_n}{n} + \frac{1}{n}\sum_{j=1}^{n} C_j$$

由上式可知，设备的年等额总费用 $\text{AC}_n$ 等于设备的年等额资产恢复费用 $\frac{P - L_n}{n}$ 与设备的年等额运行费用 $\frac{1}{n}\sum_{j=1}^{n} C_j$ 之和。

因此，可通过计算不同使用年限的年等额总费用 $\text{AC}_n$ 来确定设备的经济寿命。若设备的经济寿命为 $m$ 年，则应满足下列条件：$\text{AC}_m < \text{AC}_{m-1}$，$\text{AC}_m < \text{AC}_{m+1}$。

【例 8-1】 某型号设备购置费为 3 万元，在使用中有如表 8-1 所示的统计资料。如果不考虑资金的时间价值，试计算其经济寿命。

表 8-1　某型号设备使用过程统计数据　　单位：元

| 使用年度 $j$ | 1 | 2 | 3 | 4 | 5 | 6 | 7 |
|---|---|---|---|---|---|---|---|
| $j$ 年度运营费用 | 5 000 | 6 000 | 7 000 | 9 000 | 11 500 | 14 000 | 17 000 |
| $n$ 年年末残值 | 15 000 | 7 500 | 3 750 | 1 875 | 1 000 | 1 000 | 1 000 |

**【解】** 该型号设备在不同使用期限的年等额总费用 $AC_n$ 如表 8-2 所示。

表 8-2　某型号设备年等额总费用计算　　单位：元

| 使用期限 $n$ | 资产恢复费用 $P-L_n$ | 年等额资产恢复费用 $\frac{P-L_n}{n}$ | 年度运营费用 $C_j$ | 使用期限内运营费用累计 $\sum_{j=1}^{n} C_j$ | 年等额运营费用 $\frac{1}{n}\sum_{j=1}^{n} C_j$ | 年等额总费用 $AC_n$ ⑦=③+⑥ |
|---|---|---|---|---|---|---|
| ① | ② | ③ | ④ | ⑤ | ⑥ | ⑦ |
| 1 | 15 000 | 15 000 | 5 000 | 5 000 | 5 000 | 20 000 |
| 2 | 22 500 | 11 250 | 6 000 | 11 000 | 5 500 | 16 750 |
| 3 | 26 250 | 8 750 | 7 000 | 18 000 | 6 000 | 14 750 |
| 4 | 28 125 | 7 031 | 9 000 | 27 000 | 6 750 | 13 781 |
| 5 | 29 000 | 5 800 | 11 500 | 38 500 | 7 700 | 13 500* |
| 6 | 29 000 | 4 833 | 14 000 | 52 500 | 8 750 | 13 583 |
| 7 | 29 000 | 4 143 | 17 000 | 69 500 | 9 929 | 14 072 |

注：*表示年等额总费用最低。

由结果来看，该型号设备使用 5 年时，其年等额总费用最低（$AC_5$=13 500 元），使用期限大于或小于 5 年时，其年等额总费用均大于 13 500 元，故该设备的经济寿命为 5 年。

（2）经济寿命的动态计算方法。假设 $i$ 为折现率，$P$ 为设备购置费，$C_j$ 为第 $j$ 年的运营费用，$L_n$ 为第 $n$ 年年末的残值，$n$ 为使用年限。在设备经济寿命计算中，$n$ 是一个自变量，则 $n$ 年内设备的总费用现值为：

$$\mathrm{TC}_n = P - L_n(P/F,i,n) + \sum_{j=1}^{n} C_j(P/F,i,j)$$

$n$ 年内设备的年等额总费用为：

$$\mathrm{AC}_n = \mathrm{TC}_n(A/P,i,n)$$

若考虑设备低劣化，则 $n$ 年内设备的年等额总费用为：

$$\begin{aligned}\mathrm{AC}_n &= P(A/P,i,n) - L_n(A/F,i,n) + C_1 + \lambda(A/G,i,n)\\ &= [(P-L_n)(A/P,i,n) + L_n \times i] + [C_1 + \lambda(A/G,i,n)]\end{aligned}$$

因此，可通过计算不同使用年限的年等额总费用 $AC_n$ 来确定设备的经济寿命。若设备

的经济寿命为 $m$ 年，则应满足下列条件：$AC_m<AC_{m-1}$，$AC_m<AC_{m+1}$。

【例 8-2】　某设备购置费为 24 000 元，第 1 年的设备运营费为 8 000 元，以后每年增加 5 600 元，设备逐年减少的残值如表 8-3 所示。若利率为 12%，求该设备的经济寿命。

【解】设备在使用年限内的年等额总费用计算如下：

$n$=1　$AC_1=(24\,000-12\,000)\times(A/P,12\%,1)+12\,000\times i+8\,000+5\,600\times(A/G,12\%,1)$
$=12\,000\times(1.120\,0)+12\,000\times0.12+8\,000+5\,600\times(0)=22\,880(元)$

$n$=2　$AC_2=(24\,000-8\,000)\times(A/P,12\%,2)+8\,000\times i+8\,000+5\,600\times(A/G,12\%,2)$
$=16\,000\times(0.591\,7)+8\,000\times0.12+8\,000+5\,600\times(0.471\,7)=21\,068(元)$

$n$=3　$AC_3=(24\,000-4\,000)\times(A/P,12\%,3)+4\,000\times i+8\,000+5\,600(A/G,12\%,3)$
$=20\,000\times(0.416\,3)+4\,000\times0.12+8\,000+5\,600\times(0.924\,6)=21985(元)$

$n$=4　$AC_4=(24\,000-0)\times(A/P,12\%,4)+0\times i+8\,000+5\,600\times(A/G,12\%,4)$
$=24\,000\times(0.329\,2)+0\times0.12+8\,000+5\,600\times(1.358\,9)=23\,511(元)$

根据计算结果，设备的经济寿命为 2 年。

表 8-3　设备经济寿命动态计算　　单位：元

| 第 $j$ 年年末 | 设备使用到第 $n$ 年年末的残值 | 年度运营费用 | 年等额资产恢复费用 | 年等额运营费用 | 年等额总费用 |
|---|---|---|---|---|---|
| 1 | 12 000 | 8 000 | 14 880 | 8 000 | 22 880 |
| 2 | 8 000 | 13 600 | 10 427 | 10 641 | 21 068 |
| 3 | 4 000 | 19 200 | 8 806 | 13 179 | 21 985 |
| 4 | 0 | 24 800 | 7 901 | 15 610 | 23 511 |

## 8.2　设备大修理的经济分析

### 8.2.1　设备大修理概述

1．设备大修理

设备大修理是通过对设备进行全部解体，修理耐久部分，调整、修复或更换磨损的零部件，全面消除缺陷，恢复设备的精度，恢复零部件和整机的全部功能或接近全部功能。

设备大修理能够利用保留下来的零部件，从而节约了大量的原材料和加工工时。在一般情况下，大修理比制造新设备快，因此它也是一种保持生产能力和延长设备使用期限的措施。但是，因大修理规模大，花费费用较多，大修理决策时必须和设备的更新以及其他再生产方式相比较。

2．设备大修理与设备性能劣化

在大修理决策时，要注意修理是有限度的，长期无休止的修理会导致设备性能劣化的加深，使其根本恢复不到原有的性能水平，严重阻碍技术进步。图 8-4 中 $S'$表示设备的标准性能水平，设备在使用过程中性能沿 $AB_1$ 下降，如不修理继续使用，则寿命很短，若在 $B_1$ 点处进行修理，设备的性能又恢复到 $B$ 点。如此多次直到 $G$ 点，设备就不能再修理了，其物理寿命宣告结束。图中 $A$、$B$、$C$、$D$、$E$、$F$、$G$ 各点相连，就形成了设备使用过程中的性能劣化曲线。由图 8-4 可以看出大修理后的设备无论从生产率、精确度、速度等方面，还是从使用中的技术故障频率、有效运行时间等方面，都比同类型的新设备逊色，其综合质量会有某种程度的降低。同时，大修理的间隔周期会随着设备使用时间的延长而越来越短。

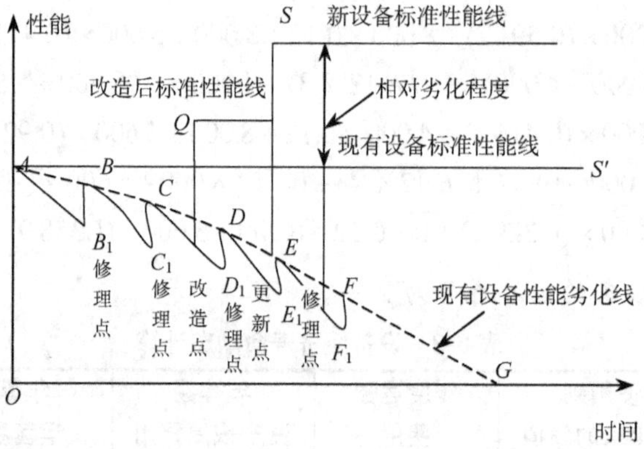

图 8-4　大修理与设备性能劣化关系

## 8.2.2　设备大修理的经济界限

设备在寿命期满前所需的大修理费用总额可能是一个相当可观的数字。当一次大修理的费用 $R$ 必须小于或等于在同一时期该种新设备价值和原设备在该期的残值之差时，企业宁可买入新设备而不进行大修理，因此，进行大修理的最低经济界限为：

$$R \leqslant K_{01}-K_{L} \tag{8-1}$$

式中：$K_{01}$ 表示同期同一种新设备的市场价格；$K_L$ 表示同期旧设备的残值。

若式（8-1）成立的话，必须有一个条件，即大修理后的设备在技术特性等方面与同种新设备没有区别。但如果大修理后缩短了设备下次大修的间隔期，同时技术故障又多，设备停歇时间长，日常维护和小修也增加，这显然是不合理的。

合理的大修理必须：只有在设备大修理后使用该设备生产单位产品费用，在任何条件下都不超过在同期新设备上生产单位产品的费用，这时的大修理才是合理的。因此，合理大修的另一个条件是：

$$C_{01}-C_{0} \geqslant 0 \tag{8-2}$$

式中，$C_0$ 表示在大修理后设备上加工单位产品的费用；$C_{01}$ 表示在新设备上加工单位产品的费用。

在式（8-2）中，在新设备上加工单位产品的费用 $C_{01}$ 为：

$$C_{01}=\frac{K_{01}+P_0+K_L}{Q_0} \tag{8-3}$$

式中，$K_{01}$ 表示新设备的价值；$P_0$ 表示设备在第一次大修理前的总费用；$K_L$ 表示设备在第一次大修时的残值；$Q_0$ 表示设备在第一次大修理之前整个使用期内的产品产量。

在大修理后的设备上加工单位产品的费用 $C_0$ 为：

$$C_0=\frac{K_{Li-1}+R_{i-1}+P_i-K_{Li}}{Q_i} \tag{8-4}$$

式中，$K_{Li-1}$、$K_{Li}$ 表示设备使用到第 $i$–1 次和第 $i$ 次大修理时的残值；$R_{i-1}$ 表示设备在 $i$–1 次大修理时的修理费用；$P_i$ 表示设备在 $i$–1 到 $i$ 次使用期内总维持费用；$Q_i$ 表示设备在 $i$–1 到 $i$ 期内总产品产量。

## 8.3 设备更新的经济分析

### 8.3.1 设备更新的类型

狭义的设备更新有原型更新和技术更新两种形式。

（1）原型更新，又称简单更新，是用同型号设备以新换旧。这种更新主要是用来更换已损坏的或陈旧的设备，这样有利于减少机型，减轻维修工作量，能保证原有产品质量，减少使用老设备的能源、维修费支出，缩短设备的役龄。但不具有更新技术的性质，因此不产生技术进步。

（2）技术更新是以结构更先进、技术更完善、性能更好、效率更高、能源和原材料更少的新型设备，换掉技术上陈旧落后，遭到第二种无形磨损，在经济上不宜继续使用的设备。设备更新主要是指这种方式。它是实现企业技术进步，提高经济效益的主要途径。

反映某一国家、部门或企业设备更新的速度指标，可用设备役龄和设备新度来表示。设备役龄是指设备在生产中的服役年限。设备役龄越短，表示某个部门或企业的技术装备水平越先进。设备新度是指设备的净值与设备原值之比。设备净值是设备的原值减去折旧提成。新度的比值越大，设备越新颖，现代化程度越高。

### 8.3.2 设备更新的原则

从战略上讲，设备更新是一项很重要的工作。因为一台设备经过多次修理，可以在更长的时间里勉强使用，这样长期使用设备，不进行更新，意味着这么长的时间里技术没有进步，它是发展生产力的严重障碍。因此，设备更新工作应遵循下列基本原则：

（1）应坚持独立自主、自力更生和挖潜、革新和改造的方针。要充分发挥本企业的生产和技术潜力，对于引进技术项目，要做到由学到创，洋为中用。

（2）必须有战略规划。应根据需要与可能，有计划、有步骤、有重点地进行。要注意优先解决生产能力薄弱环节，使设备能力配套，提高企业综合生产能力。

（3）要讲究经济效益。合理确定设备最佳更新期，以最少的费用获得最佳效果。原有设备余值较大者，继续使用更为有利；原有设备的使用费用增长较快者，提早更新更为有利；与原有设备相同功能的新设备、新技术发展越快，越早更新越有利。

（4）更新下来的设备要合理、充分地利用。

设备更新的目的在于：提高装备构成的技术先进性，改善设备，改变设备拥有量的构成比，促进技术进步，使先进的、效率高的设备比例逐步提高，以提高产品质量，降低成本，提高劳动生产率，适应国民经济的需要，获得最高的经济效益。

### 8.3.3 合理更新期的确定

#### 1. 原型设备更新

在一个较长的时期内，重复更换同一型号的设备，称为原型设备更新。这类设备叫原物更换型设备。原物更换型设备的更新并不是由于过时引起的，而主要是由设备维修费的增加引起的。这种更新的最佳时机完全取决于该种设备的经济寿命，当设备达到经济寿命时，就应用同类型的设备去更换，以保证使用期内的每年都以最低的年均费用使用设备。

#### 2. 服务期一定情况下的设备更新

在企业的生产中，有时需要设备服务的年限是一定的，这个年限大于正在使用设备的剩余寿命，而又小于现有设备和更新设备的寿命之和。此时，应如何确定合理的更新时机，确定的依据是在既定的设备需要服务期限内，两设备的总使用费用最低的那一年即为合理更新期。

设某项业务需要设备的服务年限为 $N$，正使用设备使用年限为 $t$，则更新设备的使用年限就为 $N-t$。很明显，前一台设备使用的时间越长，更新设备的使用时间就越短。

若正在使用的设备 $t$ 年内的总使用费用为 $\mathrm{TC}_1$，则：

$$\mathrm{TC}_1 = K_{01} - K_{\mathrm{L}t1} + \sum_{i=1}^{t} C_{i1}$$

更新设备使用 $N-t$ 年的总使用费用为 $\mathrm{TC}_2$，则：

$$\mathrm{TC}_2 = K_{02} - K_{\mathrm{L}(N-t)2} + \sum_{i=1}^{N-t} C_{i2}$$

显然，$N$ 年内的总使用费用 TC 为：

$$TC = TC_1 + TC_2$$

根据上述公式在可能变化的若干年内，找出总使用费用最低的年份，就为最合理更新期。如果更新设备的生产效率与原设备生产效率相同，可直接用上式求得；若不同，应把更新设备的生产效率划分成与原设备的生产效率相同时再计算。

【例 8-3】 设备甲的购置费为 8 000 元，可用 5 年，其各年有关费用如表 8-4 所示。又欲购买乙设备，购置费为 15 000 元，可用 6 年，其各年费用如表 8-5 所示。若需设备的服务年限为 6 年，甲设备已用 2 年，且甲设备的使用年限小于所需设备的服务年限。现拟用效率为甲设备 2 倍的乙设备去更新甲，求何时更新最合理。

表 8-4 设备甲的各年有关费用 单位：元

| 设备使用年限 | 1 | 2 | 3 | 4 | 5 |
|---|---|---|---|---|---|
| 年经营费 | 1 000 | 1 200 | 1 400 | 1 800 | 2 300 |
| 年末残值 | 5 000 | 4 500 | 4 000 | 3 300 | 2 500 |

表 8-5 设备乙的各年有关费用 单位：元

| 设备使用年限 | 1 | 2 | 3 | 4 | 5 | 6 |
|---|---|---|---|---|---|---|
| 年经营费 | 1 000 | 1 300 | 1 800 | 2 300 | 3 000 | 4 000 |
| 年末残值 | 10 000 | 8 000 | 6 000 | 4 000 | 3 000 | 2 000 |

【解】根据已知，计算设备最优更新期如表 8-6 所示。

表 8-6 设备最优更新期计算资料 单位：元

| 甲设备使用年限 | 甲设备使用 $t$ 年的总费用 | 乙设备使用年限 | 乙设备使用 $N-t$ 年的总费用 | $N$ 年内两设备使用费用之和 |
|---|---|---|---|---|
| 2 | 5 700 | 4 | 8 700 | 14 400 |
| 3 | 7 600 | 3 | 6 500 | 14 100* |
| 4 | 10 100 | 2 | 4 700 | 14 850 |
| 5 | 13 200 | 1 | 2 500 | 15 700 |

计算结果显示，在甲设备使用 3 年后（再使用 1 年），用乙设备去更新甲设备在经济上最佳。

### 3. 新型高效设备更新

前面讨论的是设备在使用期内不发生技术上的过时和陈旧，没有更好的新型设备出现的情况。在技术不断进步的条件下，由于第二种无形磨损的作用，很可能在设备运行成本尚未升高到该用原型设备替代之前，就已出现工作效率更高和经济效果更好的设备。这时，就要对继续使用旧设备和购置新设备这两种方案进行比较，哪种方案在经济上更为有利。在有新型高效设备出现的情况下，常用的设备更新决策方法有年费用比较法和更新收益率法。这里我们只介绍年费用比较法。

年费用比较法是从原有旧设备的现况出发，分析计算旧设备再使用一年的总费用和与被选新设备在其预计的经济寿命内的年均总费用，并进行比较，根据年费用最小原则，决定是否应该更新设备。

（1）旧设备年总费用的计算。旧设备再使用一年的总费用可用下式求得：

$$\mathrm{AC}_0 = V_{00} - V_{01} + \frac{V_{00} + V_{01}}{2} i + \Delta C \qquad (8\text{-}5)$$

式中，$\mathrm{AC}_0$ 表示旧设备下一年运行的总费用；$V_{00}$ 表示旧设备在决策时可出售的价值；$V_{01}$ 表示旧设备一年后可出售的价值；$\Delta C$ 表示旧设备继续使用一年在运行费用方面的损失（即使用新设备相对旧设备的运行费用的节约额和销售收入的增加额）；$i$ 表示最低期望收益率；$\frac{V_{00} + V_{01}}{2} i$ 表示因继续使用旧设备而占用的资金时间价值损失，资金占用额取旧设备现在可出售价值和一年后可出售价值的平均值。

（2）新设备年均总费用的计算。用于同旧设备年总费用比较的新设备年均总费用，主要包括以下几方面：

1）运行劣化损失。新设备随着使用时间的延长，同样也存在设备劣化问题，劣化程度也将随着使用年数的增多而增加。具体的劣化值取决于设备的性质和使用条件。为了简化计算，假定劣化值逐年按同等数额增加，如果设备使用年限为 $T$，则 $T$ 年间劣化值的平均值为：

$$\frac{\lambda(T-1)}{2}$$

新设备的劣化值$\lambda$往往是难以预先确定的。一般可根据旧设备的耐用年数和相应的劣化程度来估算新设备的年劣化值增量。

2）设备价值损耗。新设备在使用过程中，其价值会逐渐损耗，表现为设备残值逐年减少。假定设备残值每年以相同的数额递减，则 $T$ 年内每年的设备价值损耗为：

$$\frac{K_{01} - K_{\mathrm{L}}}{T}$$

3）资金时间价值损失。新设备在使用期内平均资金占用额为 $\frac{K_{01} - K_{\mathrm{L}}}{2}$，故因使用新设备而占用资金的时间价值损失为：

$$\frac{K_{01} - K_{\mathrm{L}}}{2} i$$

总计以上三项费用，则新设备年均总费用为：

$$\mathrm{AC}_n=\frac{\lambda(T-1)}{2}+\frac{K_{01}-K_{\mathrm{L}}}{2}+\frac{K_{01}+K_{\mathrm{L}}}{2}i$$

对该式进行微分。

若$\lambda$已知，把$T=\sqrt{\dfrac{2(K_{01}-K_{\mathrm{L}})}{\lambda}}$代入上式，得出新设备年均总费用为：

$$\mathrm{AC}_n=\sqrt{2(K_{01}-K_{\mathrm{L}})\lambda}+\frac{(K_{01}+K_{\mathrm{L}})i-\lambda}{2}$$

当年低劣化值增量不易求得时，可根据经验决定新设备的合理年数 $T$，然后再求年劣化值增量。这时新设备的年均总费用为：

$$\mathrm{AC}_n=\frac{2(K_{01}-K_{\mathrm{L}})}{T}+\frac{K_{01}-K_{\mathrm{L}}}{T^2}+\frac{K_{01}+K_{\mathrm{L}}}{2}i$$

## 8.4　设备现代化改装的经济分析

随着科技进步的加快，新型设备的生产周期在不断缩短，如发达国家在第二次世界大战期间，设备 40 年左右更新一次，20 世纪 60 年代则 20 年更新一次，70 年代缩短到 10 年左右，最快的达到 5 年，若按这个速度更新设备，可能有相当多的企业不能承受。因此，进行设备的现代化改装是提高设备生产效率的有效途径。

### 8.4.1　现代化改装的概念

现代化改装是应用现代化的科技成果和先进的经验，改装现有设备的结构，给旧设备装配新部件、新装置、新附件，以改善现有设备的技术性能，使之达到或局部达到同类设备的现代化水平。

设备现代化改装可以促进企业发展新产品，提高产品质量，降低能源原材料消耗，增强企业竞争能力。综观当今世界各国技术进步的历程，采用先进的科学技术对设备进行现代化改装是加速企业现代化的一条捷径。例如，日本在 20 世纪 50 年代是一个国民生产总值只有 200 亿美元的技术落后国家，到了 80 年代就发展成为一个国民生产总值 10 000 亿美元的一流工业大国，其主要原因之一就是日本特别重视技术引进和技术改造。

总之，设备的现代化改装是提高设备效率的重要途径之一，其优点有：

（1）节省资金。设备现代化改装需要的资金，往往比购买新设备的资金少得多。

（2）具有针对性和适应性。设备现代化改装是从生产需要出发，往往具有很大的针对性与适应性，经过改装能适应生产发展的需要，如提高产量、质量、生产新品种等。

（3）可以提高先进设备的比例。设备现代化改装，提高了设备的技术性能，因此增强了企业先进设备的比例。

一般来说，设备的现代化改装与设备的大修理是结合起来进行的，这样既能达到设备现代化改装的目的，又能大大节约改造费用，是一种经济合理的方法。

### 8.4.2 设备现代化改装的经济界限

对设备进行现代化改装，往往是因为对设备提出了新的生产要求。因此分析设备改造方案的经济性时，主要与能满足新生产要求的购置新设备的方案比较。因此经济界限为：

$$E_m = 1 - \frac{K_r + K_m + S_e}{\alpha \times \beta \times K_{01} + S_a} \tag{8-6}$$

式中，$E_m$ 表示现代化改装的效果系数；$K_r$ 表示与现代化改装同时进行的大修理费用；$K_m$ 表示设备现代化改装费用；$K_{01}$ 表示新设备的价值；$\alpha$表示反映现代化改装后设备生产率与新设备在第一次大修前的生产率的比例关系系数；$\beta$表示反映现代化改装后设备的修理周期长度与新设备第一个大修周期长度的比例关系系数；$S_e$ 表示改装设备与新设备在整个使用期内使用成本差额；$S_a$ 表示更新设备时原设备价值未折旧完的损失。

当 $E_m>0$ 时，表示现代化改装在经济上是合理的；当 $E_m<0$ 时，表示设备现代化改装不如更新合算；当 $E_m=0$ 时，表示两个方案是等价的。

值得注意的是，设备改造方案常常是在企业进行产品更新换代时采取的。在这种情况下，就不能只考虑一台设备的得失，而应把它作为一个环节放入生产改造的总体中进行综合分析，比较若干种设备改造前后整个生产的总体经济效益。

## 8.5 设备租赁的经济分析

随着我国建设技术的不断发展，建筑产品无论从建筑形式上还是从功能、规格上都提出了较高的要求，建筑施工企业会对塔吊、泵送、滑升模板、土方机械搅拌机等建设工程施工设备产生大量的需求。但是，由于有些设备专业化程度高、结构较为复杂、价格较为昂贵，如果建筑施工企业全部自己配备这些机械设备，一方面会占用大量的企业资金，另一方面不可能保证这些设备的平均综合利用率有一个较高的水平，造成设备资源的极大浪费。因此，在企业资金不充裕的情况下，借助租赁这种形式获得设备的使用权具有一定经济意义，这种方式对中小型企业尤为适合。

### 8.5.1 设备租赁的概念及种类

设备租赁是指一种合同，在这种合同中，一方获得另一方所拥有设备的使用权并付给其租金。拥有设备所有权的一方称为出租人，支付租金并获得设备使用权的一方称为承租人。常见的租赁方式有经营租赁和融资租赁两种。

1. 经营租赁

经营租赁通常是一种短期租赁，一般由设备所有者（出租人）负责设备的维修、保养与保险。租赁的期限通常远远短于设备的寿命期。出租人和承租人通过订立租约维系租赁业务关系，承租人有权在租赁期限内预先通知出租人后解除租约。

承租人不需要获得设备的所有权，而只是负担相应租金来取得设备在租赁期内的使用权。这样，承租人可以不负担设备无形磨损的风险，对承租人来说可以根据市场的变化决定设备的租赁期限。

2. 融资租赁

融资租赁通常是一种长期租赁，是指出租人按照签订的租赁协议或合同，购置承租人需要的资产，并将其租赁给承租人长期使用。承租人可在资产的大部分使用寿命期内获得资产的使用权，从而最终获取所租赁资产的所有权。因此，融资租赁也称“财务租赁”。

融资租赁的租费总额通常足够补偿全部设备购置成本，并且租约到期之前不得解除。租约期满后，租赁设备的所有权无偿或低于其残值转让给承租人。租赁期间的设备维修、保养、保险等费用均由承租人负责。

### 8.5.2　设备租赁或购置决策影响因素

1. 影响设备是否租赁的基本因素

企业在决定进行设备投资之前，必须详细地分析项目寿命期内各年的现金流量和经营不确定因素，确定以何种方式投资才能获得最佳的经济效益，企业通常要从支付方式、筹资方式、使用方式等几个因素来考虑项目所需设备是租赁还是购置。

（1）支付方式。租赁设备需要付租金；借款需要按期付利息、到期还本；分期购买需要按期支付利息和部分本金。另外，还需要进一步考虑分几次支付、每期间隔时间、每次支付多少等。决策者主要考虑究竟哪种方式的费用较低。

（2）筹资方式。当企业需要融资取得设备时，需要考虑向金融机构借款，还是通过融资租赁取得资金，或是采取发行企业股票或债券来融资。我国的贷款利率虽然较低，但是审批手续烦琐，耗时长，而且数量有限；发行股票和债券的门槛更高，准备的周期更长。企业决策者主要应考虑是愿意耗费时间得到低息贷款，还是希望以其他筹集资金的方式尽早获得设备，以便尽快地取得经济效益。

（3）使用方式。设备的使用方式是指企业是否需要长期占有设备。如果企业只是希望短期使用某种设备，那么可以采用经营性租赁的方式获得设备的使用权，这样租期满了以后可以将设备还给租赁公司，不再续租，企业就可以避免设备陈旧所带来的风险损失。

2. 影响租赁决策的具体因素

企业或某个投资项目在决定其所需设备是通过租赁还是购置的方式获得时，需要综合考虑以下具体的因素：

（1）项目的寿命期或设备的经济寿命；

（2）每期的设备支出费用；

（3）预付货款或定金的多少；

（4）付款期内的利率；

（5）获得该设备的资金规划；

（6）租赁所具有的帮助企业避免运用短期信用和保留其短期借款的能力；

（7）企业的经营费用减少与折旧和利息减少的关系；

（8）租赁的节税优惠。

当然，企业在决定是否租赁设备时的因素还有很多，关键在于能否为企业节约支出费用，实现良好的现金流量，并且通过经济指标评价比选后进行决策。

### 8.5.3 租赁决策的经济分析

在进行租赁决策分析时，通常是将租赁方式与其他购置设备的付款方式放在一起进行比较和评价。

设备的使用期限通常都比较长，在分析时应采用动态的分析方法，考虑资金的时间价值。一般我们假定无论设备用何种方法获得，其投入运行以后使项目或企业获得的收入应该是相同的，于是，这样的决策问题就变成租赁成本和购买成本进行比较的问题。

**【例 8-4】** 某公司由于业务的扩展，需要引进一台设备增加生产能力。如果直接购买，该设备的价格是 4 万元，使用寿命为 20 年，预计该设备的净残值为 1 200 元；如果通过租赁的方式获得设备的使用权，则每年需要支付租金 3 600 元；该设备每年的运营费用为 4 000 元，各种可能的维修费用平均每年大约为 2 000 元。若企业的基准折现率为 10%，求租赁和购置哪种方式对企业有利。

**【解】** 设选择购买方式，其费用现值为 $PC_1$，选择租赁方式，其费用现值为 $PC_2$，则

$$PC_1=40\,000+4\,000(P/A,10\%,20)+2\,000(P/A,10\%,20)-1\,200(P/F,10\%,20)$$
$$=40\,000+4\,000\times8.514+2\,000\times8.514-1\,200\times0.148\,6$$
$$=90\,905.68\ (元)$$

$$PC_2=3\,600(P/A,10\%,20)+4\,000(P/A,10\%,20)+2\,000(P/A,10\%,20)$$
$$=3\,600\times8.514+4\,000\times8.514+2\,000\times8.514$$
$$=81\,734.4\ (元)$$

因为 $PC_1>PC_2$，则租赁设备对企业更有利。

## 复习思考题

### 1. 简答题

（1）设备磨损主要有几种形式？设备磨损的补偿形式有哪些？

（2）简述设备的自然寿命、技术寿命、经济寿命的概念。它们之间有何区别和联系？

（3）如何理解合理大修的条件？

（4）如何确定设备合理更新期？

### 2. 选择题

（1）设备可消除的有形磨损的补偿方式是（　　）。

A．修理　　B．更新　　C．现代化改装　　D．ABC 均可

（2）设备原型更新的合理依据应是设备是否达到（　　）。

A．自然寿命　　B．技术寿命　　C．折旧寿命　　D．经济寿命

（3）由于不断出现技术上更加完善、经济上更加合理的设备，使原有设备显得陈旧落后，因此产生的磨损称为（　　）。

A．第一种有形磨损　　B．第二种有形磨损

C．第一种无形磨损　　D．第二种无形磨损

（4）通常，设备使用的时间越长，其（　　）。（多选）

A．年平均总费用越小　　B．年分摊的购置费越少

C．年运行费用越高　　D．期末设备残值越小

E．年平均总费用越大

### 3. 判断题

（1）设备的经济寿命一般短于其自然寿命。（　　）

（2）设备的经济寿命与设备的有形磨损和无形磨损相关。（　　）

（3）设备的第二种无形磨损使原设备的价值降低，但并不影响设备的继续使用。（　　）

### 4. 计算题

（1）某设备原值为 8 000 元，可用 5 年，其他数据如表 8-7 所示。试求：

1）不考虑资金时间价值时设备的经济寿命。

2）考虑资金时间价值（$i$=10%）时，其经济寿命如何变化。

表 8-7　设备年运行成本及低劣化值数据表　　单位：元

| 设备使用年限 | 1 | 2 | 3 | 4 | 5 |
|---|---|---|---|---|---|
| 运行成本初始值 | 600 | 600 | 600 | 600 | 600 |
| 运行成本劣化值 | | 200 | 400 | 600 | 800 |
| 年末残值 | 5 500 | 4 500 | 3 500 | 2 500 | 1 000 |

（2）某设备原值 8 000 元，每年低劣化增加值为 320 元，求该设备的经济寿命。

（3）某工厂购入一台新设备，价值为 3 000 元，同类设备使用中的统计资料如表 8-8 所示，求该设备的经济寿命。

表 8-8　设备各年价值及费用数据表　　单位：元

| 使用年限 | 1 | 2 | 3 | 4 | 5 | 6 | 7 |
|---|---|---|---|---|---|---|---|
| 残值 | 1 500 | 750 | 400 | 200 | 100 | 100 | 100 |
| 经营费 | 500 | 600 | 700 | 900 | 1 100 | 1 400 | 1 700 |

（4）旧式叉式起重机已使用 2 年，原值为 13 000 元，如果继续使用下去，其残值及经营费用如表 8-9 所示。

表 8-9　旧设备各年费用资料表　　单位：元

| 现在算起年份 | 1 | 2 | 3 | 4 |
|---|---|---|---|---|
| 残值 | 11 000 | 9 000 | 7 000 | 5 000 |
| 经营费 | 5 500 | 6 600 | 7 800 | 8 800 |

现拟用新式起重机，需投资 20 000 元，已算得各年费用如表 8-10 所示。本项目需这类起重机的服务年限还有 5 年，求设备最合理更新期。

表 8-10　新设备各年费用资料表　　单位：元

| 年　份 | 1 | 2 | 3 | 4 | 5 |
|---|---|---|---|---|---|
| 年经营费 | 8 000 | 8 600 | 9 000 | 9 800 | 10 000 |
| 残值 | 10 000 | 8 000 | 6 000 | 5 000 | 4 000 |

（5）某企业需要某种设备，其购置费为 10 000 元，以自有资金购买，估计使用期为 10 年，10 年后的残值为 0。如果采用融资租赁同类设备，则年租赁费为 1600 元（其中利息部分为 200 元）。当设备投入使用后，企业每年的销售收入为 6 000 元，销售税及附加为销售收入的 10%，设备年运行成本为 1 200 元/年，所得税税率为 33%，折旧采用直线折旧法，该企业的基准收益率为 10%。试比较选择租赁方案还是购买方案。

# 第9章　建设项目评价

## 知识导航

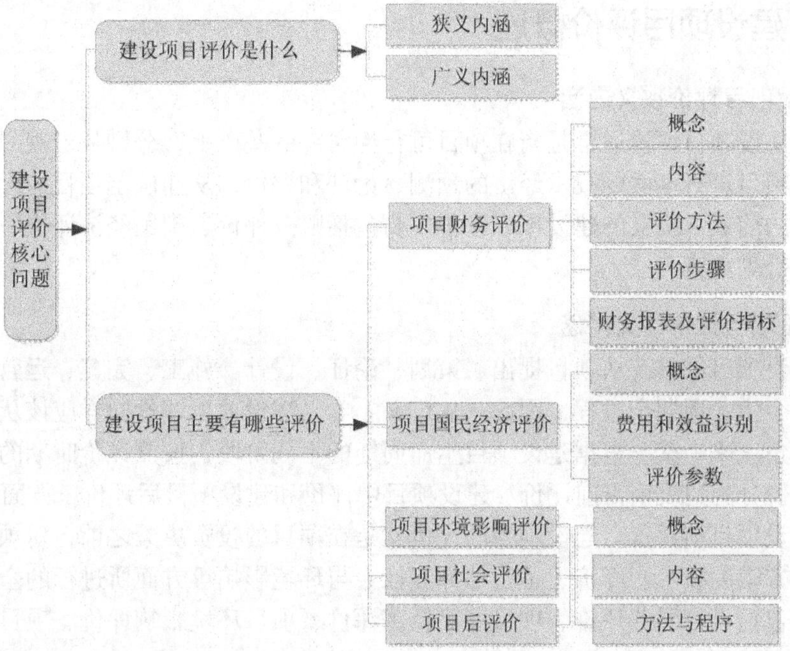


## 学习目标

☑ 了解建设项目评价的内涵。
☑ 掌握财务评价和国民经济评价的异同点。
☑ 掌握项目财务评价指标计算和分析。
☑ 掌握基本财务报表的内容和编制方法。
☑ 了解国民经济评价费用和效益的识别和计量。
☑ 掌握影子价格的确定方法。
☑ 掌握环境影响评价的概念。

☑ 了解环境影响评价的主要内容。
☑ 了解环境影响评价的方法和步骤。
☑ 掌握社会评价的概念。
☑ 了解社会评价的主要内容。
☑ 了解社会评价的方法和步骤。
☑ 掌握建设项目后评价的概念。
☑ 了解建设项目后评价的主要内容。
☑ 了解建设项目后评价的方法和程序。

## 9.1 建设项目评价概述

### 1. 建设项目评价狭义内涵

狭义的建设项目评价通常是指在项目可行性研究的基础上，分别从宏观、中观、微观的角度，对项目进行全面的技术经济的预测、论证和评价，从而确定项目的投资经济效果和未来发展的前景。狭义的建设项目评价主要包括财务评价、国民经济评价、社会评价和环境影响评价等内容。

### 2. 建设项目评价广义内涵

每个建设项目都具有从项目提出、策划、论证、设计、施工、完建、运营、报废或被淘汰这样一个生命周期全过程，因此，从广义上看，建设项目评价同样应该从项目生命周期全过程的角度来考察。根据建设项目生命周期的不同阶段，按照评价时期的不同，可把建设项目评价分为建设项目前评价、建设项目中评价和建设项目后评价三方面内容。

（1）建设项目前评价。建设项目前评价就是在项目的投资决策之前，对项目的必要性和项目备选方案的技术、经济、运行条件和社会与环境影响等方面所进行的全面论证与评估的工作，包括项目财务评价、项目国民经济评价、项目环境影响评价、项目社会评价等方面内容。

项目财务评价是从企业角度进行的企业赢利分析。项目国民经济评价是从整个国民经济的角度进行国家赢利分析，根据项目对企业和对国家的贡献情况，确定项目的可行性。对涉及整个国民经济的重大项目和严重影响国计民生的项目，对稀缺资源开发和利用的项目，对涉及产品或原料、燃料进出口或代替进出口的项目，以及产品和原料价格明显不合理的项目等，除进行企业经济评价外，必须进行详细的国民经济评价。当两者有矛盾时，项目的取舍将取决于国民经济评价。项目环境影响评价是对拟建项目实施后可能对环境产生的影响（后果）进行的系统性识别、预测和评估。项目社会评价则是评价项目的社会可行性。

公共项目是一种特殊的建设项目，是政府为了满足社会、国家和公众需求而进行投资的非营利性项目，其产出不具排他性和竞争性。由于公共项目具有公共性、非竞争性、外部性和多目标性等特点，使得公共项目评价方法有别于财务分析和国民经济评价的方法，具有一定的独特性。

（2）建设项目中评价。建设项目中评价是指在项目立项后，在项目实施时期，历经项目的发展、实施、竣工三个阶段，对项目状态和项目进展情况进行衡量与监测，对已完成的工作做出评价，主要为项目管理和决策提供所需的信息，指出以后项目管理的努力方向。建设项目中评价不是工程经济学研究的重点。

（3）建设项目后评价。建设项目后评价通常是竣工以后对项目投资经济效果的再评价，是指在项目已经完成并运行一段时间后，对项目的目的、执行过程、效益、作用和影响进行系统的、客观的分析和总结的一种技术经济活动。它是将项目评价向后进一步延伸，对已完项目进行评价和总结，作为将来项目投资决策的参考和借鉴，以提高今后类似建设项目的决策水平和建设管理水平。

项目后评价的内容包括项目验收评价、项目经济后评价和项目管理后评价。项目验收评价是对项目结束后所进行的一种验收及考核评估；项目经济后评价主要是对应于项目前评价而言的，是指竣工以后对项目投资经济效果的再评价；项目管理后评价是指当项目竣工以后，对前面（特别是实施阶段）的项目管理工作所进行的评价。

因此，建设项目评价应是指在项目的生命周期全过程中，应用科学的、适宜的评价理论和方法对不同类型的建设项目所进行的评价活动。它既包括项目的财务评价、国民经济评价、环境影响评价、社会评价，也包括公共项目的经济评价，以及建设项目的后评价。本章将分别介绍财务评价、国民经济评价、社会评价、环境影响评价及建设项目后评价的相关理论与方法，不再赘述公共项目评价理论与方法。

## 9.2　建设项目财务评价

### 9.2.1　财务评价的概念及主要内容

#### 1. 财务评价的概念

财务评价又称财务分析，是根据国家现行财税制度、价格体系和项目评价的有关规定，从企业（或项目）角度，通过财务效益与费用估算、编制财务报表，计算财务评价指标，考察分析项目的赢利能力、清偿能力和外汇平衡能力，判断项目在财务上的可行性，为投资决策、融资决策及银行审贷提供科学依据。

#### 2. 财务评价的主要内容

财务评价的主要内容包括赢利能力分析、清偿能力分析和外汇平衡分析等。

（1）赢利能力分析。赢利能力分析主要是考察项目投资的赢利水平，它直接关系到项目投产后能否生存和发展，是评价项目财务上是否可行的重要依据。赢利能力的大小是企业进行投资活动的原动力，也是企业进行投资决策时应考虑的首要因素。赢利能力分析一般从以下两方面进行。

1）项目达到设计生产能力的正常生产年份可能获得的赢利水平，即通过计算投资利润率、投资利税率、资本金利润率等静态指标，考察项目在正常生产年份年度投资的赢利能力，以及判别项目是否达到行业的平均水平。

2）项目整个生命周期内的赢利水平，即通过计算财务内部收益率、财务净现值、财务净现值率、投资回收期等动态和静态指标，考察项目在整个计算期内的赢利能力及投资回收能力，判别项目投资的可行性。

（2）清偿能力分析。清偿能力分析主要是考察项目的财务状况和按期偿还债务的能力，它直接关系到企业面临的财务风险和企业的财务信用程度。项目清偿能力大小是投资者进行投资决策的重要依据。通常从两方面进行评价。

1）考察项目偿还固定资产投资国内借款所需的时间，即通过计算借款偿还期，考察项目的还款能力，判别项目是否能满足贷款机构的要求。

2）考察项目资金的流动性水平，即通过计算流动比率、速动比率、资产负债率等各种财务比率指标，对项目投产后的资金流动情况进行比较分析，用以反映项目生命周期内各年的利润、盈亏、资产和负债、资金来源和运用、资金的流动和债务运用等财务状况及资产结构的合理性，考察项目的风险程度和偿还流动负债的能力与速度。

（3）外汇平衡分析。对于产品出口创汇等涉及外汇收支的项目，通过计算财务外汇净现值、换汇成本和节汇成本，进行外汇平衡分析，以考察项目在计算期内各年的外汇余缺程度，从而衡量项目实施后对国家外汇状况可能产生的影响。

### 9.2.2 财务评价的方法及基本步骤

#### 1. 财务评价的方法

财务评价主要采用现金流量分析、获利性分析及财务报表分析等分析方法。

（1）现金流量分析。现金流量分析是建设项目评价的基础和起点，是以项目作为一个独立系统，反映项目在建设期与生产经营期内各年流入和流出的现金活动，即工程项目生命周期内各年现金流入与现金流出的数量。因此，在项目经济评价前，必须尽可能准确无误地预先估计出切合实际的各项现金流入和现金流出量，做好财务和经济效益预测工作。

（2）获利性分析。获利性分析包括静态分析和动态分析。

静态分析方法简单易用，其主要特点是：

1）不考虑资金的时间价值，所采用的年度资金流是当年的数值，而不是折现值；

2）计算现金流量时，只选择某一典型年份（通常为项目达到设计生产能力的正常生产年份）的净现金流量或取年平均值，而不反映项目整个生命周期间的现金流量。

动态分析采用折现现金流量的分析方法，其主要特点是：

1）考虑资金的时间价值，根据资金占用的时间长短，按照指定的利息率计算资金的实际价值；

2）计算项目整体寿命期内的总收益，能如实反映资金实际运行情况和全面体现项目整体寿命期内的经济活动和经济效益，从而能正确做出符合实际的项目财务评价。

（3）财务报表分析。财务报表分析是根据项目的具体财务条件及国家有关财税制度和规定，把建设项目在建设期内的全部投资和投产后的经营费用与收益，逐年进行计算和平衡，并通过报表格式反映出来。通过财务报表分析，可以预计项目寿命期内各年的利润和资金余缺情况，选择合适的资金筹措方案，制定贷款及偿还计划，做出项目偿债能力分析和获利能力预测。

**2. 财务评价的基本步骤**

（1）进行财务基础数据预测，编制财务评价的辅助报表。通过项目的市场调查预测分析和技术与投资方案分析，确定产品方案和合理的生产规模，选择生产工艺方案、设备选型、工程技术方案、建设地点和投资方案，拟订项目实施进度计划等，据此进行财务预测，获得项目投资、生产成本、销售收入和利润等一系列财务基础数据。在对以上数据进行分析、审查、鉴定和评估的基础上，完成财务评价辅助报表的编制工作。

（2）编制和评估财务评价的基本报表。将上述基础数据进行汇总，编制现金流量表、利润与利润分配表、资金来源与运用表、资产负债表及财务外汇平衡表等主要财务基本报表，并对这些报表进行分析评估。审查基本报表的格式是否符合规范要求和所填数据是否准确。

（3）计算财务评价的各项指标，分析项目的财务可行性。利用各基本报表，可以计算出反映项目赢利能力、清偿能力和外汇平衡能力等财务评价指标。将这些指标与国家有关部门规定的基准值和行业基准值进行对比分析，最终得出项目在财务上是否可行的结论。

### 9.2.3　财务评价报表及评价指标

财务评价前必须进行财务预测，通过数据收集、估计和测算等一系列的工作，得到财务评价所需的基本数据。其预测结果主要体现在财务评价辅助报表中，通过对这些数据进行分析，再编制财务评价基本报表，并进行财务评价指标计算。

**1. 财务评价的基本报表**

根据《建设项目经济评价方法与参数》（第三版）的规定，财务评价基本报表包括：现金流量表、利润与利润分配表、资产负债表、资金来源与运用表、借款还本付息计划表等。

（1）现金流量表。按其评价、分析的对象不同，分为项目投资现金流量表、项目资本金现金流量表和投资各方现金流量表。

1）项目投资现金流量表（见表9-1）是以项目作为一个独立系统，以全部投资作为计算基础，用以计算全部投资内部收益率、财务净现值及投资回收期等评价指标，反映项目在整个计算期内现金流入和现金流出，考察项目全部投资的赢利能力。

表9-1 项目投资现金流量表 单位：万元

| 序号 | 项目 | 合计 | 计算期 | | | | |
|---|---|---|---|---|---|---|---|
| | | | 1 | 2 | 3 | … | *n* |
| 1 | 现金流入 | | | | | | |
| 1.1 | 营业收入 | | | | | | |
| 1.2 | 补贴收入 | | | | | | |
| 1.3 | 回收固定资产余值 | | | | | | |
| 1.4 | 回收流动资金 | | | | | | |
| 2 | 现金流出 | | | | | | |
| 2.1 | 建设投资 | | | | | | |
| 2.2 | 流动资金 | | | | | | |
| 2.3 | 经营成本 | | | | | | |
| 2.4 | 营业税金及附加 | | | | | | |
| 2.5 | 维持运营投资 | | | | | | |
| 3 | 所得税前净现金流量（1–2） | | | | | | |
| 4 | 累计所得税前净现金流量 | | | | | | |
| 5 | 调整所得税 | | | | | | |
| 6 | 所得税后净现金流量（3–5） | | | | | | |
| 7 | 累计所得税后净现金流量 | | | | | | |

注：计算指标为项目投资财务内部收益率（所得税前），项目投资财务内部收益率（所得税后），项目投资财务净现值（所得税前），项目投资财务净现值（所得税后），项目投资回收期（所得税前），项目投资回收期（所得税后）。

2）项目资本金现金流量表（见表9-2）从投资者角度出发，以投资者自有资金作为计算基础，将国内外借款利息支付和本金偿还作为现金流出，用以计算自有资金投资财务内部收益率、财务净现值等评价指标，考察项目自有资金的赢利能力。

3）投资各方现金流量表（见表9-3）分别以投资各方的出资额作为计算基础，编制各方的财务现金流量表，用于计算投资各方的内部收益率。

表 9-2　项目资本金现金流量表　　单位：万元

| 序　号 | 项　　目 | 合　　计 | 计 算 期 | | | | |
|---|---|---|---|---|---|---|---|
| | | | 1 | 2 | 3 | … | *n* |
| 1 | 现金流入 | | | | | | |
| 1.1 | 营业收入 | | | | | | |
| 1.2 | 补贴收入 | | | | | | |
| 1.3 | 回收固定资产余值 | | | | | | |
| 1.4 | 回收流动资金 | | | | | | |
| 2 | 现金流出 | | | | | | |
| 2.1 | 项目资本金 | | | | | | |
| 2.2 | 借款本金偿还 | | | | | | |
| 2.3 | 借款利息支付 | | | | | | |
| 2.4 | 经营成本 | | | | | | |
| 2.5 | 营业税金及附加 | | | | | | |
| 2.6 | 所得税 | | | | | | |
| 2.7 | 维持运营投资 | | | | | | |
| 3 | 净现金流量（1–2） | | | | | | |

注：计算指标为资本金财务内部收益率。

表 9-3　投资各方现金流量表　　单位：万元

| 序　号 | 项　　目 | 合计 | 计 算 期 | | | | |
|---|---|---|---|---|---|---|---|
| | | | 1 | 2 | 3 | … | *n* |
| 1 | 现金流入 | | | | | | |
| 1.1 | 实分利润 | | | | | | |
| 1.2 | 资产处置收益分配 | | | | | | |
| 1.3 | 租赁费收入 | | | | | | |
| 1.4 | 技术转让或使用收入 | | | | | | |
| 1.5 | 其他现金流入 | | | | | | |
| 2 | 现金流出 | | | | | | |
| 2.1 | 实缴资本 | | | | | | |
| 2.2 | 租赁资产支出 | | | | | | |
| 2.3 | 其他现金流出 | | | | | | |
| 3 | 净现金流量（1–2） | | | | | | |

注：计算指标为投资各方财务内部收益率。

（2）利润与利润分配表。利润与利润分配表（见表 9-4）反映项目计算期内各年的利润总额、企业所得税及企业税后利润的分配情况，用以计算投资利润率、投资利税率、资本金利润率等指标。

表 9-4 利润与利润分配表 单位：万元

| 序号 | 项目 | 合计 | 计算期 | | | | |
|---|---|---|---|---|---|---|---|
| | | | 1 | 2 | 3 | … | *n* |
| 1 | 营业收入 | | | | | | |
| 2 | 营业税金及附加 | | | | | | |
| 3 | 总成本费用 | | | | | | |
| 4 | 补贴收入 | | | | | | |
| 5 | 利润总额（=1–2–3+4） | | | | | | |
| 6 | 弥补以前年度亏损 | | | | | | |
| 7 | 应纳税所得额（=5–6） | | | | | | |
| 8 | 所得税 | | | | | | |
| 9 | 净利润（=5–8） | | | | | | |
| 10 | 期初未分配利润 | | | | | | |
| 11 | 可供分配的利润（=9+10） | | | | | | |
| 12 | 提取法定盈余公积金 | | | | | | |
| 13 | 可供投资者分配的利润（=11–12） | | | | | | |
| 14 | 应付优先股股利 | | | | | | |
| 15 | 提取任意盈余公积金 | | | | | | |
| 16 | 应付普通股股利（=13–14–15） | | | | | | |
| 17 | 各投资方利润分配 | | | | | | |
| 18 | 未分配利润（=13–14–15–17） | | | | | | |
| 19 | 息税前利润（利润总额+利息支出） | | | | | | |
| 20 | 息税折旧摊销前利润（息税前利润+折旧+摊销） | | | | | | |

（3）财务计划现金流量表。财务计划现金流量表（见表 9-5），反映项目计算期各年的投资、融资及经营活动的现金流入和流出，用于计算累计盈余资金，分析项目的财务生存能力。

（4）资产负债表。资产负债表（见表 9-6）可以综合反映项目计算期内各年年末资产、负债和所有者权益的增减变化及对应关系，以考察项目的资产、负债和所有者权益的结构是否合理，用于计算资产负债率、流动比率及速动比率等指标，反映项目的清偿能力。

表 9-5 财务计划现金流量表 单位：万元

| 序号 | 项目 | 合计 | 计算期 | | | | |
|---|---|---|---|---|---|---|---|
| | | | 1 | 2 | 3 | … | *n* |
| 1 | 经营活动净现金流量（=1.1–1.2） | | | | | | |
| 1.1 | 现金流入 | | | | | | |
| 1.1.1 | 营业收入 | | | | | | |
| 1.1.2 | 增值税销项税额 | | | | | | |
| 1.1.3 | 补贴收入 | | | | | | |
| 1.1.4 | 其他流入 | | | | | | |
| 1.2 | 现金流出 | | | | | | |
| 1.2.1 | 经营成本 | | | | | | |
| 1.2.2 | 增值税进项税额 | | | | | | |
| 1.2.3 | 营业税及附加 | | | | | | |
| 1.2.4 | 增值税 | | | | | | |
| 1.2.5 | 所得税 | | | | | | |
| 1.2.6 | 其他流出 | | | | | | |
| 2 | 投资活动净现金流量（=2.1–2.2） | | | | | | |
| 2.1 | 现金流入 | | | | | | |
| 2.2 | 现金流出 | | | | | | |
| 2.2.1 | 建设投资 | | | | | | |
| 2.2.2 | 维持运营投资 | | | | | | |
| 2.2.3 | 流动资金 | | | | | | |
| 2.2.4 | 其他流出 | | | | | | |
| 3 | 筹资活动净现金流量 | | | | | | |
| 3.1 | 现金流入 | | | | | | |
| 3.1.1 | 项目资本金投入 | | | | | | |
| 3.1.2 | 建设投资借款 | | | | | | |
| 3.1.3 | 流动资金借款 | | | | | | |
| 3.1.4 | 债券 | | | | | | |
| 3.1.5 | 短期借款 | | | | | | |
| 3.1.6 | 其他流入 | | | | | | |
| 3.2 | 现金流出 | | | | | | |
| 3.2.1 | 各种利息支出 | | | | | | |
| 3.2.2 | 偿还债务本金 | | | | | | |

续表

| 序号 | 项目 | 合计 | 计算期 | | | | |
|---|---|---|---|---|---|---|---|
| | | | 1 | 2 | 3 | … | *n* |
| 3.2.3 | 应付利润（股利分配） | | | | | | |
| 3.2.4 | 其他流出 | | | | | | |
| 4 | 净现金流量（=1+2+3） | | | | | | |
| 5 | 累计盈余资金 | | | | | | |

表 9-6　资产负债表　　单位：万元

| 序号 | 项目 | 合计 | 计算期 | | | | |
|---|---|---|---|---|---|---|---|
| | | | 1 | 2 | 3 | … | *n* |
| 1 | 资产 | | | | | | |
| 1.1 | 流动资金总额 | | | | | | |
| 1.1.1 | 货币资金 | | | | | | |
| 1.1.2 | 应收账款 | | | | | | |
| 1.1.3 | 预付账款 | | | | | | |
| 1.1.4 | 存货 | | | | | | |
| 1.1.5 | 其他 | | | | | | |
| 1.2 | 在建工程 | | | | | | |
| 1.3 | 固定资产净值 | | | | | | |
| 1.4 | 无形及其他资产净值 | | | | | | |
| 2 | 负债及所有者权益（=2.4+2.5） | | | | | | |
| 2.1 | 流动负债总额 | | | | | | |
| 2.1.1 | 短期借款 | | | | | | |
| 2.1.2 | 应付账款 | | | | | | |
| 2.1.3 | 预收账款 | | | | | | |
| 2.1.4 | 其他 | | | | | | |
| 2.2 | 建设投资借款 | | | | | | |
| 2.3 | 流动资金借款 | | | | | | |
| 2.4 | 负债小计（=2.1+2.2+2.3） | | | | | | |
| 2.5 | 所有者权益 | | | | | | |
| 2.5.1 | 资本金 | | | | | | |
| 2.5.2 | 资本公积 | | | | | | |
| 2.5.3 | 累计盈余公积金 | | | | | | |
| 2.5.4 | 累计未分配利润 | | | | | | |

注：计算指标为资产负债率。

（5）借款还本付息计划表。借款还本付息计划表（见表 9-7）可与财务评价辅助报表中“建设期利息估算表”合并。借款还本付息计划表反映项目各种借款或债券的借贷和还本付息情况。

表 9-7　借款还本付息计划表　　单位：万元

| 序号 | 项目 | 合计 | 计算期 | | | | |
|---|---|---|---|---|---|---|---|
| | | | 1 | 2 | 3 | … | $n$ |
| 1 | 借款 | | | | | | |
| 1.1 | 期初借款余额 | | | | | | |
| 1.2 | 当期还本付息 | | | | | | |
| | 其中：还本 | | | | | | |
| | 付息 | | | | | | |
| 1.3 | 期末借款余额 | | | | | | |
| 2 | 债券 | | | | | | |
| 2.1 | 期初债务余额 | | | | | | |
| 2.2 | 当期还本付息 | | | | | | |
| | 其中：还本 | | | | | | |
| | 付息 | | | | | | |
| 2.3 | 期末债务余额 | | | | | | |
| 3 | 借款和债券合计 | | | | | | |
| 3.1 | 期初余额 | | | | | | |
| 3.2 | 当期还本付息 | | | | | | |
| | 其中：还本 | | | | | | |
| | 付息 | | | | | | |
| 3.3 | 期末余额 | | | | | | |

注：计算指标为利息备付率，偿债备付率。

### 2．财务评价的辅助报表

通常，项目所需财务评价辅助报表有：建设投资估算表、固定资产投资估算表、流动资金估算表、投资计划与资金筹措表、主要投入物及产出物使用价格依据表、单位产品生产成本估算表、外购原材料及燃料动力费用估算表、固定资产折旧估算表、无形及递延资产摊销表、生产成本费用估算表、销售收入和销售税金及附加估算表等。项目经济评价中辅助财务报表和基本财务报表间的关系如图 9-1 所示。

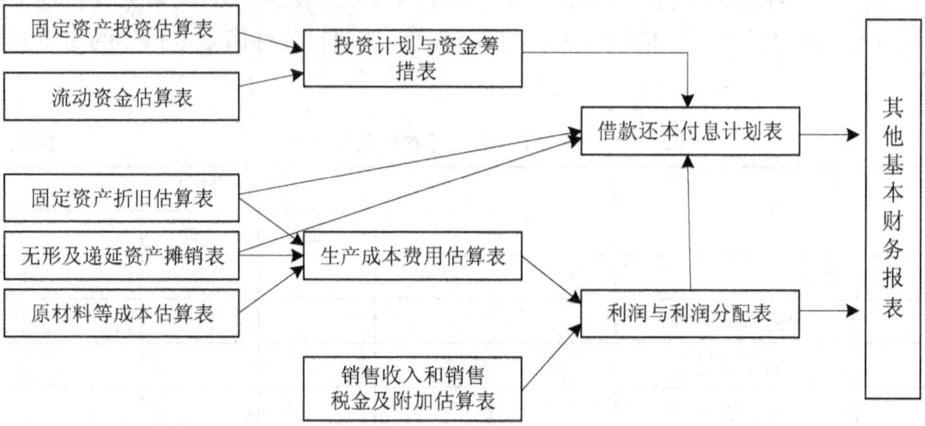


图 9-1　项目财务评价辅助财务报表和基本财务报表间的关系

3．财务评价的指标体系

利用财务评价基本报表计算出一系列评价指标，这些指标按是否考虑资金时间价值分为静态指标和动态指标，其与财务评价报表间的关系见表 9-8。

表 9-8　评价指标与财务评价报表关系表

| 评价内容 | 依据基本报表 | 静态指标 | 动态指标 |
|---|---|---|---|
| 赢利能力分析 | 项目投资现金流量表 | 静态投资回收期 | 财务内部收益率<br>财务净现值<br>财务净现值率<br>动态投资回收期 |
| | 项目资本金现金流量表 | 静态投资回收期 | 财务内部收益率<br>财务净现值 |
| | 利润与利润分配表 | 投资利润率<br>投资利税率<br>资本金利润率 | |
| 清偿能力分析 | 资金来源与运用表 | 借款偿还期 | |
| | 资产负债表 | 资产负债率<br>流动比率<br>速动比率 | |
| 外汇平衡分析 | 财务外汇平衡表 | | 财务外汇净现值<br>财务换汇成本<br>财务节汇成本 |

（1）赢利能力分析指标。项目赢利能力分析主要是考察项目的赢利水平，其主要评价指标为财务内部收益率、财务净现值、全部投资回收期、投资利润率和资本金利润率等。

1）财务内部收益率（FIRR）。财务内部收益率是指项目在计算期内各年净现金流量现值累计等于零时的折现率，它反映项目所占用资金赢利率水平的动态评价指标。求得的FIRR应与行业基准收益率或设定的收益率比较，当FIRR≥$i_0$，可认为项目赢利能力满足最低要求，项目在财务上可以接受。

2）财务净现值（FNPV）。财务净现值是反映项目在计算期内获利能力的动态评价指标，它是指按基准收益率（或设定的收益率），将各年的净现金流量折现到建设期初的现值之和。当FNPV≥0时，表明项目获利能力达到或超过基准收益率（或设定的收益率）要求的获利水平，应认为项目可以接受。

3）全部投资回收期（$P_t$）。全部投资回收期是以项目的净收益来回收项目总投资所需的时间，是反映项目财务上投资回收能力的主要静态指标。其中，净收益为税后利润、折旧、摊销及利息。将全部投资回收期$P_t$和行业基准投资回收期$T_c$比较，当$P_t \leqslant T_c$时，项目可以考虑接受。

4）投资利润率。投资利润率是指项目达到设计生产能力后一个正常生产年份的年利润总额或年平均利润总额与项目总投资的比率，它是考虑项目单位投资赢利能力的静态指标。对生产期内各年的利润总额变化幅度较大的项目，应计算生产期年平均利润总额与项目总投资的比率。其计算公式为：

$$投资利润率=\frac{年利润总额或年平均利润总额}{项目总投资}\times 100\% \tag{9-1}$$

利润总额为年产品销售（营业）收入减去年总成本费用和年销售税金及附加之差。销售税金及附加为增值税、消费税、营业税、资源税、城乡维护建设税及教育附加费之和。总投资为固定资产投资、投资方向调节税、建设期利息及流动资金之和。

5）资本金利润率。资本金利润率是指项目达到设计生产能力后一个正常生产年份的年利润总额或年平均利润总额与项目总投资的比率。它既反映项目资本金的赢利能力，还能衡量项目负债资金成本高低。一般情况下，项目资本金利润率越高越好，如果资本金利润率高于同期银行利率，则适度负债对投资者有利；反之，如果资本金利润率低于同期银行利率，则过高的负债将损害投资者的利益。其计算公式为：

$$资本金利润率=\frac{年利润总额或年平均利润总额}{资本金总额}\times 100\% \tag{9-2}$$

（2）清偿能力分析指标。项目清偿能力分析主要考察项目计算期内各年财务状况及偿债能力。反映项目清偿能力的评价指标主要有资产负债率、固定资产投资国内贷款偿还期、流动比率、速动比率、利息备付率和偿债备付率等。

1）资产负债率。资产负债率是指项目各年年末负债总额与资产总额的比率，其计算公式为：

$$资产负债率=\frac{负债总额}{资产总额}\times 100\% \tag{9-3}$$

资产负债率是反映项目负债水平和偿债能力的综合指标。适度的资产负债率既可使投资者和债权人承担较小的风险，又可使资金具有一定的利用效率。国际上一般认为 60%的资产负债率是较好的负债水平。需要指出的是，不能简单地用资产负债率的高或低来判断项目负债状况的优劣，因为过高的资产负债率表明项目财务风险太大，过低的资产负债率表明资金使用效率太低。在项目财务分析中一般只需计算建设期和还款期各年的资产负债率。

2）固定资产投资国内贷款偿还期。固定资产投资国内贷款偿还期是指在国家财政规定及项目具体财务条件下，以项目投产后用于还款的资金偿还固定资产投资国内借款本金和建设期利息的时间。当贷款偿还期达到贷款机构的要求期限时，可以认为项目具有清偿能力。其计算公式为：

$$固定资产投资国内贷款偿还期=\begin{bmatrix}借款偿还后开始\\出现盈余年份数\end{bmatrix}-\begin{bmatrix}开始借\\款年份\end{bmatrix}+\frac{当年偿还借款额}{当年可用于还款资金额} \tag{9-4}$$

3）流动比率。流动比率是指项目各年年末流动资产与流动负债的比率，其计算公式为：

$$流动比率=\frac{流动资产}{流动负债}\times 100\% \tag{9-5}$$

流动比率是反映项目偿还短期债务能力的指标，该指标越高，偿还流动负债的能力越强，但该指标过高，也说明资金使用效率低，国际上公认的标准比率为 200%。不同行业之间，流动比率会有很大差异，产品生产周期长的行业，流动比率需要相应提高；反之，流动比率可以适当降低。在项目财务分析中一般只需计算投产后 5 年内的各年流动比率。

4）速动比率。速动比率是指项目各年年末速动资产（流动资产–存货）与流动负债的比率，其计算公式为：

$$速动比率=\frac{流动资产-存货}{流动负债}\times 100\% \tag{9-6}$$

速动资产是将流动资产中变现能力最差的存货剔除后的资产。速动比率用于衡量项目实际的短期债务偿还能力。速动比率高，表明偿还流动负债能力强，国际上公认的标准比率为 100%。不同行业之间，速动比率的合理值差异较大，在实际评价工作中，应结合行业特点分析判断。在项目财务分析中一般也只需计算投产后 5 年内的各年速动比率。

5）利息备付率和偿债备付率。对于某些涉及和利用外资的项目，其国外或境外的借款偿还期已经预先约定，此时应计算利息备付率和偿债备付率，以考虑项目偿还利息或债务的保障能力，并根据不同的还款方式，计算约定期内各年应偿还的本金和利息。

其中，利息备付率亦称已获利息倍数，指项目在借款偿还期内各年可用于支付利息的税息前利润与当期应付利息费用的比值。其计算公式为：

$$利息备付率=\frac{息税前利润}{当期应付利息} \tag{9-7}$$

利息备付率表示使用项目利润偿付利息的保证倍率。对于正常经营的企业，利息备付率应大于 2，否则，表示项目的付息能力保障程度不足。利息备付率若小于 1，则表示项目没有足够的资金支付利息，偿债风险较大。另外，利息备付率指标需要与其他企业项目进行比较，来分析决定本项目的指标水平。

偿债备付率指项目在借款偿还期内各年可用于还本付息的资金与当期应还本付息金额的比值。其计算公式为：

$$偿债备付率=\frac{可用于还本付息资金}{当期应还本付息金额} \tag{9-8}$$

可用于还本付息的资金包括：可用于还款的税后利润、折旧和摊销及成本中列支的利息。

当期应还本付息的金额包括：当期应还贷款金额及计入成本的利息。

偿债备付率表示可用于还本付息的资金偿还借款本息的保证倍率。正常情况下，偿债备付率应大于 1，且越大越好。当偿债备付率小于 1 时，则表示当年资金来源不足以偿付当期债务，需要通过短期借款偿付已到期债务。

### 9.2.4　建设项目财务评价案例分析

#### 1．项目概述

新建某工厂生产特种建筑材料，设计生产规模为年产 500 吨。厂址位于城市近郊，基础设施完善，靠近铁路和公路，交通运输便利，原材料供应可靠。项目的主要设施包括主生产车间、辅助生产设施和生活福利设施等。

该项目拟两年建成，第3年投产，当年生产负荷达到设计生产能力的50%，第4年达到设计生产能力的80%，第5年达到100%，生产期10年，计算期12年。

2．项目的基础数据

（1）投资估算。经估算，该项目建设投资总额为1 730万元（含建设期利息），其中固定资产投资1 305万元，包括工程费用1 057万元，其他费用93万元，预备费用155万元；流动资金估算总额为400万元。

（2）投资使用计划与资金筹措。建设投资第1年投入605万元，第2年投入700万元；流动资金在投产第1年和第2年分别投入200万元。

该项目的资本金为930万元，其中建设期第1年投入605万元，第2年投入225万元，投产期第2年用于流动资金100万元。

建设投资和流动资金缺口均由银行贷款解决，建设期第2年从银行借款500万元，投产期第1、第2年分别从银行借入流动资金200万元和100万元。长期借款年利率为10%，流动资金借款年利率为8%。投资计划与资金筹措见表9-9。

表9-9 投资计划与资金筹措表 单位：万元

| 序号 | 项目 | 建设期 | | 投产期 | | 合计 |
|---|---|---|---|---|---|---|
| | | 1 | 2 | 3 | 4 | |
| 1 | 总投资 | 605 | 725 | 200 | 200 | 1 730 |
| 1.1 | 固定资产投资 | 605 | 700 | | | 1 305 |
| 1.2 | 建设期利息 | | 25 | | | 25 |
| 1.3 | 流动资金 | | | 200 | 200 | 400 |
| 2 | 资金筹措 | 605 | 725 | 200 | 200 | 1 730 |
| 2.1 | 项目资本金 | 605 | 225 | | 100 | 930 |
| | 其中：用于流动资金 | | | | 100 | 100 |
| 2.2 | 借款 | | | | | 0 |
| 2.2.1 | 长期借款 | | 500 | | | 500 |
| 2.2.2 | 流动资金借款 | | | 200 | 100 | 300 |

3．项目主要财务报表

项目主要财务报表有借款还本付息表、成本费用表、利润与利润分配表、资金来源与运用表、资产负债表、项目投资现金流量表、项目资本金现金流量表，依次详见表9-10～表9-16。

表 9-10 借款还本付息表

单位：万元

| 序号 | 项目 \ 年份 | | 建设期 | | 投产期 | | 达产期 | | | | | | | |
|---|---|---|---|---|---|---|---|---|---|---|---|---|---|---|
| | | | 1 | 2 | 3 | 4 | 5 | 6 | 7 | 8 | 9 | 10 | 11 | 12 |
| 1 | 借款还本付息 | | | | | | | | | | | | | |
| 1.1 | 年初借款累计 | 长期借款 | | | 500 | 500 | 400 | 300 | 200 | 100 | 0 | | | |
| | | 流动资金借款 | | | | 200 | 300 | 300 | 300 | 300 | 300 | 300 | 300 | 300 |
| 1.2 | 本年借款 | 长期借款 | | 500 | | | | | | | | | | |
| | | 流动资金借款 | | | 200 | 100 | | | | | | | | |
| 1.3 | 本年付利息 | 长期借款 | | 25 | 50 | 50 | 40 | 30 | 20 | 10 | | | | |
| | | 流动资金借款 | | | 16 | 24 | 24 | 24 | 24 | 24 | 24 | 24 | 24 | 24 |
| 1.4 | 本年还本 | 长期借款 | | | | 100 | 100 | 100 | 100 | 100 | | | | |
| | | 流动资金借款 | | | | | | | | | | | | |
| 2 | 偿还贷款本金的来源 | | | | | | | | | | | | | |
| 2.1 | 利润 | | | | | | | | | | | | | |
| 2.2 | 折旧 | | | | | 100 | 100 | 100 | 100 | 100 | | | | |
| 2.3 | 项目资本金 | | | 25 | | | | | | | | | | |
| 2.4 | 资金回收 | | | | | | | | | | | | | 300 |
| 2.5 | 其他资金 | | | | | | | | | | | | | |

表 9-11 成本费用表

单位：万元

| 序号 | 项目 \ 年份 | 投产期 | | 达产期 | | | | | | | |
|---|---|---|---|---|---|---|---|---|---|---|---|
| | | 3 | 4 | 5 | 6 | 7 | 8 | 9 | 10 | 11 | 12 |
| 1 | 直接材料费 | 346 | 552 | 690 | 690 | 690 | 690 | 690 | 690 | 690 | 690 |
| 2 | 直接人工费 | 190 | 190 | 190 | 190 | 190 | 190 | 190 | 190 | 190 | 190 |
| 3 | 制造费用 | 160 | 160 | 160 | 160 | 160 | 160 | 160 | 160 | 160 | 160 |
| 4 | 管理费用 | 60 | 60 | 60 | 60 | 60 | 60 | 60 | 60 | 60 | 60 |
| 5 | 销售费用 | 25 | 40 | 50 | 50 | 50 | 50 | 50 | 50 | 50 | 50 |
| 6 | 利息支出 | 66 | 74 | 64 | 54 | 44 | 34 | 24 | 24 | 24 | 24 |
| 7 | 总成本费用 | 847 | 1 076 | 1 214 | 1 204 | 1 194 | 1 184 | 1 174 | 1 174 | 1 174 | 1 174 |
| | 其中：折旧与摊销 | 126.35 | 126.35 | 126.35 | 126.35 | 126.35 | 126.35 | 126.35 | 126.35 | 126.35 | 126.35 |
| 8 | 经营成本 | 654.65 | 875.65 | 1 023.65 | 1 023.65 | 1 023.65 | 1 023.65 | 1 023.65 | 1 023.65 | 1 023.65 | 1 023.65 |

表 9-12　利润与利润分配表

单位：万元

| 序号 | 年份<br>项目 | 投产期 | | 达产期 | | | | | | | |
|---|---|---|---|---|---|---|---|---|---|---|---|
| | | 3 | 4 | 5 | 6 | 7 | 8 | 9 | 10 | 11 | 12 |
| 1 | 营业收入 | 912.50 | 1 460.0 | 1 825.0 | 1 825.0 | 1 825.0 | 1 825.0 | 1 825.0 | 1 825.0 | 1 825.0 | 1 825.0 |
| 2 | 营业税金及附加 | 63.80 | 102.30 | 127.60 | 127.60 | 127.60 | 127.60 | 127.60 | 127.60 | 127.60 | 127.60 |
| 3 | 总成本费用 | 847.0 | 1 076.0 | 1 214.0 | 1 204.0 | 1 194.0 | 1 184.0 | 1 174.0 | 1 174.0 | 1 174.0 | 1 174.0 |
| 4 | 利润总额 | 1.70 | 281.70 | 483.40 | 493.40 | 503.40 | 513.40 | 523.40 | 523.40 | 523.40 | 523.40 |
| 5 | 所得税 | 0.43 | 70.43 | 120.85 | 123.35 | 125.85 | 128.35 | 130.85 | 130.85 | 130.85 | 130.85 |
| 6 | 税后利润 | 1.28 | 211.28 | 362.55 | 370.05 | 377.55 | 385.05 | 392.55 | 392.55 | 392.55 | 392.55 |
| 7 | 盈余公积金 | 0.13 | 21.13 | 36.26 | 37.01 | 37.76 | 38.51 | 39.26 | 39.26 | 39.26 | 39.26 |
| 8 | 盈余公益金 | 0.06 | 10.56 | 18.13 | 18.50 | 18.88 | 19.25 | 19.63 | 19.63 | 19.63 | 19.63 |
| 9 | 应付利润 | 0.51 | 84.51 | 217.53 | 222.03 | 226.53 | 231.03 | 235.53 | 235.53 | 235.53 | 235.53 |
| 10 | 未分配利润 | 0.57 | 95.07 | 90.64 | 92.51 | 94.39 | 96.26 | 98.14 | 98.14 | 98.14 | 98.14 |
| 11 | 累计未分配利润 | 0.57 | 95.65 | 186.29 | 278.80 | 373.19 | 469.45 | 567.59 | 665.72 | 763.86 | 862.00 |

表 9-13　资金来源与运用表

单位：万元

| 序号 | 年份<br>项目 | 建设期 | | 投产期 | | 达产期 | | | | | | | |
|---|---|---|---|---|---|---|---|---|---|---|---|---|---|
| | | 1 | 2 | 3 | 4 | 5 | 6 | 7 | 8 | 9 | 10 | 11 | 12 |
| 1 | 资金来源 | 605.00 | 725.00 | 328.05 | 608.05 | 609.75 | 619.75 | 629.75 | 639.75 | 649.75 | 649.75 | 649.75 | 1 116.25 |
| 1.1 | 利润总额 | | | 1.70 | 281.70 | 483.40 | 493.40 | 503.40 | 513.40 | 523.40 | 523.40 | 523.40 | 523.40 |
| 1.2 | 折旧与摊销费 | | | 126.35 | 126.35 | 126.35 | 126.35 | 126.35 | 126.35 | 126.35 | 126.35 | 126.35 | 126.35 |

续表

| 序号 | 项目＼年份 | 建设期 |  | 投产期 |  | 达产期 |  |  |  |  |  |  |  |
|---|---|---|---|---|---|---|---|---|---|---|---|---|---|
|  |  | 1 | 2 | 3 | 4 | 5 | 6 | 7 | 8 | 9 | 10 | 11 | 12 |
| 1.3 | 长期借款 |  | 500.00 |  |  |  |  |  |  |  |  |  |  |
| 1.4 | 流动资金借款 |  |  | 200.00 | 100.00 |  |  |  |  |  |  |  |  |
| 1.5 | 其他短期借款 |  |  |  |  |  |  |  |  |  |  |  |  |
| 1.6 | 项目资本金 | 605.00 | 225.00 |  | 100.00 |  |  |  |  |  |  |  |  |
| 1.7 | 其他 |  |  |  |  |  |  |  |  |  |  |  |  |
| 1.8 | 回收固定资产余值 |  |  |  |  |  |  |  |  |  |  |  | 66.50 |
| 1.9 | 回收流动资金 |  |  |  |  |  |  |  |  |  |  |  | 400.00 |
| 2 | 资金运用 | 605.00 | 725.00 | 200.94 | 454.94 | 438.38 | 445.38 | 452.38 | 459.38 | 366.38 | 366.38 | 366.38 | 666.38 |
| 2.1 | 固定资产投资 | 605.00 | 700.00 |  |  |  |  |  |  |  |  |  |  |
| 2.2 | 建设期利息 |  | 25.00 |  |  |  |  |  |  |  |  |  |  |
| 2.3 | 流动资金投资 |  |  | 200.00 | 200.00 |  |  |  |  |  |  |  |  |
| 2.4 | 所得税 |  |  | 0.43 | 70.43 | 120.85 | 123.35 | 125.85 | 128.35 | 130.85 | 130.85 | 130.85 | 130.85 |
| 2.5 | 应付利润 |  |  | 0.51 | 84.51 | 217.53 | 222.03 | 226.53 | 231.03 | 235.53 | 235.53 | 235.53 | 235.53 |
| 2.6 | 长期借款还本 |  |  |  | 100.00 | 100.00 | 100.00 | 100.00 | 100.00 |  |  |  |  |
| 2.7 | 流动资金借款还本 |  |  |  |  |  |  |  |  |  |  |  | 300.00 |
| 2.8 | 其他短期借款还本 |  |  |  |  |  |  |  |  |  |  |  |  |
| 3 | 盈余资金 | 0.00 | 0.00 | 127.12 | 153.12 | 171.37 | 174.37 | 177.37 | 180.37 | 283.37 | 283.37 | 283.37 | 449.87 |
| 4 | 累计盈余资金 | 0.00 | 0.00 | 127.12 | 280.23 | 451.60 | 625.97 | 803.34 | 983.71 | 1 267.08 | 1 550.45 | 1 833.82 | 2 283.69 |

表 9-14　资产负债表

单位：万元

| 序号 | 项目＼年份 | 建设期 |  | 投产期 |  | 达产期 |  |  |  |  |  |  |  |
|---|---|---|---|---|---|---|---|---|---|---|---|---|---|
|  |  | 1 | 2 | 3 | 4 | 5 | 6 | 7 | 8 | 9 | 10 | 11 | 12 |
| 1 | 资产 | 605.00 | 1 330.00 | 1 570.77 | 1 837.53 | 1 882.55 | 1 930.57 | 1 981.59 | 2 035.61 | 2 192.63 | 2 349.65 | 2 506.67 | 2 283.69 |
| 1.1 | 流动资产 |  |  | 367.12 | 760.23 | 931.60 | 1 105.97 | 1 283.34 | 1 463.71 | 1 747.08 | 2 030.45 | 2 313.82 | 2 283.69 |
| 1.1.1 | 应收账款 |  |  | 40.00 | 80.00 | 80.00 | 80.00 | 80.00 | 80.00 | 80.00 | 80.00 | 80.00 |  |
| 1.1.2 | 存货 |  |  | 170.00 | 350.00 | 350.00 | 350.00 | 350.00 | 350.00 | 350.00 | 350.00 | 350.00 |  |
| 1.1.3 | 现金 |  |  | 30.00 | 50.00 | 50.00 | 50.00 | 50.00 | 50.00 | 50.00 | 50.00 | 50.00 |  |
| 1.1.4 | 累计盈余资金 |  |  | 127.12 | 280.23 | 451.60 | 625.97 | 803.34 | 983.71 | 1 267.08 | 1 550.45 | 1 833.82 | 2 283.69 |
| 1.2 | 在建工程 | 605.00 |  |  |  |  |  |  |  |  |  |  |  |
| 1.3 | 固定资产净值 |  | 1 330.00 | 1 203.65 | 1 077.30 | 950.95 | 824.60 | 698.25 | 571.90 | 445.55 | 319.20 | 192.85 |  |
| 1.4 | 无形资产和递延资产 |  |  |  |  |  |  |  |  |  |  |  |  |
| 2 | 负债和所有者权益 | 605.00 | 1 330.00 | 1 570.77 | 1 837.53 | 1 882.55 | 1 930.57 | 1 981.59 | 2 035.61 | 2 192.63 | 2 349.65 | 2 506.67 | 2 283.69 |
| 2.1 | 流动负债总额 |  |  | 240.00 | 380.00 | 380.00 | 380.00 | 380.00 | 380.00 | 380.00 | 380.00 | 380.00 |  |
| 2.1.1 | 应付账款 |  |  | 40.00 | 80.00 | 80.00 | 80.00 | 80.00 | 80.00 | 80.00 | 80.00 | 80.00 |  |
| 2.1.2 | 流动资金借款 |  |  | 200.00 | 300.00 | 300.00 | 300.00 | 300.00 | 300.00 | 300.00 | 300.00 | 300.00 |  |
| 2.1.3 | 其他短期借款 |  |  |  |  |  |  |  |  |  |  |  |  |
| 2.2 | 长期借款 |  | 500.00 | 500.00 | 400.00 | 300.00 | 200.00 | 100.00 |  |  |  |  |  |
|  | 负债小计 | 0.00 | 500.00 | 740.00 | 780.00 | 680.00 | 580.00 | 480.00 | 380.00 | 380.00 | 380.00 | 380.00 |  |

续表

| 序号 | 年份 / 项目 | 建设期 | | 投产期 | | 达产期 | | | | | | | |
|---|---|---|---|---|---|---|---|---|---|---|---|---|---|
| | | 1 | 2 | 3 | 4 | 5 | 6 | 7 | 8 | 9 | 10 | 11 | 12 |
| 2.3 | 所有者权益 | 605.00 | 830.00 | 830.77 | 1 057.53 | 1 202.55 | 1 350.57 | 1 501.59 | 1 655.61 | 1 812.63 | 1 969.65 | 2 126.67 | 2 283.69 |
| 2.3.1 | 资本金 | 605.00 | 830.00 | 830.00 | 930.00 | 930.00 | 930.00 | 930.00 | 930.00 | 930.00 | 930.00 | 930.00 | 930.00 |
| 2.3.2 | 累计盈余公积金 | | | 0.13 | 21.26 | 57.51 | 94.52 | 132.27 | 170.78 | 210.03 | 249.29 | 288.54 | 327.80 |
| 2.3.3 | 累计盈余公益金 | | | 0.06 | 10.63 | 28.76 | 47.26 | 66.14 | 85.39 | 105.02 | 124.64 | 144.27 | 163.90 |
| 2.3.4 | 累计未分配利润 | | | 0.57 | 95.65 | 186.29 | 278.80 | 373.19 | 469.45 | 567.59 | 665.72 | 763.86 | 862.00 |
| 资产负债率（%） | | | 37.59 | 47.11 | 42.45 | 36.12 | 30.04 | 24.22 | 18.67 | 17.33 | 16.17 | 15.16 | |
| 流动比率（%） | | | | 153 | 200 | 245 | 291 | 338 | 385 | 460 | 534 | 609 | |
| 速动比率（%） | | | | 82 | 108 | 153 | 199 | 246 | 293 | 368 | 442 | 517 | |

表 9-15　项目投资现金流量表

单位：万元

| 序号 | 年份 / 项目 | 建设期 | | 投产期 | | 达产期 | | | | | | | |
|---|---|---|---|---|---|---|---|---|---|---|---|---|---|
| | | 1 | 2 | 3 | 4 | 5 | 6 | 7 | 8 | 9 | 10 | 11 | 12 |
| 1 | 现金流入 | 0.00 | 0.00 | 912.50 | 1 460.00 | 1 825.00 | 1 825.00 | 1 825.00 | 1 825.00 | 1 825.00 | 1 825.00 | 1 825.00 | 2 291.50 |
| 1.1 | 营业收入 | | | 912.50 | 1 460.00 | 1 825.00 | 1 825.00 | 1 825.00 | 1 825.00 | 1 825.00 | 1 825.00 | 1 825.00 | 1 825.00 |
| 1.2 | 回收固定资产余值 | | | | | | | | | | | | 66.50 |

续表

| 序号 | 年份<br>项目 | 建设期 | | 投产期 | | 达产期 | | | | | | | |
|---|---|---|---|---|---|---|---|---|---|---|---|---|---|
| | | 1 | 2 | 3 | 4 | 5 | 6 | 7 | 8 | 9 | 10 | 11 | 12 |
| 1.3 | 回收流动资金 | | | | | | | | | | | | 400.00 |
| 2 | 现金流出 | 605.00 | 700.00 | 918.88 | 1 248.38 | 1 272.10 | 1 274.60 | 1 277.10 | 1 279.60 | 1 282.10 | 1 282.10 | 1 282.10 | 1 282.10 |
| 2.1 | 固定资产投资 | 605.00 | 700.00 | | | | | | | | | | |
| 2.2 | 流动资金投资 | | | 200.00 | 200.00 | | | | | | | | |
| 2.3 | 经营成本 | | | 654.65 | 875.65 | 1 023.65 | 1 023.65 | 1 023.65 | 1 023.65 | 1 023.65 | 1 023.65 | 1 023.65 | 1 023.65 |
| 2.4 | 营业税金及附加 | | | 63.80 | 102.30 | 127.60 | 127.60 | 127.60 | 127.60 | 127.60 | 127.60 | 127.60 | 127.60 |
| 2.5 | 所得税 | | | 0.43 | 70.43 | 120.85 | 123.35 | 125.85 | 128.35 | 130.85 | 130.85 | 130.85 | 130.85 |
| 3 | 净现金流量（所得税前） | −605.00 | −700.00 | −5.95 | 282.05 | 673.75 | 673.75 | 673.75 | 673.75 | 673.75 | 673.75 | 673.75 | 1 140.25 |
| 4 | 净现金流量（所得税后） | −605.00 | −700.00 | −6.38 | 211.63 | 552.90 | 550.40 | 547.90 | 545.40 | 542.90 | 542.90 | 542.90 | 1 009.40 |
| 5 | 累计净现金流量（税后） | −605.00 | −1 305.00 | −1 311.38 | −1 099.75 | −546.85 | 3.55 | 551.45 | 1 096.85 | 1 639.75 | 2 182.65 | 2 725.55 | 3 734.95 |
| 6 | $(P/F,0.12,t)$ | 0.89 | 0.80 | 0.71 | 0.64 | 0.57 | 0.51 | 0.45 | 0.40 | 0.36 | 0.32 | 0.29 | 0.26 |
| 7 | 净现金流现值（税后） | −540.18 | −558.04 | −4.54 | 134.49 | 313.73 | 278.85 | 247.84 | 220.28 | 195.78 | 174.80 | 156.07 | 259.09 |
| 8 | 累计净现金流现值（税后） | −540.18 | −1 098.21 | −1 102.75 | −968.26 | −654.53 | −375.68 | −127.84 | 92.44 | 288.21 | 463.01 | 619.08 | 878.17 |

表9-16 项目资本金现金流量表

单位：万元

| 序号 | 年份/项目 | 建设期 | | 投产期 | | 达产期 | | | | | | | |
|---|---|---|---|---|---|---|---|---|---|---|---|---|---|
| | | 1 | 2 | 3 | 4 | 5 | 6 | 7 | 8 | 9 | 10 | 11 | 12 |
| 1 | 现金流入 | 0.00 | 0.00 | 912.50 | 1 460.00 | 1 825.00 | 1 825.00 | 1 825.00 | 1 825.00 | 1 825.00 | 1 825.00 | 1 825.00 | 2 291.50 |
| 1.1 | 营业收入 | | | 912.50 | 1 460.00 | 1 825.00 | 1 825.00 | 1 825.00 | 1 825.00 | 1 825.00 | 1 825.00 | 1 825.00 | 1 825.00 |
| 1.2 | 回收固定资产余值 | | | | | | | | | | | | 66.50 |
| 1.3 | 回收流动资金 | | | | | | | | | | | | 400.00 |
| 2 | 现金流出 | 605.00 | 250.00 | 734.88 | 1 272.38 | 1 396.10 | 1 398.60 | 1 401.10 | 1 403.60 | 1 306.10 | 1 306.10 | 1 306.10 | 1 606.10 |
| 2.1 | 项目资本金投入 | 605.00 | 225.00 | | 100.00 | | | | | | | | |
| 2.2 | 经营成本 | | | 654.65 | 875.65 | 1 023.65 | 1 023.65 | 1 023.65 | 1 023.65 | 1 023.65 | 1 023.65 | 1 023.65 | 1 023.65 |
| 2.3 | 长期借款偿还本金 | | | 100.00 | 100.00 | 100.00 | 100.00 | 100.00 | | | | | |
| | 长期借款付息 | 25.00 | | | | | | | | | | | |
| 2.4 | 流动资金借款偿还本金 | | | | | | | | | | | 300.00 | 300.00 |
| | 流动资金借款付息 | | 16.00 | 24.00 | 24.00 | 24.00 | 24.00 | 24.00 | 24.00 | 24.00 | 24.00 | 24.00 | 24.00 |
| 2.5 | 其他短期借款 | | | | | | | | | | | | |
| 2.6 | 营业税金及附加 | | | 63.80 | 102.30 | 127.60 | 127.60 | 127.60 | 127.60 | 127.60 | 127.60 | 127.60 | 127.60 |
| 2.7 | 所得税 | | | 0.43 | 70.43 | 120.85 | 123.35 | 125.85 | 128.35 | 130.85 | 130.85 | 130.85 | 130.85 |
| 3 | 净现金流量 | −605.00 | −250.00 | 177.63 | 187.63 | 428.90 | 426.40 | 423.90 | 421.40 | 518.90 | 518.90 | 518.90 | 685.40 |
| 4 | 累计净现金流量 | −605.00 | −855.00 | −677.38 | −489.75 | −60.85 | 365.55 | 789.45 | 1 210.85 | 1 729.75 | 2 248.65 | 2 767.55 | 3 452.95 |
| 5 | $(P/F,0.12,t)$ | 0.89 | 0.80 | 0.71 | 0.64 | 0.57 | 0.51 | 0.45 | 0.40 | 0.36 | 0.32 | 0.29 | 0.26 |
| 6 | 净现金流量现值 | −540.18 | −199.30 | 126.43 | 119.24 | 243.37 | 216.03 | 191.75 | 170.20 | 187.12 | 167.07 | 149.17 | 175.93 |
| 7 | 累计净现金流量现值 | −540.18 | −739.48 | −613.05 | −493.81 | −250.44 | −34.41 | 157.34 | 327.54 | 514.66 | 681.73 | 830.90 | 1 006.83 |

#### 4. 不确定性分析

在以上评价分析基础上，分别进行项目盈亏平衡分析和敏感性分析。

其中，盈亏平衡分析主要针对项目收入和成本间关系，寻找到两者间的平衡，从而确定盈亏平衡点，如图 9-2 所示。

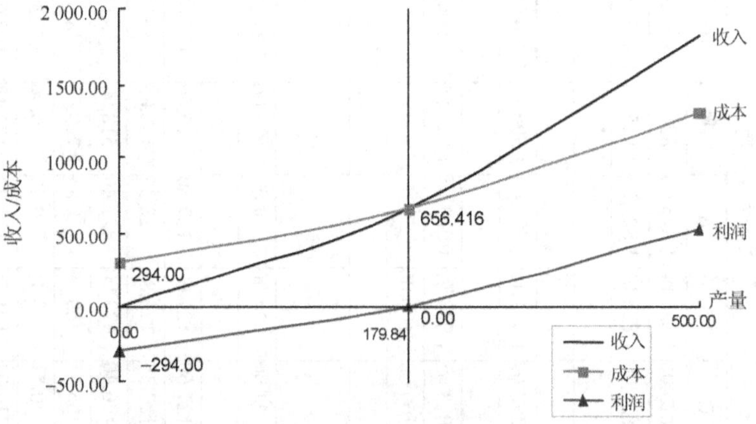


图 9-2 盈亏平衡分析图

敏感性分析分别选择项目资本金投资额、经营成本和产品单价等因素进行分析，计算见表 9-17。通过计算，三个因素变化对财务净现值的影响情况如图 9-3 所示。

表 9-17 敏感性分析表 单位：万元

| 变动比率 | 项目资本金投入量变动后的 NPV | 经营成本变动后的 NPV | 产品单价变动后的 NPV |
|---|---|---|---|
| -20% | 1 163.44 | 1 857.65 | -460.96 |
| -15% | 1 124.29 | 1 644.95 | -94.01 |
| -10% | 1 085.13 | 1 432.24 | 272.93 |
| -5% | 1 045.98 | 1 219.53 | 639.88 |
| 0% | 1 006.83 | 1 006.83 | 1 006.83 |
| 5% | 967.67 | 794.12 | 1 373.77 |
| 10% | 928.52 | 581.41 | 1 740.72 |
| 15% | 889.36 | 368.70 | 2 107.66 |
| 20% | 850.21 | 156.00 | 2 474.61 |

#### 5. 财务评价结论

（1）项目赢利能力分析。根据项目投资现金流量表可知：项目投资财务内部收益率（FIRR）税前为 27.96%，税后为 23.33%，内部收益率均大于基准折现率，说明赢利能力满足行业最低要求。项目投资财务净现值（$i_0$=12%）税前为 1 140.25 万元，税后为 1 009.40

万元，均大于零，说明项目财务上可行。项目投资回收期（静态）$T_p$=6+97.27/507.63=6.2（年），项目投资回收期（动态）$T_p^*$ =7+202.42/203.69=8.0（年），均小于基准投资回收期，表明项目投资能按时收回。

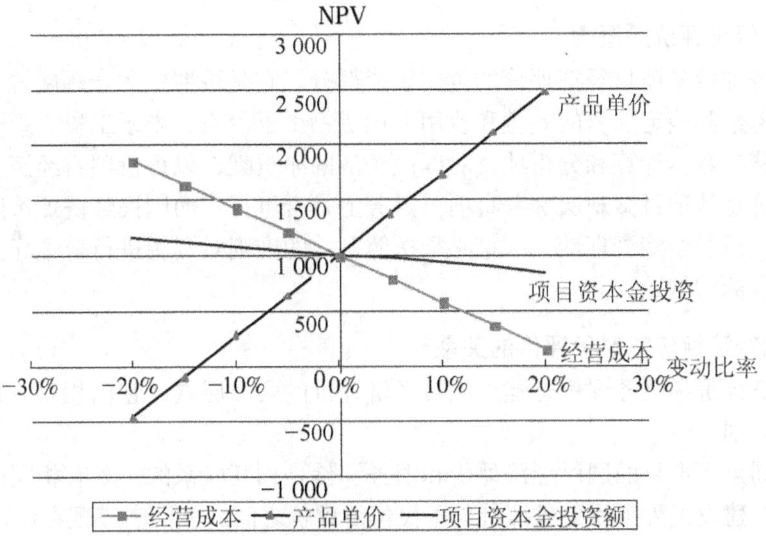


图 9-3　敏感性分析图

（2）项目清偿能力分析。由资金来源与运用表可以看出，项目筹措资金和项目净收益可以支付项目各项支出，不需通过短期借款方式弥补资金不足。

由借款还本付息表可知，项目可筹集足够资金按约定方式偿还银行贷款。从资产负债表中可知，各年的资产负债率、流动比率和速动比率三项指标均能较好地满足项目要求。资产负债率均在 50%以下，流动比率和速动比率较高。从整体上看，该项目具有较强的偿债能力。

（3）不确定性分析。通过盈亏平衡分析，项目盈亏平衡产量为 180 吨/年，而项目设计生产能力为 500 吨/年，其经营安全度为（1−180÷500）×100%=67%。经营安全度大于 30%，因此，项目风险较小。

通过单因素敏感性分析可知：该项目中产品单价因素为最敏感因素，经营成本因素为较敏感因素，项目资本金投资额因素为不敏感因素。在项目实施过程中，应重点分析和研究产品市场价格的变化规律，避免或减小由于市场价格变化给项目带来的不利影响，从而保证项目的顺利进行。

通过以上对项目赢利能力、清偿能力和不确定性分析，该项目总体而言，项目财务上可行，经济效果较好，投资风险较小。

## 9.3 建设项目国民经济评价

### 9.3.1 国民经济评价概述

#### 1. 国民经济评价的概念

国民经济评价是项目经济评价的重要组成部分。它是按照资源合理配置的原则，从国家整体角度考察和确定项目的效益和费用，用货物影子价格、影子工资、影子汇率和社会折现率等经济参数，计算和分析项目对国民经济的净贡献，以评价项目经济上的合理性。项目财务评价是从项目微观层次考察项目财务上是否可行；而国民经济评价则是从国家整体角度考察项目的经济合理性，国家必须按照一定的准则对资源进行合理配置，并力求对国家的基本目标贡献最大。

#### 2. 国民经济评价与财务评价的关系

国民经济评价和财务评价是建设项目经济评价的两个层次，它们相互联系，既有共同之处，又有区别。

（1）共同点。项目的国民经济评价和财务评价是相互联系的，既有相同的地方，也有不同的地方。建设工程项目财务评价与国民经济评价之间的相同点表现在以下几方面。

1）评价目的相同，都是寻求以最小的投入获得最大的产出。

2）评价基础相同，都是在完成市场需求预测、工程技术方案、资金筹备基础上进行的。

3）计算期相同，都包括项目的建设期、生产运营期的全过程。

（2）不同点。由于这两类评价所代表的利益主体不同，因而国民经济评价与财务评价相比存在以下区别。

1）评价的出发点不同。财务评价是站在企业或项目自身的角度，衡量投资项目的赢利状况，评价项目财务上是否有利可图；国民经济评价是站在国家整体的角度，分析投资项目为国民经济创造的效益和做出的贡献，评价项目经济上的合理性。前者主要为企业或项目的投资决策提供依据，后者则是为政府宏观的投资决策提供依据。

2）计算费用和收益的范围不同。在财务评价中，根据企业的实际收支情况确定项目的财务收益和费用，收益和费用中要考虑通货膨胀、税金、利息、国家给予的补贴等。在国民经济评价中，根据所耗费的有用资源和项目对社会提供的有用产品及服务来考察项目的费用和收益，一般不考虑通货膨胀、税金、折旧等转移支付，但要考虑间接收益和间接费用。由于费用和收益范围的不同，同一个投资项目，财务评价和国民经济评价的计算结果有差异，在某些情况下结论也会有差异。

3）评价中采用的价格不同。在财务评价中，要求评价结果反映投资项目实际发生情况，其计算使用的价格为未来市场上可能价格或市场价格；国民经济评价要求不同地区、不同行业的投资项目具有可比性，采用市场价格，往往因不同地区价格水平不同而影响项目的横向可比性，更主要的是反映资源稀缺性克服价格体系的缺陷。因此在国民经济评价中，必须采用统一的价格标准，以影子价格作为国民经济评价的价格体系。

4）评价中使用的评价参数不同。所谓评价参数，主要指汇率、贸易费用率、工资及折现率。在财务评价中，上述各参数需根据不同行业的不同项目及企业条件、企业环境自行选定。在国民经济评价中，同样为了达到投资项目可比的目的，采用国家统一测定的影子汇率、影子工资和社会折现率。

5）评价中采用的核心指标不同。国民经济评价的指标是经济净现值和经济内部收益率，财务评价的主要指标是财务净现值和财务内部收益率。国民经济评价的结论和财务评价的结论有时不一致。在我国，以国民经济评价结果作为项目选取条件，对经济上可行、财务上可行的方案予以接受；对经济上可行而财务上不可行的方案，国家可通过价格补贴或减免税收等措施，使方案在财务上也变为可行，或重新修改方案。对经济上不可行的项目，不论其财务评价可行与否，都应该予以拒绝。

### 9.3.2　国民经济评价的费用和效益识别

费用-效益分析原理是项目国民经济效益分析的基本理论，它是从国家和整个社会的角度出发，全面地、综合地分析和评价建设项目的一种科学的方法。通过计算影子价格、影子汇率及项目未来的经济效益和费用，估算对未来效益和费用的社会折现率，并对净效益，即每年的经济效益与费用之差进行折现，最后对计算出的一系列技术经济指标进行分析和判断。因此，项目费用和效益是项目国民经济评价的基础数据。

#### 1. 费用

国民经济评价的费用是指因项目建设而使国民经济所付出的代价，包括项目的直接费用和间接费用。

（1）直接费用主要是用影子价格计算的项目投入物所产生，并在项目范围内计算的经济费用。主要表现形式有：国内其他部门为供应该项目投入物而扩大生产规模所消耗的资源费用；减少其他项目的投入物供应而给其他项目造成的损失；增加进口量（或减少出口量）所消耗外汇（或减少外汇收入）等。

（2）间接费用的计算与间接效益计算一样，采用扩大项目范围法和影子价格法。有些间接费用需要单独分析，如工业项目造成的环境污染和对生态的破坏，可参照同类企业造成的损失计算。间接费用一般也只计算一次相关效果，不考虑连续扩展的乘数效果。

#### 2. 效益

国民经济评价的效益是指项目对国民经济所做的贡献。项目效益分为直接效益和间接效益。

（1）直接效益主要是用影子价格计算的项目的产出物，并在项目范围内计算的经济效益。投入物的节约也视为直接效益。

（2）间接效益（也称外部效果）是指项目为社会做出了贡献，而在直接效益中未得到反映的那部分效益。间接效益通常较难计量，为了减少计量上的困难，可通过项目间接效益一般只计算一次相关效果，不考虑连续扩展的乘数效果。另外，有些外部效果仍无法计量而需要单独分析时，可采用定性说明的方式进行，如技术先进项目建设引起的技术人员流动、技术推广传播等带来的间接效益。

3. 转移支付

转移支付是指项目与各种社会实体之间的货币转移，如缴纳的税金、补贴和贷款及其还本付息等，一般不发生资源的实际增加和耗用。

（1）税金。在财务评价中，税金是一种财务支出。企业纳税就要减少其净收益，但并未减少国民收入，并未发生社会资源的变动，只是将企业的这笔货币收入转移到政府手中而已，属于收入的再分配，因此，在国民经济评价中不属于费用和效益。

（2）补贴。补贴是一种货币流动方向与税金相反的转移支付。政府对某项目进行价格补贴，则可能降低项目投入的支付费用，或者增加项目的收入，从而增加项目的净收益。但补贴并未增加社会资源，也未减少社会资源，国民收入并未因补贴而发生变化，因而补贴也不被视为国民经济评价中的费用和效益。

（3）贷款及其还本付息。从企业或项目角度看，银行贷款就是货币流入，还本付息则是与贷款相反的货币流动过程。而从国民经济角度看，贷款并没有增加国民收入，还本付息也没有减少国民收入，这种货币流动过程仅仅代表资源支配权利的转移，社会实际资源并未增加或减少，因而不属于国民经济评价中的费用和效益。

（4）其他。除了以上几项外，转移支付还包括工资和土地费用中的土地征购等项目。

工资是企业与职工之间的转移支付，因此在国民经济评价中工资不应列为费用，而工资的计算是按照劳动力的机会成本即劳动力的转移给原来所在部门造成的国民收入的减少，以及社会为之付出的代价所形成的影子价格计算的。

土地费用中除居民搬迁费等是社会为项目增加的资源消耗而列入项目的费用，其余的土地征购等支出都是国民经济内部的转移支付，在国民经济评价中不应列为费用。

### 9.3.3 国民经济评价参数

在国民经济评价中，为计算费用和效益，衡量技术经济指标而使用的参数称为国民经济评价参数。从社会观点看，国民经济评价参数应反映最佳的资源分配，国家的价值判断、国家目标和国家政策。它是数量度量标准，也是价值判别标准，在国民经济效益分析中有着重要的作用，它直接影响着项目评价和选定的结果。原则上国民经济评价参数应该对所有部门、地区和项目都是一致的，只是在非常特殊的条件下才有可能不一致。比如，一些由于历史和自然条件原因而比较落后的地区和那些国家急需发展的，或从战略考虑较重要部门的项目，有可能不使用统一的国家参数。

国民经济评价参数随着时间的进程而应该不断变化。在不同时期，国家有不同的价值判断、经济发展目标和经济政策，所以应该有不同的国民经济评价参数。随着经济的发展，项目国民经济效益分析方法和理论体系的日臻完善，国民经济评价参数也要不断地进行测算和修订，力求达到投资资金的最佳配置，反映国家的价值判断、经济目标和经济政策。

国民经济评价参数主要包括：影子价格、影子汇率和社会折现率等。

**1．影子价格**

影子价格是在完善的市场经济条件下，在社会最优的生产组织情况下，资源的分配和利用达到最优状态即供求平衡的均衡价格，它真实地反映了社会必要劳动消耗、资源稀缺程度和市场供求状况，能实现资源配置的最优化，即把最稀缺的资源优先配给效益好的项目。影子价格非实际交换价格，而是一种理论上的虚拟价格。国民经济评价之所以采用影子价格，而不采用市场现行价格，主要原因如下。

1）由于历史的原因，为了鼓励工业的优先发展，工业产品、特别是加工工业产品的价格定得偏高。随着劳动生产率的提高，工业产品的社会劳动消耗不断下降。与此同时，有些资源（如能源、木材和矿物等初级产品）相对紧缺，而且开采条件逐渐恶化，社会劳动消耗不断增加，但价格调整不及时，导致加工工业产品的价格过高，而原材料、能源等初级产品的价格偏低。

2）为保证人民的基本生活有一定保障，对生活必需品如粮食、食油、棉布和住房等实行低价供应，政府为此每年需提供大量补贴。这些物品的价格低估了它们的边际社会效益。

3）政府为了扶持某些工业的发展，对这些工业产品征收比较高的进口关税，以维持相对较高的国内市场价格。

如果用这样的“失真”价格来评价项目，往往会得出不正确的评价结论。因为在一个价格被“扭曲”了的市场上，由于价格体系的失真，采用现行市场价格进行宏观经济评价的结果，不足以反映项目对国民经济的贡献。所以，在国民经济效益分析中，要用合理的价格对投入物和产出物的现行价格进行调整。

这里所说的“合理”标志，从定价原则来讲，应该能更好地反映产品的价值、市场供求关系、资源的稀缺程度以及能使资源配置向最优化方向发展的合理价格；从价格产出的效果来讲，应该能使资源配置向优化的方向发展。

这种理论上的影子价格是通过线性规划计算出来的，规划从优化资源配置出发，本身并不含资源的价格，但由于对偶规划的存在，一旦实现了资源的最佳配置，各种资源的最优计划价格也就如影随形地产生了。这就是影子价格这一用语的由来，也就是我们通常所说的“影子价格是线性规划对偶解”的含义。根据国外的一些做法和我国的实际情况，一般以口岸价格（国际市场价格，下同）为基础确定投入物和产出物的影子价格。

在确定影子价格前，应先将市场定价的货物区分为外贸货物和非外贸货物。

（1）外贸货物的影子价格。外贸货物是指其生产、使用将直接或间接影响国家进口或出口的货物。外贸货物的影子价格以实际可能发生的口岸价格为基础确定，口岸价格反映了外贸货物的机会成本或消费者支付意愿。

1）项目产出物的影子价格。直接出口的产出物指直接外销产品。其影子价格计算式为：

$$\mathrm{SP}=\mathrm{FOB}\times\mathrm{SER}-(T1+Tr1) \tag{9-9}$$

式中，$T1$、$Tr1$ 表示国内运输费用和贸易费用。

间接出口的产出物主要指内销产品，拟建项目的产品替代其他产品的国内销售，使其他产品增加出口。其影子价格计算式为：

$$\mathrm{SP}=\mathrm{FOB}\times\mathrm{SER}-(T2+Tr2)+(T3+Tr3)-(T4+Tr4) \tag{9-10}$$

式中，$T2$、$Tr2$ 表示从原供应厂到口岸的运输费用和贸易费用；$T3$、$Tr3$ 表示从原供应厂到用户的运输费用和贸易费用；$T4$、$Tr4$ 表示从项目到用户的运输费用和贸易费用。

替代进口的产出物指内销产品，以项目的产品替代进口产品，减少该产品的进口。其影子价格计算式为：

$$\mathrm{SP}=\mathrm{CIF}\times\mathrm{SER}+(T5+Tr5)-(T4+Tr4) \tag{9-11}$$

式中，$T4$、$Tr4$ 表示从项目到用户的运输费用和贸易费用；$T5$、$Tr5$ 表示从口岸到用户的运输费用和贸易费用。

2）项目投入物的影子价格。

直接进口的投入物的影子价格计算式为：

$$\mathrm{SP}=\mathrm{CIF}\times\mathrm{SER}+(T1+Tr1) \tag{9-12}$$

间接进口的投入物的影子价格计算式为：

$$\mathrm{SP}=\mathrm{CIF}\times\mathrm{SER}+(T5+Tr5)-(T3+Tr3)+(T6+Tr6) \tag{9-13}$$

式中，$T3$、$Tr3$ 表示从原供应厂到项目的运输费用和贸易费用。

减少出口的投入物的影子价格计算式为：

$$\mathrm{SP}=\mathrm{FOB}\times\mathrm{SER}-(T2+Tr2)+(T6+Tr6) \tag{9-14}$$

其中，贸易费用指物资系统、外贸公司、各级商业批发站等部门花费在货物流通过程中以影子价格计算的除长途运输费以外的费用。

（2）非外贸货物的影子价格。非外贸货物是指其生产、使用将不影响国家进口或出口的货物，主要包括不能进行外贸的货物或服务，如建筑物、国内运输等，还包括受地理位置限制、运输费用过高或受国内外贸易政策等限制而不能进行外贸的货物。

1）项目产出物的影子价格。对于增加供应数量满足国内消费的产出物，供求均衡的，按财务价格定价；供不应求的，参照国内市场价格定价，但不应高于相同质量产品的进口价格。

对于不增加供应数量，只是替代其他相同或类似企业的产出物，致使被替代企业停产或减产，质量与被替代产品相同的，应按被替代企业相应的产品可变成本分解定价；提高产品质量的，原则上按被替代产品的可变成本加提高产品质量带来的国民经济效益定价，其中，提高产品质量带来的效益，可近似地按国际市场价格与被替代产品的价格之差确定。

产出物按上述原则定价后，再计算为出厂价格。

2）项目投入物的影子价格。对于通过原供应企业挖潜增加供应的投入物，按可变成本分解定价；对于通过增加企业生产规模，以满足拟建项目需要的投入物，按全部成本分解定价；对于通过减少原用户的供应量来对项目的供应的投入物，按照国内市场价格、国家统一价格加补贴中较高者定价。

投入物按上述原则定价后，再计算为到厂价格。

（3）特殊投入物的影子价格。

1）劳动力的影子价格。国民经济评价中，劳动力影子价格用影子工资来反映。影子工资指建设项目使用劳动力资源而使社会付出的代价。影子工资由劳动力机会成本和新增资源消耗构成，其表达式为：

$$影子工资=劳动力机会成本+新增资源消耗 \tag{9-15}$$

其中，劳动力机会成本指劳动力在本项目中被使用，而不能在其他项目中使用而被迫放弃的劳动收益；新增资源消耗指劳动力在本项目新就业或由其他就业岗位转移来本项目而发生的社会资源消耗，这些资源消耗并未提高劳动力的生活水平。

影子工资可通过影子工资换算系数计算得到。其计算式为：

$$影子工资=财务工资\times影子工资换算系数 \tag{9-16}$$

影子工资换算系数指影子工资与项目财务评价中的劳动力工资之间的比值。影子工资换算系数可根据项目所在地劳动力就业状况、劳动力就业或转移成本测定。对于技术劳动力的工资报酬一般可由市场供求决定，可采用财务实际支付的工资计算；对于非技术劳动力的影子工资换算系数一般取 0.25～0.8，在劳动力较富余的地区取较低值，不太富余的地区取较高值。

2）土地的影子价格。土地影子价格指建设项目使用土地资源而使社会付出的代价。土地影子价格由土地机会成本和新增资源消耗构成，其表达式为：

土地影子价格=土地机会成本+新增资源消耗 （9-17）

其中，土地机会成本按拟建项目占用土地而使国民经济为此放弃的该土地“最佳替代用途”的净效益计算；土地改变用途而发生的新增资源消耗主要包括拆迁补偿费、农民安置补助费等。在实践中，土地平整等开发成本通常计入工程建设费用中，因此，在土地影子价格中不再重复计算。

土地影子价格应根据项目占用土地所处位置、项目情况以及取得方式分别确定。一般情况下，通过招标、拍卖和挂牌出让方式取得使用权的国有土地，其影子价格可按财务价格计算；通过划拨、双方协议方式取得使用权的土地，应分析价格优惠或扭曲情况，参照公平市场交易价格，对价格进行调整；经济开发区优惠出让使用权的国有土地，应参照当地土地市场交易价格类比确定；当难以用市场交易价格类比确定土地影子价格时，可采用收益现值法或以开发投资应得收益加土地开发成本确定。

### 2. 影子汇率

影子汇率是指两国货币实际购买力的比价关系，即外汇的影子价格。影子汇率在项目的国民经济效益分析中用以将外汇折算为人民币，对于非美元的其他国家货币，可先按当时国家外汇管理局公布的汇价折算为美元，再用影子汇率折算为人民币。影子汇率影响投资项目决策中的进出口抉择，间接影响项目的经济合理性。一般认为，在国家实行外汇管理制和没有形成外汇市场的条件下，官方汇率（国家公布的正式汇率）往往低估了外汇的价值。所以，国民经济效益分析中必须对官方汇率进行调整，选用较能反映外汇真实经济价值的影子汇率，即外汇的机会成本。外汇的机会成本是在一定的经济政策和经济状况下，由于项目投入或产出而减少或增加的外汇收入给国民经济带来净损失或净效益。对于投入物来讲，是指因为投入一个美元的外汇，国家实际要支付或国家要消耗多少人民币；对产出物来讲，是指因为增加一个美元的外汇，国家实际所得到的人民币收入。

### 3. 社会折现率

社会折现率是资金的影子价格，即投入资金的机会成本。社会折现率是投资决策的重要工具。适当的社会折现率可以促进资源的合理分配，引导资金投向对国民经济净贡献大的项目。原则上，选取的社会折现率应能使投资资金的供需基本平衡。如果社会折现率定得过高，投资资金供过于求，将导致资金积压，也会过高估计货币的时间价值，使投资者偏爱短期项目；如果定得过低，在经济评价中有过多的项目通过检验，将导致投资资金不足，同时也会过低地估计货币的时间价值，从而偏爱长期项目。

社会折现率的确定体现国家的政策、目标和宏观调控意图，并且既要符合基本理论，又要符合我国的实际情况，应该考虑我国近期的投资收益水平、社会资金的机会成本、国际金融市场上的长期贷款利率及资金供求状况等因素。

# 9.4　建设项目环境影响评价

## 9.4.1　环境影响评价概述

### 1．环境影响评价的概念及分类

项目环境影响评价是指对规划和建设项目实施后可能造成的环境影响进行分析、预测和评估，提出预防或者减轻不良环境影响的对策和措施，进行跟踪监测的方法与制度。通俗地说，就是分析项目建成投产后可能对环境产生的影响，并提出污染防止对策和措施。环境影响评价的根本目的是鼓励在规划和决策中考虑环境因素，最终达到更具环境相容性的人类活动。

按照评价对象，环境影响评价可以分为规划环境影响评价和建设项目环境影响评价。按照环境要素，环境影响评价可以分为大气环境影响评价、地表水环境影响评价、声环境影响评价、生态环境影响评价和固体废弃物环境影响评价等。按照时间顺序，环境影响评价一般分为环境质量现状评价、环境影响预测评价和环境影响后评价。

### 2．环境影响评价制度

环境影响评价制度是指在进行建设活动之前，对建设项目的选址、设计和建成投产使用后可能对周围环境产生的不良影响进行调查、预测和评定，提出防治措施，并按照法定程序进行报批的法律制度。

把环境影响评价作为一种法律制度在立法上首先肯定下来的是美国。美国 1969 年《国家环境政策法》把环境影响评价作为联邦政府在环境管理中必须遵守的一项制度。此后，瑞典、澳大利亚、法国、新西兰、加拿大等国也相继实行环境影响评价制度。日本从 20 世纪 70 年代开始，在某些部门和地区试行环境影响评价制度。1981 年 4 月，日本内阁会议通过了《环境影响评价法案》，规定在全国实行这种制度。

我国的环境影响评价是从建设项目的环境影响评价起步和发展的。我国 1979 年颁布的《中华人民共和国环境保护法（试行）》规定，新建、改建、扩建、技术改造项目在可行性研究阶段都要进行环境影响评价，从环境保护角度论证项目建设的可行性，提出的环境影响报告书，经环境保护部门和其他有关部门审查批准后才能进行设计。1998 年颁布的《建设项目环境保护管理条例》，对各种投资类型的项目都要求在可行性研究阶段或开工建设之前，完成其环境影响评价的报批。

2002 年 10 月 28 日，中华人民共和国第九届全国人民代表大会常务委员会第三十次会议通过的《中华人民共和国环境影响评价法》更进一步明确了环境影响评价制度。在《中华人民共和国环境影响评价法》中规定，国家根据建设项目对环境的影响程度，对建设项目的环境影响评价实行分类管理。对可能造成重大环境影响的建设项目，建设单位应当组织编制环境影响报告书，对产生的环境影响进行全面评价；对可能造成轻度环境影响的，应当编制环境影响报告表，对产生的环境影响进行分析或者专项评价；对环境影响很小、不需要进行环境影响评价的项目，可只填报环境影响登记表。

3．评价资格审查制度

为确保环境影响评价工作的质量，自1986年起，中国建立了评价单位的资格审查制度，强调评价机构必须具有法人资格，具有与评价内容相适应的固定在编的各专业人员和测试手段，能够对评价结果负起法律责任。评价资格经审核认定后，国家环保总局颁发环境影响评价证书。

国家对从事建设项目环境影响评价工作的单位实行资格审查制度。从事建设项目环境影响评价工作的单位，必须取得国务院环境保护行政主管部门颁发的资格证书，按照资格证书规定的等级和范围，从事建设项目环境影响评价工作，并对评价结论负责。为建设项目环境影响评价提供技术服务的机构，不得与负责审批建设项目环境影响评价文件的环境保护行政主管部门或者其他有关审批部门存在任何利益关系。

### 9.4.2 环境影响评价的主要内容

我国目前进行环境影响评价的主要依据是《中华人民共和国环境影响评价法》。根据该法，环境影响评价包括以下三方面的内容。

（1）运用各种科学技术手段对规划和建设项目实施后可能造成的环境影响进行分析、预测与评估。

（2）根据预测和评估的结果，针对规划和建设项目地具体情况，提出预防或者减轻不良环境影响的对策和措施。

（3）对环境影响的结果进行跟踪检测，及时发现规划和建设项目实施中出现的问题。采取相应的措施加以解决。

### 9.4.3 环境影响评价的方法与程序

1．环境影响评价方法

环境影响评价方法是保证评价科学和准确的重要手段和工具，是在环境影响评价的实际工作中，按照环境评价技术导则和评价工作规律，为解决某些特殊问题而创建的方法，主要可分为环境影响识别方法和环境影响评价技术方法。

（1）环境影响识别方法

环境影响识别是要找出所受到影响的环境因素，以使环境影响预测减少盲目性、环境影响综合分析增加可靠性、污染防治对策具有针对性。环境影响识别主要包括环境影响因子的识别和环境影响程度的识别。

环境影响因子的识别是在明确该建设项目影响地区的自然环境和社会环境状况及确定环境影响评价的工作范围的基础上，根据项目的组成、特性及其功能，结合项目影响地区的特点，从自然环境和社会环境两个方面，选择需要进行影响评价的环境因子。

环境影响程度的识别通常采取对有利影响与不利影响划分等级的办法来识别建设项目对环境因子的影响程度。在做好环境的本底调查和深入了解建设项目必须达到的目标及其相应的技术指标的基础上，尽可能客观预测环境因子由于环境变化而产生的生态影响、人群健康影响和社会经济影响，确定影响程度的等级。一般，不利影响常用负号表示，在不损失和不降低环境质量的情况下，按环境因子对外界的敏感程度划分等级，如划分为极端不利、非常不利、中度不利、轻度不利和微弱不利五个等级。有利影响用正号表示，按照对环境与生态产生的良性循环、提高的环境质量，产生的社会经济效益程度而确定等级，如可划分为微弱有利、轻度有利、中等有利、大有利和特有利五个等级。

（2）环境影响评价技术方法

1）核查表法。核查表法是将可能受开发方案影响的环境因子和可能产生的影响性质，通过核查在一张表上列出的识别方法，故亦称一览表法或列表清单法。这种表单有三种主要形式：简单型清单、描述型清单和分级型清单。

核查表法是将拟实施的开发建设活动影响因素与可能受影响的环境因子分别列在同一张表格中，逐项进行分析，并以正负符号、数值、其他符号表示影响的性质、强度、相对大小等，由此分析开发建设活动的生态环境影响。这种方法主要用于影响识别和评价因子的筛选，以及进行开发建设活动对环境因子的影响分析。

2）类比法。类比法是最简单的主观预测方法之一，是将拟建项目对环境的影响在性质上做出全面分析和在总体上做出判断的一种方法。其基本原理是将拟建项目同选择的已建项目进行比较，根据已建项目对环境产生的影响，作为评价拟建工程对环境影响的主要依据。

类比分析法是一种比较常用的定性和半定量评价方法。类比对象是进行对比分析或者预测评价的基础，也是该方法成败的关键。一般来说，类比对象的选择条件如下：①具有与评价的拟建项目相似的自然地理环境，例如地理位置相似、地质和气候条件、环境特征相似；②具有与评价的拟建项目相似的性质、工艺和规模相当；③类比项目应具有一定的运行年限，所产生的影响已基本全部显现。在类比对象确定后，需要选择和确定类比因子及指标，并对类比对象开展调查与评价，然后分析拟建项目与类比对象的差异。根据类比对象同拟建项目的比较，做出类比分析结论。

由于环境问题的复杂性，类比分析法可更多地用于生态环境影响识别和评价因子筛选、预测生态环境问题的发生与发展趋势及其危害、确定环保目标和寻求最有效最可行的环境保护措施等方面。

3）专家调查法。当缺乏足够的数据、资料而无法进行客观的统计分析时，又难以用数学模式进行定量化分析，且由于因果关系太复杂而找不到适当的预测模式条件下，不能应用客观预测方法，那么只能用主观预测方法。最简单的解决办法就是召开专家咨询会，综合专家的实践经验，进行类比、对比分析及归纳、演绎和推理，从而预测拟建项目的环境影响。

专家调查法是指组织环境评价相关领域的专家，运用专业方面的知识和经验，对被评价对象的过去、现状及发展趋势等进行研究，从而对被评价对象的整体发展趋势和状况做出科学的判断。专家调查法是一种预测性的环评调查方法。专家调查法的具体形式有许多类型，如头脑风暴法、德尔菲法、广议法、集体商议法、圆桌会议法等。

4）模型分析法。根据污染物迁移转化规律或环境毒理学规律等理论基础建立环境影响模型，可以有效地弥补核查表法、类比法和专家调查法等方面因人为因素影响难以全面真实地反映实际情况的不足。环境影响可以通过环境系统模型来表达，故环境影响模型是以环境系统模型为基础的。环境系统模型是现实环境系统的抽象或模仿、由反映系统本质的主要因素组成，能够集中体现这些因素之间的关系。系统模型一般可分为物理模型、文字模型和数学模型三大类。其中物理模型包括实体模型、相似模型和仿真模型等；数学模型包括网络模型、图表模型、逻辑模型和解析模型等；当难以建立物理模型和数学模型时，则采用文字模型描述研究结果。

一般来说，因物理模型耗费时间较长（数月或更长）、耗费人力和财力较多，在环境影响评价中较少采纳。而数学模型因其建模快、耗费人力和财力少、计算结果可重复、便于检验等特点，在环境影响预测分析中得到了广泛的应用。

**2．环境影响评价程序**

环境影响评价的程序，一般包括四个阶段：①由开发者首先进行环境调查和综合预测（有的委托专门顾问机构或大学、科研单位进行），提出环境影响报告书；②公布报告书，广泛听取公众和专家的意见；对于不同意见，有的国家规定要举行“公众意见听证会”；③根据专家和公众意见，对方案进行必要的修改；④主管当局最后审批。

而就环境影响评价工作本身大体分为三个阶段：

第一阶段为准备阶段，主要工作为研究有关文件，进行初步的工程分析和环境现状调查，筛选重点评价项目，确定各单项环境影响评价的工作等级，编制评价工作大纲；

第二阶段为评价阶段，其主要工作为进一步做工程分析和环境现状调查，并进行环境影响预测和评价环境影响；

第三阶段为报告书编制阶段，其主要工作为汇总、分析第二阶段工作所得到的各种资料、数据，做出结论，完成环境影响报告书的编制。

# 9.5　建设项目社会评价

## 9.5.1　社会评价概述

1．社会评价的概念及目的

社会评价是分析拟建项目对当地社会的影响和当地社会条件对项目的适应性和可接受程度，评价项目的社会可行性。社会评价旨在系统调查和预测拟建项目的建设、运营产生的社会影响与社会效益，分析项目所在地区的社会环境对项目的适应性和可接受程度，通过分析项目涉及的各种社会因素，评价项目的社会可行性，提出项目与当地社会协调关系，规避社会风险，促进项目顺利实施，保持社会稳定的方案。

社会评价的主要目的是消除或尽量减少因建设项目实施而产生的各种负面社会影响，减少社会矛盾和纠纷，使项目的内容和实施方案符合项目所在地区的社会发展规划、社会实际情况和目标人群的具体发展需要，为项目所在地区的人群提供更广阔的发展机遇，提高项目实施的社会效果，并能为实现项目地区减轻或消除贫困、维护社会稳定等区域社会发展目标做出贡献，促进经济与社会的协调发展。

2．社会评价的项目范围

任何建设项目都与人和社会有着密切的联系，因而从理论上讲，社会评价适合各类投资建设项目的评价。然而，由于社会评价难度大、要求高，且需要一定的资金和时间投入，故不可能对全部项目都进行社会评价。通常，主要针对对当地居民受益较大的社会公益性项目、对人民生活影响较大的基础性项目、容易引起社会动荡的项目、区域性发展项目和扶贫项目进行评价。例如，水利灌溉项目、移民和非自愿移民项目、畜牧项目、渔业项目、林业项目及大型的能源、交通、供水、采矿、工业项目等。

在项目评价中首先需要进行初步社会评价，然后根据初步评价的结果，判断是否需要进行详细社会分析。需要进行详细社会分析的项目一般具有下列特征：①项目地区的居民无法从以往的发展项目中受益或历来处于不利地位；②项目地区存在比较严重的社会、经济不公平等现象；③项目地区存在比较严重社会问题；④项目地区面临大规模企业结构调整，并可能引发大规模的失业人口；⑤可预见到项目会产生重大负面影响，如非自愿移民、文物古迹严重破坏；⑥项目活动会改变当地人口的行为方式和价值观念；⑦社区参与对项目效果可持续性和成功实施十分重要；⑧项目评价人员对项目影响群体和目标群体的需求及项目地区发展的制约因素缺乏足够的了解。

## 9.5.2　社会评价的主要内容

社会评价研究内容包括项目的社会影响分析、互适性分析和社会风险分析三个方面。

1. 社会影响分析

社会影响分析在内容上可分为三个层次，从国家、地区、社区三个层面展开，包括正面影响和负面影响。

（1）对所在地居民收入的影响。主要分析预测由于项目实施可能造成当地居民收入增加或减少的范围、程度及其原因；收入分配是否公平，是否扩大了贫富收入差距，并提出促进收入公平分配的措施建议。

（2）对居民生活水平和生活质量的影响。分析预测项目实施后居民居住水平、消费水平、消费结构、人均寿命等的变化及其原因。

（3）对居民就业的影响。分析预测项目的建设、运营对当地居民就业结构和就业机会的正面与负面影响。

（4）对不同利益相关者的影响。分析预测项目的建设和运营使哪些人受益或受损，以及对受损群体的补偿措施和途径。

（5）对弱势群体利益的影响。分析预测项目的建设和运营对当地妇女、儿童、残疾人员利益的正面或负面影响。

（6）对文化、教育、卫生的影响。分析预测项目的建设和运营对当地文化教育水平、卫生健康程度的变化以及对当地人文环境的影响，提出减少不利影响的措施建议。

（7）对基础设施、社会服务容量和城市化进程等的影响。分析预测项目的建设和运营期间是否可能增加或占用当地道路、桥梁、供电、给排水、供汽等基础设施。

（8）对少数民族风俗习惯和宗教的影响。分析预测项目的建设和运营是否符合国家的民族和宗教政策，是否会引发民族矛盾、宗教纠纷，影响当地社会安定。

通过上面八方面的分析，需对项目的社会影响做出评价。编制项目社会影响分析表，如表 9-18 所示。

表 9-18 项目社会影响分析表

| 序号 | 社会因素 | 影响的范围、程度 | 可能导致的后果 | 措施建议 |
|---|---|---|---|---|
| 1 | 对所在地居民收入的影响 | | | |
| 2 | 对居民生活水平和生活质量的影响 | | | |
| 3 | 对居民就业的影响 | | | |
| 4 | 对不同利益相关者的影响 | | | |
| 5 | 对弱势群体利益的影响 | | | |
| 6 | 对文化、教育、卫生的影响 | | | |
| 7 | 对基础设施、社会服务容量和城市化进程等的影响 | | | |
| 8 | 对少数民族风俗习惯和宗教的影响 | | | |

2．互适性分析

互适性分析主要是分析预测项目能否为当地的社会环境、人文条件所接纳，以及当地政府、居民支持项目的程度，考察项目与当地社会环境的相互适应关系。

（1）分析预测与项目直接相关的不同利益相关者对项目建设和运营的态度及参与程度，选择可以促使项目成功的各利益相关者的参与方式，对可能阻碍项目存在与发展的因素提出防范措施。

（2）分析预测项目所在地区的社会组织对项目建设和运营的态度。首先分析当地政府对项目的态度及协作支持的力度。其次分析当地群众对项目的态度以及群众参与的程度。通过分析项目的受益者及受益面的大小、受损者及其受损程度和补偿方案，寻找共赢方案。

（3）分析预测项目所在地区社会环境、文化状况能否适应项目建设和发展需要。应分析当地居民的教育水平能否适应项目要求的社会环境条件，能否保证实现项目的既定目标。

通过项目与所在地的互适性分析，评价当地社会对项目适应性和可接受程度，编制社会与项目的互适性分析表，如表 9-19 所示。

表 9-19　社会与项目的互适性分析表

| 序号 | 社会因素 | 适应程度 | 可能出现的问题 | 措施建议 |
|---|---|---|---|---|
| 1 | 不同利益相关者的态度 | | | |
| 2 | 当地社会组织的态度 | | | |
| 3 | 当地社会环境条件 | | | |

3．社会风险分析

社会风险分析是对可能影响项目的各种社会因素进行识别和排序，选择影响面大、持续时间长，并容易导致较大矛盾的社会因素进行预测，分析可能出现这种风险的社会环境和条件。社会风险分析表如表 9-20 所示。

表 9-20　社会风险分析表

| 序号 | 风险因素 | 持续时间 | 可能导致的后果 | 措施建议 |
|---|---|---|---|---|
| 1 | 移民安置问题 | | | |
| 2 | 民族矛盾、宗教问题 | | | |
| 3 | 弱势群体支持问题 | | | |
| 4 | 受损补偿问题 | | | |

## 9.5.3 社会评价的方法与程序

1．社会评价的常用方法

建设项目投资活动涉及的社会因素、社会影响和社会风险不可能用统一的指标、量纲和判据进行评价，因此社会评价应根据项目的具体情况采用灵活的评价方法。通常，社会评价采用定量分析与定性分析相结合、参数评价与经验判断相结合的方法，其中定性分析在社会评价中占有重要地位。在具体评价中，常采用利益相关者分析法、有无对比分析法、综合分析评价法等分析方法。

（1）利益相关者分析法

利益相关者是指与项目有直接或间接利害关系，并对项目成功与否有直接或间接影响的有关个人、群体和组织机构。利益相关者分析在社会评价中用于辨认项目利益的相关群体，分析他们受项目的影响，以及他们对项目的实施及实现目标的影响。

利益相关者的划分一般是按有关各方与项目的关系及其对项目的影响程度与性质或其受项目影响的程度与性质决定的。一般划分为：①项目受益人；②项目受害人；③项目受影响人；④其他利益相关者，包括项目的建设单位、设计单位、咨询单位、与项目有关的政府部门与非政府组织。

利益相关者分析的主要内容包括：根据项目单位的要求和项目的主要目标，确定项目所包括的主要利益相关者；明确各利益相关者的利益所在以及与项目的关系；分析各个利益相关者之间的相互关系；分析各利益相关者参与项目的设计、实施的各种可能方式。

利益相关者分析一般包括四个步骤：①识别利益相关者，构造项目利益相关者列表；②分析利益相关者的利益构成，即需要对利益相关者从项目实施中可能获得的利益及可能对项目产生的影响进行分析；③评价各利益相关者对项目成功与否所起作用的重要程度；④根据项目目标，对项目各利益相关者的重要性做出评价；⑤根据以上各步的分析结果，提出在项目实施过程中对各利益相关者应采取的措施。

（2）有无对比分析法

有无对比分析法是指对有项目情况和无项目情况的社会影响对比分析。有项目情况减去同一时刻的无项目情况，就是由于项目建设引起的社会影响。运用有无对比法需要首先确定没有进行项目建设时的该地区的社会状况，如社会经济、文化科技、生态环境状况等。其次，确定项目建设完成后该地区的社会状况。有无对比法的关键在于如何将非本项目所产生的效益剔除掉。但是需要进行社会影响评价的项目，一般时间周期都较长，且社会影响评价的范围十分广泛。在这样的时期与范围内，项目区域通常都会出现社会政策的变动、经济发展或其他项目投资建设等情况。把这些情况所带来的社会收益从待考察项目社会收益中剔除是非常困难的事情。故有无对比法在社会影响评价中的效果常常不是十分准确。

（3）综合分析评价法

分析项目的社会可行性时通常要考虑项目的多个社会因素及目标的实现程度。对这种多个目标的评价决策问题，通常选用多目标决策科学方法，如德尔菲法、矩阵分析法、层次分析法、模糊综合评价法、数据包络分析法等。

社会评价综合分析结论不能单独应用，必须与项目社会适应性分析结合起来考虑。项目与社区的互适性分析，研究如何采取措施使项目与社会相互适应，以取得较好的投资效果。所以，综合分析评价得出项目社会评价的总分后，在方案比较中，除了要看总分高低，还要看各方案措施实施的难易和所需费用的高低及风险的大小情况，才能得出各方案社会可行性的优劣。有些项目可能因方案社会风险大或受损群众数量较大，又难以减轻而改变方案。对于项目社会评价来说，多目标分析综合评价方法得出的结果，往往只能作为一种分析总结的参考数据，不能据以决策。

**2．社会评价的程序**

（1）调查社会资料。调查项目所在地区和受影响社区的基本社会经济情况，以及项目影响时限内可能的变化。包括人口、基础设施和服务设施状况、当地风俗、人际关系、各利益相关者对项目的反应、要求与接受程度、各利益群体参与项目活动的可能性等。可采用多种调查方法，如查阅历史文献、统计资料、问卷调查、现场访问、观察、开座谈会等。

（2）识别社会因素。分析社会调查获得的资料，对项目涉及的各种社会因素进行分类。一般分为三类。①影响人类生活和行为的因素。如对就业的影响，对收入分配的影响，对社区发展和城市建设的影响，对居民身心健康的影响，对文化教育事业的影响，对社区福利和社会保障的影响等。②影响社会环境变迁的因素。如对自然和生态环境的影响，对资源综合开发利用的影响，对能源节约的影响，对耕地和水资源的影响。③影响社会稳定与发展的因素。如对风俗习惯、宗教习惯、民族团结的影响，对社区组织结构和地方管理机构的影响，对国家安全和地区威望的影响。

（3）论证比选方案。对拟定项目建设地点、技术方案和工程方案中涉及的主要社会因素进行定性、定量分析，比选推荐社会正面影响大、社会负面影响小方案。主要内容如下。

1）确定评价目标与评价范围。确定项目评价的目标，并分析主要目标和次要目标，项目影响涉及的空间范围和时间范围。

2）选择评价指标。包括各种效益和影响的定性指标和定量指标。注意所选指标不宜过多（控制在50个以内）。

3）确定评价标准。在广泛调查研究和科学分析的基础上，收集项目本身及评价空间范围内社会、经济、环境等各方面的信息，并预测评价在项目建设阶段有无可能发生变化，然后确定评价的标准。

4）制定备选方案。根据项目的建设目标、不同的建设地点、不同的资金来源、不同的技术方案等提出若干可供选择的方案，通过深入调查了解项目影响区域范围内地方政府与群众的意见，将这些意见纳入方案比较的过程中。

5）进行项目评价。首先，计算定量指标，根据标准评价优劣；其次，对不能定量计算的社会因素进行定性分析，判断对项目的影响程度，揭示社会风险；再次，分析定性指标和定量指标重要程度，赋予权重；最后，计算各指标得分和项目综合目标值，并对备选方案进行排序，得分高者中选。

6）专家论证。将选出的最优方案提交专家论证，进一步补充和完善该方案。

7）编制“项目社会评价报告”。将对所评价项目的过程和结论，以及方案重的重要问题和有争议的问题写成一定格式的书面报告，提出项目是否具有社会可行性的结论和建议。

## 9.6 建设项目后评价

### 9.6.1 建设项目后评价概述

建设项目后评价是指在项目建成竣工验收并运行一段时间后，对该项目的立项、决策、设计、实施和运营，以及项目的经济效益、社会效益等进行系统客观的分析总结。通过对项目的检查总结，确定投资预期的目标是否达到，项目或规划是否合理有效，项目的主要效益指标是否实现，通过分析评价找出成败的原因，总结经验教训，并通过及时有效的信息反馈，为未来项目的决策和提高完善投资决策管理水平提出建议，同时也为被评项目实施运营中出现的问题提出改进建议，从而达到提高投资效益的目的。

随着我国经济体制改革的深入，开展项目后评价显得尤为重要。项目后评价对投资者提高后续项目决策的科学性，提高项目管理水平和投资效益等方面均具有重要的作用。

### 9.6.2 建设项目后评价的内容

建设项目后评价的主要内容包括项目技术效果评价、项目经济效益后评价、项目环境效益后评价、项目社会效益后评价、项目管理效果后评价、项目成功度评价6个方面的内容。

**1．项目技术效果评价**

项目技术效果评价主要是对工艺技术流程和技术装备选择的可靠性、适用性、配套性、先进性、经济合理性的再分析。在决策阶段认为可行的工艺技术流程和技术装备，在使用中有可能与预想的结果有差别，许多不足之处逐渐暴露出来。在评价中就需要针对实践中存在的问题、产生的原因认真总结经验，在以后的设计中选用更好、更适用、更经济的设备；或对原有的工艺技术流程进行适当的调整，发挥设备的潜在效益。

项目技术效果评价的主要内容包括以下几方面。

（1）检验工艺的可靠性。对新技术、新工艺在生产领域的应用进行经验总结，同时，应对不成熟的工艺进入生产领域给国家资金造成严重损失的项目，认真分析其原因，以便在今后的项目建设过程中吸取经验教训。

（2）检验工艺流程是否合理。评价工艺流程是否符合生产类型的要求，工艺流程是否符合加工对象的特点，原材料加工和形成产品的过程是否顺畅、便捷、具有连续性，以及原材料的消耗情况等。

（3）检验工艺对产品质量的保证程度。主要通过实际生产情况分析、调查、核实对比，衡量产品质量的各种参数，并分析其对产品质量的影响。

（4）检验工序对原材料的适应性。考察项目所采用工序是否与原材料相适应。

### 2．项目经济效益后评价

（1）项目财务效益后评价。项目财务效益后评价与项目财务评价在内容上基本是相同的，都要进行项目的赢利能力分析、清偿能力分析和外汇平衡分析。但在后评价中采用的数据不能简单地使用实际数，应消除物价指数因素的影响，并使之与前评价中的各项评价指标在评价时点和计算效益的范围上都可比。

在赢利能力分析中，通过编制利润与利润分配表，计算资金利润率、资金利税率、资本金利润率等指标，以反映项目和投资者的获利能力。清偿能力分析主要通过编制资产负债表，借款还本付息计算表，计算资产负债率、流动比率、速动比率、偿债准备率等指标反映项目的清偿能力。财务效益评价指标前后对比如表 9-21 所示。

表 9-21 财务效益评价指标前后对比表

| 序号 | 分析内容 | 报表名称 | 评价指标名称 | 指标值 | | 偏离值 | 偏离原因 |
|---|---|---|---|---|---|---|---|
| | | | | 前评价 | 后评价 | | |
| 1 | 赢利能力分析 | 现金流量表 | 全部投资回收期 | | | | |
| 2 | | | 财务内部收益率（税前） | | | | |
| 3 | | | 财务净现值（税前） | | | | |
| 4 | | 项目资本金现金流量表 | 财务内部收益率（税后） | | | | |
| 5 | | | 财务净现值（税后） | | | | |
| 6 | | 利润与利润分配表 | 资金利润率 | | | | |
| 7 | | | 资金利税率 | | | | |
| 8 | | | 资本金利润率 | | | | |
| 9 | 清偿能力分析 | 资金来源与运用表 | 借款偿还期、偿债准备率 | | | | |
| 10 | | 资产负债表 | 资产负债率 | | | | |
| 11 | | | 流动比率 | | | | |
| 12 | | | 速动比率 | | | | |

（2）项目国民经济效益后评价。项目国民经济效益后评价的内容主要是通过编制全投资与国内投资经济效益和费用流量表、外汇流量表、国内资源流量表等计算国民经济营利性指标值，全投资和国内投资经济内部收益率和经济净现值、经济换汇成本、经济节汇成本等指标，此外还应分析项目的建设对当地经济发展，所在行业和社会经济发展的影响、对收益公平分配的影响（提高低收入阶层收入水平的影响），对提高当地人口就业的影响和推动本地区、本行业技术进步的影响等。经济效果后评价结果同样要与前

评估指标对比，如表9-22所示。

表9-22 经济效益评价指标对比表

| 序号 | 分析内容 | 报表名称 | 评价指标名称 | 指标值 | | 偏离值 | 偏离原因 |
|---|---|---|---|---|---|---|---|
| | | | | 前评价 | 后评价 | | |
| 1 | 经济赢利能力分析 | 全投资社会经济效益费用流量表 | 经济内部收益率 | | | | |
| 2 | | | 经济净现值 | | | | |
| 3 | | 国内投资社会经济效益流量表 | 经济内部收益率 | | | | |
| 4 | | | 经济净现值 | | | | |
| 5 | 外汇效果分析 | 出口产品国内资源流量表及出口产品外汇流量 | 经济换汇成本 | | | | |
| 6 | | 替代进口产品国内资源流量表及替代进口产品外汇流量 | 节汇成本 | | | | |

### 3. 项目环境效益后评价

项目环境效益后评价是指对照项目前评估时批准的《环境影响报告书》，重新审查项目环境影响的实际结果。实施环境影响评价应遵照国家环保法的规定，根据国家和地方环境质量标准和污染物排放标准，以及相关产业部门的环保规定。在审核已实施的环评报告和评价环境影响现状的同时，要对未来进行预测。对有可能产生突发性事故的项目，要有环境影响的风险分析。如果项目生产或使用对人类和生态有极大危害的剧毒物品，或项目位于环境高度敏感的地区，或项目已发生严重的污染事件，那么，还需要提出一份单独的项目环境影响评价报告。环境影响后评价一般包括项目的污染控制、区域的环境质量、自然资源的利用、区域的生态平衡和环境管理能力五部分内容。

### 4. 项目社会效益后评价

项目社会效益后评价的内容，主要是项目建设对当地经济和社会发展及技术进步的影响。一般可包含如下七个方面：项目对当地就业的影响、对当地收入分配的影响、对居民的生活条件和生活质量的影响、受益者范围及其反映、各方面的参与状况、地区的发展，以及对妇女、民族宗教信仰的影响。

社会影响评价的方法是定性和定量相结合，以定性为主，在诸要素评价分析的基础上进行综合评价。恰当的社会影响评价调查提纲和正确的分析方法是社会影响评价成功的先决条件，应慎重选择。

### 5. 项目管理效果后评价

项目管理效果后评价重点是项目建设和运营中的组织结构及能力。通常，项目业主应对项目组织机构所具备的能力进行适时监测和评价，以分析项目组织机构选择的合理性，并及时进行调整。项目管理效果评价主要有：组织结构形式和适应能力的评价；对组织中人员结构和能力的评价；组织内部工作制度、工作程序及沟通、运行机制的评价；激励机制及员工满意度的评价；组织内部利益冲突调解能力的评价；组织机构的环境适应性评价；管理者意识与水平的评价。

### 6．项目成功度评价

项目成功度评价是从项目目标实现程度和项目可持续性两个角度进行的评价。

（1）项目目标实现程度评价。项目后评价需要对项目目标的实现程度进行分析评价，项目目标实现程度评价（包括绩效评价），主要分析项目前评估中预定目标的实现程度有哪些变化，产生偏离的主观和客观原因。为达到或接近达到预定目标和目的，应采取哪些措施和对策（见表9-23）。必要时，还要对项目预定目标和目的的合理性、明确性和可操作性进行分析和评价，提出调整或修改目标和目的的意见和建议。

表9-23　项目预定目标和目的达到程度分析表

| 目标或目的内容名称 | 预定值 | 项目建成可能达到值 | 目标目的实现程度（%） | 偏离的原因分析 | 拟采取的对策和措施 |
|---|---|---|---|---|---|
| | | | | | |
| | | | | | |

（2）项目可持续性分析。项目可持续性是指在项目的建设资金投入完成之后，项目的既定目标是否还能继续，是否可以持续地发展下去；项目投资人是否愿意并可能依靠自己的力量继续去实现既定目标。项目可持续性分析要素包括市场、资源、财务、技术、环保、管理、政策等。

可持续性分析应列出制约项目可持续发展的主要因素，分析原因，分析项目可持续发展的主要条件，提出合理的建议和要求（见表9-24）。

表9-24　项目可持续发展条件分析框架表

| 序　号 | 制约因素名称 | 内部原因分析 | 外部条件分析 | 解决方案 |
|---|---|---|---|---|
| 1 | | | | |
| 2 | | | | |

（3）项目成功度评定。项目成功度评价可分为五个等级：① 完全成功的，即项目的各项目标都全面实现或超过；相对成本而言，取得巨大的效益和影响；② 基本成功的，即项目的大部分目标已经实现；相对成本而言，达到了预期的效益和影响；③ 部分成功的，即项目实现了原定的部分目标；相对成本而言，只取得了一定的效益和影响；④ 不成功的，即项目实现的目标非常有限；相对成本而言，几乎没有产生什么正效益和影响；⑤ 失败的，

即项目的目标是不现实的，无法实现；相对成本而言，不得不终止。

项目成功度评价设置的主要指标如表9-25所示。首先要根据具体项目的类型和特点，确定测评指标与项目的相关程度，并分为“重要”、“次重要”和“不重要”三类。一般只测定重要和次重要的项目内容，通常实际测定的指标在10项左右。其次，按A、B 、C、D四等评定各单项指标的成功等级。然后，通过对各项指标的综合分析，也按A、B、C、D四等判定项目成功度。

表9-25 项目成功度评定表

| 序　　号 | 评定项目指标 | 相关重要性 | 评定等级 | 备　　注 |
|---|---|---|---|---|
| 1 | 宏观目标和产业政策 | | | |
| 2 | 决策及其程序 | | | |
| 3 | 布局与规模 | | | |
| 4 | 项目目标及市场 | | | |
| 5 | 设计与技术装备水平 | | | |
| 6 | 资源和建设条件 | | | |
| 7 | 资金来源和融资 | | | |
| 8 | 项目进度及其控制 | | | |
| 9 | 项目质量及其控制 | | | |
| 10 | 项目投资及其控制 | | | |
| 11 | 项目经营 | | | |
| 12 | 机构和管理 | | | |
| 13 | 项目财务效益 | | | |
| 14 | 项目经济效益和影响 | | | |
| 15 | 项目社会和环境影响 | | | |
| 16 | 项目可持续性 | | | |
| | 项目总评价 | | | |

### 9.6.3 建设项目后评价的方法与程序

#### 1．建设项目后评价的常用方法

建设项目后评价的常用方法有有无对比法、逻辑框架法、因果分析法等。其中对比法是一种相对比较的方法；逻辑框架法是一种综合系统地研究和分析问题的思维框架模式；因果分析法是对造成变化结果的原因逐一进行剖析，分清主次轻重关系，有针对性地提出对策措施的方式。本书主要介绍有无对比法和逻辑框架法。

（1）对比法。对比法是建设项目后评价的常用方法。对比法又分为前后对比法和有无对比法，项目更注重有无对比法。

前后对比法是将工程项目前期的可行性研究和评估预测结论，以及工程设计确定的技术经济指标，与项目建成的实际运行结果及在后评价时点所做的预测值相对比。采用前后对比法，要注意前后数据的可比性。

有无对比法是指将有项目时实际发生的情况与假定无项目时可能发生的情况进行对比，以度量项目的真实效益、影响和作用。采用有无对比法时，要注意分清项目的作用和影响与项目以外的其他因素的作用和影响；注意参照对比，即与其他类似项目进行对比，可以是同行业对比、同规模对比、同地区对比等。采用有无对比法的关键是要求投入的代价与产出的效果在评价时计算的口径一致。也就是说，所度量的效果必须是真正归因于项目。但是，很多项目，特别是大型项目，产生的效果不仅是项目本身的效果和作用，还有项目以外多种的影响。

通常情况下，项目的效益与影响评价要分析的数据和资料包括：项目建设前的情况，项目决策时的预测效果，项目完成后的实际效果，假定无项目时可能产生的效果，无项目的实际效果等。

（2）逻辑框架法。逻辑框架法（Logical Framework Approach，LFA）是美国国际开发署（USAID）在1970年开发并使用的一种设计、计划和评价的工具；目前许多国际组织将其作为援助项目的计划、管理和评价的主要方法。

逻辑框架法是一种综合、系统地研究和分析问题的思维框架模式，是一种概念化论述和评价项目的方法。该方法用一张简单的框图来清晰地分析一个复杂项目的内涵和关系，使之更易理解。具体运用时，将几个内容相关、必须同步考虑的动态因素组合起来，从项目的设计策划到目标、目的的确定，通过分析其相互关系来评价一项活动或工作，通过对项目目标和达到目标所需手段间逻辑关系的分析，用以确定工作的范围和任务。逻辑框架法为项目计划者和评价者提供了一种逻辑思维和分析框架，在项目立项决策、可行性研究及评估、项目实施计划及管理、项目后评价等工作中，采用LFA对关键因素和问题做出系统的合乎逻辑的分析，有助于提高项目决策、管理与评价的能力和水平。

1）逻辑框架的基本模式。逻辑框架法的核心是事物层次间的因果逻辑关系的分析，即“如果”提供了某种条件，包括事物内在的因素和事物所需的外部条件，“那么”就会产生某种结果。逻辑框架法的模式是一个4×4的矩阵，如表9-26所示。

表9-26 逻辑框架模式表

| 层次描述 | 客观验证指标 | 验证方法 | 重要外部条件 |
|---|---|---|---|
| 目标/影响 | 目标指标 | 监测和监督手段及方法 | 实现目标的主要条件 |
| 目的/作用 | 目的指标 | 监测和监督手段及方法 | 实现目的的主要条件 |
| 产出/结果 | 产出物定量指标 | 监测和监督手段及方法 | 实现产出的主要条件 |
| 投入/措施 | 投入物定量指标 | 监测和监督手段及方法 | 实现投入的主要条件 |

2）目标层次如表 9-26 所示，逻辑框架法把目标及因果关系划分为目标/影响、目的/作用、产出/结果、投入/措施四个层次。

目标（Goal）层次，通常是指高层次的目标，即宏观计划、规划、政策和方针等，一般超过项目范畴，是指国家、地区、部门或多边金融机构的整体目标。这个层次目标的确定和指标的选择一般由国家或行业部门负责。

目的（Objectives or Purposes）层次，建设工程项目的直接效果和作用，一般应考虑项目为受益群体带来的效果。这个层次的目标由项目或独立的评价机构来确定，评价指标依项目确定。

产出（Outputs）层次，指项目建成后提供的产品或服务，应有直接可计量的产品、服务。

投入和活动（Inputs and Activities）层次，指项目实施过程及内容，主要包括资源投入量和工程建设活动及过程。

逻辑框架法不仅是一个程序，更重要的是一种帮助思维的模式，通过明确的总体思维，把与建设工程项目运作相关的重要因素集中并加以分析，以确定“谁”在为“谁”干什么？什么时间？什么原因？怎么干？虽然编制逻辑框架是一件比较困难和费时的工作，但是对于项目决策者、管理者和评价者来讲，可以事先明确项目应该达到的目标和目的及必要的条件，这是十分有意义的。

3）逻辑框架在建设工程项目后评价中的应用。逻辑框架法已广泛运用于各种活动的规划、计划和策划之中。在建设工程项目管理中，逻辑框架法通常用于规划设计、项目建议书、可行性研究及评估、项目管理信息系统、项目监测与评价、项目中间评价、项目后评价、影响评价，以及风险分析、可持续性分析、社会评价等。

建设工程项目后评价主要解决三个问题：① 项目的原定目标和目的是否可能达到，目标和目的是否需要调整；② 项目的原定效益是否可能实现以及实现程度；③ 项目下一步会有什么风险，有多大的风险。因而，建设工程项目后评价也要回答三个问题：① 原定的目标和目的是否已经达到以及达到的程度，原定的项目目标和目的是否合理；② 项目原定效益是否已经实现以及实现程度，项目有哪些经验教训；③项目是否具有可持续性。

逻辑框架法可对这三个方面的问题进行全面的评价。建设项目后评价所使用的逻辑框架法的客观验证指标，应反映出项目实际完成情况与项目前评价中原预测指标的差别，以及项目后续发展变化情况与项目前评估预测的差异。在编制项目后评价的逻辑框架前应设立一张项目前评价与项目实际和后续预测数据指标的对比表，以求找出在逻辑框架表中应填写的主要内容，其逻辑框架基本格式如表 9-27 所示。

采用逻辑框架法进行工程项目后评价时可以根据项目后评价的特点和项目特征设计评价的内容和指标，以适应不同工程项目后评价的要求。

表 9-27　项目后评价的逻辑框架表

| 目标层次 | 验证对比指标 | | | 原因分析 | | 可持续性（风险） |
|---|---|---|---|---|---|---|
| | 项目原定指标 | 实际实现指标 | 差别/变化 | 主要内部原因 | 主要外部原因 | |
| 宏观目标（影响） | | | | | | |
| 项目目的（作用） | | | | | | |
| 项目产出（实施结果） | | | | | | |
| 项目投入（建设条件） | | | | | | |

**2. 建设项目后评价的程序**

（1）接受后评价任务、签订工作合同或评价协议。一般来说，作为后评价实施单位，自己没有选择评价项目的权力。在计划经济年代，后评价项目由上级主管部门布置或下达。在市场经济年代，后评价单位可以从上级主管部门接受后评价任务委托，也可去中介市场承揽后评价业务。后评价单位接受和承揽到后评价任务以后，首要任务就是与业主或上级签订评价合同或相关协议，以明确各自在后评价工作中的权利和义务。

（2）成立后评价小组、制定评价计划。后评价合同或协议签订后，后评价单位就应及时任命项目负责人，成立后评价小组，制定后评价计划。项目负责人必须保证评价工作客观、公正，因而不能有业主单位的人兼任后评价小组的成员，负责人必须具有一定的后评价工作经验；后评价计划必须说明评价对象、评价内容、评价方法、评价时间、工作进度、质量要求、经费预算、专家名单、报告格式等。

（3）设计调查方案、聘请有关专家。调查是评价的基础，调查方案是整个调查工作的行动纲领，它对于保证调查工作的顺利具有重要的指导作用。一个设计良好的社会调查方案不但要有调查内容、调查计划、调查方式、调查对象、调查经费等内容，还应包括科学的调查指标体系，因为只有用科学的指标才能说明所评项目的目标、目的、效益和影响。

每个评价项目都有其自身的专业特点，评价单位不可能事事依靠内部专家，还必须从社会上聘请一定数量的专家参加调查评价工作。

（4）阅读文件、收集资料。对于一个在建或已建项目来说，业主单位在评价合同或协议签订后，都要围绕被评项目文件，从中收集与未来评价有关的资料，如项目的建设资料、运营资料、效益资料、影响资料，以及国家和行业有关的规定和政策等。

（5）开展调查、了解情况。在收集项目资料的基础上，为了核实情况、进一步收集评价信息，必须去现场进行调查。一般地说，去现场调查需要了解项目的真实情况，不但要了解项目的宏观情况，还要了解项目的微观情况。宏观情况是项目在整个国民经济发展中的地位和作用，微观情况是项目自身的建设情况、运营情况、效益情况、可持续发展以及对周围地区经济发展、生态环境的作用和影响等。

（6）分析资料、形成报告。在阅读文件和现场调查的基础上，要对已经获得的大量信息消化吸收，形成概念，写出报告。需要形成的概念是，项目的总体效果如何，是否按预定计划建设或建成，是否实现了预定目标，投入与产出是否成正函数关系；项目的影响和作用如何，对国家、地区、生态和群众有什么影响和作用；项目的可持续性如何；项目的经验和教训如何等。

对被评价工程项目的认识形成概念之后，便可着手编写项目后评价报告。项目后评价报告是调查研究工作最终成果的体现，是工程项目实施过程阶段性或全过程的经验教训的汇总，同时又是反馈评价信息的主要文件形式。对评价报告的编写总的要求是：首先，后评价报告的编写要真实反映情况，客观分析问题，认真总结经验。为了让更多的单位和个人受益，评价报告的文字要求准确、清晰、简练，少用或不用过分专业化的词汇。评价结论要与未来的规划和政策的制定联系起来。为了提高信息反馈速度和反馈效果，让项目的经验教训在更大的范围内起作用，在编写评价报告的同时，还必须编写并分送评价报告摘要。其次，后评价报告是反馈经验教训的主要文件形式。为了满足信息反馈的需要，便于计算机输入，评价报告的编写需要有相对固定的内容格式。被评价的项目类型不同，评价报告所要求书写的内容和格式也不完全一致。

（7）提交后评价报告、反馈信息。后评价报告草稿完成后，送项目评价执行机构高层领导审查，并向委托单位简要通报报告的主要内容，必要时可召开小型会议研讨有关分歧意见。项目后评价报告的草稿经审查研讨和修改后定稿。正式提交的报告应有“项目后评价报告”和“项目后评价摘要报告”两种形式，根据不同对象上报或分发这些报告。

## 复习思考题

### 1．简答题

（1）什么是建设项目的经济评价？其主要内容包括哪些？

（2）简述建设项目财务评价的指标与方法。

（3）简述建设项目的财务评价与国民经济评价的异同点。

（4）建设项目财务评价的基本报表有哪些？其各自作用有哪些？

（5）什么是社会折现率？什么是影子价格？

（6）简述建设项目国民经济评价的指标与方法。

（7）什么是建设项目后评价？

（8）什么是环境影响评价？简述其主要评价方法和程序。

（9）什么是社会评价？简述其主要评价方法和程序。

（10）什么是建设项目后评价？

（11）简述建设项目后评价的主要内容。

（12）简述建设项目后评价的主要方法和程序。

（13）何谓逻辑框架法？其基本模式是什么？

**2．选择题**（四个选项的为单选题，五个选项的为多选题）

（1）速动比率指标反映了项目的（　　）。

A．财务风险程度　　B．偿付流动负债的能力

C．偿债能力　　D．快速偿付流动负债能力

（2）投资项目的未分配利润等于税后利润减去（　　）。

A．盈余公积金　B．本息偿还　C．应付利润　D．累计盈余　E．公益金

（3）项目投入物的影子价格是指该投入物的（　　）。

A．市场价格　B．机会成本　C．生产成本　D．计划价格

（4）以下参数中属于国民经济评价的参数有（　　）。

A．官方汇率　B．行业基准收益率　C．影子汇率

D．社会贴现率　E．影子工资换算系数

（5）在工程项目评价中，财务评价与国民经济评价的主要区别之一是（　　）。

A．财务评价是从全社会的角度出发，国民经济评价是从投资者的角度出发

B．财务评价是从投资者的角度出发，国民经济评价是从全社会的角度出发

C．财务评价是从一个地区的角度出发，国民经济评价是从投资者的角度出发

D．财务评价是从一个地区的角度出发，国民经济评价是从项目的角度出发

（6）现金流量表主要用于考察项目的（　　）。

A．盈利能力　B．资金流动性　C．抗风险能力　D．清偿能力

（7）标志着我国的环境影响评价制度发展到一个新阶段的法律是（　　）。

A．《建设项目环境保护管理条例》　B．《中华人民共和国环境影响评价法》

C．《中华人民共和国环境保护法》　D．《中华人民共和国环境试行法》

（8）可能造成重大环境影响的应（　　）。

A．编制环境影响报告书　　B．编制环境影响报告表

C．填报环境影响登记表　　D．编制环境治理措施表

（9）建设项目环境影响评价的第一阶段，即准备阶段内容包括（　　）。

A．研究有关文件　　B．进行初步的工程分析

C．环境现状调查　　D．评价环境影响

E．编制评价工作大纲

（10）项目社会评价的社会影响分析包括（　　）。

A．分析预测与项目直接相关的不同利益群体对项目的参与程度

B．分析预测项目对所在地区不同利益群体的影响

C．分析预测项目所在地区现有技术、文化状况能否适应项目建设和发展

D．分析预测项目对所在地区文化、教育、卫生的影响

E．分析预测项目对所在地区居民收入的影响

（11）在投资项目社会评价中，属于互适性分析内容的有（　　）。

A．项目对所在地居民就业的影响

B．项目所在地各类组织对项目的态度

C．投资者对项目的认可程度

D．项目对所在地文化、教育和卫生的影响

E．项目所在地不同利益群体对项目的态度

（12）项目社会评价的步骤不包括（　　）。

A．社会调查　　B．识别社会因素

C．论证比选方案　　D．方案实施效果评价

3．综合应用题

（1）新建某纤维厂，预计此项目寿命期为10年。项目建设期为2年，第3年投产，第4年达到设计生产能力。

固定资产投资4 000万元，其中自有资金2 500万元，其余资金为银行贷款。第3年开始偿还贷款。流动资金投资2 400万元，全部为银行贷款。项目各年投资及贷款情况如表9-28所示。

表9-28　项目各年投资及贷款情况　　单位：万元

| 项目＼年份 | 0 | 1 | 2 | 合计 |
|---|---|---|---|---|
| 固定资产投资 | 1 500 | 2 500 | | 4 000 |
| 流动资金投资 | | | 2 400 | 2 400 |
| 自有资金 | 1 000 | 1 500 | | 2 500 |
| 银行贷款 | 500 | 1 000 | 2 400 | 3 900 |

各年销售收入、销售税金及附加和经营成本等预测值如表9-29所示。

表9-29　销售收入、销售税金及附加和经营成本预测表　　单位：万元

| 项目＼年份 | 3 | 4 | … | 10 |
|---|---|---|---|---|
| 销售收入 | 4 000 | 6 000 | … | 6 000 |
| 销售税金及附加 | 120 | 180 | … | 180 |
| 经营成本 | 2 500 | 3 750 | … | 3 750 |

要求：

1）编制项目基本财务报表，并进行财务评价指标计算；

2）进行项目不确定性分析，判断敏感性因素；

3）综合分析，判断项目财务可行性。

（2）建设公路有两个方案，其投资、各项费用及年收益如表 9-30 所示，服务年限为 30 年，设社会折现率为 8%，试选择最优方案。

表 9-30　投资、费用和收益情况　　单位：万元

| 方　案 | A | B |
| --- | --- | --- |
| 投资 | 5 000 | 3 000 |
| 年收益 | 520 | 320 |
| 年维修费用 | 56 | 45 |

# 第 10 章　Excel 在工程经济学中的应用

## 学习目标

☑ 掌握运用 Excel 计算静态和动态评价指标的方法。
☑ 掌握应用 Excel 进行盈亏平衡分析、敏感性分析的方法。
☑ 掌握应用 Excel 制作建设项目的财务报表和财务评价表，并计算财务评价指标的方法，据以评判项目的可行性。

Microsoft Excel 是 Microsoft Office 系列产品之一，它具有强大的图表制作和数据计算及数据分析功能。Excel 提供了包括“财政”、“统计”、“数据库”等多种类型的预定义函数及统计分析图形的制作功能，所以应用 Excel 进行项目的经济评价和财务评价，是提高相关工作效率的有效途径和方法。本章以 Excel 2003 版为例，介绍 Excel 在工程经济学中的应用。

## 10.1　Excel 在经济评价方面的应用

经济评价指标是对建设项目投资方案进行经济分析的主要判断依据。前面章节已全面介绍了各种经济评价指标的经济含义、计算方法、评判准则及它们之间的关系。本章主要通过具体实例来介绍如何应用 Excel 计算各经济评价指标，从而提高投资方案经济评价工作的效率。

### 10.1.1　技术方案经济评价中常用的 Excel 函数

Microsoft Excel 2003 提供了几百种预定义函数，具有强大的数据计算和数据分析功能。主要函数有 FV 函数（终值计算函数）、PV 函数（现值计算函数）、IRR 函数（内部收益率函数）、NPV 函数（净现值计算函数）等，这里值得注意的是，在 Excel 中，对函数涉及的金额及参数有特别的规定：支出的款项如经营成本，用负数表示；收入的款项如收益，用正数表示。

### 1. FV 函数

FV 函数即终值函数，是基于固定利率和等额分期付款方式计算的某项投资的终值，具体参数应用如下所示：

FV（Rate，Nper，Pmt，PV，Type）

其中，Rate 表示每一计息期的利率；Nper 表示计息周期数；Pmt 表示资金的等年值（若该参数为 0 或省略，则函数值为复利终值）；PV 表示资金的现值或本金（若该参数值为 0 或省略，则函数值为年金终值）；Type 表示只有数值 0 或 1，0 或忽略表示收付款时间在计息期的期末，1 表示收付款时间在计息期的期初。

**【例 10-1】** 年利率为 6%，现向银行存入本金 1 000 元，计算 10 年后获得的本利和。

计算过程如下：

（1）启动 Excel 软件，选择菜单栏中的“插入（I）”→“函数”，弹出“插入函数”对话框。先在“或选择类别（C）”下拉选框中选择“财务”，然后在下边的“选择函数（N）”栏中选择“FV”，最后单击对话框下端的“确定”按钮，如图 10-1 所示。

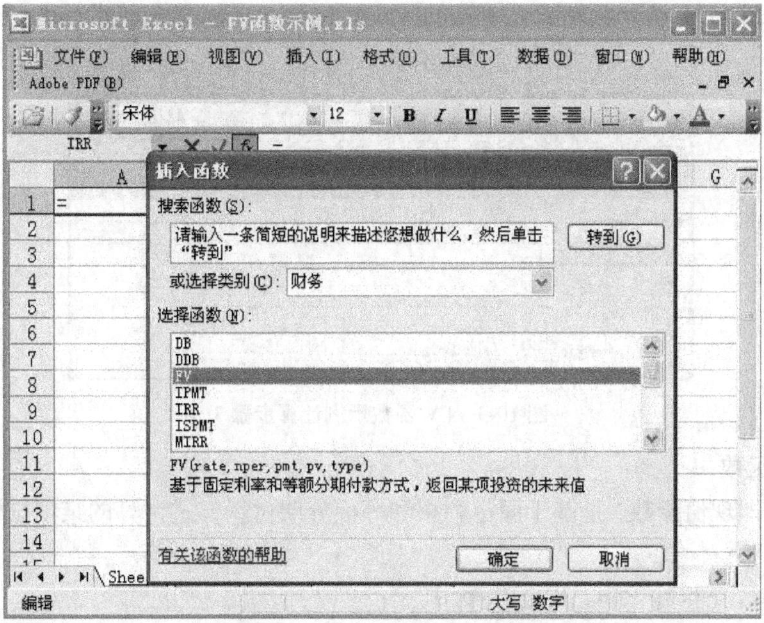


图 10-1　FV 函数示例计算步骤 1

（2）在弹出的“FV”函数对话框中，Rate 栏键入 6%，Nper 栏键入 10，PV 栏键入 –1 000（这里我们站在存款人的立场，将存入的 1 000 元视为现金流出，所以为负值），也可直接在单元格 A1 中输入“=FV（6%,10,–1 000）”，然后单击“确定”按钮，如图 10-2 所示。

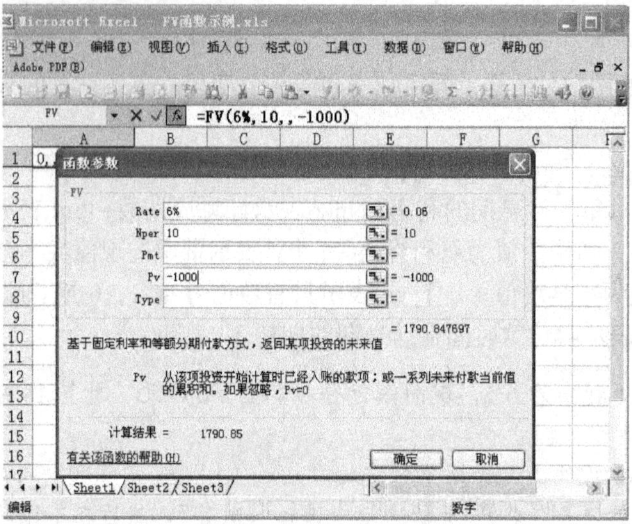


图 10-2 FV 函数示例计算步骤 2

（3）单元格中显示计算结果为 1 790.85，即 10 年后可从银行获得的本利和为 1 790.85 元，如图 10-3 所示。

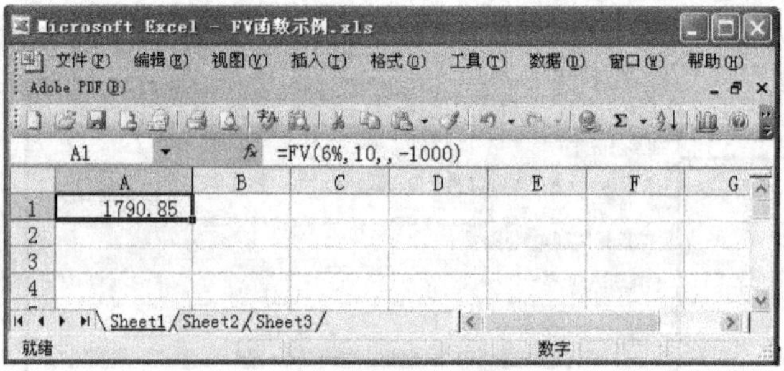


图 10-3 FV 函数示例计算步骤 3

### 2．PV 函数

PV 函数即现值函数，是基于固定利率和等额分期付款方式计算的某项投资的现值。其函数可表述如下：

PV（Rate，Nper，Pmt，FV，Type）

具体参数应用及计算步骤可参考 FV 函数，只是在“选择函数（N）”栏中选择“PV”函数。

### 3．PMT 函数

PMT 函数是已知终值或现值求等额年值的函数，其函数可表述如下：

PMT（Rate，Nper，PV，FV，Type）

【例 10-2】　某投资项目贷款 200 万元，银行 4 年内等额收回全部贷款，已知贷款利率为 10%，那么项目每年的净收益应不少于多少万元？

计算过程如下：

（1）调用 PMT 函数，方法同 FV 函数。

（2）在弹出的“PMT”函数对话框中，Rate 栏键入 10%，Nper 栏键入 4，PV 栏键入 200（这里我们站在贷款人的立场，将贷入的 200 万元视为现金流入，所以为正值），也可直接在单元格 A2 中输入“=PMT（10%,4 200）”，然后单击“确定”按钮，如图 10-4 所示。

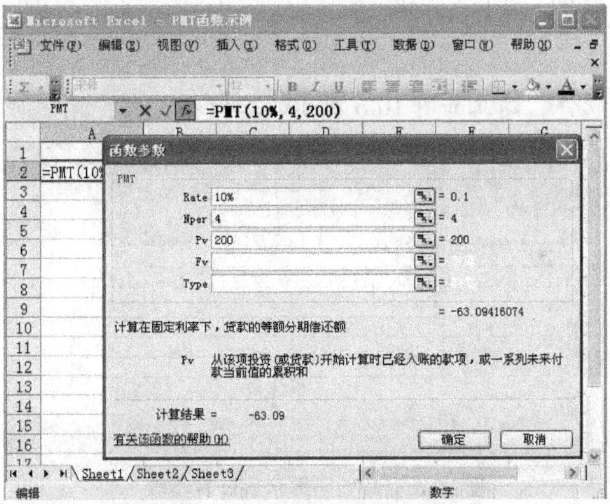


图 10-4　PMT 函数示例计算步骤 1

（3）单元格中显示计算结果为–63.09，表示该项目每年应还贷 63.09 万元，也就是说项目每年的净收益不应少于 63.09 万元，如图 10-5 所示。

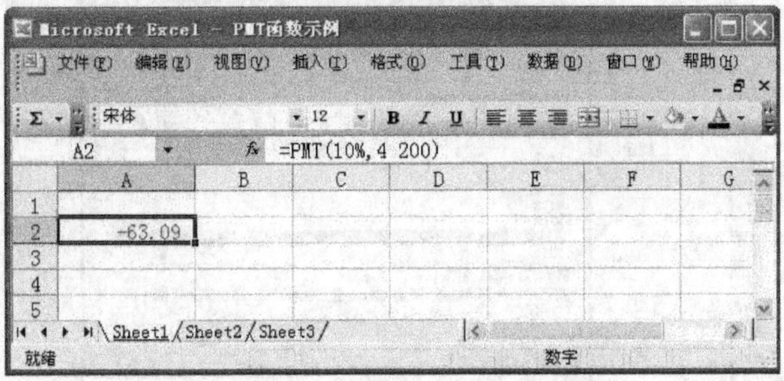


图 10-5　PMT 函数示例计算步骤 2

## 4．NPV 函数

NPV 函数即净现值函数，是基于项目寿命期内，各期净现金流量和基准折现率计算的项目投资净现值。具体参数应用如下：

NPV（Rate，Value1，Value2,⋯）

其中　Rate ——基准折现率；

Value1，Value2，⋯ ——项目寿命期内各期的净现金流量。

【例 10-3】　年利率为 6%，计算表 10-1 中现金流量的净现值。

表 10-1　NPV 函数示例现金流量表　　单位：元

| 年　份 | 1 | 2 | 3 | 4 | 5 |
|---|---|---|---|---|---|
| 现金流量 | –300 | 50 | 100 | 200 | 350 |

计算过程如下：

（1）启动 Excel 软件，建立如图 10-6 所示的工作表。

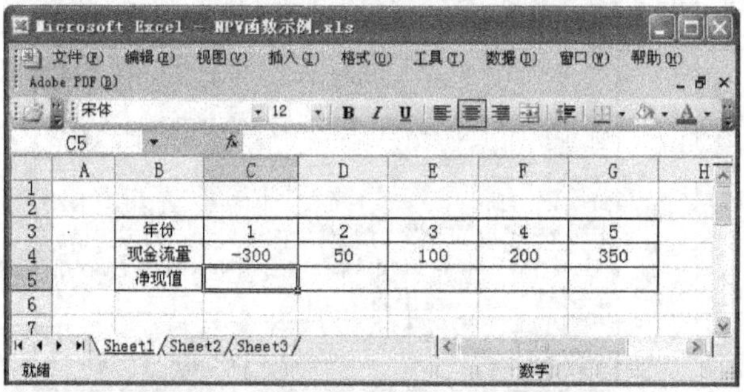

图 10-6　NPV 函数示例计算步骤 1

（2）调用 NPV 函数。方法如前所述，具体如图 10-7 所示。

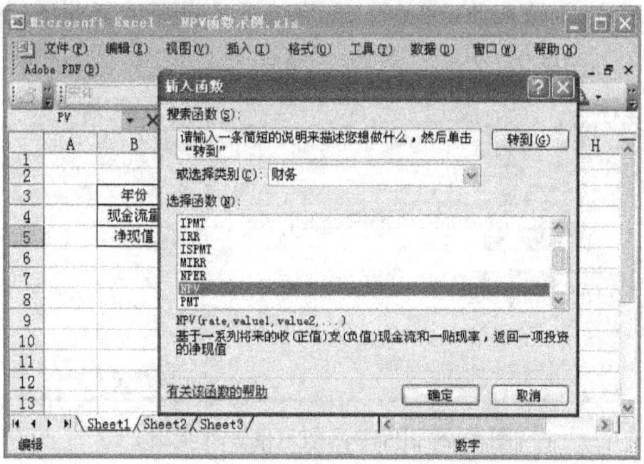

图 10-7　NPV 函数示例计算步骤 2

（3）在弹出的 NPV 函数对话框中设定各参数并计算 NPV。Rate 栏中键入 6%，Value1 栏中键入“C4:G4”（即各计息期的净现金流量），也可单击 Value1 栏右端的 图标，然后选择图 10-6 中的单元格 C4 到 G4，再单击 图标，回到 NPV 函数对话框，最后单击“确定”按钮，如图 10-8 所示。

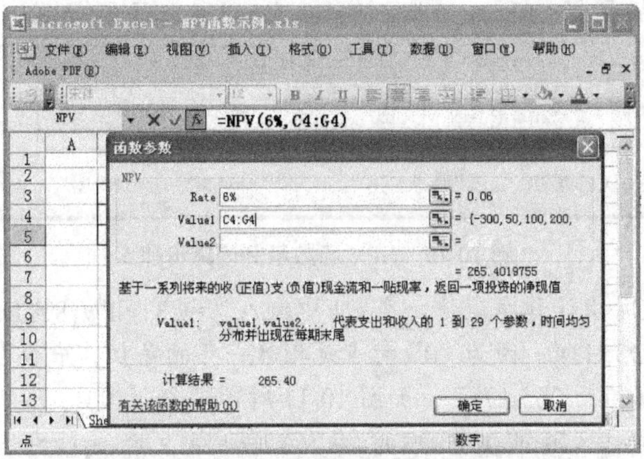


图 10-8　NPV 函数示例计算步骤 3

当然，第 2 步和第 3 步也可直接简化为：在单元格 C5 中输入“=NPV（6%，C4:G4）”。

（4）单元格 C5 中显示的计算结果为 265.40，即此项目的净现值为 265.40 元，如图 10-9 所示。

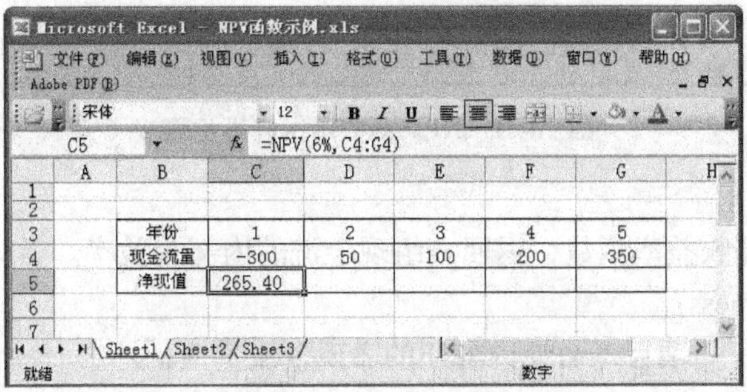


图 10-9　NPV 函数示例计算步骤 4

若初始投资在第一年的年初，则不能直接应用净现值函数计算项目净现值。

**【例 10-4】**　年利率为 8%，计算表 10-2 中现金流量的净现值。

表 10-2　NPV 函数示例现金流量表　　单位：元

| 年　份 | 0 | 1 | 2 | 3 | 4 | 5 |
|---|---|---|---|---|---|---|
| 现金流量 | −500 | 100 | 150 | 200 | 200 | 350 |

计算过程如下：

（1）启动 Excel 软件，建立如图 10-10 所示的工作表。

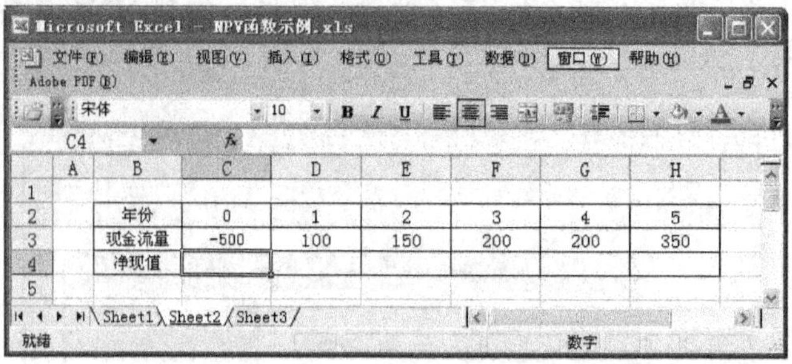


图 10-10　NPV 函数示例计算步骤 5

（2）在单元格 C4 中计算净现值。在 C4 中输入“=C3+NPV(8%,D3:H3)”，这里不能直接输入“=NPV(8%,D3:H3)”，因为“0”时点是指第一年的年初，并不是一个单独的计息期。计算得出项目的净现值为 265.17 元，如图 10-11 所示。

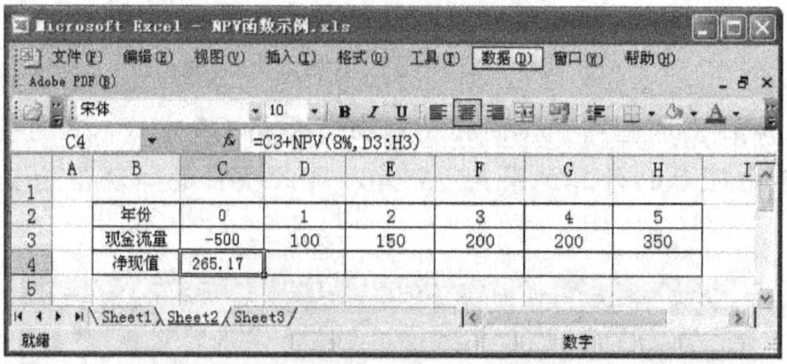


图 10-11　NPV 函数示例计算步骤 6

### 5. IRR 函数

IRR 函数即内部收益率函数，返回一组现金流的内部收益率。具体参数应用如下：

IRR(Values，Guess)

其中　Values ——项目寿命期内各期的净现金流量值；

　　　Guess ——内部收益率的估计值，如果忽略则为 0.1。

**【例 10-5】**　计算表 10-3 中现金流量的内部收益率。

表 10-3　IRR 函数示例现金流量表　　单位：元

| 年　份 | 1 | 2 | 3 | 4 | 5 |
|---|---|---|---|---|---|
| 现金流量 | –300 | 100 | 200 | 400 | 500 |

计算过程如下：

（1）启动 Excel 软件，建立如图 10-12 所示的工作表。

（2）调用 IRR 函数。具体如图 10-13 所示。

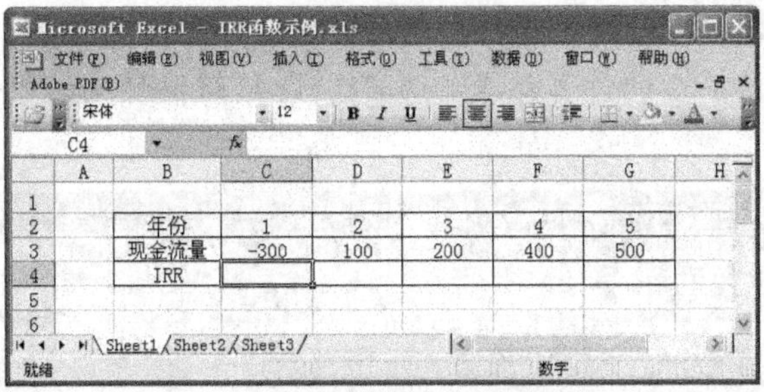

图 10-12　IRR 函数示例计算步骤 1

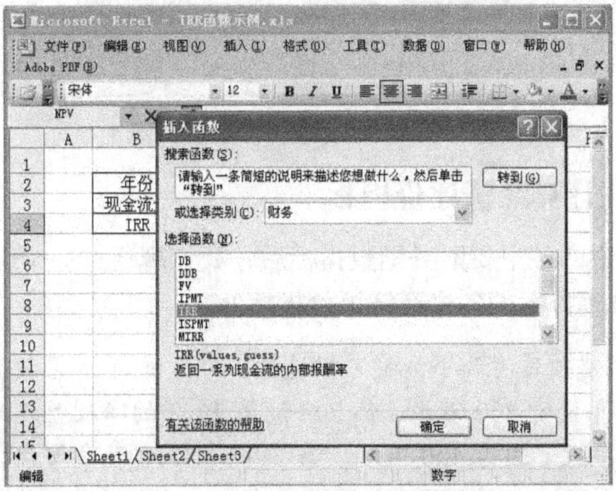

图 10-13　IRR 函数示例计算步骤 2

（3）在弹出的 IRR 函数对话框中设定各参数并计算 IRR，如图 10-14 所示。

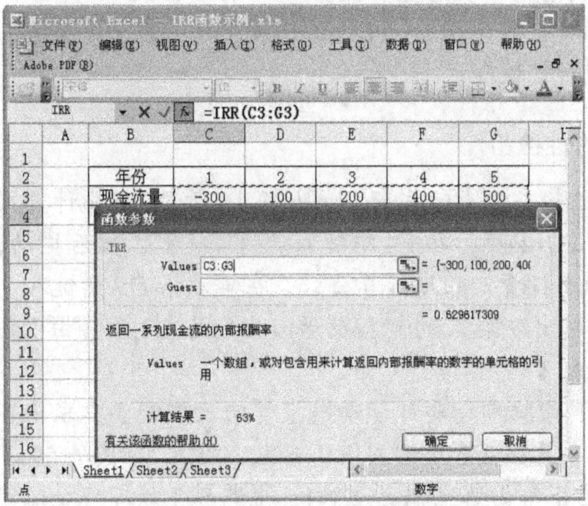

图 10-14　IRR 函数示例计算步骤 3

第 2 步和第 3 步也可直接简化为：在单元格 C4 中输入“=IRR（C3:G3）”。

（4）单元格 C4 中显示的计算结果为 63%，即该组现金流的内部收益率为 63%，如图 10-15 所示。

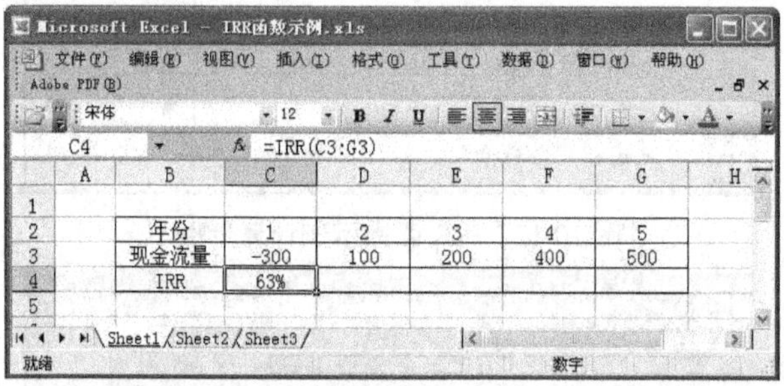


图 10-15 IRR 函数示例计算步骤 4

### 10.1.2 运用 Excel 计算经济评价指标

在了解了 Excel 中的各主要财务函数指标后，我们现通过一个综合案例介绍如何运用 Excel 计算建设项目技术方案的各个经济评价指标值。

**【例 10-6】** 某拟建项目有两个方案可供选择，即方案 A 和方案 B，其寿命期相同，均为 10 年。A 方案第 1 年投资 800 万元，第 2 年到第 10 年的净收益均为 250 万元，净残值为 50 万元；B 方案第 1 年投资额为 400 万元，第 2 年到第 10 年净收益均为 150 万元，净残值为 0。设基准收益率 $i_0$=15%，试应用静态投资回收期、动态投资回收期、净现值、净年值、净现值率和内部收益率指标对方案进行绝对性检验，应用差额内部收益率指标对两个方案进行相对比较。方案 A 的静态和动态基准投资回收期分别为 5 年和 7 年，方案 B 与之相同。

**【解】** 计算过程如下：首先在 Excel 的工作表中建立现金流量表，应用各评价指标对方案 A 和方案 B 进行绝对性检验。

#### 1. 方案 A 的绝对性检验

（1）计算方案 A 的静态投资回收期。如图 10-16 所示，首先计算累计净现金流量 $\sum NB_t$，即在单元格 D4 中键入“=D3”，在 E4 中键入“=D4+E3”，然后拖动 E4 右下角的填充柄至单元格 N4。再根据静态投资回收期计算公式，在单元格 D5 中键入“=H2–H4/I3”（–H4 表示取 H4 的绝对值），求出方案 A 的静态投资回收期为 4.2 年。由于该结果小于基准静态投资回收期，所以方案 A 可行。

（2）计算动态投资回收期。要计算动态投资回收期就要先求出各年净现金流量的现值 PV，具体方法为：在单元格 F4 中调用 PV 函数，键入“=PV(15%,F2,–F3)”，得到结果为 189.04，然后拖动其右下角的填充柄直至 N4，得到各年的净现金流量现值。累计净现金流量 $\sum NB_t$ 的计算方法与静态投资回收期中的算法类似，这里不再赘述。最后在单元格 D6 中键入“=J2–J5/K4”，求出方案 A 的动态投资回收期为 6.76 年，如图 10-17 所示。由于该结果小于基准动态投资回收期，所以方案 A 可行。

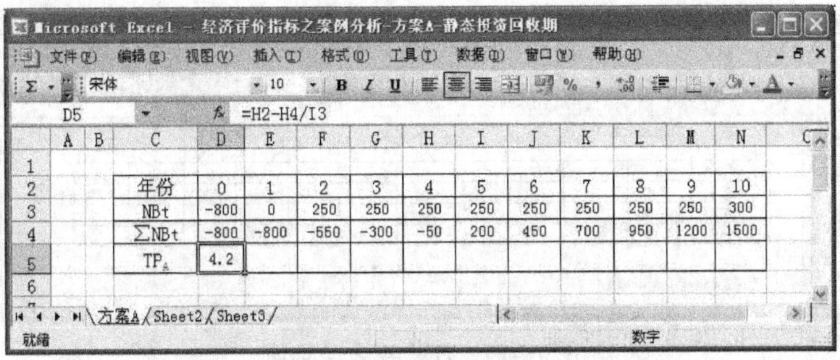


| | | | | | | | | | | | |
|---|---|---|---|---|---|---|---|---|---|---|---|
| 年份 | 0 | 1 | 2 | 3 | 4 | 5 | 6 | 7 | 8 | 9 | 10 |
| NBt | -800 | 0 | 250 | 250 | 250 | 250 | 250 | 250 | 250 | 250 | 300 |
| ∑NBt | -800 | -800 | -550 | -300 | -50 | 200 | 450 | 700 | 950 | 1200 | 1500 |
| $TP_A$ | 4.2 | | | | | | | | | | |

图 10-16　方案 A 之静态投资回收期

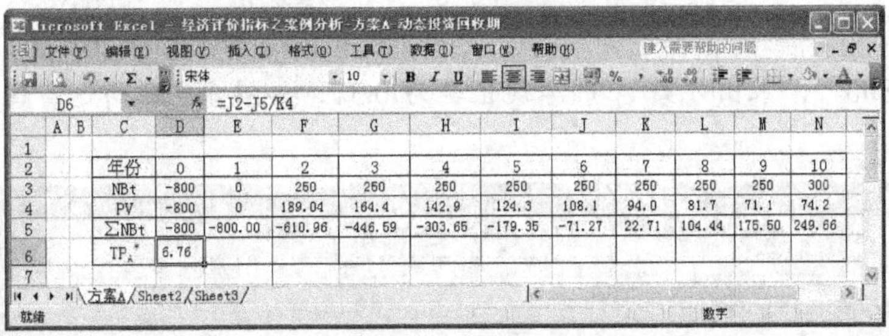


| | | | | | | | | | | | |
|---|---|---|---|---|---|---|---|---|---|---|---|
| 年份 | 0 | 1 | 2 | 3 | 4 | 5 | 6 | 7 | 8 | 9 | 10 |
| NBt | -800 | 0 | 250 | 250 | 250 | 250 | 250 | 250 | 250 | 250 | 300 |
| PV | -800 | 0 | 189.04 | 164.4 | 142.9 | 124.3 | 108.1 | 94.0 | 81.7 | 71.1 | 74.2 |
| ∑NBt | -800 | -800.00 | -610.96 | -446.59 | -303.65 | -179.35 | -71.27 | 22.71 | 104.44 | 175.50 | 249.66 |
| $TP_A^*$ | 6.76 | | | | | | | | | | |

图 10-17　方案 A 之动态投资回收期

（3）计算净现值。在单元格 D4 中调用 NPV 函数，键入“=D3+NPV(15%,E3:N3)”，求出方案 A 的净现值为 249.66 万元，如图 10-18 所示。根据净现值指标的判别准则，方案 A 可行。

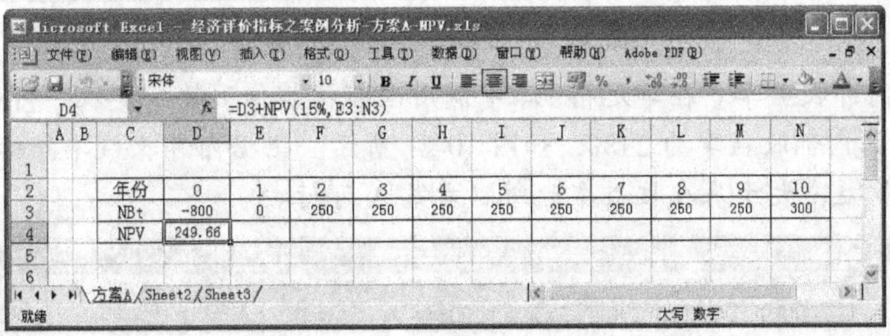


| | | | | | | | | | | | |
|---|---|---|---|---|---|---|---|---|---|---|---|
| 年份 | 0 | 1 | 2 | 3 | 4 | 5 | 6 | 7 | 8 | 9 | 10 |
| NBt | -800 | 0 | 250 | 250 | 250 | 250 | 250 | 250 | 250 | 250 | 300 |
| NPV | 249.66 | | | | | | | | | | |

图 10-18　方案 A 之净现值

（4）计算净年值。求一个项目的净年值，可以先求出该项目的净现值，然后乘以资金回收系数进行等值变换求解。这里，我们应用 PMT 函数求解项目的净年值。PMT 函数计算的是在固定利率下，各计息期的等额偿还额。根据步骤 3 中计算的净现值结果，在单元格 D5 中调用 PMT 函数，键入“=PMT(15%,10,–D4)”，求出方案 A 的净年值为 49.75 万元，如图 10-19 所示。由于 49.75>0，所以方案 A 可行。

注意，这里用到的PMT函数中的参数“PV”，在应用中视为期初的支出，为负值。在本例中PV即净现值NPV，此项目的NPV为正值，所以在代表NPV的单元格D4前加上了负号。

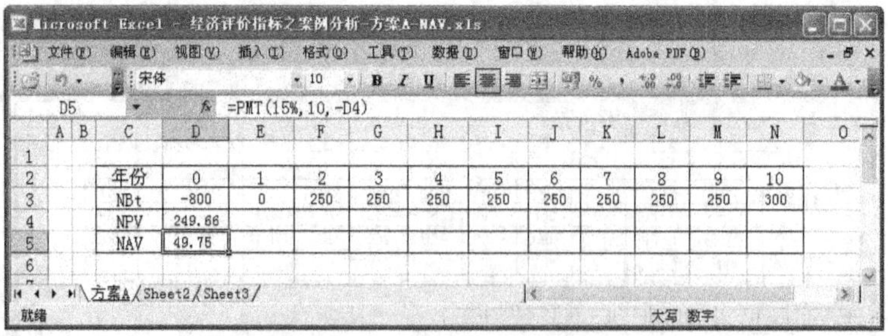

D5 =PMT(15%,10,-D4)

| 年份 | 0 | 1 | 2 | 3 | 4 | 5 | 6 | 7 | 8 | 9 | 10 |
|---|---|---|---|---|---|---|---|---|---|---|---|
| NBt | -800 | 0 | 250 | 250 | 250 | 250 | 250 | 250 | 250 | 250 | 300 |
| NPV | 249.66 | | | | | | | | | | |
| NAV | 49.75 | | | | | | | | | | |

图10-19　方案A之净年值

（5）计算净现值率。根据公式“净现值率 $= \dfrac{\text{净现值}}{\text{投资现值合计值}} = \dfrac{NPV}{PVI}$”，在单元格D5中键入“=D4/800”，求出方案A的净现值率为0.31，如图10-20所示。由于0.31>0，所以方案A可行。

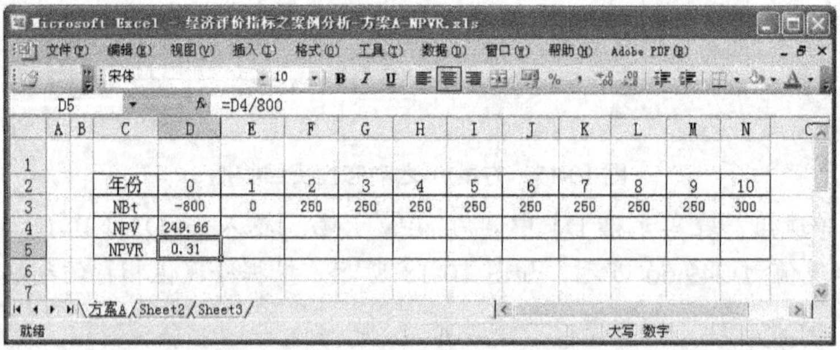

D5 =D4/800

| 年份 | 0 | 1 | 2 | 3 | 4 | 5 | 6 | 7 | 8 | 9 | 10 |
|---|---|---|---|---|---|---|---|---|---|---|---|
| NBt | -800 | 0 | 250 | 250 | 250 | 250 | 250 | 250 | 250 | 250 | 300 |
| NPV | 249.66 | | | | | | | | | | |
| NPVR | 0.31 | | | | | | | | | | |

图10-20　方案A之净现值率

（6）计算内部收益率。在单元格D4中调用内部收益率函数，键入“=IRR(D3:N3)”，求出了方案A的内部收益率为21%，如图10-21所示。根据内部收益率指标的判别准则，该方案的内部收益率大于基准收益率，所以方案A可行。

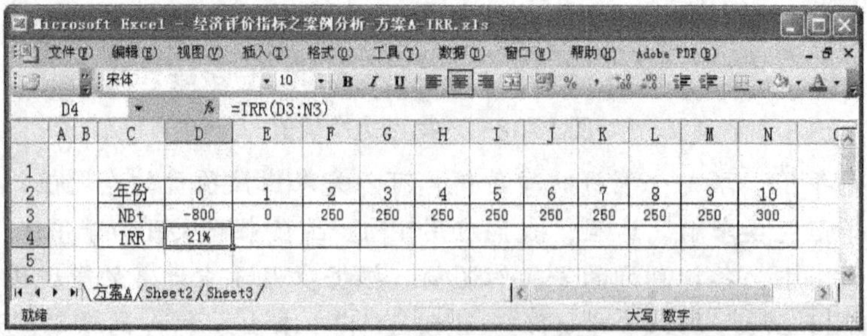

D4 =IRR(D3:N3)

| 年份 | 0 | 1 | 2 | 3 | 4 | 5 | 6 | 7 | 8 | 9 | 10 |
|---|---|---|---|---|---|---|---|---|---|---|---|
| NBt | -800 | 0 | 250 | 250 | 250 | 250 | 250 | 250 | 250 | 250 | 300 |
| IRR | 21% | | | | | | | | | | |

图10-21　方案A之内部收益率

### 2．方案 B 的绝对性检验

同理，应用各评价指标对方案 B 进行绝对性检验，各指标评价结果如图 10-22 所示。

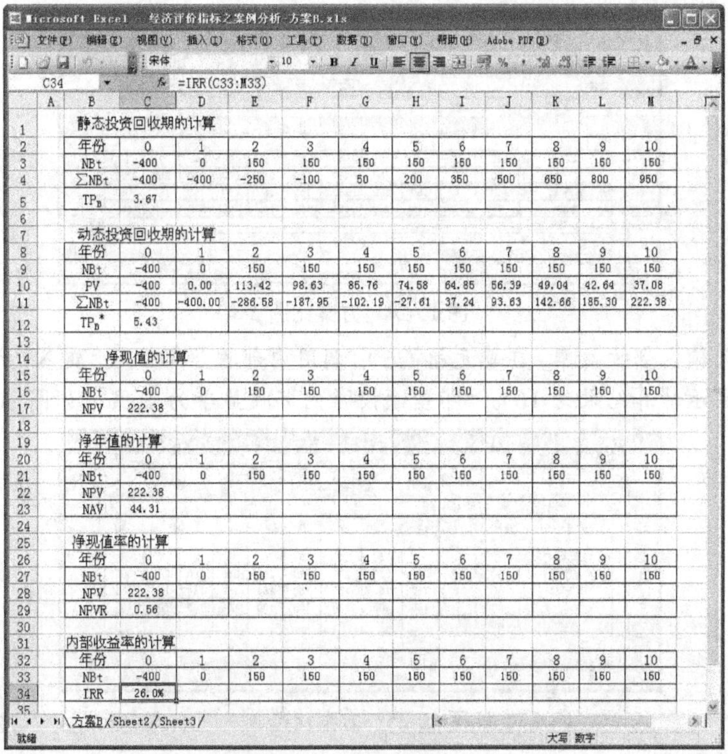

|  | A | B | C | D | E | F | G | H | I | J | K | L | M |
|---|---|---|---|---|---|---|---|---|---|---|---|---|---|
| 1 |  | 静态投资回收期的计算 |  |  |  |  |  |  |  |  |  |  |  |
| 2 |  | 年份 | 0 | 1 | 2 | 3 | 4 | 5 | 6 | 7 | 8 | 9 | 10 |
| 3 |  | NBt | -400 | 0 | 150 | 150 | 150 | 150 | 150 | 150 | 150 | 150 | 150 |
| 4 |  | ∑NBt | -400 | -400 | -250 | -100 | 50 | 200 | 350 | 500 | 650 | 800 | 950 |
| 5 |  | $TP_B$ | 3.67 |  |  |  |  |  |  |  |  |  |  |
| 6 |  |  |  |  |  |  |  |  |  |  |  |  |  |
| 7 |  | 动态投资回收期的计算 |  |  |  |  |  |  |  |  |  |  |  |
| 8 |  | 年份 | 0 | 1 | 2 | 3 | 4 | 5 | 6 | 7 | 8 | 9 | 10 |
| 9 |  | NBt | -400 | 0 | 150 | 150 | 150 | 150 | 150 | 150 | 150 | 150 | 150 |
| 10 |  | PV | -400 | 0.00 | 113.42 | 98.63 | 85.76 | 74.58 | 64.85 | 56.39 | 49.04 | 42.64 | 37.08 |
| 11 |  | ∑NBt | -400 | -400.00 | -286.58 | -187.95 | -102.19 | -27.61 | 37.24 | 93.63 | 142.66 | 185.30 | 222.38 |
| 12 |  | $TP_B^*$ | 5.43 |  |  |  |  |  |  |  |  |  |  |
| 13 |  |  |  |  |  |  |  |  |  |  |  |  |  |
| 14 |  | 净现值的计算 |  |  |  |  |  |  |  |  |  |  |  |
| 15 |  | 年份 | 0 | 1 | 2 | 3 | 4 | 5 | 6 | 7 | 8 | 9 | 10 |
| 16 |  | NBt | -400 | 0 | 150 | 150 | 150 | 150 | 150 | 150 | 150 | 150 | 150 |
| 17 |  | NPV | 222.38 |  |  |  |  |  |  |  |  |  |  |
| 18 |  |  |  |  |  |  |  |  |  |  |  |  |  |
| 19 |  | 净年值的计算 |  |  |  |  |  |  |  |  |  |  |  |
| 20 |  | 年份 | 0 | 1 | 2 | 3 | 4 | 5 | 6 | 7 | 8 | 9 | 10 |
| 21 |  | NBt | -400 | 0 | 150 | 150 | 150 | 150 | 150 | 150 | 150 | 150 | 150 |
| 22 |  | NPV | 222.38 |  |  |  |  |  |  |  |  |  |  |
| 23 |  | NAV | 44.31 |  |  |  |  |  |  |  |  |  |  |
| 24 |  |  |  |  |  |  |  |  |  |  |  |  |  |
| 25 |  | 净现值率的计算 |  |  |  |  |  |  |  |  |  |  |  |
| 26 |  | 年份 | 0 | 1 | 2 | 3 | 4 | 5 | 6 | 7 | 8 | 9 | 10 |
| 27 |  | NBt | -400 | 0 | 150 | 150 | 150 | 150 | 150 | 150 | 150 | 150 | 150 |
| 28 |  | NPV | 222.38 |  |  |  |  |  |  |  |  |  |  |
| 29 |  | NPVR | 0.56 |  |  |  |  |  |  |  |  |  |  |
| 30 |  |  |  |  |  |  |  |  |  |  |  |  |  |
| 31 |  | 内部收益率的计算 |  |  |  |  |  |  |  |  |  |  |  |
| 32 |  | 年份 | 0 | 1 | 2 | 3 | 4 | 5 | 6 | 7 | 8 | 9 | 10 |
| 33 |  | NBt | -400 | 0 | 150 | 150 | 150 | 150 | 150 | 150 | 150 | 150 | 150 |
| 34 |  | IRR | 26.0% |  |  |  |  |  |  |  |  |  |  |



图 10-22　方案 B 之绝对性检验

结论：两个方案各评价指标值说明方案 A 和方案 B 都是可行的。

下面，应用差额内部收益率指标对方案 A 和方案 B 进行比选。

### 3．方案的相对性比较

（1）在 Excel 中建立如图 10-23 所示的表格。

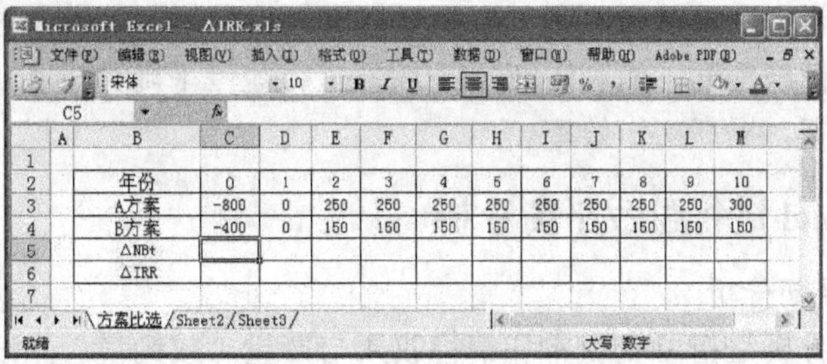

|  | A | B | C | D | E | F | G | H | I | J | K | L | M |
|---|---|---|---|---|---|---|---|---|---|---|---|---|---|
| 1 |  |  |  |  |  |  |  |  |  |  |  |  |  |
| 2 |  | 年份 | 0 | 1 | 2 | 3 | 4 | 5 | 6 | 7 | 8 | 9 | 10 |
| 3 |  | A方案 | -800 | 0 | 250 | 250 | 250 | 250 | 250 | 250 | 250 | 250 | 300 |
| 4 |  | B方案 | -400 | 0 | 150 | 150 | 150 | 150 | 150 | 150 | 150 | 150 | 150 |
| 5 |  | ΔNBt |  |  |  |  |  |  |  |  |  |  |  |
| 6 |  | ΔIRR |  |  |  |  |  |  |  |  |  |  |  |
| 7 |  |  |  |  |  |  |  |  |  |  |  |  |  |



图 10-23　方案比选 1

（2）计算两方案各年的差额净现金流量。在单元格 C5 中键入“=C3–C4”，拖动 C5 右下角的填充柄至单元格 M5，得到方案 A 和方案 B 各年的差额净现金流量，如图 10-24 所示。

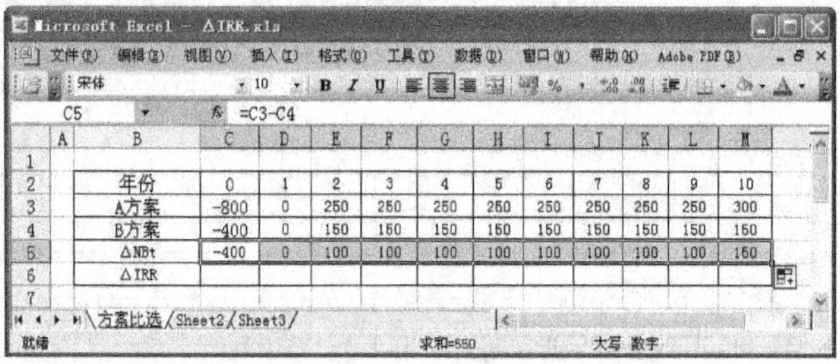


| B | C | D | E | F | G | H | I | J | K | L | M |
|---|---|---|---|---|---|---|---|---|---|---|---|
| 年份 | 0 | 1 | 2 | 3 | 4 | 5 | 6 | 7 | 8 | 9 | 10 |
| A方案 | -800 | 0 | 250 | 250 | 250 | 250 | 250 | 250 | 250 | 250 | 300 |
| B方案 | -400 | 0 | 150 | 150 | 150 | 150 | 150 | 150 | 150 | 150 | 150 |
| ΔNBt | -400 | 0 | 100 | 100 | 100 | 100 | 100 | 100 | 100 | 100 | 150 |
| ΔIRR | | | | | | | | | | | |

图 10-24　方案比选 2

（3）计算差额内部收益率。在单元格 C6 中调用内部收益率函数，键入“=IRR(C5:M5)”。单元格 C6 中显示计算结果为 16%，即差额投资内部收益率为 16%，如图 10-25 所示。

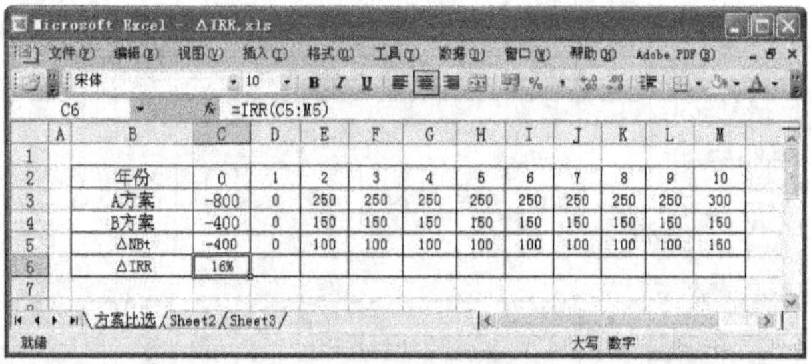


| B | C | D | E | F | G | H | I | J | K | L | M |
|---|---|---|---|---|---|---|---|---|---|---|---|
| 年份 | 0 | 1 | 2 | 3 | 4 | 5 | 6 | 7 | 8 | 9 | 10 |
| A方案 | -800 | 0 | 250 | 250 | 250 | 250 | 250 | 250 | 250 | 250 | 300 |
| B方案 | -400 | 0 | 150 | 150 | 150 | 150 | 150 | 150 | 150 | 150 | 150 |
| ΔNBt | -400 | 0 | 100 | 100 | 100 | 100 | 100 | 100 | 100 | 100 | 150 |
| ΔIRR | 16% | | | | | | | | | | |

图 10-25　方案比选 3

结论：两方案的差额内部收益率为 16%，由于该值大于基准收益率 15%，所以投资额大的方案 A 优于投资额小的方案 B。

## 10.2　Excel 在不确定性评价方面的应用

方案的不确定性评价主要是分析各种外部条件发生变化或测算数据误差对方案经济效果的影响程度，以及方案本身对不确定性的承受能力，常用的方法是盈亏平衡分析和敏感性分析。这两种分析方法都涉及大量的数据计算和图形的绘制，若通过手工完成，不但费时费力且难以达到精确程度，而利用 Excel 软件进行盈亏平衡分析和敏感性分析，可以帮助我们减轻工作负担，提高工作效率。

### 10.2.1　应用 Excel 进行盈亏平衡分析

#### 1. 线性盈亏平衡分析

线性盈亏平衡分析是指可变成本和销售收入与产量（或销量）呈线性关系条件下的盈亏平衡分析。

【例 10-7】　某工程方案设计生产能力为 12 万吨/年，单位产品售价（不含税）510 元/吨，总固定成本 1 500 万元，单位成本 250 元/吨，并与产量成比例关系。求以产量、生产能力利用率、销售价格、单位产品变动成本表示的盈亏平衡点，并以产量为研究对象绘制盈亏平衡分析图。

【解】应用 Excel 计算步骤如下：

（1）启动 Excel 软件，建立如图 10-26 所示的工作表。

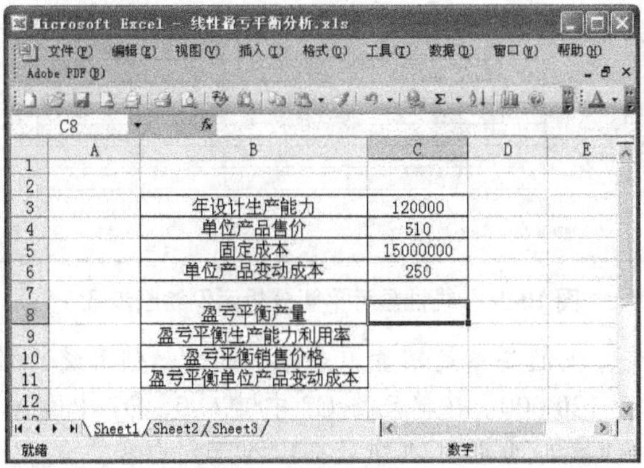


图 10-26　线性盈亏平衡分析示例计算步骤 1

（2）根据各盈亏平衡点的计算方法，在单元格 C8、C9、C10 和 C11 中分别输入以下内容：

C8：=C5/（C4−C6）

C9：=C8/C3

C10：=C6+C5/C3

C11：=C4−C5/C3

得到如图 10-27 所示的结果。

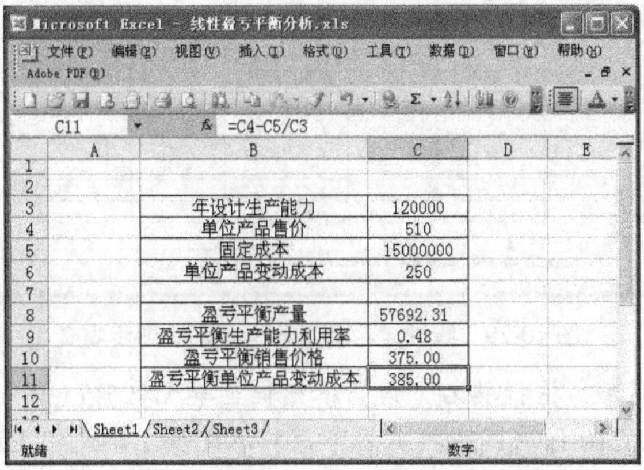


图 10-27　线性盈亏平衡分析示例计算步骤 2

下面我们来绘制盈亏平衡分析图，步骤如下。

（1）建立如图10-28所示的工作表。

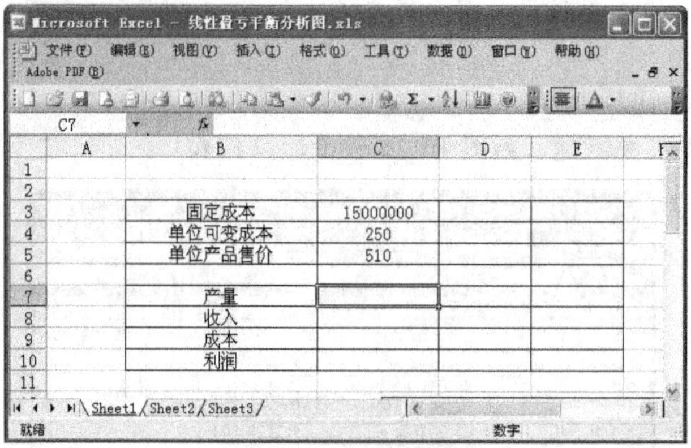


图10-28　线性盈亏平衡分析示例绘图步骤1

（2）为了绘图需要，我们要界定销量（产量）的开始值和终止值。本例中，开始值为0，终止值为年设计产量120 000。在单元格C7中键入0，D7中键入57 692.31，E7中键入120 000。然后在单元格C8、C9和C10中分别输入下列内容。

C8：=C5*C7

C9：=C3+C4*C7

C10：=C8−C9

得到如图10-29所示的工作表。

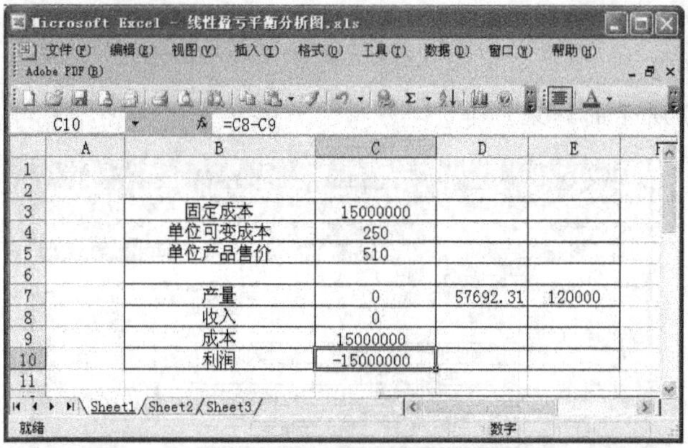


图10-29　线性盈亏平衡分析示例绘图步骤2

（3）选中C3:C5区域，拖拽其右下角的填充柄至单元格E5（这一步操作是为了方便下一步计算）。选中C8:C10区域，拖拽其右下角的填充柄至单元格E10。这时D8:E10区域就出现了与产量57 692.31和120 000相对应的收入、成本和利润，如图10-30所示。

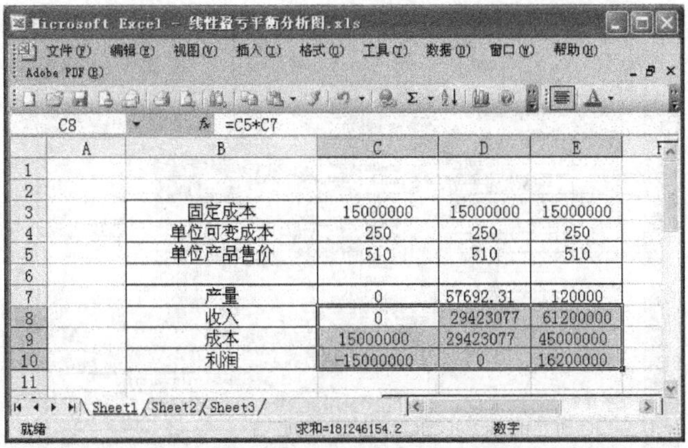


图 10-30　线性盈亏平衡分析示例绘图步骤 3

（4）单击主菜单栏上的“插入”命令，然后在下拉菜单中选择“图表”选项（也可直接单击工具栏上的 即“图表向导”按钮），弹出“图表向导-4 步骤之 1-图表类型”对话框。在“自定义类型”选项中选择“平滑直线图”，然后单击“下一步”按钮，如图 10-31 所示。

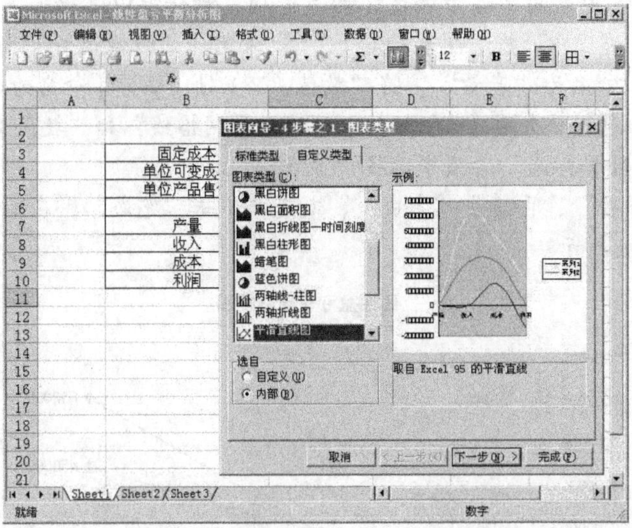


图 10-31　线性盈亏平衡分析示例绘图步骤 4

（5）在弹出的“图表向导-4 步骤之 2-图表源数据”对话框中进行如下操作。

1）在“数据区域（D）”选项中选择 C8:E10 区域，在“系列产生在”一项选择“行”。

2）单击“系列”选项卡，在“系列（S）”选项中将“系列 1”、“系列 2”和“系列 3”的名称分别命名为“收入”、“成本”和“利润”［在“名称（N）”文本框中分别命名］，将“分类（X）轴标志（T）”选择为 C7:E7，然后单击“下一步”按钮，如图 10-32 所示。

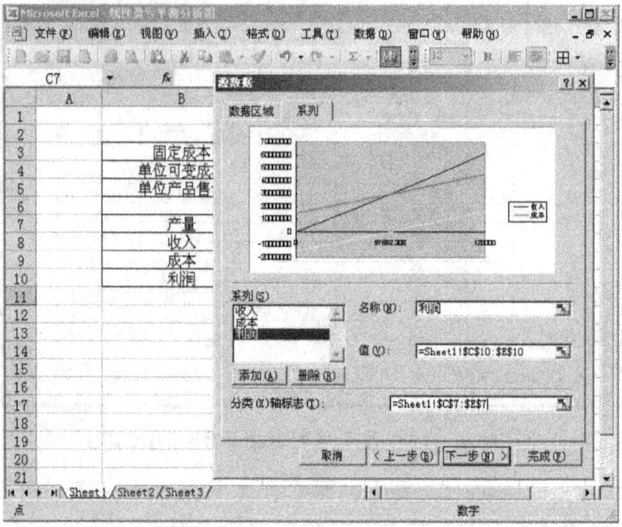

图 10-32　线性盈亏平衡分析示例绘图步骤 5

（6）在弹出的“图表向导-4 步骤之 3-图表选项”对话框中进行如下操作。

1）在“标题”选项中，将“图表标题（T）”命名为“线性盈亏平衡分析图”，将“分类（X）轴（C）”命名为“产量”，将“数值（Y）轴（V）”命名为“收入/成本”。在“网格线”选项中，选择“分类（X）轴”中的“主要网格线”和“数值（Y）轴”中的“主要网格线”。在“数据标志”选项中选择“显示值”。

2）单击“下一步”，再单击“完成”，或直接单击“完成”，在本表中生成盈亏平衡分析图，如图 10-33 所示。

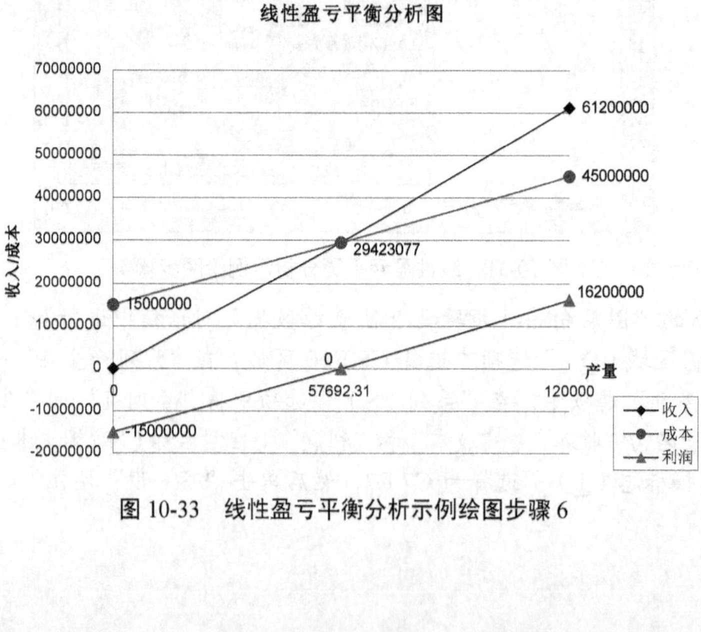


图 10-33　线性盈亏平衡分析示例绘图步骤 6

### 2. 非线性盈亏平衡分析

在现实中，销售收入、成本、利润和产销量往往呈现出某种非线性关系，这时就可能出现不止一个盈亏平衡点。

**【例 10-8】** 某项目的销售收入为 $B=-0.06Q^2+5.2Q+1$，成本为 $C=0.6Q^2-0.4Q+2$，$Q$ 表示产量，求以产量表示的盈亏平衡点，并以产量为研究对象，绘制盈亏平衡分析图。

**【解】**盈亏平衡时利润为零，即 $B=C$

得 $-0.05Q^2+5.2Q-1=0.7Q^2+0.2Q+2$

求解方程得近似解：

$Q_1=2/3$

$Q_2=6$

利用 Excel 软件来绘制盈亏平衡分析图。步骤如下：

（1）建立如图 10-34 所示的工作表。界定产量的开始值为 0，终止值为 8。在单元格 C4、C5、C6 中分别输入下列内容：

C4：= –0.05*C3^2+5.2*C3–1

C5：= 0.7*C3^2+0.2*C3+2

C6：= C4–C5

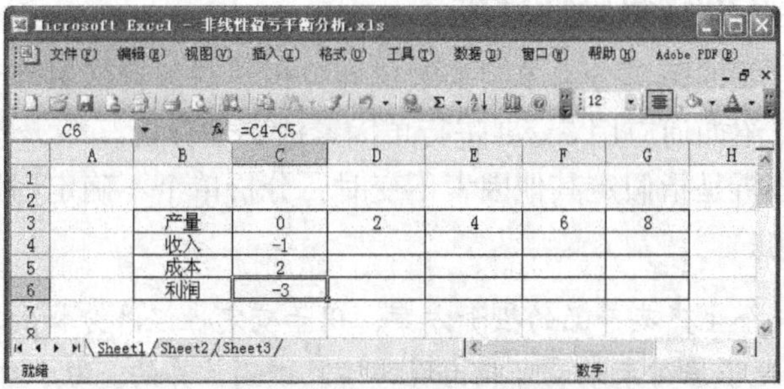


图 10-34　非线性盈亏平衡分析示例绘图步骤 1

（2）选中 C4:C6 区域，拖拽右下角的填充柄至单元格 G6。这时 D4:G6 区域就出现了与各个产量相对应的收入、成本和利润，如图 10-35 所示。

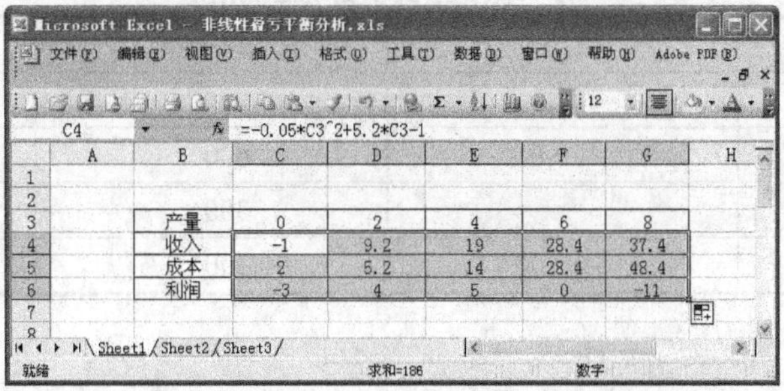


图 10-35　非线性盈亏平衡分析示例绘图步骤 2

（3）仿照线性盈亏平衡分析图的绘制方法，绘制非线性盈亏平衡分析图，如图 10-36 所示。

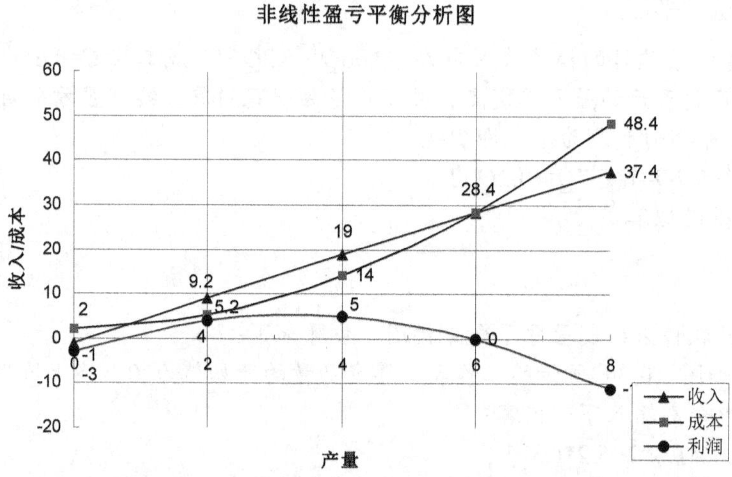


图 10-36　非线性盈亏平衡分析示例绘图步骤 3

### 10.2.2　应用 Excel 进行敏感性分析

敏感性分析按涉及的因素分为单因素敏感性分析、双因素敏感性分析和多因素敏感性分析，这里我们仅介绍如何应用 Excel 进行单因素敏感性分析。

单因素敏感性分析是指假定其他因素不变时，分析单个不确定因素变动时对技术方案经济效益指标的影响。

**【例 10-9】**　一个生产某产品的投资方案，用于确定性经济分析的现金流量表如表 10-4 所示，所采用的数据是根据对未来最可能出现的情况预测估算的。由于对未来影响经济环境的某些因素把握不大，投资额、经营成本和销售收入均可能在±20%的范围内变动。设基准折现率为 10%，不考虑所得税和残值，试分别就上述三个不确定因素对净现值进行敏感性分析。

表 10-4　投资项目现金流量表　　单位：万元

| 年　份 | 0 | 1 | 2～10 |
|---|---|---|---|
| 投　资 | 1 200 | | |
| 销售收入 | | 600 | 800 |
| 经营成本 | | 300 | 450 |
| 净现金流量 | −1 200 | 300 | 350 |

**【解】** 具体分析过程如下。

（1）启动 Excel 软件，建立如图 10-37 所示的工作表。在单元格 C6 中键入公式

“=C4–C3–C5”，然后拖拽其右下角的填充柄至单元格 M6，这样就求出了各年的净现金流量。

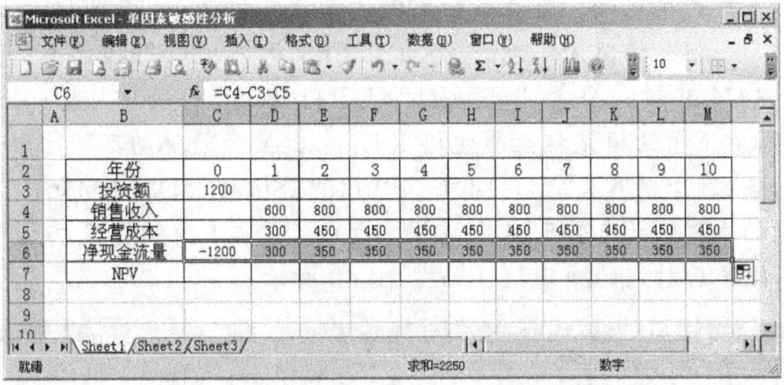


| | B | C | D | E | F | G | H | I | J | K | L | M |
|---|---|---|---|---|---|---|---|---|---|---|---|---|
| 2 | 年份 | 0 | 1 | 2 | 3 | 4 | 5 | 6 | 7 | 8 | 9 | 10 |
| 3 | 投资额 | 1200 | | | | | | | | | | |
| 4 | 销售收入 | | 600 | 800 | 800 | 800 | 800 | 800 | 800 | 800 | 800 | 800 |
| 5 | 经营成本 | | 300 | 450 | 450 | 450 | 450 | 450 | 450 | 450 | 450 | 450 |
| 6 | 净现金流量 | -1200 | 300 | 350 | 350 | 350 | 350 | 350 | 350 | 350 | 350 | 350 |
| 7 | NPV | | | | | | | | | | | |

图 10-37　单因素敏感性分析示例分析步骤 1

（2）根据净现金流量求出净现值。在单元格 C7 中键入 “=C6+NPV(10%,D6:M6)”，求出该项目的净现值为 905.14 万元，如图 10-38 所示。

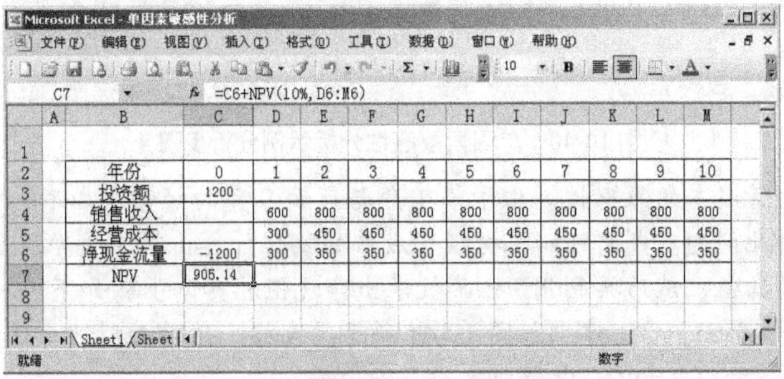


| | B | C | D | E | F | G | H | I | J | K | L | M |
|---|---|---|---|---|---|---|---|---|---|---|---|---|
| 2 | 年份 | 0 | 1 | 2 | 3 | 4 | 5 | 6 | 7 | 8 | 9 | 10 |
| 3 | 投资额 | 1200 | | | | | | | | | | |
| 4 | 销售收入 | | 600 | 800 | 800 | 800 | 800 | 800 | 800 | 800 | 800 | 800 |
| 5 | 经营成本 | | 300 | 450 | 450 | 450 | 450 | 450 | 450 | 450 | 450 | 450 |
| 6 | 净现金流量 | -1200 | 300 | 350 | 350 | 350 | 350 | 350 | 350 | 350 | 350 | 350 |
| 7 | NPV | 905.14 | | | | | | | | | | |

图 10-38　单因素敏感性分析示例分析步骤 2

（3）首先分析投资额的敏感性（为了显示清楚，我们把这一步在工作表 Sheet2 中进行，这里就涉及对前一个工作表 Sheet1 中相关数据的引用，请予以注意）。打开工作表 Sheet2，建立如图 10-39 所示的工作表，具体步骤如下：

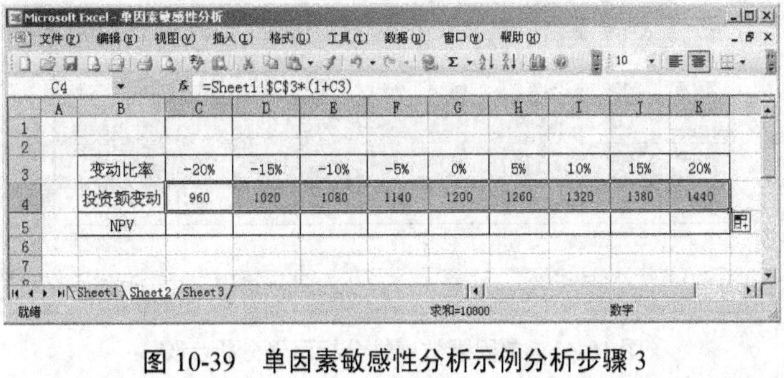


| | B | C | D | E | F | G | H | I | J | K |
|---|---|---|---|---|---|---|---|---|---|---|
| 3 | 变动比率 | -20% | -15% | -10% | -5% | 0% | 5% | 10% | 15% | 20% |
| 4 | 投资额变动 | 960 | 1020 | 1080 | 1140 | 1200 | 1260 | 1320 | 1380 | 1440 |
| 5 | NPV | | | | | | | | | |

图 10-39　单因素敏感性分析示例分析步骤 3

1）在单元格 C3 中键入“–20%”，在单元格 D3 中键入“–15%”，然后选中 C3:D3 区域，拖动其右下角的填充柄，直至鼠标右侧的黄色标注显示“20%”，如图 10-39 所示。这样我们就建立了一组初始值为–20%，终值为 20%，步长为 5%的数据系列。

2）在单元格 C4 中键入公式“=Sheet1!$C$3*(1+C3)”，其中“$”符号是用来固定列的。然后拖动 C4 右下角的填充柄至单元格 K4，求出投资额变动不同比率后的值。

（4）在单元格 C5 中键入公式“=–C4+NPV(10%,Sheet1!$D$6:$M$6)”，求出项目在投资额下降 20%时的净现值为 1 145.14。拖动单元格 C5 右下角的填充柄至单元格 K5，求出投资额变动不同比率后对应的净现值，如图 10-40 所示。

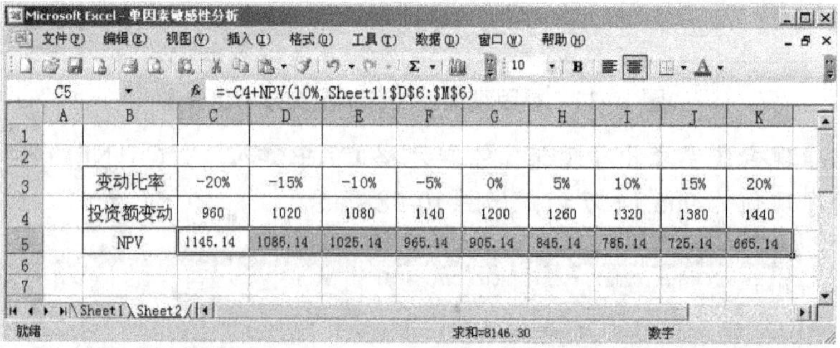


| | B | C | D | E | F | G | H | I | J | K |
|---|---|---|---|---|---|---|---|---|---|---|
| 3 | 变动比率 | -20% | -15% | -10% | -5% | 0% | 5% | 10% | 15% | 20% |
| 4 | 投资额变动 | 960 | 1020 | 1080 | 1140 | 1200 | 1260 | 1320 | 1380 | 1440 |
| 5 | NPV | 1145.14 | 1085.14 | 1025.14 | 965.14 | 905.14 | 845.14 | 785.14 | 725.14 | 665.14 |

图 10-40　单因素敏感性分析示例分析步骤 4

（5）分析经营成本的敏感性。由于第 1 年与后面 9 年的经营成本不一样，所以不能用上面的方法解决此问题。我们可以根据经营成本的变化计算出第 1 年净现金流量与第 2～9 年的净现金流量的值，然后再利用 PV 函数求出净现值。具体步骤如下：

1）打开工作表 Sheet3，建立如图 10-41 所示的表格。用前面所述方法写出“变动率”一行的值。在单元格 C3 和 C4 中分别键入以下内容：

C3：=Sheet1!$D$5*(1+C2)

C4：=Sheet1!E5*(1+C2)

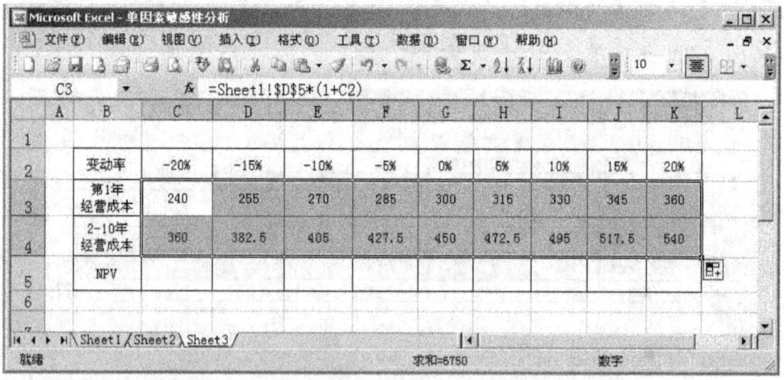


| | B | C | D | E | F | G | H | I | J | K |
|---|---|---|---|---|---|---|---|---|---|---|
| 2 | 变动率 | -20% | -15% | -10% | -5% | 0% | 5% | 10% | 15% | 20% |
| 3 | 第1年经营成本 | 240 | 255 | 270 | 285 | 300 | 315 | 330 | 345 | 360 |
| 4 | 2-10年经营成本 | 360 | 382.5 | 405 | 427.5 | 450 | 472.5 | 495 | 517.5 | 540 |
| 5 | NPV | | | | | | | | | |

图 10-41　单因素敏感性分析示例分析步骤 5

选中 C3:C4 区域，拖动右下角的填充柄至单元格 K4。这样我们就求出了各年经营成本的变化值。

2）在单元格 C5 中键入“=Sheet1!$C$6+PV(10%,1,–(Sheet1!$D$4–C3)) +PV (10%,1, – PV(10%,9,–(Sheet1!$E$4–C4)))”，得到各年经营成本下降 20%时，净现值为 1 430.88。拖动右下角的填充柄至单元格 K5，从而求出经营成本按各比率变化所对应的净现值，如图 10-42 所示。

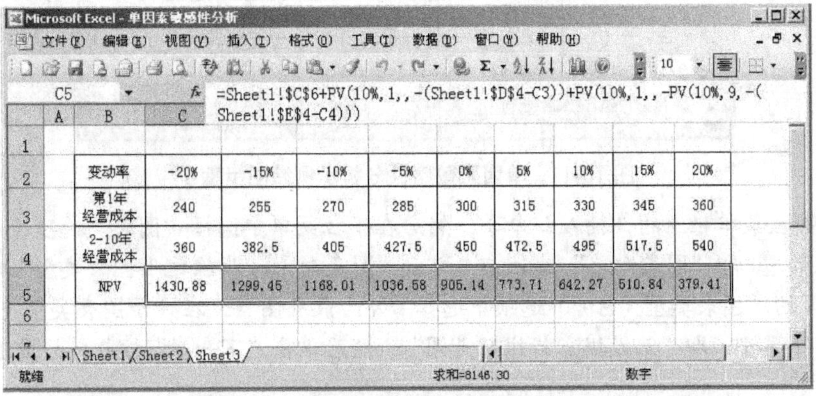

C5 =Sheet1!$C$6+PV(10%,1,,-(Sheet1!$D$4-C3))+PV(10%,1,,-PV(10%,9,-(Sheet1!$E$4-C4)))

| | | | | | | | | | |
|---|---|---|---|---|---|---|---|---|---|
| 变动率 | -20% | -15% | -10% | -5% | 0% | 5% | 10% | 15% | 20% |
| 第1年经营成本 | 240 | 255 | 270 | 285 | 300 | 315 | 330 | 345 | 360 |
| 2-10年经营成本 | 360 | 382.5 | 405 | 427.5 | 450 | 472.5 | 495 | 517.5 | 540 |
| NPV | 1430.88 | 1299.45 | 1168.01 | 1036.58 | 905.14 | 773.71 | 642.27 | 510.84 | 379.41 |

图 10–42 单因素敏感性分析示例分析步骤 6

（6）分析销售收入的敏感性。插入新的工作表 Sheet4，按照经营成本敏感性分析的方法在 Sheet4 中创建如图 10-43 所示的工作表，求出销售收入按各比率变化所对应的净现值。

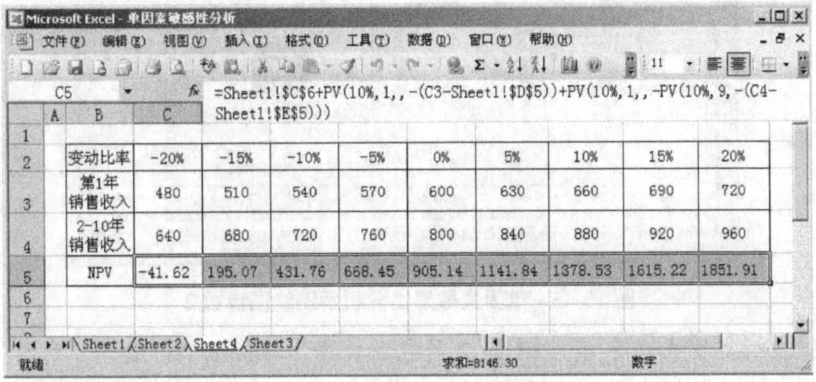

C5 =Sheet1!$C$6+PV(10%,1,,-(C3-Sheet1!$D$5))+PV(10%,1,,-PV(10%,9,-(C4-Sheet1!$E$5)))

| | | | | | | | | | |
|---|---|---|---|---|---|---|---|---|---|
| 变动比率 | -20% | -15% | -10% | -5% | 0% | 5% | 10% | 15% | 20% |
| 第1年销售收入 | 480 | 510 | 540 | 570 | 600 | 630 | 660 | 690 | 720 |
| 2-10年销售收入 | 640 | 680 | 720 | 760 | 800 | 840 | 880 | 920 | 960 |
| NPV | -41.62 | 195.07 | 431.76 | 668.45 | 905.14 | 1141.84 | 1378.53 | 1615.22 | 1851.91 |

图 10-43 单因素敏感性分析示例分析步骤 7

（7）绘制单因素敏感性分析图。

1）为了绘图方便，我们将变动比率和各因素变动后所对应的净现值统计到一个工作表中，如图 10-44 所示。

| 变动比率 | 投资额变动后的NPV | 经营成本变动后的NPV | 销售收入变动后的NPV |
|---|---|---|---|
| -20% | 1145.14 | 1430.88 | -41.62 |
| -15% | 1085.14 | 1299.45 | 195.07 |
| -10% | 1025.14 | 1168.01 | 431.76 |
| -5% | 965.14 | 1036.58 | 668.45 |
| 0% | 905.14 | 905.14 | 905.14 |
| 5% | 845.14 | 773.71 | 1141.84 |
| 10% | 785.14 | 642.27 | 1378.53 |
| 15% | 725.14 | 510.84 | 1615.22 |
| 20% | 665.14 | 379.41 | 1851.91 |

图 10-44　单因素敏感性分析示例绘图步骤 1

2）单击主菜单栏上的“插入”命令，然后在下拉菜单中选择“图表”选项（也可直接单击工具栏上的 即“图表向导”按钮），弹出“图表向导-4 步骤之 1-图表类型”对话框。在“标准类型”的“图表类型（C）”选项中选择“XY 散点图”，在“子图表类型（T）”选项中选择第五个类型，即“无数据点折线散点图”，然后单击“下一步”按钮，如图 10-45 所示。

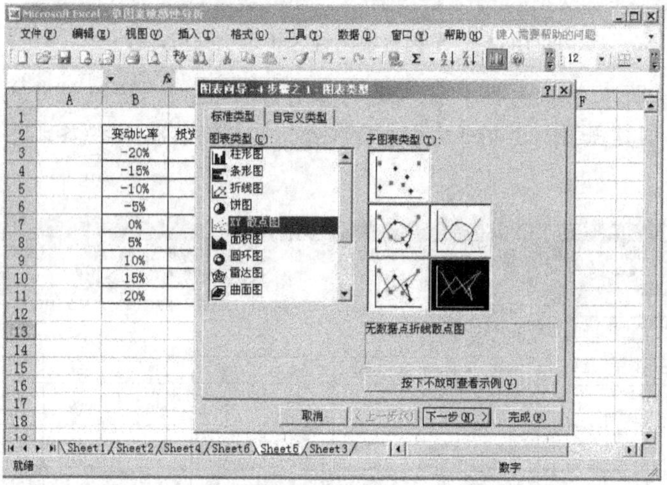


图 10-45　单因素敏感性分析示例绘图步骤 2

3）在弹出的“图表向导-4 步骤之 2-图表源数据”对话框中，选择“系列”选项，在“系列 1”的“名称”框中输入“投资额”，单击“X 值（X）”编辑框右侧的 图标，选中 B3:B11 区域，再单击 图标回到“源数据”对话框；单击“Y 值（Y）”编辑框右侧的 图标，选中 C3:C11 区域，再单击 图标回到“源数据”对话框。

类似的，在“系列 2”的“名称”框中输入“经营成本”，“X 值（X）”选择 B3:B11 区域，“Y 值（Y）”选择 D3:D11 区域；在“系列 3”的“名称”框中输入“销售收入”，

“X 值（X）”选择 B3:B11 区域，“Y 值（Y）”选择 E3:E11 区域，最后单击“下一步”按钮，如图 10-46 所示。

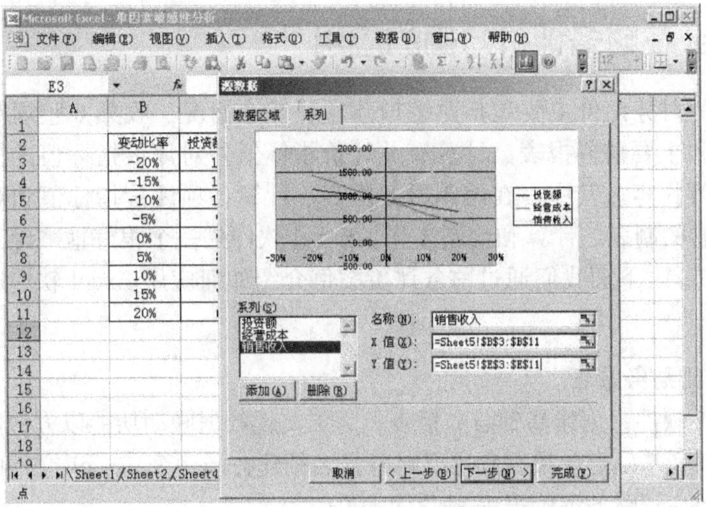


图 10-46　单因素敏感性分析示例绘图步骤 3

4）在弹出的“图表向导-4 步骤之 3-图表选项”对话框中的“标题”选项中，将“图表标题（T）”命名为“单因素敏感性分析图”；将“分类（X）轴（V）”命名为“变动比率”，将“数值（Y）轴（V）”命名为“NPV”。单击“下一步”，再单击“完成”，或直接单击“完成”。这样就得到了投资额、经营成本和销售收入的敏感性分析图，如图 10-47 所示。

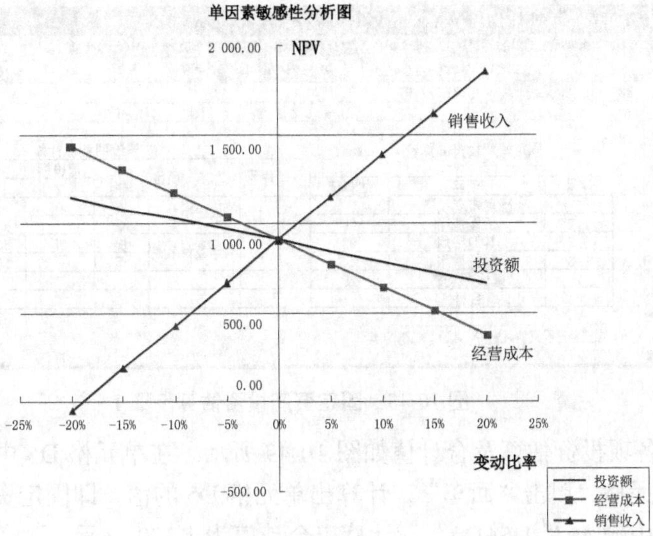


图 10-47　单因素敏感性分析示例绘图步骤 4

从图 10-47 中可以看出，在三个不确定因素中，销售收入是相对最敏感的因素，经营成本次之，投资额是相对最不敏感的因素。

## 10.3 Excel 在财务评价方面的应用

建设项目的财务评价主要包括熟悉拟建项目基本情况、收集并整理基础数据、编制基础财务报表和主要财务报表、计算有关评价指标值并对评价指标值进行财务分析及项目的风险分析等内容。其中，在编制财务报表、计算各项评价指标值和对项目进行风险分析中涉及大量的制表、计算和绘图工作，Excel 软件是一个很好地减轻工作量、提高工作效率的应用工具。下面我们通过财务评价案例介绍如何应用 Excel 软件进行项目的财务评价。

### 1. 编制基础财务报表

启动 Excel 软件，创建基础财务报表。为了实现数据联动功能以方便数据的计算和维护，我们将一系列基础财务报表和主要财务报表创建在同一个 Excel 文件中。本例我们将所有报表均创建在“财务评价报表.xls”文件中。

（1）固定资产投资估算表。根据项目基础数据中的固定资产投资估算，在 Excel 中创建如图 10-48 所示的工作表。其中建设期第 2 年长期借款 500 万元，借款当年按半年计息，以后按全年计息，如图 10-48 所示，单元格 I7 中计算利息的公式为“=I5/2*10%”，结果为 25。而流动资金借款当年按全年计息，所以单元格 J8 中计算利息的公式为“=J6*8%”，单元格 K8 中输入公式“=(J6+K6)*8%”，结果为 16。

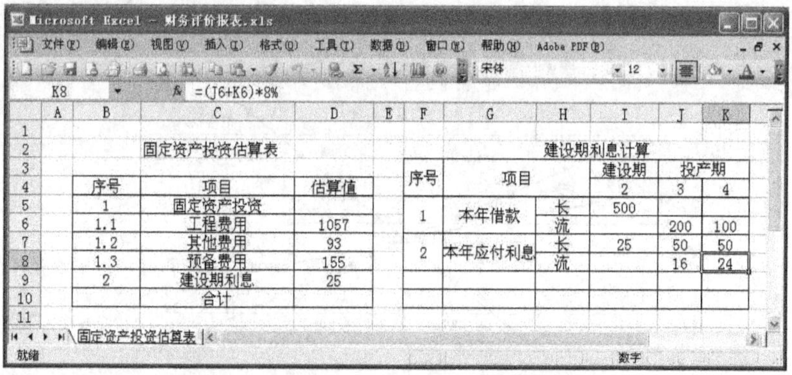


图 10-48　固定资产投资估算步骤 1

固定资产各项投资估算及合计值如图 10-49 所示。在单元格 D5 中插入了 SUM()函数，选中 D6:D8 单元格，单击“回车”，计算出单元格 D5 的值，即固定资产投资总额为 1 305 万元。在 D10 中输入“=D5+D9”，计算出合计值为 1 330 万元。

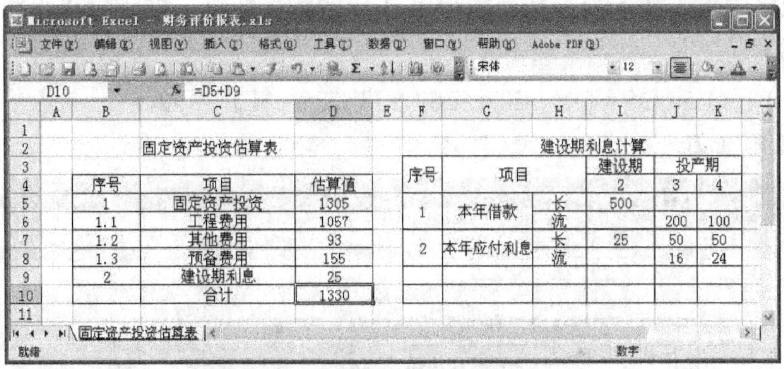

固定资产投资估算表

| 序号 | 项目 | 估算值 |
|---|---|---|
| 1 | 固定资产投资 | 1305 |
| 1.1 | 工程费用 | 1057 |
| 1.2 | 其他费用 | 93 |
| 1.3 | 预备费用 | 155 |
| 2 | 建设期利息 | 25 |
| | 合计 | 1330 |

建设期利息计算

| 序号 | 项目 | | 建设期 | 投产期 | |
|---|---|---|---|---|---|
| | | | 2 | 3 | 4 |
| 1 | 本年借款 | 长 | 500 | | |
| | | 流 | | 200 | 100 |
| 2 | 本年应付利息 | 长 | 25 | 50 | 50 |
| | | 流 | | 16 | 24 |

图 10-49　固定资产投资估算步骤 2

（2）投资计划与资金筹措表。项目的总投资为固定资产投资、建设期利息、流动资金之和。资金筹措的渠道主要是利用项目资本金和借款。

在有关单元格中输入以下内容，实现总投资与资金筹措的计算。

D4：=SUM(D5:D7)

H4：=SUM(D4:G4)

选中单元格 D4，拖动其右下角的填充柄至单元格 G4。选中单元格 H4，拖动其右下角的填充柄至单元格 H13，结果如图 10-50 所示。

投资计划与资金筹措表

| 序号 | 项目 | 建设期 | | 投产期 | | 合计 |
|---|---|---|---|---|---|---|
| | | 1 | 2 | 3 | 4 | |
| 1 | 总投资 | 605 | 725 | 200 | 200 | 1730 |
| 1.1 | 固定资产投资 | 605 | 700 | | | 1305 |
| 1.2 | 建设期利息 | | 25 | | | 25 |
| 1.3 | 流动资金 | | | 200 | 200 | 400 |
| 2 | 资金筹措 | | | | | 0 |
| 2.1 | 项目资本金 | 605 | 225 | | 100 | 930 |
| | 其中：用于流动资金 | | | | 100 | 100 |
| 2.2 | 借款 | | | | | 0 |
| 2.2.1 | 长期借款 | | 500 | | | 500 |
| 2.2.2 | 流动资金借款 | | | 200 | 100 | 300 |

图 10-50　投资计划与资金筹措

（3）营业收入和营业税金及附加估算表。根据市场需求等因素，预测该产品的市场售价为 3.65 万元/吨，年营业税金及附加按国家规定计取，产品缴纳增值税税率为 17%，城市维护建设税按增值税的 7%计取，教育费附加按增值税的 3%计取。营业收入及营业税金和附加的估算如图 10-51 所示。其中销售量、营业收入及各项税金的计算分别在 Excel 中求得，即在相关单元格中输入如下内容从而求得第 3 年的相关数据，同理可求得第 4 年、第 5～12 年的相关数据。

D5:=C1 * F1　E5:=D5 * D1　E8:=$E$7 * J8　E9:=$E$7 * J9

E6:=SUM(E7:E9)

I9　=I7*J9

| | A | B | C | D | E | F | G | H | I | J |
|---|---|---|---|---|---|---|---|---|---|---|
| 1 | | | 500 | 3.65 | | 50% | 80% | 100% | | |
| 2 | | 营业收入和营业税金及附加 | | | | | 单位（万元） | | | |
| 3 | | 序号 | 项目 | 生产负荷50%（第3年） | | 生产负荷80%（第4年） | | 生产负荷100%（第5-12年） | | |
| 4 | | | | 销售量 | 金额 | 销售量 | 金额 | 销售量 | 金额 | |
| 5 | | 1 | 营业收入 | 250 | 912.5 | 400 | 1460 | 500 | 1825 | |
| 6 | | 2 | 营业税金 | | 63.8 | | 102.3 | | 127.6 | |
| 7 | | 2.1 | 增值税 | | 58 | | 93 | | 116 | |
| 8 | | 2.2 | 城建维护税 | | 4.06 | | 6.51 | | 8.12 | 7% |
| 9 | | 2.3 | 教育费附加 | | 1.74 | | 2.79 | | 3.48 | 3% |

图 10-51　营业收入和营业税金及附加

（4）部分成本费用估算表，如图 10-52 所示。

1）原材料费根据单位产品消耗定额和原料单价估算正常年份原材料费为 675 万元。

2）燃料及动力费用根据单位产品消耗定额和当地燃料动力单价，估计正常生产年份此项费用为 15 万元。

3）工资及福利费用每年估算为 190 万元。

4）销售费用、制造费用和管理费用分别为 50 万元、160 万元和 60 万元。

5）本项目固定资产原值包括工程费用、其他费用、预备费用和建设期利息，共 1 330 万元。固定资产按平均年限法折旧，预计净残值率为 5%，折旧年限为 10 年，则每年的折旧额为 1 330×(1–5%)÷10=126.35（万元）。

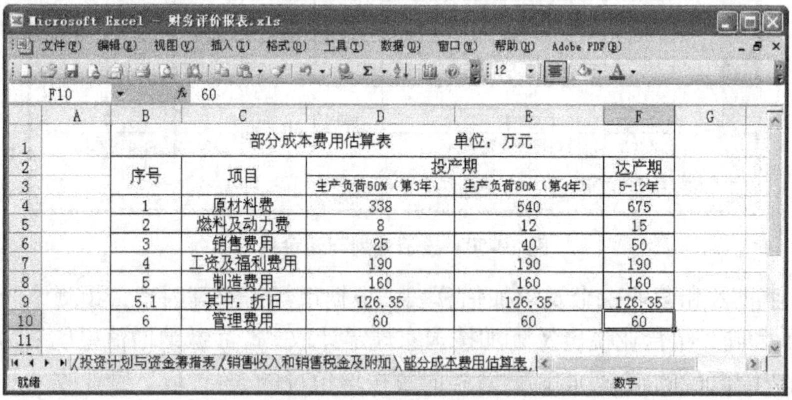

F10　60

部分成本费用估算表　　单位：万元

| 序号 | 项目 | 投产期 | | 达产期 |
|---|---|---|---|---|
| | | 生产负荷50%（第3年） | 生产负荷80%（第4年） | 5-12年 |
| 1 | 原材料费 | 338 | 540 | 675 |
| 2 | 燃料及动力费 | 8 | 12 | 15 |
| 3 | 销售费用 | 25 | 40 | 50 |
| 4 | 工资及福利费用 | 190 | 190 | 190 |
| 5 | 制造费用 | 160 | 160 | 160 |
| 5.1 | 其中：折旧 | 126.35 | 126.35 | 126.35 |
| 6 | 管理费用 | 60 | 60 | 60 |

图 10-52　部分成本费用估算

## 2．编制主要财务报表

我们将主要财务报表全部编制在“主要财务报表”工作表中。

（1）借款还本付息表。本项目建设期借款利息由项目资本金支付，长期借款本金在投产第 2 年即计算期的第 4 年开始偿还，偿还期为 5 年，偿还方式采用等额本金法，所以每年还本 100 万元。偿还借款本金的资金来源于折旧与摊销费用和未分配利润。流动资金借款本金在计算期末用回收的流动资金偿还。具体做法是在有关单元格输入如下内容：

G5:=F5　H5:=G5–G11　E9:=E7/2*P2　F9:=F5*$P$2　F10：=F8*$P$3

G10:=(F8+G8)*$P$3

利用 Excel 的自动填充功能将其他单元格用鼠标拖曳填充完毕即可，如图 10-53 所示。

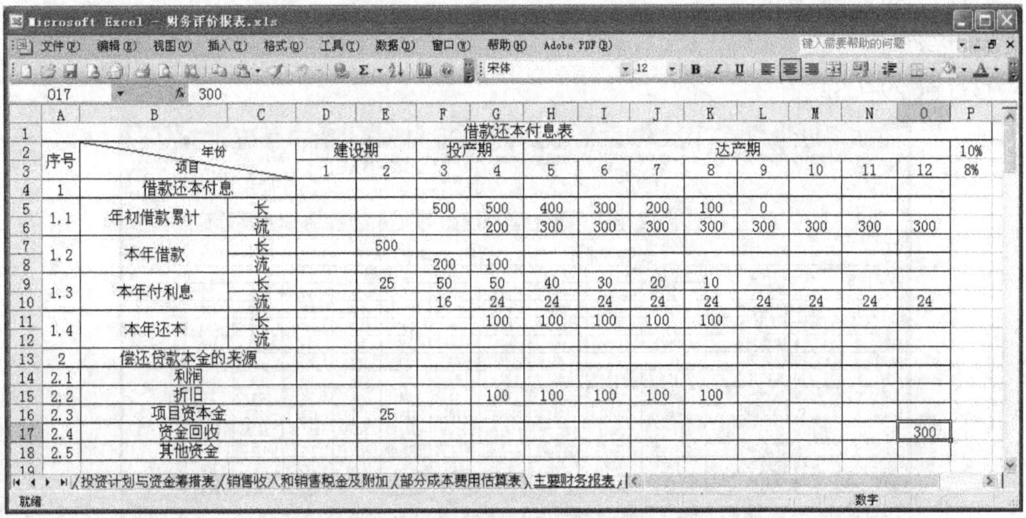


| 序号 | 项目 | | 建设期 1 | 建设期 2 | 投产期 3 | 投产期 4 | 达产期 5 | 6 | 7 | 8 | 9 | 10 | 11 | 12 | |
|---|---|---|---|---|---|---|---|---|---|---|---|---|---|---|---|
| | | | | | | | | | | | | | | | 10% |
| | | | | | | | | | | | | | | | 8% |
| 1 | 借款还本付息 | | | | | | | | | | | | | | |
| 1.1 | 年初借款累计 | 长 | | | 500 | 500 | 400 | 300 | 200 | 100 | 0 | | | | |
| | | 流 | | | | 200 | 300 | 300 | 300 | 300 | 300 | 300 | 300 | 300 | |
| 1.2 | 本年借款 | 长 | | 500 | | | | | | | | | | | |
| | | 流 | | | 200 | 100 | | | | | | | | | |
| 1.3 | 本年付利息 | 长 | | 25 | 50 | 50 | 40 | 30 | 20 | 10 | | | | | |
| | | 流 | | | 16 | 24 | 24 | 24 | 24 | 24 | 24 | 24 | 24 | 24 | |
| 1.4 | 本年还本 | 长 | | | | 100 | 100 | 100 | 100 | 100 | | | | | |
| | | 流 | | | | | | | | | | | | | |
| 2 | 偿还贷款本金的来源 | | | | | | | | | | | | | | |
| 2.1 | 利润 | | | | | | | | | | | | | | |
| 2.2 | 折旧 | | | | | 100 | 100 | 100 | 100 | 100 | | | | | |
| 2.3 | 项目资本金 | | | 25 | | | | | | | | | | | |
| 2.4 | 资金回收 | | | | | | | | | | | | | 300 | |
| 2.5 | 其他资金 | | | | | | | | | | | | | | |

图 10-53　借款还本付息表

（2）总成本费用表。

1）直接材料费用包括原材料费和燃料及动力费。

2）财务费用指利息支出，包括固定资产借款在生产期的利息支出和流动资金借款的利息支出。

3）经营成本等于总成本费用减去利息支出和折旧费用。

在 Excel 表中相应的单元格中输入如下内容，利用 Excel 的自动填充功能将其他单元格用鼠标拖曳填充即可。如图 10-54 所示，其中“利息支出”为长期借款利息和流动资金借款利息之和。

C23:=部分成本费用估算表!D4+部分成本费用估算表!D5

D23:=部分成本费用估算表!E4+部分成本费用估算表!E5

E23:=部分成本费用估算表!F4+部分成本费用估算表!F5

C24:=部分成本费用估算表!D7

C25:=部分成本费用估算表!D8

C26:=部分成本费用估算表!D10

C27:=部分成本费用估算表!D6

D27:=部分成本费用估算表!E6

E27:=部分成本费用估算表!F6

C28:=F9+F10

C29:=SUM(C23:C28)

C30:=部分成本费用估算表!D9

C31:=C29–C28–C30

C32:=C23+C24

C33:=C29–C32

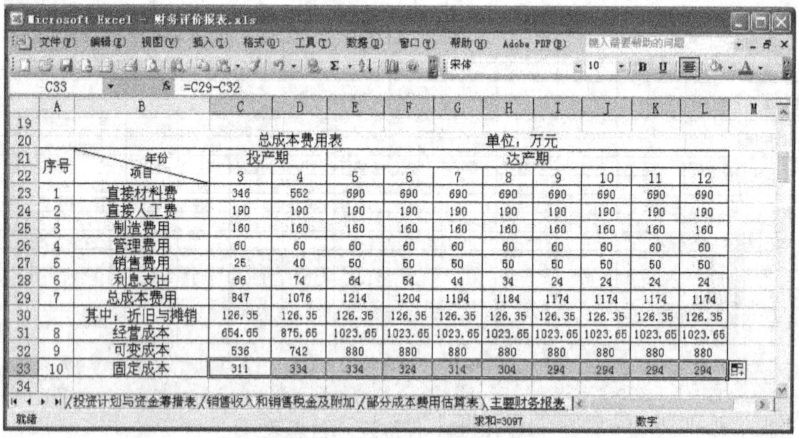


总成本费用表　　单位：万元

| 序号 | 项目＼年份 | 投产期 |  | 达产期 |  |  |  |  |  |  |  |
|---|---|---|---|---|---|---|---|---|---|---|---|
|  |  | 3 | 4 | 5 | 6 | 7 | 8 | 9 | 10 | 11 | 12 |
| 1 | 直接材料费 | 346 | 552 | 690 | 690 | 690 | 690 | 690 | 690 | 690 | 690 |
| 2 | 直接人工费 | 190 | 190 | 190 | 190 | 190 | 190 | 190 | 190 | 190 | 190 |
| 3 | 制造费用 | 160 | 160 | 160 | 160 | 160 | 160 | 160 | 160 | 160 | 160 |
| 4 | 管理费用 | 60 | 60 | 60 | 60 | 60 | 60 | 60 | 60 | 60 | 60 |
| 5 | 销售费用 | 25 | 40 | 50 | 50 | 50 | 50 | 50 | 50 | 50 | 50 |
| 6 | 利息支出 | 66 | 74 | 64 | 54 | 44 | 34 | 24 | 24 | 24 | 24 |
| 7 | 总成本费用 | 847 | 1076 | 1214 | 1204 | 1194 | 1184 | 1174 | 1174 | 1174 | 1174 |
|  | 其中：折旧与摊销 | 126.35 | 126.35 | 126.35 | 126.35 | 126.35 | 126.35 | 126.35 | 126.35 | 126.35 | 126.35 |
| 8 | 经营成本 | 654.65 | 875.65 | 1023.65 | 1023.65 | 1023.65 | 1023.65 | 1023.65 | 1023.65 | 1023.65 | 1023.65 |
| 9 | 可变成本 | 536 | 742 | 880 | 880 | 880 | 880 | 880 | 880 | 880 | 880 |
| 10 | 固定成本 | 311 | 334 | 334 | 324 | 314 | 304 | 294 | 294 | 294 | 294 |

图 10-54　总成本费用估算

（3）利润与利润分配表。

1）所得税按利润总额的 25%缴纳。

2）每年按税后利润的 10%提取盈余公积金，按 5%提取公益金。

3）投产期按 40%向投资者分配利润，达产期按 60%向投资者分配利润。

具体为在有关单元格输入如下内容，利用 Excel 的自动填充功能，将其他单元格用鼠标拖曳填充即可，如图 10-55 所示。

C38:=营业收入和营业税金及附加!E5

D38:=营业收入和营业税金及附加!G5

E38:=营业收入和营业税金及附加!I5

F38:=E38

C39:=营业收入和营业税金及附加!E6

D39:=营业收入和营业税金及附加!G6

E39:=营业收入和营业税金及附加!I6

F39:=E39　　C40:=C29　　C41:=C38–C39–C40　　C42:=C41*$M$37　C43:=C41–C42　C44:=C43*$M$38　C45:=C43*$M$39　C46:=C43*$M$40

E46:=E43*$M$41　C47:=C43–C44–C45–C46　C48:=C47　D48:=C48+D47

| 序号 | 项目＼年份 | 投产期 3 | 投产期 4 | 达产期 5 | 6 | 7 | 8 | 9 | 10 | 11 | 12 | M |
|---|---|---|---|---|---|---|---|---|---|---|---|---|
| | 利润与利润分配表 | | | | | 单位：万元 | | | | | | 25% |
| 1 | 营业收入 | 912.50 | 1460.0 | 1825.0 | 1825.0 | 1825.0 | 1825.0 | 1825.0 | 1825.0 | 1825.0 | 1825.0 | 10% |
| 2 | 营业税金及附加 | 63.80 | 102.30 | 127.60 | 127.60 | 127.60 | 127.60 | 127.60 | 127.60 | 127.60 | 127.60 | 5% |
| 3 | 总成本费用 | 847.0 | 1076.0 | 1214.0 | 1204.0 | 1194.0 | 1184.0 | 1174.0 | 1174.0 | 1174.0 | 1174.0 | 40% |
| 4 | 利润总额 | 1.70 | 281.70 | 483.40 | 493.40 | 503.40 | 513.40 | 523.40 | 523.40 | 523.40 | 523.40 | 60% |
| 5 | 所得税 | 0.43 | 70.43 | 120.85 | 123.35 | 125.85 | 128.35 | 130.85 | 130.85 | 130.85 | 130.85 | |
| 6 | 税后利润 | 1.28 | 211.28 | 362.55 | 370.05 | 377.55 | 385.05 | 392.55 | 392.55 | 392.55 | 392.55 | |
| 7 | 盈余公积金 | 0.13 | 21.13 | 36.26 | 37.01 | 37.76 | 38.51 | 39.26 | 39.26 | 39.26 | 39.26 | |
| 8 | 盈余公益金 | 0.06 | 10.56 | 18.13 | 18.50 | 18.88 | 19.25 | 19.63 | 19.63 | 19.63 | 19.63 | |
| 9 | 应付利润 | 0.51 | 84.51 | 217.53 | 222.03 | 226.53 | 231.03 | 235.53 | 235.53 | 235.53 | 235.53 | |
| 10 | 未分配利润 | 0.57 | 95.07 | 90.64 | 92.51 | 94.39 | 96.26 | 98.14 | 98.14 | 98.14 | 98.14 | |
| 11 | 累计未分配利润 | 0.57 | 95.65 | 186.29 | 278.80 | 373.19 | 469.45 | 567.59 | 665.72 | 763.86 | 862.00 | |

图 10-55　利润与利润分配表

（4）项目投资现金流量表。在有关单元格输入如下内容，利用 Excel 的自动填充功能，将其他单元格用鼠标拖曳填充即可完成全投资现金流量表，具体如图 10-56 所示。

E54:=C38

N55:=固定资产投资估算表!D10*5%

C53:=SUM(C54:C56)

C58:=投资计划与资金筹措表!D5

D58:=投资计划与资金筹措表!E5

E59:=投资计划与资金筹措表!F7

F59:=投资计划与资金筹措表!G7

E60:=C31

E61:=C39

E62:=C42

C63:=C53–C57+C62

C64:=C53–C57

C65:=C64

D65:=C65+D64

C67:=C64*C66

C68:=C67

D68:=C68+D67

项目投资现金流量表　　　　单位，万元

| 序号 | 项目＼年份 | 建设期 1 | 建设期 2 | 投产期 3 | 投产期 4 | 达产期 5 | 达产期 6 | 达产期 7 | 达产期 8 | 达产期 9 | 达产期 10 | 达产期 11 | 达产期 12 |
|---|---|---|---|---|---|---|---|---|---|---|---|---|---|
| 1 | 现金流入 | 0.00 | 0.00 | 912.50 | 1460.00 | 1825.00 | 1825.00 | 1825.00 | 1825.00 | 1825.00 | 1825.00 | 1825.00 | 2291.50 |
| 1.1 | 营业收入 | | | 912.50 | 1460.00 | 1825.00 | 1825.00 | 1825.00 | 1825.00 | 1825.00 | 1825.00 | 1825.00 | 1825.00 |
| 1.2 | 回收固定资产余值 | | | | | | | | | | | | 66.50 |
| 1.3 | 回收流动资金 | | | | | | | | | | | | 400.00 |
| 2 | 现金流出 | 605.00 | 700.00 | 918.88 | 1248.38 | 1272.10 | 1274.60 | 1277.10 | 1279.60 | 1282.10 | 1282.10 | 1282.10 | 1282.10 |
| 2.1 | 固定资产投资 | 605.00 | 700.00 | | | | | | | | | | |
| 2.2 | 流动资金投资 | | | 200.00 | 200.00 | | | | | | | | |
| 2.3 | 经营成本 | | | 654.65 | 875.65 | 1023.65 | 1023.65 | 1023.65 | 1023.65 | 1023.65 | 1023.65 | 1023.65 | 1023.65 |
| 2.4 | 营业税金及附加 | | | 63.80 | 102.30 | 127.60 | 127.60 | 127.60 | 127.60 | 127.60 | 127.60 | 127.60 | 127.60 |
| 2.5 | 所得税 | | | 0.43 | 70.43 | 120.85 | 123.35 | 125.85 | 128.35 | 130.85 | 130.85 | 130.85 | 130.85 |
| 3 | 净现金流量（所得税前） | -605.00 | -700.00 | -5.95 | 282.05 | 673.75 | 673.75 | 673.75 | 673.75 | 673.75 | 673.75 | 673.75 | 1140.25 |
| 4 | 净现金流量（所得税后） | -605.00 | -700.00 | -6.38 | 211.63 | 552.90 | 550.40 | 547.90 | 545.40 | 542.90 | 542.90 | 542.90 | 1009.40 |
| 5 | 累计净现金流量（税后） | -605.00 | -1305.00 | -1311.38 | -1099.75 | -546.85 | 3.55 | 551.45 | 1096.85 | 1639.75 | 2182.65 | 2725.55 | 3734.95 |
| 6 | (P/F,0.12,t) | 0.89 | 0.80 | 0.71 | 0.64 | 0.57 | 0.51 | 0.45 | 0.40 | 0.36 | 0.32 | 0.29 | 0.26 |
| 7 | 净现金流现值（税后） | -540.18 | -558.04 | -4.54 | 134.49 | 313.73 | 278.85 | 247.84 | 220.28 | 195.78 | 174.80 | 156.07 | 259.09 |
| 8 | 累计净现金流现值（税后） | -540.18 | -1098.21 | -1102.75 | -968.26 | -654.53 | -375.68 | -127.84 | 92.44 | 288.21 | 463.01 | 619.08 | 878.17 |

图 10-56　项目投资现金流量表

（5）项目资本金现金流量表。现金流入、营业收入、回收固定资产余值、回收流动资金、经营成本、营业税金及附加、所得税和项目投资现金流量表的现金流量相同。其他相关单元格则应输入如下内容，利用 Excel 的自动填充功能，将其他单元格用鼠标拖曳填充完毕即可，具体如图 10-57 所示。

项目资本金现金流量表　　　　单位，万元

| 序号 | 项目＼年份 | | 建设期 1 | 建设期 2 | 投产期 3 | 投产期 4 | 达产期 5 | 达产期 6 | 达产期 7 | 达产期 8 | 达产期 9 | 达产期 10 | 达产期 11 | 达产期 12 |
|---|---|---|---|---|---|---|---|---|---|---|---|---|---|---|
| 1 | 现金流入 | | 0.00 | 0.00 | 912.50 | 1460.00 | 1825.00 | 1825.00 | 1825.00 | 1825.00 | 1825.00 | 1825.00 | 1825.00 | 2291.50 |
| 1.1 | 营业收入 | | | | 912.50 | 1460.00 | 1825.00 | 1825.00 | 1825.00 | 1825.00 | 1825.00 | 1825.00 | 1825.00 | 1825.00 |
| 1.2 | 回收固定资产余值 | | | | | | | | | | | | | 66.50 |
| 1.3 | 回收流动资金 | | | | | | | | | | | | | 400.00 |
| 2 | 现金流出 | | 605.00 | 250.00 | 734.88 | 1272.38 | 1396.10 | 1398.60 | 1401.10 | 1403.60 | 1306.10 | 1306.10 | 1306.10 | 1606.10 |
| 2.1 | 项目资本金 | | 605.00 | 225.00 | | 100.00 | | | | | | | | |
| 2.2 | 经营成本 | | | | 654.65 | 875.65 | 1023.65 | 1023.65 | 1023.65 | 1023.65 | 1023.65 | 1023.65 | 1023.65 | 1023.65 |
| 2.3 | 长期借款 | 还本 | | | | 100.00 | 100.00 | 100.00 | 100.00 | 100.00 | | | | |
| | | 付息 | | 25.00 | | | | | | | | | | |
| 2.4 | 流动资金借款 | 还本 | | | | | | | | | | | | 300.00 |
| | | 付息 | | | 16.00 | 24.00 | 24.00 | 24.00 | 24.00 | 24.00 | 24.00 | 24.00 | 24.00 | 24.00 |
| 2.5 | 其他短期借款 | 还本 | | | | | | | | | | | | |
| | | 付息 | | | | | | | | | | | | |
| 2.6 | 营业税金及附加 | | | | 63.80 | 102.30 | 127.60 | 127.60 | 127.60 | 127.60 | 127.60 | 127.60 | 127.60 | 127.60 |
| 2.7 | 所得税 | | | | 0.43 | 70.43 | 120.86 | 123.35 | 125.85 | 128.35 | 130.85 | 130.85 | 130.85 | 130.85 |
| 3 | 净现金流量 | | -605.00 | -250.00 | 177.63 | 187.63 | 428.90 | 426.40 | 423.90 | 421.40 | 518.90 | 518.90 | 518.90 | 685.40 |
| 4 | 累计净现金流量 | | -605.00 | -855.00 | -677.38 | -489.75 | -60.85 | 365.55 | 789.45 | 1210.85 | 1729.75 | 2248.65 | 2767.55 | 3452.95 |
| 5 | (P/F,0.12,t) | | 0.89 | 0.80 | 0.71 | 0.64 | 0.57 | 0.51 | 0.45 | 0.40 | 0.36 | 0.32 | 0.29 | 0.26 |
| 6 | 净现金流量现值 | | -540.18 | -199.30 | 126.43 | 119.24 | 243.37 | 216.03 | 191.75 | 170.20 | 187.12 | 167.07 | 149.17 | 175.93 |
| 7 | 累计净现金流量现值 | | -540.18 | -739.48 | -613.05 | -493.81 | -250.44 | -34.41 | 157.34 | 327.54 | 514.66 | 681.73 | 830.90 | 1006.83 |

图 10-57　项目资本金现金流量表

D77:=SUM(D78:D80)　F78:=C38　O79:=N55　O80:=N56　D81:=SUM(D82:D91)

D82:=投资计划与资金筹措表!D9

E82:=投资计划与资金筹措表!E9

G82:=投资计划与资金筹措表!G9

F83:=C31　G84:=G11　E85:=E16　F87:=F10　F90:=C39　F91:=C42

D92:=D77–D81　D93:=D92　E93:=D93+E92　D95:=D92*D94　D96:=D95

E96:=D96+E95

（6）资金来源与运用表。在有关单元格输入如下内容，利用 Excel 的自动填充功能，将其他单元格用鼠标拖曳填充完毕即可完成资金来源与运用表，具体如图 10-58 所示。

C105:=SUM(C106:C114)

E106:=C41

E107:=C30

C115:=SUM(C116:C123)

C124:=C105–C115

C125:=C124

D125:=C125+D124

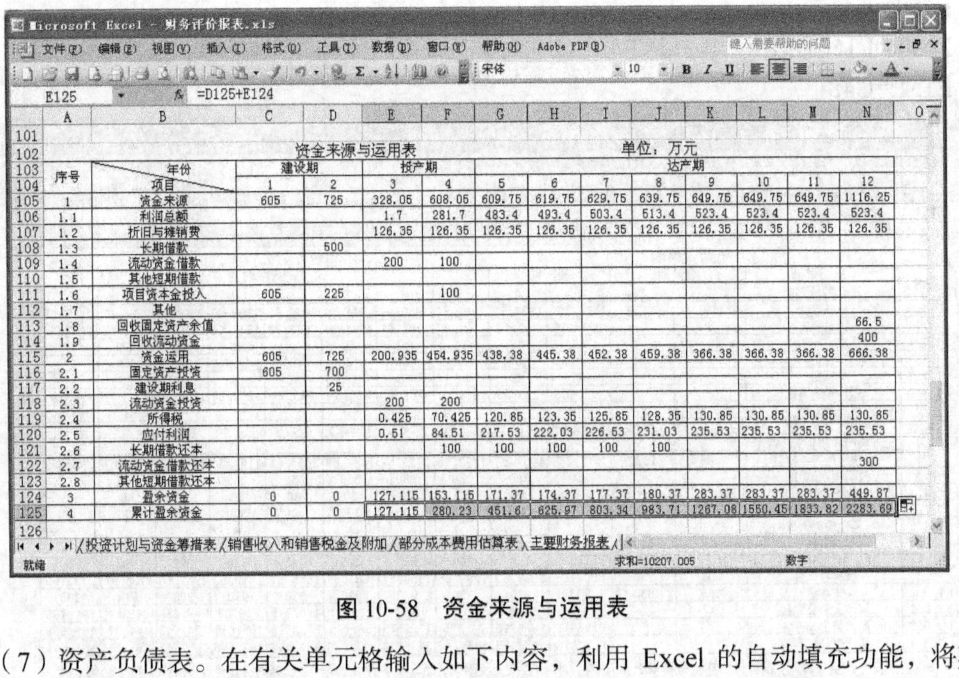


资金来源与运用表　　单位：万元

| 序号 | 项目＼年份 | 建设期 |  | 投产期 |  | 达产期 |  |  |  |  |  |  |  |
|---|---|---|---|---|---|---|---|---|---|---|---|---|---|
|  |  | 1 | 2 | 3 | 4 | 5 | 6 | 7 | 8 | 9 | 10 | 11 | 12 |
| 1 | 资金来源 | 605 | 725 | 328.05 | 608.05 | 609.75 | 619.75 | 629.75 | 639.75 | 649.75 | 649.75 | 649.75 | 1116.25 |
| 1.1 | 利润总额 |  |  | 1.7 | 281.7 | 483.4 | 493.4 | 503.4 | 513.4 | 523.4 | 523.4 | 523.4 | 523.4 |
| 1.2 | 折旧与摊销费 |  |  | 126.35 | 126.35 | 126.35 | 126.35 | 126.35 | 126.35 | 126.35 | 126.35 | 126.35 | 126.35 |
| 1.3 | 长期借款 |  | 500 |  |  |  |  |  |  |  |  |  |  |
| 1.4 | 流动资金借款 |  |  | 200 | 100 |  |  |  |  |  |  |  |  |
| 1.5 | 其他短期借款 |  |  |  |  |  |  |  |  |  |  |  |  |
| 1.6 | 项目资本金投入 | 605 | 225 |  | 100 |  |  |  |  |  |  |  |  |
| 1.7 | 其他 |  |  |  |  |  |  |  |  |  |  |  |  |
| 1.8 | 回收固定资产余值 |  |  |  |  |  |  |  |  |  |  |  | 66.5 |
| 1.9 | 回收流动资金 |  |  |  |  |  |  |  |  |  |  |  | 400 |
| 2 | 资金运用 | 605 | 725 | 200.935 | 454.935 | 438.38 | 445.38 | 452.38 | 459.38 | 366.38 | 366.38 | 366.38 | 666.38 |
| 2.1 | 固定资产投资 | 605 | 700 |  |  |  |  |  |  |  |  |  |  |
| 2.2 | 建设期利息 |  | 25 |  |  |  |  |  |  |  |  |  |  |
| 2.3 | 流动资金投资 |  |  | 200 | 200 |  |  |  |  |  |  |  |  |
| 2.4 | 所得税 |  |  | 0.425 | 70.425 | 120.85 | 123.35 | 125.85 | 128.35 | 130.85 | 130.85 | 130.85 | 130.85 |
| 2.5 | 应付利润 |  |  | 0.51 | 84.51 | 217.53 | 222.03 | 226.53 | 231.03 | 235.53 | 235.53 | 235.53 | 235.53 |
| 2.6 | 长期借款还本 |  |  |  | 100 | 100 | 100 | 100 | 100 |  |  |  |  |
| 2.7 | 流动资金借款还本 |  |  |  |  |  |  |  |  |  |  |  | 300 |
| 2.8 | 其他短期借款还本 |  |  |  |  |  |  |  |  |  |  |  |  |
| 3 | 盈余资金 | 0 | 0 | 127.115 | 153.115 | 171.37 | 174.37 | 177.37 | 180.37 | 283.37 | 283.37 | 283.37 | 449.87 |
| 4 | 累计盈余资金 | 0 | 0 | 127.115 | 280.23 | 451.6 | 625.97 | 803.34 | 983.71 | 1267.08 | 1550.45 | 1833.82 | 2283.69 |

图 10-58　资金来源与运用表

（7）资产负债表。在有关单元格输入如下内容，利用 Excel 的自动填充功能，将其他单元格用鼠标拖曳填充完毕即可完成资产负债表（累计盈余资金同资金来源与运用表），具体如图 10-59 所示。

C131:=C132+C137+C138+C139

E132:=SUM(E133:E136)

E136:=E125

D138:=固定资产投资估算表!D10

E138:=D138–C30

C140:=C146+C147

E141:=SUM(E142:E144)

E143:=F8

F143:=E143+G8

D145:=E7

E145:=D145

F145:=E145–G11

C146:=C141+C145

C147:=SUM(C148:C151)

E149:=C44

F149:=E149+D44

E150:=C45

F150:=E150+D45

E151:=C48

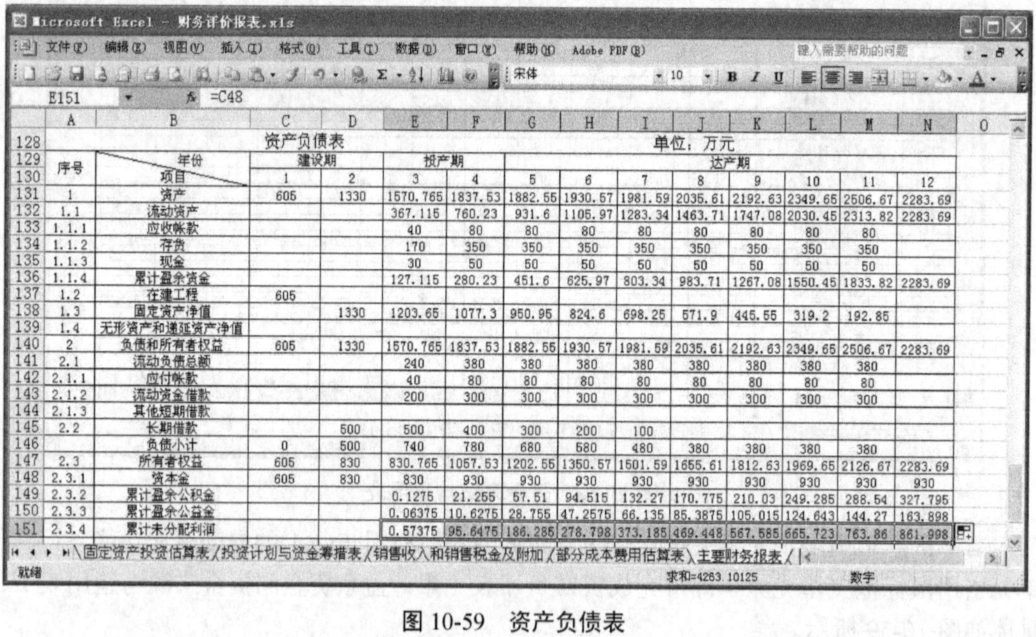

资产负债表　　单位：万元

| 序号 | 项目＼年份 | 建设期 | | 投产期 | | 达产期 | | | | | | | |
|---|---|---|---|---|---|---|---|---|---|---|---|---|---|
| | | 1 | 2 | 3 | 4 | 5 | 6 | 7 | 8 | 9 | 10 | 11 | 12 |
| 1 | 资产 | 605 | 1330 | 1570.765 | 1837.53 | 1882.55 | 1930.57 | 1981.59 | 2035.61 | 2192.63 | 2349.65 | 2506.67 | 2283.69 |
| 1.1 | 流动资产 | | | 367.115 | 760.23 | 931.6 | 1105.97 | 1283.34 | 1463.71 | 1747.08 | 2030.45 | 2313.82 | 2283.69 |
| 1.1.1 | 应收帐款 | | | 40 | 80 | 80 | 80 | 80 | 80 | 80 | 80 | 80 | |
| 1.1.2 | 存货 | | | 170 | 350 | 350 | 350 | 350 | 350 | 350 | 350 | 350 | |
| 1.1.3 | 现金 | | | 30 | 50 | 50 | 50 | 50 | 50 | 50 | 50 | 50 | |
| 1.1.4 | 累计盈余资金 | | | 127.115 | 280.23 | 451.6 | 625.97 | 803.34 | 983.71 | 1267.08 | 1550.45 | 1833.82 | 2283.69 |
| 1.2 | 在建工程 | 605 | | | | | | | | | | | |
| 1.3 | 固定资产净值 | | 1330 | 1203.65 | 1077.3 | 950.95 | 824.6 | 698.25 | 571.9 | 445.55 | 319.2 | 192.85 | |
| 1.4 | 无形资产和递延资产净值 | | | | | | | | | | | | |
| 2 | 负债和所有者权益 | 605 | 1330 | 1570.765 | 1837.53 | 1882.55 | 1930.57 | 1981.59 | 2035.61 | 2192.63 | 2349.65 | 2506.67 | 2283.69 |
| 2.1 | 流动负债总额 | | | 240 | 380 | 380 | 380 | 380 | 380 | 380 | 380 | 380 | |
| 2.1.1 | 应付帐款 | | | 40 | 80 | 80 | 80 | 80 | 80 | 80 | 80 | 80 | |
| 2.1.2 | 流动资金借款 | | | 200 | 300 | 300 | 300 | 300 | 300 | 300 | 300 | 300 | |
| 2.1.3 | 其他短期借款 | | | | | | | | | | | | |
| 2.2 | 长期借款 | | 500 | 500 | 400 | 300 | 200 | 100 | | | | | |
| | 负债小计 | 0 | 500 | 740 | 780 | 680 | 580 | 480 | 380 | 380 | 380 | 380 | |
| 2.3 | 所有者权益 | 605 | 830 | 830.765 | 1057.53 | 1202.55 | 1350.57 | 1501.59 | 1655.61 | 1812.63 | 1969.65 | 2126.67 | 2283.69 |
| 2.3.1 | 资本金 | 605 | 830 | 830 | 930 | 930 | 930 | 930 | 930 | 930 | 930 | 930 | 930 |
| 2.3.2 | 累计盈余公积金 | | | 0.1275 | 21.255 | 57.51 | 94.515 | 132.27 | 170.775 | 210.03 | 249.285 | 288.54 | 327.795 |
| 2.3.3 | 累计盈余公益金 | | | 0.06375 | 10.6275 | 28.755 | 47.2575 | 66.135 | 85.3875 | 105.015 | 124.643 | 144.27 | 163.898 |
| 2.3.4 | 累计未分配利润 | | | 0.57375 | 95.6475 | 186.285 | 278.798 | 373.185 | 469.448 | 567.585 | 665.723 | 763.86 | 861.998 |

图 10-59　资产负债表

### 3．项目财务分析与说明

（1）赢利能力分析。该项目的行业基准收益率为 12%；基准的静态投资回收期和动态投资回收期（按税后净现金流量计算）分别为 7 年和 9 年。下面依据项目投资现金流量表和项目资本金现金流量表计算净现值、静态投资回收期、动态投资回收期、内部收益率等经济评价指标值，进而对该项目的经济效果进行分析和评价。

1）由项目投资现金流量表计算项目所得税后各经济评价指标值。具体是在图 10-60 的单元格 C69 中输入"=NPV(12%,C64:N64)"，计算项目的净现值为 878.17 万元，该值大于 0；在单元格 C70 中输入"G52–G65/H64"，计算项目的静态投资回收期为 5.99 年，该值小于基准静态投资回收期；在单元格 C71 中输入"=I52–I68/J67"，计算项目的动态投资回收期为 7.58 年，该值小于基准动态投资回收期；在单元格 C72 中输入公式"=IRR(C64:N64)"，计算项目的内部收益率为 23.33%，该值大于行业基准收益率 12%。因此，这些指标值反映了该项目从全部投资角度来看具有较强的赢利能力。

Microsoft Excel - 财务评价报表

C72　=IRR(C64:N64)

| | A | B | C | D | E | F | G | H | I | J | K | L | M | N |
|---|---|---|---|---|---|---|---|---|---|---|---|---|---|---|
| 50 | | | 项目投资现金流量表 | | | | | 单位：万元 | | | | | | |
| 51 | 序号 | 年份 | 建设期 | | 投产期 | | 达产期 | | | | | | | |
| 52 | | 项目 | 1 | 2 | 3 | 4 | 5 | 6 | 7 | 8 | 9 | 10 | 11 | 12 |
| 53 | 1 | 现金流入 | 0.00 | 0.00 | 912.50 | 1460.00 | 1825.00 | 1825.00 | 1825.00 | 1825.00 | 1825.00 | 1825.00 | 1825.00 | 2291.50 |
| 54 | 1.1 | 营业收入 | | | 912.50 | 1460.00 | 1825.00 | 1825.00 | 1825.00 | 1825.00 | 1825.00 | 1825.00 | 1825.00 | 1825.00 |
| 55 | 1.2 | 回收固定资产余值 | | | | | | | | | | | | 66.50 |
| 56 | 1.3 | 回收流动资金 | | | | | | | | | | | | 400.00 |
| 57 | 2 | 现金流出 | 605.00 | 700.00 | 918.88 | 1248.38 | 1272.10 | 1274.60 | 1277.10 | 1279.60 | 1282.10 | 1282.10 | 1282.10 | 1282.10 |
| 58 | 2.1 | 固定资产投资 | 605.00 | 700.00 | | | | | | | | | | |
| 59 | 2.2 | 流动资金投资 | | | 200.00 | 200.00 | | | | | | | | |
| 60 | 2.3 | 经营成本 | | | 654.65 | 875.65 | 1023.65 | 1023.65 | 1023.65 | 1023.65 | 1023.65 | 1023.65 | 1023.65 | 1023.65 |
| 61 | 2.4 | 营业税金及附加 | | | 63.80 | 102.30 | 127.60 | 127.60 | 127.60 | 127.60 | 127.60 | 127.60 | 127.60 | 127.60 |
| 62 | 2.5 | 所得税 | | | 0.43 | 70.43 | 120.85 | 123.35 | 125.85 | 128.35 | 130.85 | 130.85 | 130.85 | 130.85 |
| 63 | 3 | 净现金流量（所得税前） | -605.00 | -700.00 | -5.95 | 282.05 | 673.75 | 673.75 | 673.75 | 673.75 | 673.75 | 673.75 | 673.75 | 1140.25 |
| 64 | 4 | 净现金流量（所得税后） | -605.00 | -700.00 | -6.38 | 211.63 | 552.90 | 550.40 | 547.90 | 545.40 | 542.90 | 542.90 | 542.90 | 1009.40 |
| 65 | 5 | 累计净现金流量（税后） | -605.00 | -1305.00 | -1311.38 | -1099.75 | -546.85 | 3.55 | 551.45 | 1096.85 | 1639.75 | 2182.65 | 2725.55 | 3734.95 |
| 66 | 6 | (P/F,0.12,t) | 0.89 | 0.80 | 0.71 | 0.64 | 0.57 | 0.51 | 0.45 | 0.40 | 0.36 | 0.32 | 0.29 | 0.26 |
| 67 | 7 | 净现金流现值（税后） | -540.18 | -558.04 | -4.54 | 134.49 | 313.73 | 278.85 | 247.84 | 220.28 | 195.78 | 174.80 | 156.07 | 259.09 |
| 68 | 8 | 累计净现金流现值（税后） | -540.18 | -1098.21 | -1102.75 | -968.26 | -654.53 | -375.68 | -127.84 | 92.44 | 288.21 | 463.01 | 619.08 | 878.17 |
| 69 | | 方案净现值（NPV） | 878.17 | | | | | | | | | | | |
| 70 | | 静态投资回收期 | 5.99 | | | | | | | | | | | |
| 71 | | 动态投资回收期 | 7.58 | | | | | | | | | | | |
| 72 | | 内部收益率 | 23.33% | | | | | | | | | | | |

固定资产投资估算表 / 投资计划与资金筹措表 / 营业收入和营业税金及附加 / 部分成本费用估算表 / 主要财务报表

就绪　数字

图 10-60　项目赢利能力分析——项目投资现金流量表

2）由项目资本金现金流量表计算项目所得税后各经济评价指标值。具体在图 10-61 的单元格 D97 中输入"=NPV(12%,D92:O92)"，计算项目的净现值为 1 006.83 万元，该值大于 0；在单元格 D98 中输入"=H76–H93/I92"，计算项目的静态投资回收期为 5.14 年，该值小于基准静态投资回收期；在单元格 D99 中输入"=I76–I96/J95"，计算项目的动态投资回收期为 6.18 年，该值小于基准动态投资回收期；在单元格 D100 中输入"=IRR(D92:O92)"，计算项目的内部收益率为 30.05%，该值大于行业基准收益率 12%。因此，该项目从项目资本金的角度来看也具有较强的赢利能力。

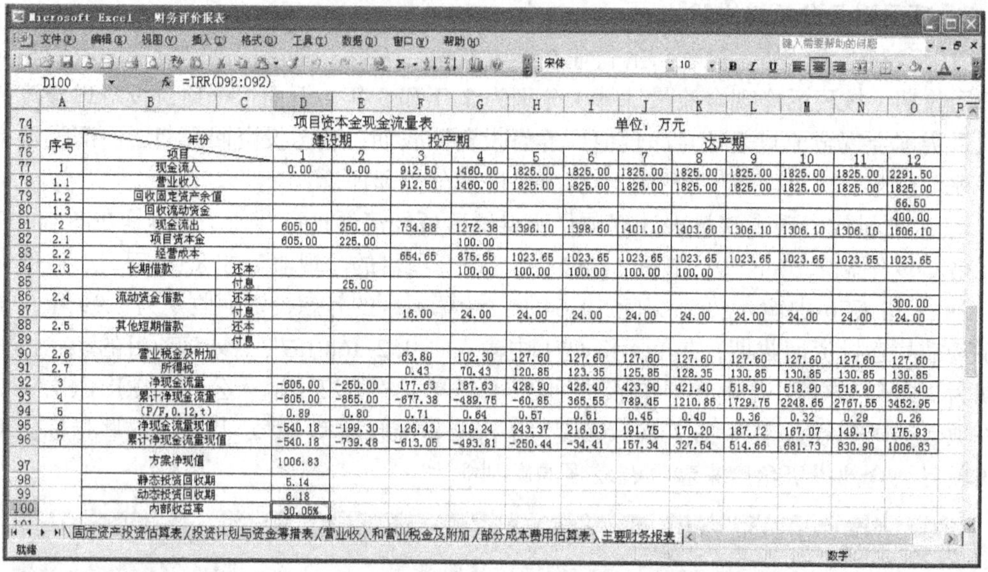


| 序号 | 项目 \ 年份 | | 建设期 1 | 建设期 2 | 投产期 3 | 投产期 4 | 达产期 5 | 6 | 7 | 8 | 9 | 10 | 11 | 12 |
|---|---|---|---|---|---|---|---|---|---|---|---|---|---|---|
| 1 | 现金流入 | | 0.00 | 0.00 | 912.50 | 1460.00 | 1825.00 | 1825.00 | 1825.00 | 1825.00 | 1825.00 | 1825.00 | 1825.00 | 2291.50 |
| 1.1 | 营业收入 | | | | 912.50 | 1460.00 | 1825.00 | 1825.00 | 1825.00 | 1825.00 | 1825.00 | 1825.00 | 1825.00 | 1825.00 |
| 1.2 | 回收固定资产余值 | | | | | | | | | | | | | 66.50 |
| 1.3 | 回收流动资金 | | | | | | | | | | | | | 400.00 |
| 2 | 现金流出 | | 605.00 | 250.00 | 734.88 | 1272.38 | 1396.10 | 1398.60 | 1401.10 | 1403.60 | 1306.10 | 1306.10 | 1306.10 | 1606.10 |
| 2.1 | 项目资本金 | | 605.00 | 225.00 | | 100.00 | | | | | | | | |
| 2.2 | 经营成本 | | | | 654.65 | 875.65 | 1023.65 | 1023.65 | 1023.65 | 1023.65 | 1023.65 | 1023.65 | 1023.65 | 1023.65 |
| 2.3 | 长期借款 | 还本 | | | | 100.00 | 100.00 | 100.00 | 100.00 | 100.00 | | | | |
| | | 付息 | | 25.00 | | | | | | | | | | |
| 2.4 | 流动资金借款 | 还本 | | | | | | | | | | | | 300.00 |
| | | 付息 | | | 16.00 | 24.00 | 24.00 | 24.00 | 24.00 | 24.00 | 24.00 | 24.00 | 24.00 | 24.00 |
| 2.5 | 其他短期借款 | 还本 | | | | | | | | | | | | |
| | | 付息 | | | | | | | | | | | | |
| 2.6 | 营业税金及附加 | | | | 63.80 | 102.30 | 127.60 | 127.60 | 127.60 | 127.60 | 127.60 | 127.60 | 127.60 | 127.60 |
| 2.7 | 所得税 | | | | 0.43 | 70.43 | 120.85 | 123.35 | 125.85 | 128.35 | 130.85 | 130.85 | 130.85 | 130.85 |
| 3 | 净现金流量 | | -605.00 | -250.00 | 177.63 | 187.63 | 428.90 | 426.40 | 423.90 | 421.40 | 518.90 | 518.90 | 518.90 | 685.40 |
| 4 | 累计净现金流量 | | -605.00 | -855.00 | -677.38 | -489.75 | -60.85 | 365.55 | 789.45 | 1210.85 | 1729.75 | 2248.65 | 2767.55 | 3452.95 |
| 5 | (P/F,0.12,t) | | 0.89 | 0.80 | 0.71 | 0.64 | 0.57 | 0.51 | 0.45 | 0.40 | 0.36 | 0.32 | 0.29 | 0.26 |
| 6 | 净现金流量现值 | | -540.18 | -199.30 | 126.43 | 119.24 | 243.37 | 216.03 | 191.75 | 170.20 | 187.12 | 167.07 | 149.17 | 175.93 |
| 7 | 累计净现金流量现值 | | -540.18 | -739.48 | -613.05 | -493.81 | -250.44 | -34.41 | 157.34 | 327.54 | 514.66 | 681.73 | 830.90 | 1006.83 |
| | 方案净现值 | | 1006.83 | | | | | | | | | | | |
| | 静态投资回收期 | | 5.14 | | | | | | | | | | | |
| | 动态投资回收期 | | 6.18 | | | | | | | | | | | |
| | 内部收益率 | | 30.05% | | | | | | | | | | | |

图 10-61　项目赢利能力分析——项目资本金现金流量表

（2）清偿能力分析。贷款银行规定长期贷款偿还期不得超过 5 年。

1）计算借款偿还期。建立如图 10-62 所示的工作表，在相应单元格中输入如下内容：

G19:=SUM(G14:G18)

G20:=G19−G11

D21:=G3−1+G11/G19

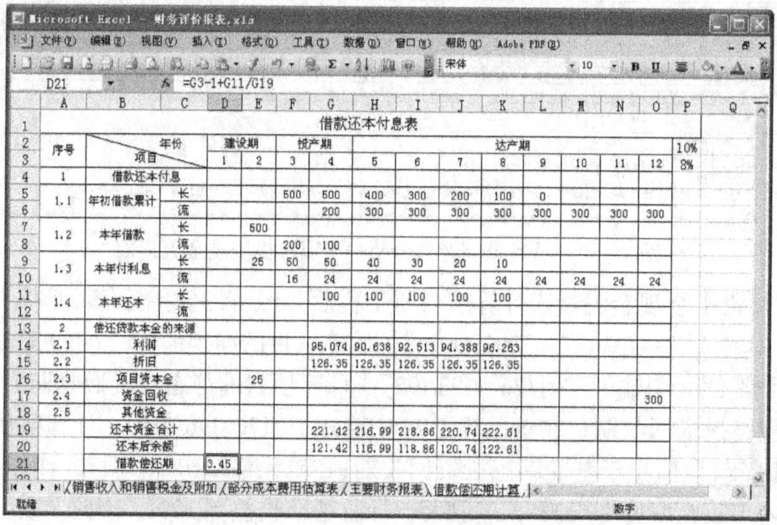


| 序号 | 项目 \ 年份 | | 建设期 1 | 建设期 2 | 投产期 3 | 投产期 4 | 达产期 5 | 6 | 7 | 8 | 9 | 10 | 11 | 12 | |
|---|---|---|---|---|---|---|---|---|---|---|---|---|---|---|---|
| | | | | | | | | | | | | | | | 10% |
| | | | | | | | | | | | | | | | 8% |
| 1 | 借款还本付息 | | | | | | | | | | | | | | |
| 1.1 | 年初借款累计 | 长 | | | 500 | 500 | 400 | 300 | 200 | 100 | 0 | | | | |
| | | 流 | | | | 200 | 300 | 300 | 300 | 300 | 300 | 300 | 300 | 300 | |
| 1.2 | 本年借款 | 长 | | 500 | | | | | | | | | | | |
| | | 流 | | | 200 | 100 | | | | | | | | | |
| 1.3 | 本年付利息 | 长 | | 25 | 50 | 50 | 40 | 30 | 20 | 10 | | | | | |
| | | 流 | | | 16 | 24 | 24 | 24 | 24 | 24 | 24 | 24 | 24 | 24 | |
| 1.4 | 本年还本 | 长 | | | | 100 | 100 | 100 | 100 | 100 | | | | | |
| | | 流 | | | | | | | | | | | | | |
| 2 | 偿还贷款本金的来源 | | | | | | | | | | | | | | |
| 2.1 | 利润 | | | | | 95.074 | 90.638 | 92.513 | 94.388 | 96.263 | | | | | |
| 2.2 | 折旧 | | | | | 126.35 | 126.35 | 126.35 | 126.35 | 126.35 | | | | | |
| 2.3 | 项目资本金 | | | 25 | | | | | | | | | | | |
| 2.4 | 资金回收 | | | | | | | | | | | | | 300 | |
| 2.5 | 其他资金 | | | | | | | | | | | | | | |
| | 还本资金合计 | | | | | 221.42 | 216.99 | 218.86 | 220.74 | 222.61 | | | | | |
| | 还本后余额 | | | | | 121.42 | 116.99 | 118.86 | 120.74 | 122.61 | | | | | |
| | 借款偿还期 | | 3.45 | | | | | | | | | | | | |

图 10-62　项目清偿能力分析——借款偿还期

得到借款偿还期为 3.45 年，该结果小于贷款银行规定的 5 年偿还期，表明该项目具有清偿能力。

2）资产负债率、流动比率和速动比率的计算。在资产负债表中分别计算出项目的资产负债率、流动比率和速动比率。具体为在相应的单元格中输入如下内容：

D152: =D146/D131　E153:=E132/E141　E154:=(E132-E134)/E141

M154　=(M132-M134)/M141

| | A | B | C | D | E | F | G | H | I | J | K | L | M | N |
|---|---|---|---|---|---|---|---|---|---|---|---|---|---|---|
| 128 | | | 资产负债表 | | | | | | 单位：万元 | | | | | |
| 129 | 序号 | 年份 | 建设期 | | 投产期 | | 达产期 | | | | | | | |
| 130 | | 项目 | 1 | 2 | 3 | 4 | 5 | 6 | 7 | 8 | 9 | 10 | 11 | 12 |
| 131 | 1 | 资产 | 605.00 | 1330.00 | 1570.77 | 1837.53 | 1882.55 | 1930.57 | 1981.59 | 2035.61 | 2192.63 | 2349.65 | 2506.67 | 2283.69 |
| 132 | 1.1 | 流动资产 | | | 367.12 | 760.23 | 931.60 | 1105.97 | 1283.34 | 1463.71 | 1747.08 | 2030.45 | 2313.82 | 2283.69 |
| 133 | 1.1.1 | 应收帐款 | | | 40.00 | 80.00 | 80.00 | 80.00 | 80.00 | 80.00 | 80.00 | 80.00 | 80.00 | |
| 134 | 1.1.2 | 存货 | | | 170.00 | 350.00 | 350.00 | 350.00 | 350.00 | 350.00 | 350.00 | 350.00 | 350.00 | |
| 135 | 1.1.3 | 现金 | | | 30.00 | 50.00 | 50.00 | 50.00 | 50.00 | 50.00 | 50.00 | 50.00 | 50.00 | |
| 136 | 1.1.4 | 累计盈余资金 | | | 127.12 | 280.23 | 451.60 | 625.97 | 803.34 | 983.71 | 1267.08 | 1550.45 | 1833.82 | 2283.69 |
| 137 | 1.2 | 在建工程 | 605.00 | | | | | | | | | | | |
| 138 | 1.3 | 固定资产净值 | | 1330.00 | 1203.65 | 1077.30 | 950.95 | 824.60 | 698.25 | 571.90 | 445.55 | 319.20 | 192.85 | |
| 139 | 1.4 | 无形资产和递延资产净值 | | | | | | | | | | | | |
| 140 | 2 | 负债和所有者权益 | 605.00 | 1330.00 | 1570.77 | 1837.53 | 1882.55 | 1930.57 | 1981.59 | 2035.61 | 2192.63 | 2349.65 | 2506.67 | 2283.69 |
| 141 | 2.1 | 流动负债总额 | | | 240.00 | 380.00 | 380.00 | 380.00 | 380.00 | 380.00 | 380.00 | 380.00 | 380.00 | |
| 142 | 2.1.1 | 应付帐款 | | | 40.00 | 80.00 | 80.00 | 80.00 | 80.00 | 80.00 | 80.00 | 80.00 | 80.00 | |
| 143 | 2.1.2 | 流动资金借款 | | | 200.00 | 300.00 | 300.00 | 300.00 | 300.00 | 300.00 | 300.00 | 300.00 | 300.00 | |
| 144 | 2.1.3 | 其他短期借款 | | | | | | | | | | | | |
| 145 | 2.2 | 长期借款 | | 500.00 | 500.00 | 400.00 | 300.00 | 200.00 | 100.00 | | | | | |
| 146 | | 负债小计 | 0.00 | 500.00 | 740.00 | 780.00 | 680.00 | 580.00 | 480.00 | 380.00 | 380.00 | 380.00 | 380.00 | |
| 147 | 2.3 | 所有者权益 | 605.00 | 830.00 | 830.77 | 1057.53 | 1202.55 | 1350.57 | 1501.59 | 1655.61 | 1812.63 | 1969.65 | 2126.67 | 2283.69 |
| 148 | 2.3.1 | 资本金 | 605.00 | 830.00 | 830.00 | 930.00 | 930.00 | 930.00 | 930.00 | 930.00 | 930.00 | 930.00 | 930.00 | 930.00 |
| 149 | 2.3.2 | 累计盈余公积金 | | | 0.13 | 21.26 | 57.51 | 94.52 | 132.27 | 170.78 | 210.03 | 249.29 | 288.54 | 327.80 |
| 150 | 2.3.3 | 累计盈余公益金 | | | 0.06 | 10.63 | 28.76 | 47.26 | 66.14 | 85.39 | 105.02 | 124.64 | 144.27 | 163.90 |
| 151 | 2.3.4 | 累计未分配利润 | | | 0.57 | 95.65 | 186.29 | 278.80 | 373.19 | 469.45 | 567.59 | 665.72 | 763.86 | 862.00 |
| 152 | | 资产负债率 | | 37.59% | 47.11% | 42.45% | 36.12% | 30.04% | 24.22% | 18.67% | 17.33% | 16.17% | 15.16% | |
| 153 | | 流动比率 | | | 153.0% | 200.1% | 245.2% | 291.0% | 337.7% | 385.2% | 459.8% | 534.3% | 608.9% | |
| 154 | | 速动比率 | | | 82.1% | 108.0% | 153.1% | 198.9% | 245.6% | 293.1% | 367.7% | 442.2% | 516.8% | |

图 10-63　项目清偿能力分析——资产负债率、流动比率、速动比率

从图 10-63 中可以看出资产负债率、流动比率和速动比率指标反映了该项目具有较强的清偿能力。

（3）不确定性分析。

1）盈亏平衡分析。

I. 根据项目正常生产年份的产品产量、产品销售量、变动成本、固定成本、产品价格和销售税金等数据计算产品盈亏平衡产量。

$$\text{BEP（产量）}=\frac{\text{年固定成本}}{\text{单位产品价格}-\text{单位产品变动成本}-\text{单位产品销售税金}}$$

$$=\frac{294}{3.65-(880/500)-(127.6/500)}=179.84(\text{吨})$$

Ⅱ. 建立如图 10-64 所示的工作表。为了作图需要，我们界定产量的开始值和终止值

分别为 0 和 500。然后在相应的单元格中输入如下内容，其他单元格应用 Excel 自动填充功能完成。

C7:=C4*C6

C9: =C2+C3*C7+C5*C7

C9:=C7–C8

图 10-64 项目抗风险能力分析——盈亏平衡分析绘图步骤 1

Ⅲ. 绘制盈亏平衡分析图。单击主菜单栏上的“插入”命令，在下拉菜单中选择“图表”选项，然后按照图表向导所示步骤完成图形的绘制，如图 10-65 所示。

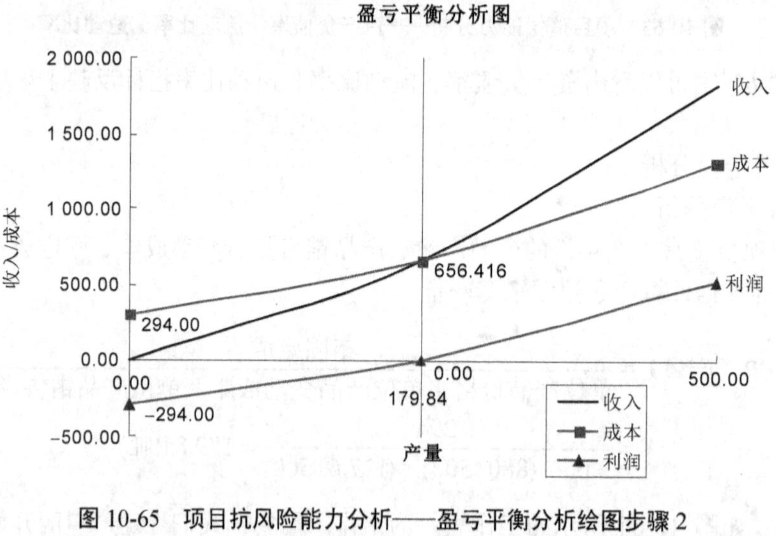


图 10-65 项目抗风险能力分析——盈亏平衡分析绘图步骤 2

2）敏感性分析。

Ⅰ. 选取资本金投资额、经营成本、产品单价这三个因素作为不确定因素，将它们变化±20%，以净现值为评价指标，对这三个因素进行单因素敏感性分析。

Ⅱ. 计算不确定因素变化后对应的 NPV 的值。依据项目资本金现金流量表计算各不确定因素变化不同比率对应的 NPV 的值。首先计算当资本金投入量变动±20%时对应的 NPV 的值。为了计算简便，我们将资本金投入量变动视为各年的投入量均变动相同的比率。具体计算过程为在图 10-57 所示的工作表中，将建设期第 1 年和第 2 年及投产期第 2 年（计算期的第 4 年）的资本金投入量均变动±20%，应用 Excel 公式自动计算功能很容易计算出相应的 NPV 的值，如图 10-66 所示。

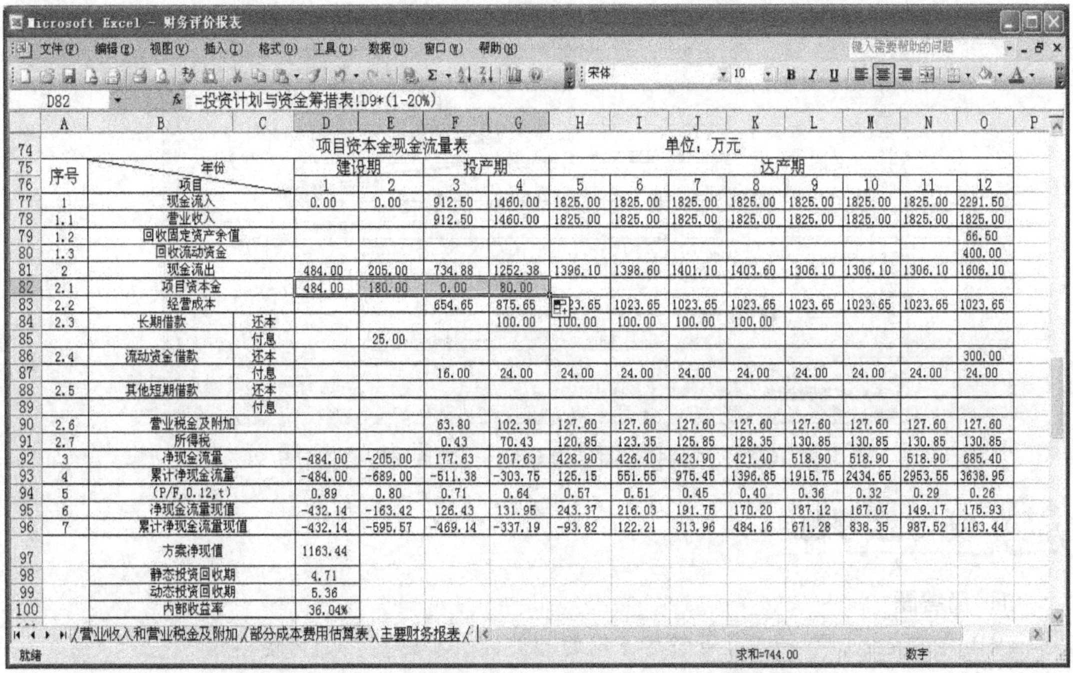


项目资本金现金流量表　　单位：万元

| 序号 | 项目（年份） | | 建设期 1 | 建设期 2 | 投产期 3 | 投产期 4 | 达产期 5 | 6 | 7 | 8 | 9 | 10 | 11 | 12 |
|---|---|---|---|---|---|---|---|---|---|---|---|---|---|---|
| 1 | 现金流入 | | 0.00 | 0.00 | 912.50 | 1460.00 | 1825.00 | 1825.00 | 1825.00 | 1825.00 | 1825.00 | 1825.00 | 1825.00 | 2291.50 |
| 1.1 | 营业收入 | | | | 912.50 | 1460.00 | 1825.00 | 1825.00 | 1825.00 | 1825.00 | 1825.00 | 1825.00 | 1825.00 | 1825.00 |
| 1.2 | 回收固定资产余值 | | | | | | | | | | | | | 66.50 |
| 1.3 | 回收流动资金 | | | | | | | | | | | | | 400.00 |
| 2 | 现金流出 | | 484.00 | 205.00 | 734.88 | 1252.38 | 1396.10 | 1398.60 | 1401.10 | 1403.60 | 1306.10 | 1306.10 | 1306.10 | 1606.10 |
| 2.1 | 项目资本金 | | 484.00 | 180.00 | 0.00 | 80.00 | | | | | | | | |
| 2.2 | 经营成本 | | | | 654.65 | 875.65 | [illegible] | 1023.65 | 1023.65 | 1023.65 | 1023.65 | 1023.65 | 1023.65 | 1023.65 |
| 2.3 | 长期借款 | 还本 | | | | 100.00 | 100.00 | 100.00 | 100.00 | 100.00 | | | | |
| | | 付息 | | 25.00 | | | | | | | | | | |
| 2.4 | 流动资金借款 | 还本 | | | | | | | | | | | | 300.00 |
| | | 付息 | | | 16.00 | 24.00 | 24.00 | 24.00 | 24.00 | 24.00 | 24.00 | 24.00 | 24.00 | 24.00 |
| 2.5 | 其他短期借款 | 还本 | | | | | | | | | | | | |
| | | 付息 | | | | | | | | | | | | |
| 2.6 | 营业税金及附加 | | | | 63.80 | 102.30 | 127.60 | 127.60 | 127.60 | 127.60 | 127.60 | 127.60 | 127.60 | 127.60 |
| 2.7 | 所得税 | | | | 0.43 | 70.43 | 120.85 | 123.35 | 125.85 | 128.35 | 130.85 | 130.85 | 130.85 | 130.85 |
| 3 | 净现金流量 | | -484.00 | -205.00 | 177.63 | 207.63 | 428.90 | 426.40 | 423.90 | 421.40 | 518.90 | 518.90 | 518.90 | 685.40 |
| 4 | 累计净现金流量 | | -484.00 | -689.00 | -511.38 | -303.75 | 125.15 | 551.55 | 975.45 | 1396.85 | 1915.75 | 2434.65 | 2953.55 | 3638.95 |
| 5 | (P/F,0.12,t) | | 0.89 | 0.80 | 0.71 | 0.64 | 0.57 | 0.51 | 0.45 | 0.40 | 0.36 | 0.32 | 0.29 | 0.26 |
| 6 | 净现金流量现值 | | -432.14 | -163.42 | 126.43 | 131.95 | 243.37 | 216.03 | 191.75 | 170.20 | 187.12 | 167.07 | 149.17 | 175.93 |
| 7 | 累计净现金流量现值 | | -432.14 | -595.57 | -469.14 | -337.19 | -93.82 | 122.21 | 313.96 | 484.16 | 671.28 | 838.35 | 987.52 | 1163.44 |
| | 方案净现值 | | 1163.44 | | | | | | | | | | | |
| | 静态投资回收期 | | 4.71 | | | | | | | | | | | |
| | 动态投资回收期 | | 5.36 | | | | | | | | | | | |
| | 内部收益率 | | 36.04% | | | | | | | | | | | |

图 10-66　项目抗风险能力分析——单因素敏感性分析 1

同理，将经营成本和产品单价（相当于产品销售收入）均变动 ± 20%，应用 Excel 自动计算功能计算相应的 NPV。

全部计算完毕后，将变动比率及相应的 NPV 值统计到如图 10-67 所示的工作表中，并绘制单因素敏感性分析图，如图 10-67 所示。

从图 10-67 中可以看出，在三个不确定因素中，产品单价是最敏感的因素，经营成本其次，资本金投资额是相对最不敏感的因素。

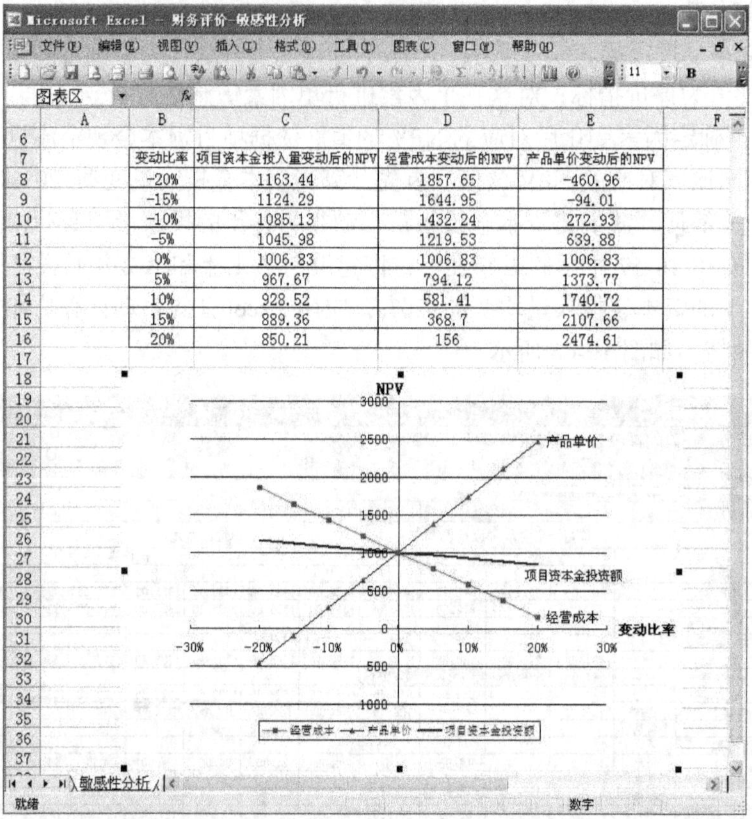

| 变动比率 | 项目资本金投入量变动后的NPV | 经营成本变动后的NPV | 产品单价变动后的NPV |
|---|---|---|---|
| -20% | 1163.44 | 1857.65 | -460.96 |
| -15% | 1124.29 | 1644.95 | -94.01 |
| -10% | 1085.13 | 1432.24 | 272.93 |
| -5% | 1045.98 | 1219.53 | 639.88 |
| 0% | 1006.83 | 1006.83 | 1006.83 |
| 5% | 967.67 | 794.12 | 1373.77 |
| 10% | 928.52 | 581.41 | 1740.72 |
| 15% | 889.36 | 368.7 | 2107.66 |
| 20% | 850.21 | 156 | 2474.61 |



图 10-67　项目抗风险能力分析——单因素敏感性分析 2

## 复习思考题

### 1．简答题

（1）在 Excel 软件中应用于经济评价的相关函数有哪些？如何使用？

（2）如何运用 Excel 软件对互斥方案进行比选？

（3）如何运用 Excel 计算盈亏平衡临界值，并绘制盈亏平衡分析图？

（4）运用 Excel 进行单因素敏感性分析及绘制单因素敏感性分析图的步骤有哪些？

（5）项目财务评价需要编制哪些财务报表？如何运用 Excel 编制这些财务报表并实现数据联动？如何应用财务报表中的数据进行项目的赢利能力分析、清偿能力分析和抗风险能力分析？

### 2．实训题

（1）某项目的净现金流量如表 10-5 所示，基准收益率为 8%，用 Excel 计算项目的静态投资回收期和动态投资回收期。

表 10-5　某项目的净现金流量　　单位：万元

| 年　份 | 1 | 2 | 3 | 4 | 5 |
|---|---|---|---|---|---|
| 净现金流量 | −15 | −5 | 10 | 20 | 20 |

（2）某企业有两个互斥性的投资方案，有关数据如表 10-6 所示。

表 10-6　方案 A、B 的现金流量　　单位：万元

| 方　案 | 初始投资 | 年净现金流量 |
|---|---|---|
| A | 3 000 | 900 |
| B | 4 000 | 1 100 |

运用 Excel 计算两个方案的净现值、净年值、净现值率和内部收益率，判断方案是否可行，并进行方案比选。

（3）现有互斥性方案 X、Y 的现金流量如表 10-7 所示，试用 Excel 计算差额投资内部收益率，并进行方案比选。

表 10-7　方案 X、Y 的现金流量　　单位：元

| 方　案 | 最初成本 | 年净收益（1～5 年年末） | 残　值 |
|---|---|---|---|
| X | 65 000 | 18 000 | 12 000 |
| Y | 58 000 | 15 000 | 10 000 |

（4）某建设项目的年设计生产能力为 10 000 台，产品单价为 800 元，年固定成本为 132 万元，单台产品可变成本为 400 元。试求盈亏平衡点的生产能力利用率并做出盈亏平衡分析图。

（5）某企业有一投资方案，项目寿命期为 8 年，初始投资 100 万元，建设期 1 年，第 2～10 年每年销售收入为 60 万元，经营成本为 25 万元。由于对未来影响经济环境的某些因素把握不大，投资额、经营成本和销售收入均有可能在±20%的范围内变动。以内部收益率为指标，对上述三个不确定因素作单因素敏感性分析，画出敏感性分析图，指出敏感因素。

（6）某建材厂准备生产某种新型建筑材料，基础数据如下，试对该项目进行财务评价。

1）产品方案和销售价格。该厂规划年生产该建材 12 000 吨，产品单价为 3 000 元/吨。

2）项目计算期。项目计算期定为 20 年，其中建设期 2 年，生产期 18 年，投产后第 1 年达到设计生产能力的 60%，第 2 年达到设计生产能力的 100%。

3）投资估算及资金来源如表 10-8 所示。

固定资产贷款利率为 10%，流动资金贷款利率为 8%，建设期贷款利息由自有资金支付，生产期利息计入财务费用。在计提折旧时，固定资产残值率按固定资产投资额的 5%计算。

表 10-8 投资估算及资金来源 单位：万元

| 项 目 | 第1年 | 第2年 | 第3年 |
| --- | --- | --- | --- |
| 固定资产投资 | 1 600 | 1 100 | |
| 流动资金投资 | | | 655 |
| 资金来源 | | | |
| 项目资本金 | 300 | 400 | 200 |
| 银行借款 | 1 300 | 700 | 455 |

4）部分成本构成如表 10-9 所示。

表 10-9 部分成本构成 单位：万元

| 阶段 / 项目 | 投产期（60%负荷） | 达产期（100%负荷） |
| --- | --- | --- |
| 原材料 | 1 298.92 | 2 164.87 |
| 能源 | 29.19 | 48.65 |

全厂需工人 130 人，每人每年的标准工资为 6 000 元，年福利及奖励基金每人 2 500 元，合计 110.5 万元；制造费用每年预计 115 万元（不含折旧），管理费用每年预计 86 万元，销售费用为销售收入的 1%。

5）其他。项目还款能力由可用于还款的利润和折旧费组成。基准折现率为 12%。

# 附录A 复利系数表

$i$=1%

| 年份 | 一次支付终值系数 | 一次支付现值系数 | 等额分付终值系数 | 偿债基金系数 | 等额分付现值系数 | 资金回收系数 |
|---|---|---|---|---|---|---|
| $n$ | $(F/P,i,n)$ | $(P/F,i,n)$ | $(F/A,i,n)$ | $(A/F,i,n)$ | $(P/A,i,n)$ | $(A/P,i,n)$ |
| 1 | 1.010 0 | 0.990 1 | 1.000 0 | 1.000 0 | 0.990 1 | 1.010 0 |
| 2 | 1.020 1 | 0.980 3 | 2.010 0 | 0.497 5 | 1.970 4 | 0.507 5 |
| 3 | 1.030 3 | 0.970 6 | 3.030 1 | 0.330 0 | 2.941 0 | 0.340 0 |
| 4 | 1.040 6 | 0.961 0 | 4.060 4 | 0.246 3 | 3.902 0 | 0.256 3 |
| 5 | 1.051 0 | 0.951 5 | 5.101 0 | 0.196 0 | 4.853 4 | 0.206 0 |
| 6 | 1.061 5 | 0.942 0 | 6.152 0 | 0.162 5 | 5.795 5 | 0.172 5 |
| 7 | 1.072 1 | 0.932 7 | 7.213 5 | 0.138 6 | 6.728 2 | 0.148 6 |
| 8 | 1.082 9 | 0.923 5 | 8.285 7 | 0.120 7 | 7.651 7 | 0.130 7 |
| 9 | 1.093 7 | 0.914 3 | 9.368 5 | 0.106 7 | 8.566 0 | 0.116 7 |
| 10 | 1.104 6 | 0.905 3 | 10.462 2 | 0.095 6 | 9.471 3 | 0.105 6 |
| 11 | 1.115 7 | 0.896 3 | 11.566 8 | 0.086 5 | 10.367 6 | 0.096 5 |
| 12 | 1.126 8 | 0.887 4 | 12.682 5 | 0.078 8 | 11.255 1 | 0.088 8 |
| 13 | 1.138 1 | 0.878 7 | 13.809 3 | 0.072 4 | 12.133 7 | 0.082 4 |
| 14 | 1.149 5 | 0.870 0 | 14.947 4 | 0.066 9 | 13.003 7 | 0.076 9 |
| 15 | 1.161 0 | 0.861 3 | 16.096 9 | 0.062 1 | 13.865 1 | 0.072 1 |
| 16 | 1.172 6 | 0.852 8 | 17.257 9 | 0.057 9 | 14.717 9 | 0.067 9 |
| 17 | 1.184 3 | 0.844 4 | 18.430 4 | 0.054 3 | 15.562 3 | 0.064 3 |
| 18 | 1.196 1 | 0.836 0 | 19.614 7 | 0.051 0 | 16.398 3 | 0.061 0 |
| 19 | 1.208 1 | 0.827 7 | 20.810 9 | 0.048 1 | 17.226 0 | 0.058 1 |
| 20 | 1.220 2 | 0.819 5 | 22.019 0 | 0.045 4 | 18.045 6 | 0.055 4 |
| 21 | 1.232 4 | 0.811 4 | 23.239 2 | 0.043 0 | 18.857 0 | 0.053 0 |
| 22 | 1.244 7 | 0.803 4 | 24.471 6 | 0.040 9 | 19.660 4 | 0.050 9 |
| 23 | 1.257 2 | 0.795 4 | 25.716 3 | 0.038 9 | 20.455 8 | 0.048 9 |
| 24 | 1.269 7 | 0.787 6 | 26.973 5 | 0.037 1 | 21.243 4 | 0.047 1 |
| 25 | 1.282 4 | 0.779 8 | 28.243 2 | 0.035 4 | 22.023 2 | 0.045 4 |
| 26 | 1.295 3 | 0.772 0 | 29.525 6 | 0.033 9 | 22.795 2 | 0.043 9 |

续表

| 年份 | 一次支付终值系数 | 一次支付现值系数 | 等额分付终值系数 | 偿债基金系数 | 等额分付现值系数 | 资金回收系数 |
|---|---|---|---|---|---|---|
| *n* | (*F*/*P*,*i*,*n*) | (*P*/*F*,*i*,*n*) | (*F*/*A*,*i*,*n*) | (*A*/*F*,*i*,*n*) | (*P*/*A*,*i*,*n*) | (*A*/*P*,*i*,*n*) |
| 27 | 1.308 2 | 0.764 4 | 30.820 9 | 0.032 4 | 23.559 6 | 0.042 4 |
| 28 | 1.321 3 | 0.756 8 | 32.129 1 | 0.031 1 | 24.316 4 | 0.041 1 |
| 29 | 1.334 5 | 0.749 3 | 33.450 4 | 0.029 9 | 25.065 8 | 0.039 9 |
| 30 | 1.347 8 | 0.741 9 | 34.784 9 | 0.028 7 | 25.807 7 | 0.038 7 |

$i$=2%

| 年份 | 一次支付终值系数 | 一次支付现值系数 | 等额分付终值系数 | 偿债基金系数 | 等额分付现值系数 | 资金回收系数 |
|---|---|---|---|---|---|---|
| *n* | (*F*/*P*,*i*,*n*) | (*F*/*P*,*i*,*n*) | (*F*/*A*,*i*,*n*) | (*A*/*F*,*i*,*n*) | (*P*/*A*,*i*,*n*) | (*A*/*P*,*i*,*n*) |
| 1 | 1.020 0 | 0.980 4 | 1.000 0 | 1.000 0 | 0.980 4 | 1.020 0 |
| 2 | 1.040 4 | 0.961 2 | 2.020 0 | 0.495 0 | 1.941 6 | 0.515 0 |
| 3 | 1.061 2 | 0.942 3 | 3.060 4 | 0.326 8 | 2.883 9 | 0.346 8 |
| 4 | 1.082 4 | 0.923 8 | 4.121 6 | 0.242 6 | 3.807 7 | 0.262 6 |
| 5 | 1.104 1 | 0.905 7 | 5.204 0 | 0.192 2 | 4.713 5 | 0.212 2 |
| 6 | 1.126 2 | 0.888 0 | 6.308 1 | 0.158 5 | 5.601 4 | 0.178 5 |
| 7 | 1.148 7 | 0.870 6 | 7.434 3 | 0.134 5 | 6.472 0 | 0.154 5 |
| 8 | 1.171 7 | 0.853 5 | 8.583 0 | 0.116 5 | 7.325 5 | 0.136 5 |
| 9 | 1.195 1 | 0.836 8 | 9.754 6 | 0.102 5 | 8.162 2 | 0.122 5 |
| 10 | 1.219 0 | 0.820 3 | 10.949 7 | 0.091 3 | 8.982 6 | 0.111 3 |
| 11 | 1.243 4 | 0.804 3 | 12.168 7 | 0.082 2 | 9.786 8 | 0.102 2 |
| 12 | 1.268 2 | 0.788 5 | 13.412 1 | 0.074 6 | 10.575 3 | 0.094 6 |
| 13 | 1.293 6 | 0.773 0 | 14.680 3 | 0.068 1 | 11.348 4 | 0.088 1 |
| 14 | 1.319 5 | 0.757 9 | 15.973 9 | 0.062 6 | 12.106 2 | 0.082 6 |
| 15 | 1.345 9 | 0.743 0 | 17.293 4 | 0.057 8 | 12.849 3 | 0.077 8 |
| 16 | 1.372 8 | 0.728 4 | 18.639 3 | 0.053 7 | 13.577 7 | 0.073 7 |
| 17 | 1.400 2 | 0.714 2 | 20.012 1 | 0.050 0 | 14.291 9 | 0.070 0 |
| 18 | 1.428 2 | 0.700 2 | 21.412 3 | 0.046 7 | 14.992 0 | 0.066 7 |
| 19 | 1.456 8 | 0.686 4 | 22.840 6 | 0.043 8 | 15.678 5 | 0.063 8 |
| 20 | 1.485 9 | 0.673 0 | 24.297 4 | 0.041 2 | 16.351 4 | 0.061 2 |
| 21 | 1.515 7 | 0.659 8 | 25.783 3 | 0.038 8 | 17.011 2 | 0.058 8 |
| 22 | 1.546 0 | 0.646 8 | 27.299 0 | 0.036 6 | 17.658 0 | 0.056 6 |
| 23 | 1.576 9 | 0.634 2 | 28.845 0 | 0.034 7 | 18.292 2 | 0.054 7 |
| 24 | 1.608 4 | 0.621 7 | 30.421 9 | 0.032 9 | 18.913 9 | 0.052 9 |
| 25 | 1.640 6 | 0.609 5 | 32.030 3 | 0.031 2 | 19.523 5 | 0.051 2 |
| 26 | 1.673 4 | 0.597 6 | 33.670 9 | 0.029 7 | 20.121 0 | 0.049 7 |
| 27 | 1.706 9 | 0.585 9 | 35.344 3 | 0.028 3 | 20.706 9 | 0.048 3 |
| 28 | 1.741 0 | 0.574 4 | 37.051 2 | 0.027 0 | 21.281 3 | 0.047 0 |
| 29 | 1.775 8 | 0.563 1 | 38.792 2 | 0.025 8 | 21.844 4 | 0.045 8 |
| 30 | 1.811 4 | 0.552 1 | 40.568 1 | 0.024 6 | 22.396 5 | 0.044 6 |

i=3%

| 年份 | 一次支付终值系数 | 一次支付现值系数 | 等额分付终值系数 | 偿债基金系数 | 等额分付现值系数 | 资金回收系数 |
|---|---|---|---|---|---|---|
| n | (F/P,I,n) | (P/F,i,n) | (F/A,i,n) | (A/F,i,n) | (P/A,i,n) | (A/P,i,n) |
| 1 | 1.030 0 | 0.970 9 | 1.000 0 | 1.000 0 | 0.970 9 | 1.030 0 |
| 2 | 1.060 9 | 0.942 6 | 2.030 0 | 0.492 6 | 1.913 5 | 0.522 6 |
| 3 | 1.092 7 | 0.915 1 | 3.090 9 | 0.323 5 | 2.828 6 | 0.353 5 |
| 4 | 1.125 5 | 0.888 5 | 4.183 6 | 0.239 0 | 3.717 1 | 0.269 0 |
| 5 | 1.159 3 | 0.862 6 | 5.309 1 | 0.188 4 | 4.579 7 | 0.218 4 |
| 6 | 1.194 1 | 0.837 5 | 6.468 4 | 0.154 6 | 5.417 2 | 0.184 6 |
| 7 | 1.229 9 | 0.813 1 | 7.662 5 | 0.130 5 | 6.230 3 | 0.160 5 |
| 8 | 1.266 8 | 0.789 4 | 8.892 3 | 0.112 5 | 7.019 7 | 0.142 5 |
| 9 | 1.304 8 | 0.766 4 | 10.159 1 | 0.098 4 | 7.786 1 | 0.128 4 |
| 10 | 1.343 9 | 0.744 1 | 11.463 9 | 0.087 2 | 8.530 2 | 0.117 2 |
| 11 | 1.384 2 | 0.722 4 | 12.807 8 | 0.078 1 | 9.252 6 | 0.108 1 |
| 12 | 1.425 8 | 0.701 4 | 14.192 0 | 0.070 5 | 9.954 0 | 0.100 5 |
| 13 | 1.468 5 | 0.681 0 | 15.617 8 | 0.064 0 | 10.635 0 | 0.094 0 |
| 14 | 1.512 6 | 0.661 1 | 17.086 3 | 0.058 5 | 11.296 1 | 0.088 5 |
| 15 | 1.558 0 | 0.641 9 | 18.598 9 | 0.053 8 | 11.937 9 | 0.083 8 |
| 16 | 1.604 7 | 0.623 2 | 20.156 9 | 0.049 6 | 12.561 1 | 0.079 6 |
| 17 | 1.652 8 | 0.605 0 | 21.761 6 | 0.046 0 | 13.166 1 | 0.076 0 |
| 18 | 1.702 4 | 0.587 4 | 23.414 4 | 0.042 7 | 13.753 5 | 0.072 7 |
| 19 | 1.753 5 | 0.570 3 | 25.116 9 | 0.039 8 | 14.323 8 | 0.069 8 |
| 20 | 1.806 1 | 0.553 7 | 26.870 4 | 0.037 2 | 14.877 5 | 0.067 2 |
| 21 | 1.860 3 | 0.537 5 | 28.676 5 | 0.034 9 | 15.415 0 | 0.064 9 |
| 22 | 1.916 1 | 0.521 9 | 30.536 8 | 0.032 7 | 15.936 9 | 0.062 7 |
| 23 | 1.973 6 | 0.506 7 | 32.452 9 | 0.030 8 | 16.443 6 | 0.060 8 |
| 24 | 2.032 8 | 0.491 9 | 34.426 5 | 0.029 0 | 16.935 5 | 0.059 0 |
| 25 | 2.093 8 | 0.477 6 | 36.459 3 | 0.027 4 | 17.413 1 | 0.057 4 |
| 26 | 2.156 6 | 0.463 7 | 38.553 0 | 0.025 9 | 17.876 8 | 0.055 9 |
| 27 | 2.221 3 | 0.450 2 | 40.709 6 | 0.024 6 | 18.327 0 | 0.054 6 |
| 28 | 2.287 9 | 0.437 1 | 42.930 9 | 0.023 3 | 18.764 1 | 0.053 3 |
| 29 | 2.356 6 | 0.424 3 | 45.218 9 | 0.022 1 | 19.188 5 | 0.052 1 |
| 30 | 2.427 3 | 0.412 0 | 47.575 4 | 0.021 0 | 19.600 4 | 0.051 0 |

i=4%

| 年份 | 一次支付终值系数 | 一次支付现值系数 | 等额分付终值系数 | 偿债基金系数 | 等额分付现值系数 | 资金回收系数 |
|---|---|---|---|---|---|---|
| n | (F/P,i,n) | (P/F,i,n) | (F/A,i,n) | (A/F,i,n) | (P/A,i,n) | (A/P,i,n) |
| 1 | 1.040 0 | 0.961 5 | 1.000 0 | 1.000 0 | 0.961 5 | 1.040 0 |
| 2 | 1.081 6 | 0.924 6 | 2.040 0 | 0.490 2 | 1.886 1 | 0.530 2 |
| 3 | 1.124 9 | 0.889 0 | 3.121 6 | 0.320 3 | 2.775 1 | 0.360 3 |

续表

| 年份 | 一次支付终值系数 | 一次支付现值系数 | 等额分付终值系数 | 偿债基金系数 | 等额分付现值系数 | 资金回收系数 |
|---|---|---|---|---|---|---|
| $n$ | $(F/P,i,n)$ | $(P/F,i,n)$ | $(F/A,i,n)$ | $(A/F,i,n)$ | $(P/A,i,n)$ | $(A/P,i,n)$ |
| 4 | 1.169 9 | 0.854 8 | 4.246 5 | 0.235 5 | 3.629 9 | 0.275 5 |
| 5 | 1.216 7 | 0.821 9 | 5.416 3 | 0.184 6 | 4.451 8 | 0.224 6 |
| 6 | 1.265 3 | 0.790 3 | 6.633 0 | 0.150 8 | 5.242 1 | 0.190 8 |
| 7 | 1.315 9 | 0.759 9 | 7.898 3 | 0.126 6 | 6.002 1 | 0.166 6 |
| 8 | 1.368 6 | 0.730 7 | 9.214 2 | 0.108 5 | 6.732 7 | 0.148 5 |
| 9 | 1.423 3 | 0.702 6 | 10.582 8 | 0.094 5 | 7.435 3 | 0.134 5 |
| 10 | 1.480 2 | 0.675 6 | 12.006 1 | 0.083 3 | 8.110 9 | 0.123 3 |
| 11 | 1.539 5 | 0.649 6 | 13.486 4 | 0.074 1 | 8.760 5 | 0.114 1 |
| 12 | 1.601 0 | 0.624 6 | 15.025 8 | 0.066 6 | 9.385 1 | 0.106 6 |
| 13 | 1.665 1 | 0.600 6 | 16.626 8 | 0.060 1 | 9.985 6 | 0.100 1 |
| 14 | 1.731 7 | 0.577 5 | 18.291 9 | 0.054 7 | 10.563 1 | 0.094 7 |
| 15 | 1.800 9 | 0.555 3 | 20.023 6 | 0.049 9 | 11.118 4 | 0.089 9 |
| 16 | 1.873 0 | 0.533 9 | 21.824 5 | 0.045 8 | 11.652 3 | 0.085 8 |
| 17 | 1.947 9 | 0.513 4 | 23.697 5 | 0.042 2 | 12.165 7 | 0.082 2 |
| 18 | 2.025 8 | 0.493 6 | 25.645 4 | 0.039 0 | 12.659 3 | 0.079 0 |
| 19 | 2.106 8 | 0.474 6 | 27.671 2 | 0.036 1 | 13.133 9 | 0.076 1 |
| 20 | 2.191 1 | 0.456 4 | 29.778 1 | 0.033 6 | 13.590 3 | 0.073 6 |
| 21 | 2.278 8 | 0.438 8 | 31.969 2 | 0.031 3 | 14.029 2 | 0.071 3 |
| 22 | 2.369 9 | 0.422 0 | 34.248 0 | 0.029 2 | 14.451 1 | 0.069 2 |
| 23 | 2.464 7 | 0.405 7 | 36.617 9 | 0.027 3 | 14.856 8 | 0.067 3 |
| 24 | 2.563 3 | 0.390 1 | 39.082 6 | 0.025 6 | 15.247 0 | 0.065 6 |
| 25 | 2.665 8 | 0.375 1 | 41.645 9 | 0.024 0 | 15.622 1 | 0.064 0 |
| 26 | 2.772 5 | 0.360 7 | 44.311 7 | 0.022 6 | 15.982 8 | 0.062 6 |
| 27 | 2.883 4 | 0.346 8 | 47.084 2 | 0.021 2 | 16.329 6 | 0.061 2 |
| 28 | 2.998 7 | 0.333 5 | 49.967 6 | 0.020 0 | 16.663 1 | 0.060 0 |
| 29 | 3.118 7 | 0.320 7 | 52.966 3 | 0.018 9 | 16.983 7 | 0.058 9 |
| 30 | 3.243 4 | 0.308 3 | 56.084 9 | 0.017 8 | 17.292 0 | 0.057 8 |

$i$=5%

| 年份 | 一次支付终值系数 | 一次支付现值系数 | 等额分付终值系数 | 偿债基金系数 | 等额分付现值系数 | 资金回收系数 |
|---|---|---|---|---|---|---|
| $n$ | $(F/P,i,n)$ | $(P/F,i,n)$ | $(F/A,i,n)$ | $(A/F,i,n)$ | $(P/A,i,n)$ | $(A/P,i,n)$ |
| 1 | 1.050 0 | 0.952 4 | 1.000 0 | 1.000 0 | 0.952 4 | 1.050 0 |
| 2 | 1.102 5 | 0.907 0 | 2.050 0 | 0.487 8 | 1.859 4 | 0.537 8 |
| 3 | 1.157 6 | 0.863 8 | 3.152 5 | 0.317 2 | 2.723 2 | 0.367 2 |
| 4 | 1.215 5 | 0.822 7 | 4.310 1 | 0.232 0 | 3.546 0 | 0.282 0 |
| 5 | 1.276 3 | 0.783 5 | 5.525 6 | 0.181 0 | 4.329 5 | 0.231 0 |
| 6 | 1.340 1 | 0.746 2 | 6.801 9 | 0.147 0 | 5.075 7 | 0.197 0 |

续表

| 年份 | 一次支付终值系数 | 一次支付现值系数 | 等额分付终值系数 | 偿债基金系数 | 等额分付现值系数 | 资金回收系数 |
|---|---|---|---|---|---|---|
| n | (F/P,i,n) | (P/F,i,n) | (F/A,i,n) | (A/F,i,n) | (P/A,i,n) | (A/P,i,n) |
| 7 | 1.407 1 | 0.710 7 | 8.142 0 | 0.122 8 | 5.786 4 | 0.172 8 |
| 8 | 1.477 5 | 0.676 8 | 9.549 1 | 0.104 7 | 6.463 2 | 0.154 7 |
| 9 | 1.551 3 | 0.644 6 | 11.026 6 | 0.090 7 | 7.107 8 | 0.140 7 |
| 10 | 1.628 9 | 0.613 9 | 12.577 9 | 0.079 5 | 7.721 7 | 0.129 5 |
| 11 | 1.710 3 | 0.584 7 | 14.206 8 | 0.070 4 | 8.306 4 | 0.120 4 |
| 12 | 1.795 9 | 0.556 8 | 15.917 1 | 0.062 8 | 8.863 3 | 0.112 8 |
| 13 | 1.885 6 | 0.530 3 | 17.713 0 | 0.056 5 | 9.393 6 | 0.106 5 |
| 14 | 1.979 9 | 0.505 1 | 19.598 6 | 0.051 0 | 9.898 6 | 0.101 0 |
| 15 | 2.078 9 | 0.481 0 | 21.578 6 | 0.046 3 | 10.379 7 | 0.096 3 |
| 16 | 2.182 9 | 0.458 1 | 23.657 5 | 0.042 3 | 10.837 8 | 0.092 3 |
| 17 | 2.292 0 | 0.436 3 | 25.840 4 | 0.038 7 | 11.274 1 | 0.088 7 |
| 18 | 2.406 6 | 0.415 5 | 28.132 4 | 0.035 5 | 11.689 6 | 0.085 5 |
| 19 | 2.527 0 | 0.395 7 | 30.539 0 | 0.032 7 | 12.085 3 | 0.082 7 |
| 20 | 2.653 3 | 0.376 9 | 33.066 0 | 0.030 2 | 12.462 2 | 0.080 2 |
| 21 | 2.786 0 | 0.358 9 | 35.719 3 | 0.028 0 | 12.821 2 | 0.078 0 |
| 22 | 2.925 3 | 0.341 8 | 38.505 2 | 0.026 0 | 13.163 0 | 0.076 0 |
| 23 | 3.071 5 | 0.325 6 | 41.430 5 | 0.024 1 | 13.488 6 | 0.074 1 |
| 24 | 3.225 1 | 0.310 1 | 44.502 0 | 0.022 5 | 13.798 6 | 0.072 5 |
| 25 | 3.386 4 | 0.295 3 | 47.727 1 | 0.021 0 | 14.093 9 | 0.071 0 |
| 26 | 3.555 7 | 0.281 2 | 51.113 5 | 0.019 6 | 14.375 2 | 0.069 6 |
| 27 | 3.733 5 | 0.267 8 | 54.669 1 | 0.018 3 | 14.643 0 | 0.068 3 |
| 28 | 3.920 1 | 0.255 1 | 58.402 6 | 0.017 1 | 14.898 1 | 0.067 1 |
| 29 | 4.116 1 | 0.242 9 | 62.322 7 | 0.016 0 | 15.141 1 | 0.066 0 |
| 30 | 4.321 9 | 0.231 4 | 66.438 8 | 0.015 1 | 15.372 5 | 0.065 1 |

$i$=6%

| 年份 | 一次支付终值系数 | 一次支付现值系数 | 等额分付终值系数 | 偿债基金系数 | 等额分付现值系数 | 资金回收系数 |
|---|---|---|---|---|---|---|
| n | (F/P,i,n) | (P/F,i,n) | (F/A,i,n) | (A/F,i,n) | (P/A,i,n) | (A/P,i,n) |
| 1 | 1.060 0 | 0.943 4 | 1.000 0 | 1.000 0 | 0.943 4 | 1.060 0 |
| 2 | 1.123 6 | 0.890 0 | 2.060 0 | 0.485 4 | 1.833 4 | 0.545 4 |
| 3 | 1.191 0 | 0.839 6 | 3.183 6 | 0.314 1 | 2.673 0 | 0.374 1 |
| 4 | 1.262 5 | 0.792 1 | 4.374 6 | 0.228 6 | 3.465 1 | 0.288 6 |
| 5 | 1.338 2 | 0.747 3 | 5.637 1 | 0.177 4 | 4.212 4 | 0.237 4 |
| 6 | 1.418 5 | 0.705 0 | 6.975 3 | 0.143 4 | 4.917 3 | 0.203 4 |
| 7 | 1.503 6 | 0.665 1 | 8.393 8 | 0.119 1 | 5.582 4 | 0.179 1 |
| 8 | 1.593 8 | 0.627 4 | 9.897 5 | 0.101 0 | 6.209 8 | 0.161 0 |
| 9 | 1.689 5 | 0.591 9 | 11.491 3 | 0.087 0 | 6.801 7 | 0.147 0 |
| 10 | 1.790 8 | 0.558 4 | 13.180 8 | 0.075 9 | 7.360 1 | 0.135 9 |

续表

| 年份 | 一次支付终值系数 | 一次支付现值系数 | 等额分付终值系数 | 偿债基金系数 | 等额分付现值系数 | 资金回收系数 |
|---|---|---|---|---|---|---|
| *n* | (*F*/*P*,*i*,*n*) | (*P*/*F*,*i*,*n*) | (*F*/*A*,*i*,*n*) | (*A*/*F*,*i*,*n*) | (*P*/*A*,*i*,*n*) | (*A*/*P*,*i*,*n*) |
| 11 | 1.898 3 | 0.526 8 | 14.971 6 | 0.066 8 | 7.886 9 | 0.126 8 |
| 12 | 2.012 2 | 0.497 0 | 16.869 9 | 0.059 3 | 8.383 8 | 0.119 3 |
| 13 | 2.132 9 | 0.468 8 | 18.882 1 | 0.053 0 | 8.852 7 | 0.113 0 |
| 14 | 2.260 9 | 0.442 3 | 21.015 1 | 0.047 6 | 9.295 0 | 0.107 6 |
| 15 | 2.396 6 | 0.417 3 | 23.276 0 | 0.043 0 | 9.712 2 | 0.103 0 |
| 16 | 2.540 4 | 0.393 6 | 25.672 5 | 0.039 0 | 10.105 9 | 0.099 0 |
| 17 | 2.692 8 | 0.371 4 | 28.212 9 | 0.035 4 | 10.477 3 | 0.095 4 |
| 18 | 2.854 3 | 0.350 3 | 30.905 7 | 0.032 4 | 10.827 6 | 0.092 4 |
| 19 | 3.025 6 | 0.330 5 | 33.760 0 | 0.029 6 | 11.158 1 | 0.089 6 |
| 20 | 3.207 1 | 0.311 8 | 36.785 6 | 0.027 2 | 11.469 9 | 0.087 2 |
| 21 | 3.399 6 | 0.294 2 | 39.992 7 | 0.025 0 | 11.764 1 | 0.085 0 |
| 22 | 3.603 5 | 0.277 5 | 43.392 3 | 0.023 0 | 12.041 6 | 0.083 0 |
| 23 | 3.819 7 | 0.261 8 | 46.995 8 | 0.021 3 | 12.303 4 | 0.081 3 |
| 24 | 4.048 9 | 0.247 0 | 50.815 6 | 0.019 7 | 12.550 4 | 0.079 7 |
| 25 | 4.291 9 | 0.233 0 | 54.864 5 | 0.018 2 | 12.783 4 | 0.078 2 |
| 26 | 4.549 4 | 0.219 8 | 59.156 4 | 0.016 9 | 13.003 2 | 0.076 9 |
| 27 | 4.822 3 | 0.207 4 | 63.705 8 | 0.015 7 | 13.210 5 | 0.075 7 |
| 28 | 5.111 7 | 0.195 6 | 68.528 1 | 0.014 6 | 13.406 2 | 0.074 6 |
| 29 | 5.418 4 | 0.184 6 | 73.639 8 | 0.013 6 | 13.590 7 | 0.073 6 |
| 30 | 5.743 5 | 0.174 1 | 79.058 2 | 0.012 6 | 13.764 8 | 0.072 6 |

*i*=7%

| 年份 | 一次支付终值系数 | 一次支付现值系数 | 等额分付终值系数 | 偿债基金系数 | 等额分付现值系数 | 资金回收系数 |
|---|---|---|---|---|---|---|
| *n* | (*F*/*P*,*i*,*n*) | (*P*/*F*,*i*,*n*) | (*F*/*A*,*i*,*n*) | (*A*/*F*,*i*,*n*) | (*P*/*A*,*i*,*n*) | (*A*/*P*,*i*,*n*) |
| 1 | 1.070 0 | 0.934 6 | 1.000 0 | 1.000 0 | 0.934 6 | 1.070 0 |
| 2 | 1.144 9 | 0.873 4 | 2.070 0 | 0.483 1 | 1.808 0 | 0.553 1 |
| 3 | 1.225 0 | 0.816 3 | 3.214 9 | 0.311 1 | 2.624 3 | 0.381 1 |
| 4 | 1.310 8 | 0.762 9 | 4.439 9 | 0.225 2 | 3.387 2 | 0.295 2 |
| 5 | 1.402 6 | 0.713 0 | 5.750 7 | 0.173 9 | 4.100 2 | 0.243 9 |
| 6 | 1.500 7 | 0.666 3 | 7.153 3 | 0.139 8 | 4.766 5 | 0.209 8 |
| 7 | 1.605 8 | 0.622 7 | 8.654 0 | 0.115 6 | 5.389 3 | 0.185 6 |
| 8 | 1.718 2 | 0.582 0 | 10.259 8 | 0.097 5 | 5.971 3 | 0.167 5 |
| 9 | 1.838 5 | 0.543 9 | 11.978 0 | 0.083 5 | 6.515 2 | 0.153 5 |
| 10 | 1.967 2 | 0.508 3 | 13.816 4 | 0.072 4 | 7.023 6 | 0.142 4 |
| 11 | 2.104 9 | 0.475 1 | 15.783 6 | 0.063 4 | 7.498 7 | 0.133 4 |
| 12 | 2.252 2 | 0.444 0 | 17.888 5 | 0.055 9 | 7.942 7 | 0.125 9 |
| 13 | 2.409 8 | 0.415 0 | 20.140 6 | 0.049 7 | 8.357 7 | 0.119 7 |
| 14 | 2.578 5 | 0.387 8 | 22.550 5 | 0.044 3 | 8.745 5 | 0.114 3 |

续表

| 年份 | 一次支付终值系数 | 一次支付现值系数 | 等额分付终值系数 | 偿债基金系数 | 等额分付现值系数 | 资金回收系数 |
|---|---|---|---|---|---|---|
| n | (F/P,i,n) | (P/F,i,n) | (F/A,i,n) | (A/F,i,n) | (P/A,i,n) | (A/P,i,n) |
| 15 | 2.759 0 | 0.362 4 | 25.129 0 | 0.039 8 | 9.107 9 | 0.109 8 |
| 16 | 2.952 2 | 0.338 7 | 27.888 1 | 0.035 9 | 9.446 6 | 0.105 9 |
| 17 | 3.158 8 | 0.316 6 | 30.840 2 | 0.032 4 | 9.763 2 | 0.102 4 |
| 18 | 3.379 9 | 0.295 9 | 33.999 0 | 0.029 4 | 10.059 1 | 0.099 4 |
| 19 | 3.616 5 | 0.276 5 | 37.379 0 | 0.026 8 | 10.335 6 | 0.096 8 |
| 20 | 3.869 7 | 0.258 4 | 40.995 5 | 0.024 4 | 10.594 0 | 0.094 4 |
| 21 | 4.140 6 | 0.241 5 | 44.865 2 | 0.022 3 | 10.835 5 | 0.092 3 |
| 22 | 4.430 4 | 0.225 7 | 49.005 7 | 0.020 4 | 11.061 2 | 0.090 4 |
| 23 | 4.740 5 | 0.210 9 | 53.436 1 | 0.018 7 | 11.272 2 | 0.088 7 |
| 24 | 5.072 4 | 0.197 1 | 58.176 7 | 0.017 2 | 11.469 3 | 0.087 2 |
| 25 | 5.427 4 | 0.184 2 | 63.249 0 | 0.015 8 | 11.653 6 | 0.085 8 |
| 26 | 5.807 4 | 0.172 2 | 68.676 5 | 0.014 6 | 11.825 8 | 0.084 6 |
| 27 | 6.213 9 | 0.160 9 | 74.483 8 | 0.013 4 | 11.986 7 | 0.083 4 |
| 28 | 6.648 8 | 0.150 4 | 80.697 7 | 0.012 4 | 12.137 1 | 0.082 4 |
| 29 | 7.114 3 | 0.140 6 | 87.346 5 | 0.011 4 | 12.277 7 | 0.081 4 |
| 30 | 7.612 3 | 0.131 4 | 94.460 8 | 0.010 6 | 12.409 0 | 0.080 6 |

$i$=8%

| 年份 | 一次支付终值系数 | 一次支付现值系数 | 等额分付终值系数 | 偿债基金系数 | 等额分付现值系数 | 资金回收系数 |
|---|---|---|---|---|---|---|
| n | (F/P,i,n) | (P/F,i,n) | (F/A,i,n) | (A/F,i,n) | (P/A,i,n) | (A/P,i,n) |
| 1 | 1.080 0 | 0.925 9 | 1.000 0 | 1.000 0 | 0.925 9 | 1.080 0 |
| 2 | 1.166 4 | 0.857 3 | 2.080 0 | 0.480 8 | 1.783 3 | 0.560 8 |
| 3 | 1.259 7 | 0.793 8 | 3.246 4 | 0.308 0 | 2.577 1 | 0.388 0 |
| 4 | 1.360 5 | 0.735 0 | 4.506 1 | 0.221 9 | 3.312 1 | 0.301 9 |
| 5 | 1.469 3 | 0.680 6 | 5.866 6 | 0.170 5 | 3.992 7 | 0.250 5 |
| 6 | 1.586 9 | 0.630 2 | 7.335 9 | 0.136 3 | 4.622 9 | 0.216 3 |
| 7 | 1.713 8 | 0.583 5 | 8.922 8 | 0.112 1 | 5.206 4 | 0.192 1 |
| 8 | 1.850 9 | 0.540 3 | 10.636 6 | 0.094 0 | 5.746 6 | 0.174 0 |
| 9 | 1.999 0 | 0.500 2 | 12.487 6 | 0.080 1 | 6.246 9 | 0.160 1 |
| 10 | 2.158 9 | 0.463 2 | 14.486 6 | 0.069 0 | 6.710 1 | 0.149 0 |
| 11 | 2.331 6 | 0.428 9 | 16.645 5 | 0.060 1 | 7.139 0 | 0.140 1 |
| 12 | 2.518 2 | 0.397 1 | 18.977 1 | 0.052 7 | 7.536 1 | 0.132 7 |
| 13 | 2.719 6 | 0.367 7 | 21.495 3 | 0.046 5 | 7.903 8 | 0.126 5 |
| 14 | 2.937 2 | 0.340 5 | 24.214 9 | 0.041 3 | 8.244 2 | 0.121 3 |
| 15 | 3.172 2 | 0.315 2 | 27.152 1 | 0.036 8 | 8.559 5 | 0.116 8 |
| 16 | 3.425 9 | 0.291 9 | 30.324 3 | 0.033 0 | 8.851 4 | 0.113 0 |
| 17 | 3.700 0 | 0.270 3 | 33.750 2 | 0.029 6 | 9.121 6 | 0.109 6 |

续表

| 年份 | 一次支付终值系数 | 一次支付现值系数 | 等额分付终值系数 | 偿债基金系数 | 等额分付现值系数 | 资金回收系数 |
|---|---|---|---|---|---|---|
| *n* | (*F*/*P*,*i*,*n*) | (*P*/*F*,*i*,*n*) | (*F*/*A*,*i*,*n*) | (*A*/*F*,*i*,*n*) | (*P*/*A*,*i*,*n*) | (*A*/*P*,*i*,*n*) |
| 18 | 3.996 0 | 0.250 2 | 37.450 2 | 0.026 7 | 9.371 9 | 0.106 7 |
| 19 | 4.315 7 | 0.231 7 | 41.446 3 | 0.024 1 | 9.603 6 | 0.104 1 |
| 20 | 4.661 0 | 0.214 5 | 45.762 0 | 0.021 9 | 9.818 1 | 0.101 9 |
| 21 | 5.033 8 | 0.198 7 | 50.422 9 | 0.019 8 | 10.016 8 | 0.099 8 |
| 22 | 5.436 5 | 0.183 9 | 55.456 8 | 0.018 0 | 10.200 7 | 0.098 0 |
| 23 | 5.871 5 | 0.170 3 | 60.893 3 | 0.016 4 | 10.371 1 | 0.096 4 |
| 24 | 6.341 2 | 0.157 7 | 66.764 8 | 0.015 0 | 10.528 8 | 0.095 0 |
| 25 | 6.848 5 | 0.146 0 | 73.105 9 | 0.013 7 | 10.674 8 | 0.093 7 |
| 26 | 7.396 4 | 0.135 2 | 79.954 4 | 0.012 5 | 10.810 0 | 0.092 5 |
| 27 | 7.988 1 | 0.125 2 | 87.350 8 | 0.011 4 | 10.935 2 | 0.091 4 |
| 28 | 8.627 1 | 0.115 9 | 95.338 8 | 0.010 5 | 11.051 1 | 0.090 5 |
| 29 | 9.317 3 | 0.107 3 | 103.965 9 | 0.009 6 | 11.158 4 | 0.089 6 |
| 30 | 10.062 7 | 0.099 4 | 113.283 2 | 0.008 8 | 11.257 8 | 0.088 8 |

$i$=9%

| 年份 | 一次支付终值系数 | 一次支付现值系数 | 等额分付终值系数 | 偿债基金系数 | 等额分付现值系数 | 资金回收系数 |
|---|---|---|---|---|---|---|
| *n* | (*F*/*P*,*i*,*n*) | (*P*/*F*,*i*,*n*) | (*F*/*A*,*i*,*n*) | (*A*/*F*,*i*,*n*) | (*P*/*A*,*i*,*n*) | (*A*/*P*,*i*,*n*) |
| 1 | 1.090 0 | 0.917 4 | 1.000 0 | 1.000 0 | 0.917 4 | 1.090 0 |
| 2 | 1.188 1 | 0.841 7 | 2.090 0 | 0.478 5 | 1.759 1 | 0.568 5 |
| 3 | 1.295 0 | 0.772 2 | 3.278 1 | 0.305 1 | 2.531 3 | 0.395 1 |
| 4 | 1.411 6 | 0.708 4 | 4.573 1 | 0.218 7 | 3.239 7 | 0.308 7 |
| 5 | 1.538 6 | 0.649 9 | 5.984 7 | 0.167 1 | 3.889 7 | 0.257 1 |
| 6 | 1.677 1 | 0.596 3 | 7.523 3 | 0.132 9 | 4.485 9 | 0.222 9 |
| 7 | 1.828 0 | 0.547 0 | 9.200 4 | 0.108 7 | 5.033 0 | 0.198 7 |
| 8 | 1.992 6 | 0.501 9 | 11.028 5 | 0.090 7 | 5.534 8 | 0.180 7 |
| 9 | 2.171 9 | 0.460 4 | 13.021 0 | 0.076 8 | 5.995 2 | 0.166 8 |
| 10 | 2.367 4 | 0.422 4 | 15.192 9 | 0.065 8 | 6.417 7 | 0.155 8 |
| 11 | 2.580 4 | 0.387 5 | 17.560 3 | 0.056 9 | 6.805 2 | 0.146 9 |
| 12 | 2.812 7 | 0.355 5 | 20.140 7 | 0.049 7 | 7.160 7 | 0.139 7 |
| 13 | 3.065 8 | 0.326 2 | 22.953 4 | 0.043 6 | 7.486 9 | 0.133 6 |
| 14 | 3.341 7 | 0.299 2 | 26.019 2 | 0.038 4 | 7.786 2 | 0.128 4 |
| 15 | 3.642 5 | 0.274 5 | 29.360 9 | 0.034 1 | 8.060 7 | 0.124 1 |
| 16 | 3.970 3 | 0.251 9 | 33.003 4 | 0.030 3 | 8.312 6 | 0.120 3 |
| 17 | 4.327 6 | 0.231 1 | 36.973 7 | 0.027 0 | 8.543 6 | 0.117 0 |
| 18 | 4.717 1 | 0.212 0 | 41.301 3 | 0.024 2 | 8.755 6 | 0.114 2 |
| 19 | 5.141 7 | 0.194 5 | 46.018 5 | 0.021 7 | 8.950 1 | 0.111 7 |
| 20 | 5.604 4 | 0.178 4 | 51.160 1 | 0.019 5 | 9.128 5 | 0.109 5 |
| 21 | 6.108 8 | 0.163 7 | 56.764 5 | 0.017 6 | 9.292 2 | 0.107 6 |

续表

| 年份 | 一次支付终值系数 | 一次支付现值系数 | 等额分付终值系数 | 偿债基金系数 | 等额分付现值系数 | 资金回收系数 |
|---|---|---|---|---|---|---|
| n | (F/P,i,n) | (P/F,i,n) | (F/A,i,n) | (A/F,i,n) | (P/A,i,n) | (A/P,i,n) |
| 22 | 6.658 6 | 0.150 2 | 62.873 3 | 0.015 9 | 9.442 4 | 0.105 9 |
| 23 | 7.257 9 | 0.137 8 | 69.531 9 | 0.014 4 | 9.580 2 | 0.104 4 |
| 24 | 7.911 1 | 0.126 4 | 76.789 8 | 0.013 0 | 9.706 6 | 0.103 0 |
| 25 | 8.623 1 | 0.116 0 | 84.700 9 | 0.011 8 | 9.822 6 | 0.101 8 |
| 26 | 9.399 2 | 0.106 4 | 93.324 0 | 0.010 7 | 9.929 0 | 0.100 7 |
| 27 | 10.245 1 | 0.097 6 | 102.723 1 | 0.009 7 | 10.026 6 | 0.099 7 |
| 28 | 11.167 1 | 0.089 5 | 112.968 2 | 0.008 9 | 10.116 1 | 0.098 9 |
| 29 | 12.172 2 | 0.082 2 | 124.135 4 | 0.008 1 | 10.198 3 | 0.098 1 |
| 30 | 13.267 7 | 0.075 4 | 136.307 5 | 0.007 3 | 10.273 7 | 0.097 3 |

$i$=10%

| 年份 | 一次支付终值系数 | 一次支付现值系数 | 等额分付终值系数 | 偿债基金系数 | 等额分付现值系数 | 资金回收系数 |
|---|---|---|---|---|---|---|
| n | (F/P,i,n) | (P/F,i,n) | (F/A,i,n) | (A/F,i,n) | (P/A,i,n) | (A/P,i,n) |
| 1 | 1.100 0 | 0.909 1 | 1.000 0 | 1.000 0 | 0.909 1 | 1.100 0 |
| 2 | 1.210 0 | 0.826 4 | 2.100 0 | 0.476 2 | 1.735 5 | 0.576 2 |
| 3 | 1.331 0 | 0.751 3 | 3.310 0 | 0.302 1 | 2.486 9 | 0.402 1 |
| 4 | 1.464 1 | 0.683 0 | 4.641 0 | 0.215 5 | 3.169 9 | 0.315 5 |
| 5 | 1.610 5 | 0.620 9 | 6.105 1 | 0.163 8 | 3.790 8 | 0.263 8 |
| 6 | 1.771 6 | 0.564 5 | 7.715 6 | 0.129 6 | 4.355 3 | 0.229 6 |
| 7 | 1.948 7 | 0.513 2 | 9.487 2 | 0.105 4 | 4.868 4 | 0.205 4 |
| 8 | 2.143 6 | 0.466 5 | 11.435 9 | 0.087 4 | 5.334 9 | 0.187 4 |
| 9 | 2.357 9 | 0.424 1 | 13.579 5 | 0.073 6 | 5.759 0 | 0.173 6 |
| 10 | 2.593 7 | 0.385 5 | 15.937 4 | 0.062 7 | 6.144 6 | 0.162 7 |
| 11 | 2.853 1 | 0.350 5 | 18.531 2 | 0.054 0 | 6.495 1 | 0.154 0 |
| 12 | 3.138 4 | 0.318 6 | 21.384 3 | 0.046 8 | 6.813 7 | 0.146 8 |
| 13 | 3.452 3 | 0.289 7 | 24.522 7 | 0.040 8 | 7.103 4 | 0.140 8 |
| 14 | 3.797 5 | 0.263 3 | 27.975 0 | 0.035 7 | 7.366 7 | 0.135 7 |
| 15 | 4.177 2 | 0.239 4 | 31.772 5 | 0.031 5 | 7.606 1 | 0.131 5 |
| 16 | 4.595 0 | 0.217 6 | 35.949 7 | 0.027 8 | 7.823 7 | 0.127 8 |
| 17 | 5.054 5 | 0.197 8 | 40.544 7 | 0.024 7 | 8.021 6 | 0.124 7 |
| 18 | 5.559 9 | 0.179 9 | 45.599 2 | 0.021 9 | 8.201 4 | 0.121 9 |
| 19 | 6.115 9 | 0.163 5 | 51.159 1 | 0.019 5 | 8.364 9 | 0.119 5 |
| 20 | 6.727 5 | 0.148 6 | 57.275 0 | 0.017 5 | 8.513 6 | 0.117 5 |
| 21 | 7.400 2 | 0.135 1 | 64.002 5 | 0.015 6 | 8.648 7 | 0.115 6 |
| 22 | 8.140 3 | 0.122 8 | 71.402 7 | 0.014 0 | 8.771 5 | 0.114 0 |
| 23 | 8.954 3 | 0.111 7 | 79.543 0 | 0.012 6 | 8.883 2 | 0.112 6 |
| 24 | 9.849 7 | 0.101 5 | 88.497 3 | 0.011 3 | 8.984 7 | 0.111 3 |
| 25 | 10.834 7 | 0.092 3 | 98.347 1 | 0.010 2 | 9.077 0 | 0.110 2 |

续表

| 年份 | 一次支付终值系数 | 一次支付现值系数 | 等额分付终值系数 | 偿债基金系数 | 等额分付现值系数 | 资金回收系数 |
|---|---|---|---|---|---|---|
| n | (F/P,i,n) | (P/F,i,n) | (F/A,i,n) | (A/F,i,n) | (P/A,i,n) | (A/P,i,n) |
| 26 | 11.918 2 | 0.083 9 | 109.181 8 | 0.009 2 | 9.160 9 | 0.109 2 |
| 27 | 13.110 0 | 0.076 3 | 121.099 9 | 0.008 3 | 9.237 2 | 0.108 3 |
| 28 | 14.421 0 | 0.069 3 | 134.209 9 | 0.007 5 | 9.306 6 | 0.107 5 |
| 29 | 15.863 1 | 0.063 0 | 148.630 9 | 0.006 7 | 9.369 6 | 0.106 7 |
| 30 | 17.449 4 | 0.057 3 | 164.494 0 | 0.006 1 | 9.426 9 | 0.106 1 |

i=11%

| 年份 | 一次支付终值系数 | 一次支付现值系数 | 等额分付终值系数 | 偿债基金系数 | 等额分付现值系数 | 资金回收系数 |
|---|---|---|---|---|---|---|
| n | (F/P,i,n) | (P/F,i,n) | (F/A,i,n) | (A/F,i,n) | (P/A,i,n) | (A/P,i,n) |
| 1 | 1.110 0 | 0.900 9 | 1.000 0 | 1.000 0 | 0.900 9 | 1.110 0 |
| 2 | 1.232 1 | 0.811 6 | 2.110 0 | 0.473 9 | 1.712 5 | 0.583 9 |
| 3 | 1.367 6 | 0.731 2 | 3.342 1 | 0.299 2 | 2.443 7 | 0.409 2 |
| 4 | 1.518 1 | 0.658 7 | 4.709 7 | 0.212 3 | 3.102 4 | 0.322 3 |
| 5 | 1.685 1 | 0.593 5 | 6.227 8 | 0.160 6 | 3.695 9 | 0.270 6 |
| 6 | 1.870 4 | 0.534 6 | 7.912 9 | 0.126 4 | 4.230 5 | 0.236 4 |
| 7 | 2.076 2 | 0.481 7 | 9.783 3 | 0.102 2 | 4.712 2 | 0.212 2 |
| 8 | 2.304 5 | 0.433 9 | 11.859 4 | 0.084 3 | 5.146 1 | 0.194 3 |
| 9 | 2.558 0 | 0.390 9 | 14.164 0 | 0.070 6 | 5.537 0 | 0.180 6 |
| 10 | 2.839 4 | 0.352 2 | 16.722 0 | 0.059 8 | 5.889 2 | 0.169 8 |
| 11 | 3.151 8 | 0.317 3 | 19.561 4 | 0.051 1 | 6.206 5 | 0.161 1 |
| 12 | 3.498 5 | 0.285 8 | 22.713 2 | 0.044 0 | 6.492 4 | 0.154 0 |
| 13 | 3.883 3 | 0.257 5 | 26.211 6 | 0.038 2 | 6.749 9 | 0.148 2 |
| 14 | 4.310 4 | 0.232 0 | 30.094 9 | 0.033 2 | 6.981 9 | 0.143 2 |
| 15 | 4.784 6 | 0.209 0 | 34.405 4 | 0.029 1 | 7.190 9 | 0.139 1 |
| 16 | 5.310 9 | 0.188 3 | 39.189 9 | 0.025 5 | 7.379 2 | 0.135 5 |
| 17 | 5.895 1 | 0.169 6 | 44.500 8 | 0.022 5 | 7.548 8 | 0.132 5 |
| 18 | 6.543 6 | 0.152 8 | 50.395 9 | 0.019 8 | 7.701 6 | 0.129 8 |
| 19 | 7.263 3 | 0.137 7 | 56.939 5 | 0.017 6 | 7.839 3 | 0.127 6 |
| 20 | 8.062 3 | 0.124 0 | 64.202 8 | 0.015 6 | 7.963 3 | 0.125 6 |
| 21 | 8.949 2 | 0.111 7 | 72.265 1 | 0.013 8 | 8.075 1 | 0.123 8 |
| 22 | 9.933 6 | 0.100 7 | 81.214 3 | 0.012 3 | 8.175 7 | 0.122 3 |
| 23 | 11.026 3 | 0.090 7 | 91.147 9 | 0.011 0 | 8.266 4 | 0.121 0 |
| 24 | 12.239 2 | 0.081 7 | 102.174 2 | 0.009 8 | 8.348 1 | 0.119 8 |
| 25 | 13.585 5 | 0.073 6 | 114.413 3 | 0.008 7 | 8.421 7 | 0.118 7 |
| 26 | 15.079 9 | 0.066 3 | 127.998 8 | 0.007 8 | 8.488 1 | 0.117 8 |
| 27 | 16.738 6 | 0.059 7 | 143.078 6 | 0.007 0 | 8.547 8 | 0.117 0 |

续表

| 年份 | 一次支付终值系数 | 一次支付现值系数 | 等额分付终值系数 | 偿债基金系数 | 等额分付现值系数 | 资金回收系数 |
|---|---|---|---|---|---|---|
| n | (F/P,i,n) | (P/F,i,n) | (F/A,i,n) | (A/F,i,n) | (P/A,i,n) | (A/P,i,n) |
| 28 | 18.579 9 | 0.053 8 | 159.817 3 | 0.006 3 | 8.601 6 | 0.116 3 |
| 29 | 20.623 7 | 0.048 5 | 178.397 2 | 0.005 6 | 8.650 1 | 0.115 6 |
| 30 | 22.892 3 | 0.043 7 | 199.020 9 | 0.005 0 | 8.693 8 | 0.115 0 |

$i$=12%

| 年份 | 一次支付终值系数 | 一次支付现值系数 | 等额分付终值系数 | 偿债基金系数 | 等额分付现值系数 | 资金回收系数 |
|---|---|---|---|---|---|---|
| n | (F/P,i,n) | (P/F,i,n) | (F/A,i,n) | (A/F,i,n) | (P/A,i,n) | (A/P,i,n) |
| 1 | 1.120 0 | 0.892 9 | 1.000 0 | 1.0000 | 0.892 9 | 1.120 0 |
| 2 | 1.254 4 | 0.797 2 | 2.120 0 | 0.471 7 | 1.690 1 | 0.591 7 |
| 3 | 1.404 9 | 0.711 8 | 3.374 4 | 0.296 3 | 2.401 8 | 0.416 3 |
| 4 | 1.573 5 | 0.635 5 | 4.779 3 | 0.209 2 | 3.037 3 | 0.329 2 |
| 5 | 1.762 3 | 0.567 4 | 6.352 8 | 0.157 4 | 3.604 8 | 0.277 4 |
| 6 | 1.973 8 | 0.506 6 | 8.115 2 | 0.123 2 | 4.111 4 | 0.243 2 |
| 7 | 2.210 7 | 0.452 3 | 10.089 0 | 0.099 1 | 4.563 8 | 0.219 1 |
| 8 | 2.476 0 | 0.403 9 | 12.299 7 | 0.081 3 | 4.967 6 | 0.201 3 |
| 9 | 2.773 1 | 0.360 6 | 14.775 7 | 0.067 7 | 5.328 2 | 0.187 7 |
| 10 | 3.105 8 | 0.322 0 | 17.548 7 | 0.057 0 | 5.650 2 | 0.177 0 |
| 11 | 3.478 5 | 0.287 5 | 20.654 6 | 0.048 4 | 5.937 7 | 0.168 4 |
| 12 | 3.896 0 | 0.256 7 | 24.133 1 | 0.041 4 | 6.194 4 | 0.161 4 |
| 13 | 4.363 5 | 0.229 2 | 28.029 1 | 0.035 7 | 6.423 5 | 0.155 7 |
| 14 | 4.887 1 | 0.204 6 | 32.392 6 | 0.030 9 | 6.628 2 | 0.150 9 |
| 15 | 5.473 6 | 0.182 7 | 37.279 7 | 0.026 8 | 6.810 9 | 0.146 8 |
| 16 | 6.130 4 | 0.163 1 | 42.753 3 | 0.023 4 | 6.974 0 | 0.143 4 |
| 17 | 6.866 0 | 0.145 6 | 48.883 7 | 0.020 5 | 7.119 6 | 0.140 5 |
| 18 | 7.690 0 | 0.130 0 | 55.749 7 | 0.017 9 | 7.249 7 | 0.137 9 |
| 19 | 8.612 8 | 0.116 1 | 63.439 7 | 0.015 8 | 7.365 8 | 0.135 8 |
| 20 | 9.646 3 | 0.103 7 | 72.052 4 | 0.013 9 | 7.469 4 | 0.133 9 |
| 21 | 10.803 8 | 0.092 6 | 81.698 7 | 0.012 2 | 7.562 0 | 0.132 2 |
| 22 | 12.100 3 | 0.082 6 | 92.502 6 | 0.010 8 | 7.644 6 | 0.130 8 |
| 23 | 13.552 3 | 0.073 8 | 104.602 9 | 0.009 6 | 7.718 4 | 0.129 6 |
| 24 | 15.178 6 | 0.065 9 | 118.155 2 | 0.008 5 | 7.784 3 | 0.128 5 |
| 25 | 17.000 1 | 0.058 8 | 133.333 9 | 0.007 5 | 7.843 1 | 0.127 5 |
| 26 | 19.040 1 | 0.052 5 | 150.333 9 | 0.006 7 | 7.895 7 | 0.126 7 |
| 27 | 21.324 9 | 0.046 9 | 169.374 0 | 0.005 9 | 7.942 6 | 0.125 9 |
| 28 | 23.883 9 | 0.041 9 | 190.698 9 | 0.005 2 | 7.984 4 | 0.125 2 |
| 29 | 26.749 9 | 0.037 4 | 214.582 8 | 0.004 7 | 8.021 8 | 0.124 7 |
| 30 | 29.959 9 | 0.033 4 | 241.332 7 | 0.004 1 | 8.055 2 | 0.124 1 |

i=13%

| 年份 | 一次支付终值系数 | 一次支付现值系数 | 等额分付终值系数 | 偿债基金系数 | 等额分付现值系数 | 资金回收系数 |
|---|---|---|---|---|---|---|
| n | (F/P,i,n) | (P/F,i,n) | (F/A,i,n) | (A/F,i,n) | (P/A,i,n) | (A/P,i,n) |
| 1 | 1.130 0 | 0.885 0 | 1.000 0 | 1.000 0 | 0.8850 | 1.130 0 |
| 2 | 1.276 9 | 0.783 1 | 2.130 0 | 0.469 5 | 1.6681 | 0.599 5 |
| 3 | 1.442 9 | 0.693 1 | 3.406 9 | 0.293 5 | 2.3612 | 0.423 5 |
| 4 | 1.630 5 | 0.613 3 | 4.849 8 | 0.206 2 | 2.974 5 | 0.336 2 |
| 5 | 1.842 4 | 0.542 8 | 6.480 3 | 0.154 3 | 3.517 2 | 0.284 3 |
| 6 | 2.082 0 | 0.480 3 | 8.322 7 | 0.120 2 | 3.997 5 | 0.250 2 |
| 7 | 2.352 6 | 0.425 1 | 10.404 7 | 0.096 1 | 4.422 6 | 0.226 1 |
| 8 | 2.658 4 | 0.376 2 | 12.757 3 | 0.078 4 | 4.798 8 | 0.208 4 |
| 9 | 3.004 0 | 0.332 9 | 15.415 7 | 0.064 9 | 5.131 7 | 0.194 9 |
| 10 | 3.394 6 | 0.294 6 | 18.419 7 | 0.054 3 | 5.426 2 | 0.184 3 |
| 11 | 3.835 9 | 0.260 7 | 21.814 3 | 0.045 8 | 5.686 9 | 0.175 8 |
| 12 | 4.334 5 | 0.230 7 | 25.650 2 | 0.039 0 | 5.917 6 | 0.169 0 |
| 13 | 4.898 0 | 0.204 2 | 29.984 7 | 0.033 4 | 6.121 8 | 0.163 4 |
| 14 | 5.534 8 | 0.180 7 | 34.882 7 | 0.028 7 | 6.302 5 | 0.158 7 |
| 15 | 6.254 3 | 0.159 9 | 40.417 5 | 0.024 7 | 6.462 4 | 0.154 7 |
| 16 | 7.067 3 | 0.141 5 | 46.671 7 | 0.021 4 | 6.603 9 | 0.151 4 |
| 17 | 7.986 1 | 0.125 2 | 53.739 1 | 0.018 6 | 6.729 1 | 0.148 6 |
| 18 | 9.024 3 | 0.110 8 | 61.725 1 | 0.016 2 | 6.839 9 | 0.146 2 |
| 19 | 10.197 4 | 0.098 1 | 70.749 4 | 0.014 1 | 6.938 0 | 0.144 1 |
| 20 | 11.523 1 | 0.086 8 | 80.946 8 | 0.012 4 | 7.024 8 | 0.142 4 |
| 21 | 13.021 1 | 0.076 8 | 92.469 9 | 0.010 8 | 7.101 6 | 0.140 8 |
| 22 | 14.713 8 | 0.068 0 | 105.491 0 | 0.009 5 | 7.169 5 | 0.139 5 |
| 23 | 16.626 6 | 0.060 1 | 120.204 8 | 0.008 3 | 7.229 7 | 0.138 3 |
| 24 | 18.788 1 | 0.053 2 | 136.831 5 | 0.007 3 | 7.282 9 | 0.137 3 |
| 25 | 21.230 5 | 0.047 1 | 155.619 6 | 0.006 4 | 7.330 0 | 0.136 4 |
| 26 | 23.990 5 | 0.041 7 | 176.850 1 | 0.005 7 | 7.371 7 | 0.135 7 |
| 27 | 27.109 3 | 0.036 9 | 200.840 6 | 0.005 0 | 7.408 6 | 0.135 0 |
| 28 | 30.633 5 | 0.032 6 | 227.949 9 | 0.004 4 | 7.441 2 | 0.134 4 |
| 29 | 34.615 8 | 0.028 9 | 258.583 4 | 0.003 9 | 7.470 1 | 0.133 9 |
| 30 | 39.115 9 | 0.025 6 | 293.199 2 | 0.003 4 | 7.495 7 | 0.133 4 |

i=14%

| 年份 | 一次支付终值系数 | 一次支付现值系数 | 等额分付终值系数 | 偿债基金系数 | 等额分付现值系数 | 资金回收系数 |
|---|---|---|---|---|---|---|
| n | (F/P,i,n) | (P/F,i,n) | (F/A,i,n) | (A/F,i,n) | (P/A,i,n) | (A/P,i,n) |
| 1 | 1.140 0 | 0.877 2 | 1.000 0 | 1.000 0 | 0.877 2 | 1.140 0 |
| 2 | 1.299 6 | 0.769 5 | 2.140 0 | 0.467 3 | 1.646 7 | 0.607 3 |

续表

| 年份 | 一次支付终值系数 | 一次支付现值系数 | 等额分付终值系数 | 偿债基金系数 | 等额分付现值系数 | 资金回收系数 |
|---|---|---|---|---|---|---|
| n | (F/P,i,n) | (P/F,i,n) | (F/A,i,n) | (A/F,i,n) | (P/A,i,n) | (A/P,i,n) |
| 3 | 1.481 5 | 0.675 0 | 3.439 6 | 0.290 7 | 2.321 6 | 0.430 7 |
| 4 | 1.689 0 | 0.592 1 | 4.921 1 | 0.203 2 | 2.913 7 | 0.343 2 |
| 5 | 1.925 4 | 0.519 4 | 6.610 1 | 0.151 3 | 3.433 1 | 0.291 3 |
| 6 | 2.195 0 | 0.455 6 | 8.535 5 | 0.117 2 | 3.888 7 | 0.257 2 |
| 7 | 2.502 3 | 0.399 6 | 10.730 5 | 0.093 2 | 4.288 3 | 0.233 2 |
| 8 | 2.852 6 | 0.350 6 | 13.232 8 | 0.075 6 | 4.638 9 | 0.215 6 |
| 9 | 3.251 9 | 0.307 5 | 16.085 3 | 0.062 2 | 4.946 4 | 0.202 2 |
| 10 | 3.707 2 | 0.269 7 | 19.337 3 | 0.051 7 | 5.216 1 | 0.191 7 |
| 11 | 4.226 2 | 0.236 6 | 23.044 5 | 0.043 4 | 5.452 7 | 0.183 4 |
| 12 | 4.817 9 | 0.207 6 | 27.270 7 | 0.036 7 | 5.660 3 | 0.176 7 |
| 13 | 5.492 4 | 0.182 1 | 32.088 7 | 0.031 2 | 5.842 4 | 0.171 2 |
| 14 | 6.261 3 | 0.159 7 | 37.581 1 | 0.026 6 | 6.002 1 | 0.166 6 |
| 15 | 7.137 9 | 0.140 1 | 43.842 4 | 0.022 8 | 6.142 2 | 0.162 8 |
| 16 | 8.137 2 | 0.122 9 | 50.980 4 | 0.019 6 | 6.265 1 | 0.159 6 |
| 17 | 9.276 5 | 0.107 8 | 59.117 6 | 0.016 9 | 6.372 9 | 0.156 9 |
| 18 | 10.575 2 | 0.094 6 | 68.394 1 | 0.014 6 | 6.467 4 | 0.154 6 |
| 19 | 12.055 7 | 0.082 9 | 78.969 2 | 0.012 7 | 6.550 4 | 0.152 7 |
| 20 | 13.743 5 | 0.072 8 | 91.024 9 | 0.011 0 | 6.623 1 | 0.151 0 |
| 21 | 15.667 6 | 0.063 8 | 104.768 4 | 0.009 5 | 6.687 0 | 0.149 5 |
| 22 | 17.861 0 | 0.056 0 | 120.436 0 | 0.008 3 | 6.742 9 | 0.148 3 |
| 23 | 20.361 6 | 0.049 1 | 138.297 0 | 0.007 2 | 6.792 1 | 0.147 2 |
| 24 | 23.212 2 | 0.043 1 | 158.658 6 | 0.006 3 | 6.835 1 | 0.146 3 |
| 25 | 26.461 9 | 0.037 8 | 181.870 8 | 0.005 5 | 6.872 9 | 0.145 5 |
| 26 | 30.166 6 | 0.033 1 | 208.332 7 | 0.004 8 | 6.906 1 | 0.144 8 |
| 27 | 34.389 9 | 0.029 1 | 238.499 3 | 0.004 2 | 6.935 2 | 0.144 2 |
| 28 | 39.204 5 | 0.025 5 | 272.889 2 | 0.003 7 | 6.960 7 | 0.143 7 |
| 29 | 44.693 1 | 0.022 4 | 312.093 7 | 0.003 2 | 6.983 0 | 0.143 2 |
| 30 | 50.950 2 | 0.019 6 | 356.786 8 | 0.002 8 | 7.002 7 | 0.142 8 |

$i$=15%

| 年份 | 一次支付终值系数 | 一次支付现值系数 | 等额分付终值系数 | 偿债基金系数 | 等额分付现值系数 | 资金回收系数 |
|---|---|---|---|---|---|---|
| n | (F/P,i,n) | (P/F,i,n) | (F/A,i,n) | (A/F,i,n) | (P/A,i,n) | (A/P,i,n) |
| 1 | 1.150 0 | 0.869 6 | 1.000 0 | 1.000 0 | 0.869 6 | 1.150 0 |
| 2 | 1.322 5 | 0.756 1 | 2.150 0 | 0.465 1 | 1.625 7 | 0.615 1 |
| 3 | 1.520 9 | 0.657 5 | 3.472 5 | 0.288 0 | 2.283 2 | 0.438 0 |
| 4 | 1.749 0 | 0.571 8 | 4.993 4 | 0.200 3 | 2.855 0 | 0.350 3 |

续表

| 年份 | 一次支付终值系数 | 一次支付现值系数 | 等额分付终值系数 | 偿债基金系数 | 等额分付现值系数 | 资金回收系数 |
|---|---|---|---|---|---|---|
| $n$ | $(F/P,i,n)$ | $(P/F,i,n)$ | $(F/A,i,n)$ | $(A/F,i,n)$ | $(P/A,i,n)$ | $(A/P,i,n)$ |
| 5 | 2.011 4 | 0.497 2 | 6.742 4 | 0.148 3 | 3.352 2 | 0.298 3 |
| 6 | 2.313 1 | 0.432 3 | 8.753 7 | 0.114 2 | 3.784 5 | 0.264 2 |
| 7 | 2.660 0 | 0.375 9 | 11.066 8 | 0.090 4 | 4.160 4 | 0.240 4 |
| 8 | 3.059 0 | 0.326 9 | 13.726 8 | 0.072 9 | 4.487 3 | 0.222 9 |
| 9 | 3.517 9 | 0.284 3 | 16.785 8 | 0.059 6 | 4.771 6 | 0.209 6 |
| 10 | 4.045 6 | 0.247 2 | 20.303 7 | 0.049 3 | 5.018 8 | 0.199 3 |
| 11 | 4.652 4 | 0.214 9 | 24.349 3 | 0.041 1 | 5.233 7 | 0.191 1 |
| 12 | 5.350 3 | 0.186 9 | 29.001 7 | 0.034 5 | 5.420 6 | 0.184 5 |
| 13 | 6.152 8 | 0.162 5 | 34.351 9 | 0.029 1 | 5.583 1 | 0.179 1 |
| 14 | 7.075 7 | 0.141 3 | 40.504 7 | 0.024 7 | 5.724 5 | 0.174 7 |
| 15 | 8.137 1 | 0.122 9 | 47.580 4 | 0.021 0 | 5.847 4 | 0.171 0 |
| 16 | 9.357 6 | 0.106 9 | 55.717 5 | 0.017 9 | 5.954 2 | 0.167 9 |
| 17 | 10.761 3 | 0.092 9 | 65.075 1 | 0.015 4 | 6.047 2 | 0.165 4 |
| 18 | 12.375 5 | 0.080 8 | 75.836 4 | 0.013 2 | 6.128 0 | 0.163 2 |
| 19 | 14.231 8 | 0.070 3 | 88.211 8 | 0.011 3 | 6.198 2 | 0.161 3 |
| 20 | 16.366 5 | 0.061 1 | 102.443 6 | 0.009 8 | 6.259 3 | 0.159 8 |
| 21 | 18.821 5 | 0.053 1 | 118.810 1 | 0.008 4 | 6.312 5 | 0.158 4 |
| 22 | 21.644 7 | 0.046 2 | 137.631 6 | 0.007 3 | 6.358 7 | 0.157 3 |
| 23 | 24.891 5 | 0.040 2 | 159.276 4 | 0.006 3 | 6.398 8 | 0.156 3 |
| 24 | 28.625 2 | 0.034 9 | 184.167 8 | 0.005 4 | 6.433 8 | 0.155 4 |
| 25 | 32.919 0 | 0.030 4 | 212.793 0 | 0.004 7 | 6.464 1 | 0.154 7 |
| 26 | 37.856 8 | 0.026 4 | 245.712 0 | 0.004 1 | 6.490 6 | 0.154 1 |
| 27 | 43.535 3 | 0.023 0 | 283.568 8 | 0.003 5 | 6.513 5 | 0.153 5 |
| 28 | 50.065 6 | 0.020 0 | 327.104 1 | 0.003 1 | 6.533 5 | 0.153 1 |
| 29 | 57.575 5 | 0.017 4 | 377.169 7 | 0.002 7 | 6.550 9 | 0.152 7 |
| 30 | 66.211 8 | 0.015 1 | 434.745 1 | 0.002 3 | 6.566 0 | 0.152 3 |

$i$=16%

| 年份 | 一次支付终值系数 | 一次支付现值系数 | 等额分付终值系数 | 偿债基金系数 | 等额分付现值系数 | 资金回收系数 |
|---|---|---|---|---|---|---|
| $n$ | $(F/P,i,n)$ | $(P/F,i,n)$ | $(F/A,i,n)$ | $(A/F,i,n)$ | $(P/A,i,n)$ | $(A/P,i,n)$ |
| 1 | 1.160 0 | 0.862 1 | 1.000 0 | 1.000 0 | 0.862 1 | 1.160 0 |
| 2 | 1.345 6 | 0.743 2 | 2.160 0 | 0.463 0 | 1.605 2 | 0.623 0 |
| 3 | 1.560 9 | 0.640 7 | 3.505 6 | 0.285 3 | 2.245 9 | 0.445 3 |
| 4 | 1.810 6 | 0.552 3 | 5.066 5 | 0.197 4 | 2.798 2 | 0.357 4 |
| 5 | 2.100 3 | 0.476 1 | 6.877 1 | 0.145 4 | 3.274 3 | 0.305 4 |
| 6 | 2.436 4 | 0.410 4 | 8.977 5 | 0.111 4 | 3.684 7 | 0.271 4 |

续表

| 年份 | 一次支付终值系数 | 一次支付现值系数 | 等额分付终值系数 | 偿债基金系数 | 等额分付现值系数 | 资金回收系数 |
|---|---|---|---|---|---|---|
| *n* | (*F*/*P*,*i*,*n*) | (*P*/*F*,*i*,*n*) | (*F*/*A*,*i*,*n*) | (*A*/*F*,*i*,*n*) | (*P*/*A*,*i*,*n*) | (*A*/*P*,*i*,*n*) |
| 7 | 2.826 2 | 0.353 8 | 11.413 9 | 0.087 6 | 4.038 6 | 0.247 6 |
| 8 | 3.278 4 | 0.305 0 | 14.240 1 | 0.070 2 | 4.343 6 | 0.230 2 |
| 9 | 3.803 0 | 0.263 0 | 17.518 5 | 0.057 1 | 4.606 5 | 0.217 1 |
| 10 | 4.411 4 | 0.226 7 | 21.321 5 | 0.046 9 | 4.833 2 | 0.206 9 |
| 11 | 5.117 3 | 0.195 4 | 25.732 9 | 0.038 9 | 5.028 6 | 0.198 9 |
| 12 | 5.936 0 | 0.168 5 | 30.850 2 | 0.032 4 | 5.197 1 | 0.192 4 |
| 13 | 6.885 8 | 0.145 2 | 36.786 2 | 0.027 2 | 5.342 3 | 0.187 2 |
| 14 | 7.987 5 | 0.125 2 | 43.672 0 | 0.022 9 | 5.467 5 | 0.182 9 |
| 15 | 9.265 5 | 0.107 9 | 51.659 5 | 0.019 4 | 5.575 5 | 0.179 4 |
| 16 | 10.748 0 | 0.093 0 | 60.925 0 | 0.016 4 | 5.668 5 | 0.176 4 |
| 17 | 12.467 7 | 0.080 2 | 71.673 0 | 0.014 0 | 5.748 7 | 0.174 0 |
| 18 | 14.462 5 | 0.069 1 | 84.140 7 | 0.011 9 | 5.817 8 | 0.171 9 |
| 19 | 16.776 5 | 0.059 6 | 98.603 2 | 0.010 1 | 5.877 5 | 0.170 1 |
| 20 | 19.460 8 | 0.051 4 | 115.379 7 | 0.008 7 | 5.928 8 | 0.168 7 |
| 21 | 22.574 5 | 0.044 3 | 134.840 5 | 0.007 4 | 5.973 1 | 0.167 4 |
| 22 | 26.186 4 | 0.038 2 | 157.415 0 | 0.006 4 | 6.011 3 | 0.166 4 |
| 23 | 30.376 2 | 0.032 9 | 183.6014 | 0.005 4 | 6.044 2 | 0.165 4 |
| 24 | 35.236 4 | 0.028 4 | 213.977 6 | 0.004 7 | 6.072 6 | 0.164 7 |
| 25 | 40.874 2 | 0.024 5 | 249.214 0 | 0.004 0 | 6.097 1 | 0.164 0 |
| 26 | 47.414 1 | 0.021 1 | 290.088 3 | 0.003 4 | 6.118 2 | 0.163 4 |
| 27 | 55.000 4 | 0.018 2 | 337.502 4 | 0.003 0 | 6.136 4 | 0.163 0 |
| 28 | 63.800 4 | 0.015 7 | 392.502 8 | 0.002 5 | 6.152 0 | 0.162 5 |
| 29 | 74.008 5 | 0.013 5 | 456.303 2 | 0.002 2 | 6.165 6 | 0.162 2 |
| 30 | 85.849 9 | 0.011 6 | 530.311 7 | 0.001 9 | 6.177 2 | 0.161 9 |

*i*=18%

| 年份 | 一次支付终值系数 | 一次支付现值系数 | 等额分付终值系数 | 偿债基金系数 | 等额分付现值系数 | 资金回收系数 |
|---|---|---|---|---|---|---|
| *n* | (*F*/*P*,*i*,*n*) | (*P*/*F*,*i*,*n*) | (*F*/*A*,*i*,*n*) | (*A*/*F*,*i*,*n*) | (*P*/*A*,*i*,*n*) | (*A*/*P*,*i*,*n*) |
| 1 | 1.180 0 | 0.847 5 | 1.000 0 | 1.000 0 | 0.847 5 | 1.180 0 |
| 2 | 1.392 4 | 0.718 2 | 2.180 0 | 0.458 7 | 1.565 6 | 0.638 7 |
| 3 | 1.643 0 | 0.608 6 | 3.572 4 | 0.279 9 | 2.174 3 | 0.459 9 |
| 4 | 1.938 8 | 0.515 8 | 5.215 4 | 0.191 7 | 2.690 1 | 0.371 7 |
| 5 | 2.287 8 | 0.437 1 | 7.154 2 | 0.139 8 | 3.127 2 | 0.319 8 |
| 6 | 2.699 6 | 0.370 4 | 9.442 0 | 0.105 9 | 3.497 6 | 0.285 9 |
| 7 | 3.185 5 | 0.313 9 | 12.141 5 | 0.082 4 | 3.811 5 | 0.262 4 |
| 8 | 3.758 9 | 0.266 0 | 15.327 0 | 0.065 2 | 4.077 6 | 0.245 2 |

续表

| 年份 | 一次支付终值系数 | 一次支付现值系数 | 等额分付终值系数 | 偿债基金系数 | 等额分付现值系数 | 资金回收系数 |
|---|---|---|---|---|---|---|
| n | (F/P,i,n) | (P/F,i,n) | (F/A,i,n) | (A/F,i,n) | (P/A,i,n) | (A/P,i,n) |
| 9 | 4.435 5 | 0.225 5 | 19.085 9 | 0.052 4 | 4.303 0 | 0.232 4 |
| 10 | 5.233 8 | 0.191 1 | 23.521 3 | 0.042 5 | 4.494 1 | 0.222 5 |
| 11 | 6.175 9 | 0.161 9 | 28.755 1 | 0.034 8 | 4.656 0 | 0.214 8 |
| 12 | 7.287 6 | 0.137 2 | 34.931 1 | 0.028 6 | 4.793 2 | 0.208 6 |
| 13 | 8.599 4 | 0.116 3 | 42.218 7 | 0.023 7 | 4.909 5 | 0.203 7 |
| 14 | 10.147 2 | 0.098 5 | 50.818 0 | 0.019 7 | 5.008 1 | 0.199 7 |
| 15 | 11.973 7 | 0.083 5 | 60.965 3 | 0.016 4 | 5.091 6 | 0.196 4 |
| 16 | 14.129 0 | 0.070 8 | 72.939 0 | 0.013 7 | 5.162 4 | 0.193 7 |
| 17 | 16.672 2 | 0.060 0 | 87.068 0 | 0.011 5 | 5.222 3 | 0.191 5 |
| 18 | 19.673 3 | 0.050 8 | 103.740 3 | 0.009 6 | 5.273 2 | 0.189 6 |
| 19 | 23.214 4 | 0.043 1 | 123.413 5 | 0.008 1 | 5.316 2 | 0.188 1 |
| 20 | 27.393 0 | 0.036 5 | 146.628 0 | 0.006 8 | 5.352 7 | 0.186 8 |
| 21 | 32.323 8 | 0.030 9 | 174.021 0 | 0.005 7 | 5.383 7 | 0.185 7 |
| 22 | 38.142 1 | 0.026 2 | 206.344 8 | 0.004 8 | 5.409 9 | 0.184 8 |
| 23 | 45.007 6 | 0.022 2 | 244.486 8 | 0.004 1 | 5.432 1 | 0.184 1 |
| 24 | 53.109 0 | 0.018 8 | 289.494 5 | 0.003 5 | 5.450 9 | 0.183 5 |
| 25 | 62.668 6 | 0.016 0 | 342.603 5 | 0.002 9 | 5.466 9 | 0.182 9 |
| 26 | 73.949 0 | 0.013 5 | 405.272 1 | 0.002 5 | 5.480 4 | 0.182 5 |
| 27 | 87.259 8 | 0.011 5 | 479.221 1 | 0.002 1 | 5.491 9 | 0.182 1 |
| 28 | 102.966 6 | 0.009 7 | 566.480 9 | 0.001 8 | 5.501 6 | 0.181 8 |
| 29 | 121.500 5 | 0.008 2 | 669.447 5 | 0.001 5 | 5.509 8 | 0.181 5 |
| 30 | 143.370 6 | 0.007 0 | 790.948 0 | 0.001 3 | 5.516 8 | 0.181 3 |

$i$=20%

| 年份 | 一次支付终值系数 | 一次支付现值系数 | 等额分付终值系数 | 偿债基金系数 | 等额分付现值系数 | 资金回收系数 |
|---|---|---|---|---|---|---|
| n | (F/P,i,n) | (P/F,i,n) | (F/A,i,n) | (A/F,i,n) | (P/A,i,n) | (A/P,i,n) |
| 1 | 1.200 0 | 0.833 3 | 1.000 0 | 1.000 0 | 0.833 3 | 1.200 0 |
| 2 | 1.440 0 | 0.694 4 | 2.200 0 | 0.454 5 | 1.527 8 | 0.654 5 |
| 3 | 1.728 0 | 0.578 7 | 3.640 0 | 0.274 7 | 2.106 5 | 0.474 7 |
| 4 | 2.073 6 | 0.482 3 | 5.368 0 | 0.186 3 | 2.588 7 | 0.386 3 |
| 5 | 2.488 3 | 0.401 9 | 7.441 6 | 0.134 4 | 2.990 6 | 0.334 4 |
| 6 | 2.986 0 | 0.334 9 | 9.929 9 | 0.100 7 | 3.325 5 | 0.300 7 |
| 7 | 3.583 2 | 0.279 1 | 12.915 9 | 0.077 4 | 3.604 6 | 0.277 4 |
| 8 | 4.299 8 | 0.232 6 | 16.499 1 | 0.060 6 | 3.837 2 | 0.260 6 |
| 9 | 5.159 8 | 0.193 8 | 20.798 9 | 0.048 1 | 4.031 0 | 0.248 1 |
| 10 | 6.191 7 | 0.161 5 | 25.958 7 | 0.038 5 | 4.192 5 | 0.238 5 |

续表

| 年份 | 一次支付终值系数 | 一次支付现值系数 | 等额分付终值系数 | 偿债基金系数 | 等额分付现值系数 | 资金回收系数 |
|---|---|---|---|---|---|---|
| *n* | (*F*/*P*,*i*,*n*) | (*P*/*F*,*i*,*n*) | (*F*/*A*,*i*,*n*) | (*A*/*F*,*i*,*n*) | (*P*/*A*,*i*,*n*) | (*A*/*P*,*i*,*n*) |
| 11 | 7.430 1 | 0.134 6 | 32.150 4 | 0.031 1 | 4.327 1 | 0.231 1 |
| 12 | 8.916 1 | 0.112 2 | 39.580 5 | 0.025 3 | 4.439 2 | 0.225 3 |
| 13 | 10.699 3 | 0.093 5 | 48.496 6 | 0.020 6 | 4.532 7 | 0.220 6 |
| 14 | 12.839 2 | 0.077 9 | 59.195 9 | 0.016 9 | 4.610 6 | 0.216 9 |
| 15 | 15.407 0 | 0.064 9 | 72.035 1 | 0.013 9 | 4.675 5 | 0.213 9 |
| 16 | 18.488 4 | 0.054 1 | 87.442 1 | 0.011 4 | 4.729 6 | 0.211 4 |
| 17 | 22.186 1 | 0.045 1 | 105.930 6 | 0.009 4 | 4.774 6 | 0.209 4 |
| 18 | 26.623 3 | 0.037 6 | 128.116 7 | 0.007 8 | 4.812 2 | 0.207 8 |
| 19 | 31.948 0 | 0.031 3 | 154.740 0 | 0.006 5 | 4.843 5 | 0.206 5 |
| 20 | 38.337 6 | 0.026 1 | 186.688 0 | 0.005 4 | 4.869 6 | 0.205 4 |
| 21 | 46.005 1 | 0.021 7 | 225.025 6 | 0.004 4 | 4.891 3 | 0.204 4 |
| 22 | 55.206 1 | 0.018 1 | 271.030 7 | 0.003 7 | 4.909 4 | 0.203 7 |
| 23 | 66.247 4 | 0.015 1 | 326.236 9 | 0.003 1 | 4.924 5 | 0.203 1 |
| 24 | 79.496 8 | 0.012 6 | 392.484 2 | 0.002 5 | 4.937 1 | 0.202 5 |
| 25 | 95.396 2 | 0.010 5 | 471.981 1 | 0.002 1 | 4.947 6 | 0.202 1 |
| 26 | 114.475 5 | 0.008 7 | 567.377 3 | 0.001 8 | 4.956 3 | 0.201 8 |
| 27 | 137.370 6 | 0.007 3 | 681.852 8 | 0.001 5 | 4.963 6 | 0.201 5 |
| 28 | 164.844 7 | 0.006 1 | 819.223 3 | 0.001 2 | 4.969 7 | 0.201 2 |
| 29 | 197.813 6 | 0.005 1 | 984.068 0 | 0.001 0 | 4.974 7 | 0.201 0 |
| 30 | 237.376 3 | 0.004 2 | 1181.881 6 | 0.000 8 | 4.978 9 | 0.200 8 |

*i*=25%

| 年份 | 一次支付终值系数 | 一次支付现值系数 | 等额分付终值系数 | 偿债基金系数 | 等额分付现值系数 | 资金回收系数 |
|---|---|---|---|---|---|---|
| *n* | (*F*/*P*,*i*,*n*) | (*P*/*F*,*i*,*n*) | (*F*/*A*,*i*,*n*) | (*A*/*F*,*i*,*n*) | (*P*/*A*,*i*,*n*) | (*A*/*P*,*i*,*n*) |
| 1 | 1.250 0 | 0.800 0 | 1.000 0 | 1.000 0 | 0.800 0 | 1.250 0 |
| 2 | 1.562 5 | 0.640 0 | 2.250 0 | 0.444 4 | 1.440 0 | 0.694 4 |
| 3 | 1.953 1 | 0.512 0 | 3.812 5 | 0.262 3 | 1.952 0 | 0.512 3 |
| 4 | 2.441 4 | 0.409 6 | 5.765 6 | 0.173 4 | 2.361 6 | 0.423 4 |
| 5 | 3.051 8 | 0.327 7 | 8.207 0 | 0.121 8 | 2.689 3 | 0.371 8 |
| 6 | 3.814 7 | 0.262 1 | 11.258 8 | 0.088 8 | 2.951 4 | 0.338 8 |
| 7 | 4.768 4 | 0.209 7 | 15.073 5 | 0.066 3 | 3.161 1 | 0.316 3 |
| 8 | 5.960 5 | 0.167 8 | 19.841 9 | 0.050 4 | 3.328 9 | 0.300 4 |
| 9 | 7.450 6 | 0.134 2 | 25.802 3 | 0.038 8 | 3.463 1 | 0.288 8 |
| 10 | 9.313 2 | 0.107 4 | 33.252 9 | 0.030 1 | 3.570 5 | 0.280 1 |
| 11 | 11.641 5 | 0.085 9 | 42.566 1 | 0.023 5 | 3.656 4 | 0.273 5 |
| 12 | 14.551 9 | 0.068 7 | 54.207 7 | 0.018 4 | 3.725 1 | 0.268 4 |

续表

| 年份 | 一次支付终值系数 | 一次支付现值系数 | 等额分付终值系数 | 偿债基金系数 | 等额分付现值系数 | 资金回收系数 |
|---|---|---|---|---|---|---|
| n | (F/P,i,n) | (P/F,i,n) | (F/A,i,n) | (A/F,i,n) | (P/A,i,n) | (A/P,i,n) |
| 13 | 18.189 9 | 0.055 0 | 68.759 6 | 0.014 5 | 3.780 1 | 0.264 5 |
| 14 | 22.737 4 | 0.044 0 | 86.949 5 | 0.011 5 | 3.824 1 | 0.261 5 |
| 15 | 28.421 7 | 0.035 2 | 109.686 8 | 0.009 1 | 3.859 3 | 0.259 1 |
| 16 | 35.527 1 | 0.028 1 | 138.108 5 | 0.007 2 | 3.887 4 | 0.257 2 |
| 17 | 44.408 9 | 0.022 5 | 173.635 7 | 0.005 8 | 3.909 9 | 0.255 8 |
| 18 | 55.511 2 | 0.018 0 | 218.044 6 | 0.004 6 | 3.927 9 | 0.254 6 |
| 19 | 69.388 9 | 0.014 4 | 273.555 8 | 0.003 7 | 3.942 4 | 0.253 7 |
| 20 | 86.736 2 | 0.011 5 | 342.944 7 | 0.002 9 | 3.953 9 | 0.252 9 |
| 21 | 108.420 2 | 0.009 2 | 429.680 9 | 0.002 3 | 3.963 1 | 0.252 3 |
| 22 | 135.525 3 | 0.007 4 | 538.101 1 | 0.001 9 | 3.970 5 | 0.251 9 |
| 23 | 169.406 6 | 0.005 9 | 673.626 4 | 0.001 5 | 3.976 4 | 0.251 5 |
| 24 | 211.758 2 | 0.004 7 | 843.032 9 | 0.001 2 | 3.981 1 | 0.251 2 |
| 25 | 264.697 8 | 0.003 8 | 1054.791 2 | 0.000 9 | 3.984 9 | 0.250 9 |
| 26 | 330.872 2 | 0.003 0 | 1319.489 0 | 0.000 8 | 3.987 9 | 0.250 8 |
| 27 | 413.590 3 | 0.002 4 | 1650.361 2 | 0.000 6 | 3.990 3 | 0.250 6 |
| 28 | 516.987 9 | 0.001 9 | 2063.951 5 | 0.000 5 | 3.992 3 | 0.250 5 |
| 29 | 646.234 9 | 0.001 5 | 2580.939 4 | 0.000 4 | 3.993 8 | 0.250 4 |
| 30 | 807.793 6 | 0.001 2 | 3227.174 3 | 0.000 3 | 3.995 0 | 0.250 3 |

$i$=30%

| 年份 | 一次支付终值系数 | 一次支付现值系数 | 等额分付终值系数 | 偿债基金系数 | 等额分付现值系数 | 资金回收系数 |
|---|---|---|---|---|---|---|
| n | (F/P,i,n) | (P/F,i,n) | (F/A,i,n) | (A/F,i,n) | (P/A,i,n) | (A/P,i,n) |
| 1 | 1.300 0 | 0.769 2 | 1.000 0 | 1.000 0 | 0.769 2 | 1.300 0 |
| 2 | 1.690 0 | 0.591 7 | 2.300 0 | 0.434 8 | 1.360 9 | 0.734 8 |
| 3 | 2.197 0 | 0.455 2 | 3.990 0 | 0.250 6 | 1.816 1 | 0.550 6 |
| 4 | 2.856 1 | 0.350 1 | 6.187 0 | 0.161 6 | 2.166 2 | 0.461 6 |
| 5 | 3.712 9 | 0.269 3 | 9.043 1 | 0.110 6 | 2.435 6 | 0.410 6 |
| 6 | 4.826 8 | 0.207 2 | 12.756 0 | 0.078 4 | 2.642 7 | 0.378 4 |
| 7 | 6.274 9 | 0.159 4 | 17.582 8 | 0.056 9 | 2.802 1 | 0.356 9 |
| 8 | 8.157 3 | 0.122 6 | 23.857 7 | 0.041 9 | 2.924 7 | 0.341 9 |
| 9 | 10.604 5 | 0.094 3 | 32.015 0 | 0.031 2 | 3.019 0 | 0.331 2 |
| 10 | 13.785 8 | 0.072 5 | 42.619 5 | 0.023 5 | 3.091 5 | 0.323 5 |
| 11 | 17.921 6 | 0.055 8 | 56.405 3 | 0.017 7 | 3.147 3 | 0.317 7 |
| 12 | 23.298 1 | 0.042 9 | 74.327 0 | 0.013 5 | 3.190 3 | 0.313 5 |
| 13 | 30.287 5 | 0.033 0 | 97.625 0 | 0.010 2 | 3.223 3 | 0.310 2 |
| 14 | 39.373 8 | 0.025 4 | 127.912 5 | 0.007 8 | 3.248 7 | 0.307 8 |

续表

| 年份 | 一次支付终值系数 | 一次支付现值系数 | 等额分付终值系数 | 偿债基金系数 | 等额分付现值系数 | 资金回收系数 |
|---|---|---|---|---|---|---|
| *n* | (*F*/*P*,*i*,*n*) | (*P*/*F*,*i*,*n*) | (*F*/*A*,*i*,*n*) | (*A*/*F*,*i*,*n*) | (*P*/*A*,*i*,*n*) | (*A*/*P*,*i*,*n*) |
| 15 | 51.185 9 | 0.019 5 | 167.286 3 | 0.006 0 | 3.268 2 | 0.306 0 |
| 16 | 66.541 7 | 0.015 0 | 218.472 2 | 0.004 6 | 3.283 2 | 0.304 6 |
| 17 | 86.504 2 | 0.011 6 | 285.013 9 | 0.003 5 | 3.294 8 | 0.303 5 |
| 18 | 112.455 4 | 0.008 9 | 371.518 0 | 0.002 7 | 3.303 7 | 0.302 7 |
| 19 | 146.192 0 | 0.006 8 | 483.973 4 | 0.002 1 | 3.310 5 | 0.302 1 |
| 20 | 190.049 6 | 0.005 3 | 630.165 5 | 0.001 6 | 3.315 8 | 0.301 6 |
| 21 | 247.064 5 | 0.004 0 | 820.215 1 | 0.001 2 | 3.319 8 | 0.301 2 |
| 22 | 321.183 9 | 0.003 1 | 1 067.279 6 | 0.000 9 | 3.323 0 | 0.300 9 |
| 23 | 417.539 1 | 0.002 4 | 1 388.463 5 | 0.000 7 | 3.325 4 | 0.300 7 |
| 24 | 542.800 8 | 0.001 8 | 1 806.002 6 | 0.000 6 | 3.327 2 | 0.300 6 |
| 25 | 705.641 0 | 0.001 4 | 2 348.803 3 | 0.000 4 | 3.328 6 | 0.300 4 |
| 26 | 917.333 3 | 0.001 1 | 3 054.444 3 | 0.000 3 | 3.329 7 | 0.300 3 |
| 27 | 1 192.533 3 | 0.000 8 | 3 971.777 6 | 0.000 3 | 3.330 5 | 0.300 3 |
| 28 | 1 550.293 3 | 0.000 6 | 5 164.310 9 | 0.000 2 | 3.331 2 | 0.300 2 |
| 29 | 2 015.381 3 | 0.000 5 | 6 714.604 2 | 0.000 1 | 3.331 7 | 0.300 1 |
| 30 | 2 619.995 6 | 0.000 4 | 8 729.985 5 | 0.000 1 | 3.332 1 | 0.300 1 |

*i*=35%

| 年份 | 一次支付终值系数 | 一次支付现值系数 | 等额分付终值系数 | 偿债基金系数 | 等额分付现值系数 | 资金回收系数 |
|---|---|---|---|---|---|---|
| *n* | (*F*/*P*,*i*,*n*) | (*P*/*F*,*i*,*n*) | (*F*/*A*,*i*,*n*) | (*A*/*F*,*i*,*n*) | (*P*/*A*,*i*,*n*) | (*A*/*P*,*i*,*n*) |
| 1 | 1.350 0 | 0.740 7 | 1.000 0 | 1.000 0 | 0.740 7 | 1.350 0 |
| 2 | 1.822 5 | 0.548 7 | 2.350 0 | 0.425 5 | 1.289 4 | 0.775 5 |
| 3 | 2.460 4 | 0.406 4 | 4.172 5 | 0.239 7 | 1.695 9 | 0.589 7 |
| 4 | 3.321 5 | 0.301 1 | 6.632 9 | 0.150 8 | 1.996 9 | 0.500 8 |
| 5 | 4.484 0 | 0.223 0 | 9.954 4 | 0.100 5 | 2.220 0 | 0.450 5 |
| 6 | 6.053 4 | 0.165 2 | 14.438 4 | 0.069 3 | 2.385 2 | 0.419 3 |
| 7 | 8.172 2 | 0.122 4 | 20.491 9 | 0.048 8 | 2.507 5 | 0.398 8 |
| 8 | 11.032 4 | 0.090 6 | 28.664 0 | 0.034 9 | 2.598 2 | 0.384 9 |
| 9 | 14.893 7 | 0.067 1 | 39.696 4 | 0.025 2 | 2.665 3 | 0.375 2 |
| 10 | 20.106 6 | 0.049 7 | 54.590 2 | 0.018 3 | 2.715 0 | 0.368 3 |
| 11 | 27.143 9 | 0.036 8 | 74.696 7 | 0.013 4 | 2.751 9 | 0.363 4 |
| 12 | 36.644 2 | 0.027 3 | 101.840 6 | 0.009 8 | 2.779 2 | 0.359 8 |
| 13 | 49.469 7 | 0.020 2 | 138.484 8 | 0.007 2 | 2.799 4 | 0.357 2 |
| 14 | 66.784 1 | 0.015 0 | 187.954 4 | 0.005 3 | 2.814 4 | 0.355 3 |
| 15 | 90.158 5 | 0.011 1 | 254.738 5 | 0.003 9 | 2.825 5 | 0.353 9 |
| 16 | 121.713 9 | 0.008 2 | 344.897 0 | 0.002 9 | 2.833 7 | 0.352 9 |

续表

| 年份 | 一次支付终值系数 | 一次支付现值系数 | 等额分付终值系数 | 偿债基金系数 | 等额分付现值系数 | 资金回收系数 |
|---|---|---|---|---|---|---|
| $n$ | $(F/P,i,n)$ | $(P/F,i,n)$ | $(F/A,i,n)$ | $(A/F,i,n)$ | $(P/A,i,n)$ | $(A/P,i,n)$ |
| 17 | 164.313 8 | 0.006 1 | 466.610 9 | 0.002 1 | 2.839 8 | 0.352 1 |
| 18 | 221.823 6 | 0.004 5 | 630.924 7 | 0.001 6 | 2.844 3 | 0.351 6 |
| 19 | 299.461 9 | 0.003 3 | 852.748 3 | 0.001 2 | 2.847 6 | 0.351 2 |
| 20 | 404.273 6 | 0.002 5 | 1 152.210 3 | 0.000 9 | 2.850 1 | 0.350 9 |
| 21 | 545.769 3 | 0.001 8 | 1 556.483 8 | 0.000 6 | 2.851 9 | 0.350 6 |
| 22 | 736.788 6 | 0.001 4 | 2 102.253 2 | 0.000 5 | 2.853 3 | 0.350 5 |
| 23 | 994.664 6 | 0.001 0 | 2 839.041 8 | 0.000 4 | 2.854 3 | 0.350 4 |
| 24 | 1 342.797 3 | 0.000 7 | 3 833.706 4 | 0.000 3 | 2.855 0 | 0.350 3 |
| 25 | 1 812.776 3 | 0.000 6 | 5 176.503 7 | 0.000 2 | 2.855 6 | 0.350 2 |
| 26 | 2 447.248 0 | 0.000 4 | 6 989.280 0 | 0.000 1 | 2.856 0 | 0.350 1 |
| 27 | 3 303.784 8 | 0.000 3 | 9 436.528 0 | 0.000 1 | 2.856 3 | 0.350 1 |
| 28 | 4 460.109 5 | 0.000 2 | 12 740.3128 | 0.000 1 | 2.856 5 | 0.350 1 |
| 29 | 6 021.147 8 | 0.000 2 | 17 200.422 2 | 0.000 1 | 2.856 7 | 0.350 1 |
| 30 | 8 128.549 5 | 0.000 1 | 23 221.570 0 | 0.000 0 | 2.856 8 | 0.350 0 |

$i$=40%

| 年份 | 一次支付终值系数 | 一次支付现值系数 | 等额分付终值系数 | 偿债基金系数 | 等额分付现值系数 | 资金回收系数 |
|---|---|---|---|---|---|---|
| $n$ | $(F/P,i,n)$ | $(P/F,i,n)$ | $(F/A,i,n)$ | $(A/F,i,n)$ | $(P/A,i,n)$ | $(A/P,i,n)$ |
| 1 | 1.400 0 | 0.714 3 | 1.000 0 | 1.000 0 | 0.714 3 | 1.400 0 |
| 2 | 1.960 0 | 0.510 2 | 2.400 0 | 0.416 7 | 1.224 5 | 0.816 7 |
| 3 | 2.744 0 | 0.364 4 | 4.360 0 | 0.229 4 | 1.588 9 | 0.629 4 |
| 4 | 3.841 6 | 0.260 3 | 7.104 0 | 0.140 8 | 1.849 2 | 0.540 8 |
| 5 | 5.378 2 | 0.185 9 | 10.945 6 | 0.091 4 | 2.035 2 | 0.491 4 |
| 6 | 7.529 5 | 0.132 8 | 16.323 8 | 0.061 3 | 2.168 0 | 0.461 3 |
| 7 | 10.541 4 | 0.094 9 | 23.853 4 | 0.041 9 | 2.262 8 | 0.441 9 |
| 8 | 14.757 9 | 0.067 8 | 34.394 7 | 0.029 1 | 2.330 6 | 0.429 1 |
| 9 | 20.661 0 | 0.048 4 | 49.152 6 | 0.020 3 | 2.379 0 | 0.420 3 |
| 10 | 28.925 5 | 0.034 6 | 69.813 7 | 0.014 3 | 2.413 6 | 0.414 3 |
| 11 | 40.495 7 | 0.024 7 | 98.739 1 | 0.010 1 | 2.438 3 | 0.410 1 |
| 12 | 56.693 9 | 0.017 6 | 139.234 8 | 0.007 2 | 2.455 9 | 0.407 2 |
| 13 | 79.371 5 | 0.012 6 | 195.928 7 | 0.005 1 | 2.468 5 | 0.405 1 |
| 14 | 111.120 1 | 0.009 0 | 275.300 2 | 0.003 6 | 2.477 5 | 0.403 6 |
| 15 | 155.568 1 | 0.006 4 | 386.420 2 | 0.002 6 | 2.483 9 | 0.402 6 |
| 16 | 217.795 3 | 0.004 6 | 541.988 3 | 0.001 8 | 2.488 5 | 0.401 8 |
| 17 | 304.913 5 | 0.003 3 | 759.783 7 | 0.001 3 | 2.491 8 | 0.401 3 |
| 18 | 426.878 9 | 0.002 3 | 1 064.697 1 | 0.000 9 | 2.494 1 | 0.400 9 |

续表

| 年份 | 一次支付终值系数 | 一次支付现值系数 | 等额分付终值系数 | 偿债基金系数 | 等额分付现值系数 | 资金回收系数 |
|---|---|---|---|---|---|---|
| *n* | (*F*/*P*,*i*,*n*) | (*P*/*F*,*i*,*n*) | (*F*/*A*,*i*,*n*) | (*A*/*F*,*i*,*n*) | (*P*/*A*,*i*,*n*) | (*A*/*P*,*i*,*n*) |
| 19 | 597.630 4 | 0.001 7 | 1 491.576 0 | 0.000 7 | 2.495 8 | 0.400 7 |
| 20 | 836.682 6 | 0.001 2 | 2 089.206 4 | 0.000 5 | 2.497 0 | 0.400 5 |
| 21 | 1 171.355 6 | 0.000 9 | 2 925.888 9 | 0.000 3 | 2.497 9 | 0.400 3 |
| 22 | 1 639.897 8 | 0.000 6 | 4 097.244 5 | 0.000 2 | 2.498 5 | 0.400 2 |
| 23 | 2 295.856 9 | 0.000 4 | 5 737.142 3 | 0.000 2 | 2.498 9 | 0.400 2 |
| 24 | 3 214.199 7 | 0.000 3 | 8 032.999 3 | 0.000 1 | 2.499 2 | 0.400 1 |
| 25 | 4 499.879 6 | 0.000 2 | 11 247.199 0 | 0.000 1 | 2.499 4 | 0.400 1 |
| 26 | 6 299.831 4 | 0.000 2 | 15 747.078 5 | 0.000 1 | 2.499 6 | 0.400 1 |
| 27 | 8 819.764 0 | 0.000 1 | 22 046.909 9 | 0.000 0 | 2.499 7 | 0.400 0 |
| 28 | 12 347.669 6 | 0.000 1 | 30 866.673 9 | 0.000 0 | 2.499 8 | 0.400 0 |
| 29 | 17 286.737 4 | 0.000 1 | 43 214.343 5 | 0.000 0 | 2.499 9 | 0.400 0 |
| 30 | 24 201.432 4 | 0.000 0 | 60 501.080 9 | 0.000 0 | 2.499 9 | 0.400 0 |

# 参考文献


[1] 国家发展与改革委员会，建设部．建设项目经济评价方法与参数［M］．北京：中国计划出版社，2006．

[2] 何亚伯，等．工程经济学［M］．北京：机械工业出版社，2008．

[3] 陶树人．技术经济学［M］．北京：经济管理出版社，1999．

[4] 姜伟新，张三力．投资项目后评价［M］．北京：中国石化出版社，2001．

[5] 徐莉．技术经济学（第2版）［M］．武汉：武汉大学出版社，2007．

[6] 黄有亮，徐向阳，谈飞，李希胜．工程经济学［M］．南京：东南大学出版社，2003．

[7] 投资项目可行性研究指南编写组．投资项目可行性研究指南［M］．北京：中国电力出版社，2002．

[8] 王克强，王洪卫，刘红梅．Excel 在工程技术经济学中的应用［M］．上海：上海财经大学出版社，2005．

[9] 赵国杰．工程经济学（第2版）［M］．天津：天津大学出版社，2003．

[10] 傅家骥，仝允桓．工业技术经济学（第3版）［M］．北京：清华大学出版社，1996．

[11] 武献华，宋维佳，屈哲．工程经济学（第2版）［M］．大连：东北财经大学出版社，2007．

[12] 时思，郝家龙，王佳宁．工程经济学［M］．北京：科学出版社，2004．

[13] 于立君．工程经济学［M］．北京：机械工业出版社，2005．

[14] 吴锋，叶锋．工程经济学［M］．北京：机械工业出版社，2007．

[15] 宋国防．工程经济学［M］．天津：天津大学出版社，2000．

[16] 郭献芳，李奇会，潘智峰，焦俊．工程经济学［M］．北京：中国电力出版社，2004．

[17] 刘亚臣．工程经济学［M］．北京：中国建筑工业出版社，2007．

[18] 刘晓君．工程经济学［M］．北京：中国建筑工业出版社，2003．

[19] 宋伟，王恩茂．工程经济学［M］．北京：人民交通出版社，2007．

[20] 黄渝祥，邢爱芳．工程经济学［M］．上海：同济大学出版社，1985．

[21] 尹贻林．工程造价管理相关知识［M］．北京：中国计划出版社，2002．

[22] 吴添祖．技术经济学概论［M］．北京：高等教育出版社，2005．
[23] 陈立文，陈敬武．技术经济学概论［M］．北京：机械工业出版社，2009．
[24] 全国注册咨询工程师（投资）资格考试参考教材编写委员会．项目决策分析与评价［M］．北京：中国计划出版社，2011．
[25] 宋伟．工程经济学学习指导与习题解析［M］．北京：人民交通出版社，2008．
[26] 于立君．工程经济学［M］．北京：机械工业出版社，2005．
[27] 于立君．工程经济学学习指导与习题［M］．北京：机械工业出版社，2011．
[28] 陆宁．工程经济学——全新综合题锦［M］．北京：化学工业出版社，2008．
[29] 李南．工程经济学学习指导与习题［M］．北京：科学出版社，2011．